生命叙事与心理传记学

Life Narrative and Psychobiography

2013 Vol.1

第一辑

郑剑虹 李文玫 丁兴祥 主编

湛江师范学院心理传记学与生命叙事研究所
台湾生命叙事与心理传记学学会
主办

广东省普通高校人文社会科学研究基地
重大项目资助（11JDXM19002）

中央编译出版社
Central Compilation & Translation Press

图书在版编目（CIP）数据

生命叙事与心理传记学／郑剑虹，李文玫，丁兴祥主编．
— 北京：中央编译出版社，2014.4
ISBN 978-7-5117-2017-7

Ⅰ．①生⋯　Ⅱ．①郑⋯ ②李⋯ ③丁⋯　Ⅲ．①心理学　Ⅳ．① B84
中国版本图书馆 CIP 数据核字（2013）第 321916 号

生命叙事与心理传记学

出 版 人：	刘明清
出版统筹：	贾宇琰
责任编辑：	王　琳
责任印制：	尹　珺
出版发行：	中央编译出版社
地　　址：	北京西城区车公庄大街乙 5 号鸿儒大厦 B 座（100044）
电　　话：	（010）52612345（总编室）　（010）52612339（编辑室）
	（010）52612316（发行部）　（010）52612315（网络销售）
	（010）52612346（馆配部）　（010）66509618（读者服务部）
传　　真：	（010）66515838
经　　销：	全国新华书店
印　　刷：	北京瑞哲印刷厂
开　　本：	787 毫米 ×1092 毫米　1/16
字　　数：	357 千字
印　　张：	27
版　　次：	2014 年 4 月第 1 版第 1 次印刷
定　　价：	89.00 元
网　　址：	www.cctphome.com　　邮　箱：cctp@cctphome.com
新浪微博：	@中央编译出版社　　微　信：中央编译出版社（ID：cctphome）

本社常年法律顾问：北京市吴栾赵阎律师事务所律师　　闫军　梁勤
凡有印装质量问题，本社负责调换，电话：（010）66509618

主办：湛江师范学院心理传记学与生命叙事研究所
　　　台湾生命叙事与心理传记学学会

编审委员会

编审顾问：黄希庭（西南大学）
　　　　　　吴静吉（台湾政治大学）
主　　编：郑剑虹　李文玫　丁兴祥
编审委员（按姓氏笔画排列）：
　　丁兴祥（台湾辅仁大学）
　　王思峰（台湾辅仁大学）
　　王林发（湛江师范学院）
　　尹可丽（云南师范大学）
　　冯朝霖（台湾政治大学）
　　刘电芝（苏州大学）
　　宋文里（台湾辅仁大学）
　　李文玫（台湾龙华科技大学）
　　吴继霞（苏州大学）
　　谷传华（华中师范大学）
　　陈祥美（台湾圣约翰科技大学）
　　陈顺森（闽南师范大学）
　　张懿宜（台湾辅仁大学）

张煜麟（台湾南台科技大学）

范兆雄（湛江师范学院）

郑剑虹（湛江师范学院）

郑荣双（湛江师范学院）

周宁（云南师范大学）

洪瑞斌（台湾中国文化大学）

钟年（武汉大学）

郭永玉（华中师范大学）

郭斯萍（广州大学）

胡志坚（聊城大学）

贾宇琰（中央编译出版社）

凌辉（湖南师范大学）

翁开诚（台湾辅仁大学）

倪鸣香（台湾政治大学）

萧延中（华东师范大学）

舒跃育（西北师范大学）

傅安国（海南大学）

赖诚斌（台湾树德科技大学）

熊同鑫（台湾台东大学）

霍建国（台湾龙华科技大学）

燕良轼（湖南师范大学）

薛荣祥（台湾龙华科技大学）

英文编辑顾问：黄淑宜　张婉惠　徐小惠　黄秋萍　游柱然　刘克奇
文字编辑校对：林诗君　任俊荟　吴雨珊　梁惠飘　莫欣欣

目录
contents

序 一
黄希庭 / 1

序 二
开启崭新的一页：两岸携手共创"生命叙事与心理传记学"
李文玫　丁兴祥 / 3

《生命叙事与心理传记学》创刊词（简体字版）
郑剑虹 / 5

心理传记学：理论探索

弗洛伊德百年之后："辅仁心理传记学"的继往开来
张继元　丁兴祥 / 1

中国大陆的心理传记学研究及其质量结合模式
郑剑虹 / 41

心理传记学：实例研究

"出名要趁早"：张爱玲之成名情结？
张懿宜 / 63

黄炎培关注职业教育的心理史学解读
胡志坚 / 105

大学名校长之唐文治：一种心理传记学的探索
吴继霞　曹莉萍　朱浚溢　/ 121

向大海进军：以李安的生命叙说反思成年男性的转化之道
洪瑞斌　/ 159

鲁迅：在屈辱与侮蔑中抗争的灵魂
凌辉　/ 209

太虚大师：近代佛教人本主义的先驱
薛荣祥　丁兴祥　/ 235

生命叙事与口述传记

那些年，我们在上海圣约翰：一群老校友的忆说
陈祥美　/ 265

在书写之中：台湾客家女诗人王春秋的认同之路
李文玫　/ 303

觉醒与争权的社会行动：另类学校家长教育选择权意识生发样貌之个案研究
王雅惠　倪鸣香　/ 341

媒介创业的行动逻辑之研究：台湾有线电视系统早期先驱者口述传记研究
张煜麟　/ 367

《生命叙事与心理传记学》约稿启事　/ 409

目录
contents

Preface I
Xi-ting Huang / I

Preface II
Wen-mei Li & Shing-shiang Ting / 3

Preface to the First Essue of Life Narrative and Psychobiography (simplified Chinese version)
Jian-hong Zheng / 5

Psychobiography: Theory

After Freud's Century Work, "Fu Jen Psychobiography" Goes from Strength to Strength
Chi-yuan Chang & Shing-shiang Ting / I

Psychobiographical Studies in Mainland China and the Research Model Thereof Combining Qualitative and Quantitative Methods
Jian-hong Zheng / 41

psychobiography: Research

"To be Well-known as Early as Possible": Eileen Chang Had a "Fame Complex"?
Tsz-yi Chang / 63

A Psycho-history Interpretation of Yan-Pei Huang's Concern about Vocational Education
Zhi-jian Hu / 105

A Psychobiographical Exploration on the Famous University Chancellor: Wen-zhi Tang

Ji-xia Wu, Li-Ping Cao & Jun-yi Zhu　／ 121

Marching to the Sea: Reflections on the Ways of Transformation of Adult Men Through Ang Lee's Life Narrative

Jui-ping Hung　／ 159

Lu Xun: A Soul Preoccupied by Inferiority and Humiliation

Hui Ling　／ 209

Master Taixu—A Pioneer Humanistic Buddhist in Modern China

Jung-shiang Hsueh & Shing-shiang Ting　／ 235

Life narrative and oral biography

Those Years in Shanghai St. John's: Reflections of a Group of Alumni

Shiang-mei Chen　／ 265

Writing: The Identity Story of the Hakka Taiwanese Chun-qiu Wang

Wen-mei Li　／ 303

The Awakening and the Social Action of Fighting for Rights: A Case Study of the Emergence of School Choice Awareness of an Alternative School Parent

Ya-huei Wang & Ming-shang Ni　／ 341

The Logic of Action in Media Entrepreneurship: The Biographical Reconstruction of Cable Television Pioneers inTaiwan

Yu-lin Chang　／ 367

Notice to Contributors　／ 409

序 一

1879年，冯特在德国莱比锡大学建立了世界上第一个心理学实验室，使心理学从哲学中分离出来，成为一门独立学科，突出了心理学研究的自然科学取向。晚年的冯特，花了近20年时间对人类学和历史学的资料进行了系统的心理学解释，完成了10卷本的巨著——《民族心理学》，提出了心理学的另一条研究路径——人文社会科学取向的心理学。心理学的科学传统，从行为主义、认知心理学到当代的认知神经科学研究，一直是心理学研究的主流。而心理学的人文传统，为精神分析、人本主义心理学所继承，但其力量难与主流心理学抗衡。特别是最近20多年来，随着脑成像技术在心理学研究中的应用，人文取向的心理学更显势单力薄。其实，人文传统与科学传统犹如心理学的两条腿，只有两条腿长短和粗细一致，心理学之路才能走得更稳健、更遥远。

心理学的叙事研究始于20世纪80年代，心理传记学作为采用心理学理论来研究非凡人物的一门学问，其出现的时间更早，一般认为，弗洛伊德（Sigmund Freud, 1910）出版的《列奥纳多·达·芬奇与他童年的一个记忆》是第一本心理传记学著作，可看作心理传记学研究的开端。人格心理学的奠基人奥尔波特（Gordon Allport）和莫里（Henry Murray）对这种个体生命史研究也有浓厚的兴趣，将其作为人格心理学研究的重要方法给予提倡并亲力亲为，例如，莫里本人曾对美国小说家赫尔曼·麦尔维尔（Herman Melville）进行了个案分析，奥尔波特也曾出版了一部长篇个案研究《珍妮的信件》。但人格心理学的这种人文取向却因20世纪50、60年代的研究重点转向相关研究和实验研究，而被忽略和边缘化。直到80年代以后，在一批人格心理学家的努力下，心理传记学重新得到发展，并和叙事心理学一起，成了心理学人文取向研究的一支重要力量。

郑剑虹、李文玫、丁兴祥主编的《生命叙事与心理传记学》集刊，刊载心理传记学和叙事心理学等领域的研究论文，在海峡两岸以繁体字和简体字两种版本出版，这是一件很有意义的工作。我一直认为心理学研究方法应该是多样化的、人性化的，方法的多元化和研究领域的拓展是繁荣心理科学和促进人类自身理解的重要途径，在研究那些复杂性的人物以及从整体层面对人的理解上，个案等质性研究对于产生新的心理学研究思路和积累知识具有特殊的方法学优势。我相信，通过海峡两岸学术界的共同努力，《生命叙事与心理传记学》集刊将会越办越好，成为凝聚华人心理学人文取向研究队伍、发现和培养人才的一个重要阵地。

是为序。

黄希庭　谨识
2013年12月于西南大学

序 二

开启崭新的一页：两岸携手共创"生命叙事与心理传记学"

自2005年开始，龙华科技大学通识教育中心举办"第一届生命叙说与社会关怀学术研讨会"，每两年举办一次，期能聚集以"叙事（叙说）"（narrative）与"传记"（biography）方式进行生命探究的研究者，在此共同分享研究与实践成果。研讨会至2012年已迈入第四届，同时也是首届与海峡对岸合作，并且将所发表的论文正式集结成书以集刊的形式出版。因此，本集刊的出版，是创新，更是突破。

首先，是在研究取向上的创新与突破。叙事（叙说）典范在20世纪80年代渐受西方学界的重视，在台湾则是90年代开始由各学术单位以一种新的方式开始进行研究。一群辅仁大学心理学系的师生，率先尝试以"生命叙事与心理传记学"作为一种特殊的研究取向来进行探究，至今将近20年。而以丁兴祥教授为主的研究团队，迄今也已创作出相当可观的相关论文。

两岸的相互合作更是创新与突破。这本书收录了2012年5月18日龙华科技大学通识教育中心主办的首届"海峡两岸生命叙事与心理传记学学术研讨会"中的12篇精彩论文。包括两篇以理论视角与在地发展为主题的文章——《弗洛伊德百年之后：辅仁心理传记学的继往开来》、《中国大陆的心理传记学研究及其质量结合模式》；六篇心理传记的实际案例研究与分析，包括对张爱玲、黄炎培、唐文治、李安、鲁迅以及太虚大师的研究,涵盖了文学、教育以及宗教领域。另有两篇生命叙事的研究,包括针对上海圣约翰老校友的叙事研究,和客家女诗人透过书写来进行生命认同的论文。还有两篇从德国传记研究传统出发,由倪鸣香老师带领的"生命口述传记研究"论文,分别以另类学校家长教育选择权和台湾早期有线电视系统先驱者为主进行深入探究。

这是集刊的第一辑,若有疏漏之处,请不吝指正。在此感谢所有编审委员对每一篇文章的审查与响应。万事起头难,然而,天下万事的发展总是需要"起个头",然后累积、沉淀、发展。2012年的两岸研讨会之后,大伙结伴到阿里山一游,当天虽然烟雨蒙蒙,大伙却兴致不减,更在山中见到了树龄超过2300年的香山神木。仰望高耸巨大且生气盎然的神木,令人惊叹与振奋。"山上有木",这似乎在召唤着什么。集刊第一辑的出版,亦可视为栽下了一棵小小的树苗。而这棵小树苗可能正如《易经》的渐卦所示:"渐之进也,女归吉也。进得位,往有功也。"两岸循序渐进地携手轮流主办这样的研讨会,以文会友,以友辅仁。我们相信汇集两岸学术人才,持续投入"生命叙事与心理传记学"的研究与出版,可共创辉煌的未来。就像鸿雁之"往来有时",利贞。

2012年首届海峡两岸生命叙事与心理传记学学术研讨会部分与会学者于阿里山合影

李文玫、丁兴祥 序于台北
2013年11月12日

《生命叙事与心理传记学》
创刊词（简体字版）

学术集刊《生命叙事与心理传记学》繁体字版第 1 辑已于 2012 年 7 月在台湾付梓出版，现在简体字版第 1 辑也将于年底由中央编译出版社出版，从第 2 辑开始，海峡两岸将同步出版该集刊的繁、简体字版。这是一本由海峡两岸共同主办的以心理学学科为主的跨学科集刊，她以叙事为研究取向，以生命故事为研究内容（或研究对象），将心理学、历史学、教育学、政治学、新闻学等众多人文社会科学及其研究者联系在一起，刊载心理传记学（含理论、实例与应用研究）、生命叙事（含叙事心理学、自我叙事、教育叙事、口述传记、生命史等）以及相关领域的质性研究论文。出版该集刊的目的，一是为两岸学者和跨学科研究搭建一个学术交流的平台，二是促进人文取向心理学的发展。

在国外，从 1993 年开始，乔塞尔森（Josselson, R.）和利布里奇（Lieblich, A.）共同主编出版生命叙事研究（The Narrative Study of Lives）系列丛书，到 1999 年，该丛书总共出版了 6 辑。2001 年，人格心理学家和叙事心理学家麦克亚当斯（McAdams, D. P.）加入主编的队伍，该丛书改由美国心理学协会（APA）出版，到 2007 年共出版了 5 辑。从心理学学科的角度来看，APA

出版该系列丛书，标志着主流心理学对生命叙事或叙事心理学的认可和接纳，这是一件具有重要意义的事情。而今，海峡两岸的我们出版《生命叙事与心理传记学》集刊，从某种程度上说，仍然可以视作一个创举。一是该集刊重点突出心理传记学这个领域的研究状况（本辑12篇论文中有8篇为该领域的理论与实例研究文章），为心理传记学的研究者提供一个发表成果的持久性阵地（目前，国际上尚未有这样的阵地），以促进该领域的发展。二是该集刊将定期出版，每年出版1辑，其相应的学术会议也将在海峡两岸轮流定期召开，力图使我们在制度化建设上走在前列。

庄子曰："始生之物，其形必丑。"因此，《生命叙事与心理传记学》集刊非常需要各位学术同仁的指正、宽容、扶持和呵护。庄子还云："其作始也简，其将毕也必巨。"这将成为我们主编、编辑及作者们的希望和努力所在。

郑剑虹
2013年11月于中国大陆最南端

弗洛伊德百年之后：
"辅仁心理传记学"的继往开来

张继元　丁兴祥[*]

（辅仁大学心理学系，台湾新北，24205）

/ 摘　要 /

这篇文章写的是心理传记学在台湾发生的故事，是丁兴祥教授与心理传记学邂逅的故事，是心理传记学在辅仁大学心理系发生的故事，是"辅仁心理传记学"藉由反思古今中外，企图开创出"新的心理传记学"的故事；更是心理传记学继往开来的故事。故事（story/narrative）本身就有其意义，我们相信，通过故事，能实现李泽厚所说：以美启真、以美储（显）善、以美立命。而这就可能在弗洛伊德百年之后，展开承先启后的"辅仁心理传记学"。

/ 关键词 /

心理传记学，故事，辅仁大学心理学系，美学

---

[*] 张继元，E-mail: 0609az@yahoo.com.tw；丁兴祥，E-mail: 000864@mail.fju.edu.tw

渐，女归吉，利贞。

（象）曰：山上有木，渐；君子以居贤德善俗。

《周易·渐卦》

子曰：吾有知乎哉？无知也。有鄙夫问于我，空空如也。我叩其两端而竭焉。

《论语·子罕篇》

我整个社会面向的重要发展和有意识的选择、移动是发生在辅大，我称之为"辅大心理的文化土壤"。我大学是在学运、"六四"、单一价值解放、股票狂飙的年代……读硕班时台湾心理学界质量之争正热，至少是个学术定位反省的年代。辅大应心在当时撑出一边角空间给学界质性研究新手学步。

赖诚斌，2004，博士学位论文，p.16

天下皆知美之为美，斯恶已。天下皆知善之为善，斯不善已。

《道德经》，第二章

慢慢走，欣赏啊。活着不易，品味人生吧。"当时只道是寻常"，其实一点也不寻常。即使"向西风回首，百事堪哀"，它融化在情感中，也充实了此在。也许，只有这样，才能战胜死亡，克服"忧"、"烦"、"畏"。只有这样，"道在伦常日用中"才不是道德的律令、超越的上帝、疏离的精神、不动的理式，而是人际的温暖、欢乐的春天。它才可能即是精神又是物质，是存在又是意识，是真正的生活、生命和人生。品味、珍惜、回首这些偶然，凄怆地欢庆生的荒谬，珍重自己的情感生存，人就可以"知命"；人就不是机器，不是动物；"无"在这里便生成为"有"。

李泽厚，《我的哲学提纲》

一、缘起：生生谓之易

1994年6月，辅仁大学应用心理学系研究生陈祥美（1994）、赖诚斌（1994）相继在丁兴祥教授指导下，完成《梁启超生命梦想的形成与发展：一种心理传记学研究》与《乡下人的战争：沈从文的生命故事》两篇硕士学位论文。这两篇论文的出现，正式启动台湾以辅仁大学应用心理学系为基地的心理传记学取向论文纪元。然而，台湾心理学界的主流论述（以台湾大学心理系为首），从一开始便依循着以美国心理学学术指标与生态的实证逻辑科学典范为其研究标准（赖诚斌，2009；丁兴祥、赖诚斌，2006a），何以辅仁大学心理系却在如此的学术生态中，开出有别于实证主义典范，而以传（诠）释取向为立场的心理传记学论文呢？就如南美解放教育工作者弗莱雷（P. Freire，1990）所言——教育本质即是政治的；高等教育学术社群之间蕴藏了许多大故事（grand narrative）与小故事（little narrative），这之间有着文化、历史、政治、社会、人事纠结织编而构建的发展脉络故事（story），是偶然亦是必然。与此互映，政治性学术戏码不仅发生在中国台湾心理学学术圈中，近代心理学实证主义大草原的美国亦是如此（Runyan，2005）。美国与中国台湾这长距离的地理空间隔阂，却因着人生偶然而若有似无、断断续续地联系、交会着。

张继元回忆2008年与陈祥美的交谈，之所以会在辅仁大学应用心理学系产生心理传记学的论文，得回到1992年的秋冬之际："我还记得，那是我硕一的时候，我们那时还在文学院的文友楼，那时系上的名称是"应用心理学系"……在老丁①的方法论课上，听到有关西方最新的叙说（narrative）观点和老丁自己年轻时在美国修埃尔姆斯（A. Elms）的人格心理学、心理传记学……又在高等人格心理学的课堂上，听到莫里（Murray）、奥尔波特（Allport）等人的个案研究，我那时对这些不一样的研究心理学的方法很感兴趣，就自己跑去看了几本传记书。"感兴趣归感兴趣，但要把这样的心理学学术取向当做一回事，陈祥美还是非常疑惑，"那时候老翁②刚从美国回来……有时候会在公交车上巧遇，我就跟老翁说我想写心理传记的论文这样的想法，本来，老翁是建议到博士班再来写会比较好，因为不好写，牵扯的知识太多了，但他还是鼓励我去找老丁，去问问老丁怎么样，叫老丁开课。经由老翁的鼓励，我就跑去请老丁开设与此相关的课程，老丁就跟平常一样，连说：'好啊！好啊！'就这样，老丁就在我硕一下（学期）（1993年2月），在高等人格心理学专题下开了心理传记学。"连同陈祥美一起研修该课程的还有高他一届的赖诚斌、张慈宜等人，陈祥美说："我们那时候不是在教室里上这堂课的，我们到其中一个同学在新庄住的地方，那里很舒服也够大，我们就在那里从头学起，也说着要做谁做谁的，譬如说李登辉、苏东坡、胡适、张爱玲等人，说一说，老丁还是说到清末民初的政治、军阀……"当时他们主要的教材就是鲁尼恩（Runyan，1982）的英文教本《生命史与心理传记学》，师生边阅读也同时着手翻译这本书。说来也奇怪，丁兴祥约莫在这个时间，听闻他留美时代的埃尔姆斯老师也在90年代收了第一个入门弟子开始作心理传记的博士研究［可参见舒尔茨（W. T. Schultz）主编的《心理传记学手册》一书中有关心理传记学在美国的小历史］。虽然美国加州与台北有着空间距离的遥

---

① 辅仁大学心理学系师生关系极为紧密，因此学生、老师都会在系上老师的姓前冠一个"老"或"小"，以具显其亲密性与贴紧性关系。此处的老丁即是丁兴祥老师。

② 老翁即是辅仁大学心理学系翁开诚老师。

远，但两方却不约而同在心理传记学的研究上，展开了具传承意味又交相互映的历程。

然而，心理传记学（psychobiography）的论文是否可以符合当时在台湾心理学界学术论文格式、内容与标准的要求？赖诚斌（2009，台湾另类教育学会在"国立政治大学"教育学院举办的生命史与心理传记研讨会中）说到那时丁兴祥对他半威胁半诱惑的经验："'诚斌啊，你未来要不要念博士班？'我当时想都没想过我要念什么博士班，老丁接着说：'如果不要，要不要一起来做心理传记学的论文？'我那时还真是就是这样，糊里糊涂的，一头栽下去就做这样的论文了。"学术有其历史政治生态的氛围，当时要进行有别于学术标准形式（量化研究）的质性研究是需要勇气的，可能还得冒着不被承认学位资格的风险。赖诚斌硕士学位论文口试委员之一的余德慧老师就在口试完后对他说，他给的分数是因为"勇气"（赖诚斌，2004）。何以如此？勇气之后所牵扯到的高等教育学术与政治性权力资源交缠分账的学院学术生态，又是另一个"辅仁心理系"困知勉行发展的故事了①；或可说，这在某个切面上正反映了整个心理学在台湾或全世界发展的历史情况。

在陈祥美与赖诚斌的心理传记学取向论文之后，辅仁心理学系相继有研究生撰写心理传记学取向的论文，迄今已累计有9本硕士学位论文，目前仍有一部分人在被持续探究中（其研究人物如：秋瑾、徐志摩、张爱玲、钟理和、太虚法师、陶行知、单国玺、吴浊流、陈映真、郑清文、黄武雄等等）。以上这些还不包括丁兴祥老师本身的研究，以及在校外指导其他研究生进行的心理传记学的论文，诸如：罗曲玲（2005）的《Carl Rogers 生涯历程之研究：心理传记学取向》、丁兴祥自己的心理传记学著作（如对于蔡元培、梁漱溟的研究）、丁兴祥与赖诚斌等人在期刊（主要为《应用心理研究》期刊）上发表的

---

① 此可参见赖诚斌（2009）。此文即是介绍丁兴祥、翁开诚、夏林清三位老师在辅仁大学心理学系的生涯发展故事。亦可参见翁开诚（2005）。

心理传记学概念内容方面之论文。

这些心理传记学取向的硕士学位论文与期刊论文皆来自丁兴祥教授的指导,那么接下来我们就要问,为何辅仁大学心理学系的丁兴祥会走向这条道路呢?丁兴祥(2006b)自己给予这样的学术生涯发展脉络"一条回家的路"的命名。①

二、偶然:丁兴祥与心理传记学的邂逅

丁兴祥出生于1952年的台北。父母亲在20世纪50年代前后因着工作或依亲的关系,分别从上海与四川前来台湾,本互不相关的两人因他人的介绍而相识,进而结婚。丁小时候住在眷村,但约莫在国小三年级时,因为丁父想"做点小生意"(杂货店兼漫画出租)而举家搬至现今台北松山区的永春高中附近。眷村经验对丁来说既穷又不好(如封闭空间、全村仅有两间公共厕所、没有卫生设备),但是小小的空间却有着来自中国大江南北的人,彼此之间又都认识紧密。然而搬出眷村后,丁身边反而都是"本省人"。相较于眷村同年龄孩子的人生发展,丁因为搬出眷村,又因为丁父认定"升学是翻身的唯一条件",故而从新家附近的永春国小转进升学率较高但较远的松山国小。虽然,之后因着一些变故,丁在国小六年级时又搬回眷村住,但已经跟眷村同龄朋友不熟,且又考上升学率最好的大同国中(每天上下学得坐公交车往返),因此丁形容自己那时的处境:跟眷村似乎没有什么交集。之后,丁在十年寒窗无人问的青少年时代,经历较"自由"的师大附中,又于1971年考进"国立"政治大学教育系。

丁兴祥于70年代期间陆续在政治大学教育系获得大学与研究所硕士学位

---

① 此可参见丁兴祥等翻译的《质性心理学》(J. A. Smith 主编)之导读,以及《张老师月刊》2007年3月刊对丁老师的专访"心理传记的异想世界"、"Tinggoole正传"。

（另于大学时代双主修中文，期间除延续对历史的爱好，亦偷偷阅读诸如《文星杂志》、《自由中国》等禁书，关注社会中发生的自由主义、民族主义、乡土文学论战、陈鼓应事件等等，也在担任班长时因同学的关系首次间接经历类似"白色恐怖"事件），毕业后任吴静吉老师的助理。丁回忆说："当吴老师的助理一段时间后，吴老师都会催促你赶快出国去念博士，我上一个助理就是这样。"在准备出国期间，有一次吴静吉老师拿了一篇西蒙顿（Simonton）的文章给丁兴祥，并对他说：既然你有创造力，又对历史有兴趣，这大概是可以兼得的考虑（赖诚斌，2009），并督促丁兴祥一定要报考这位西蒙顿教授所在的加州大学戴维斯分校。后来，丁兴祥便真进入加州大学戴维斯分校心理学研究所（1980—1986），并投入西蒙顿门下学习以历史计量方法研究中国杰出人才的创造力。

丁兴祥在西蒙顿门下学习历史计量与创造力的同时，也认识了西蒙顿隔壁办公室的美国心理传记学领域当代领航人之一埃尔姆斯（当时另一心理传记学家鲁尼恩则在加州大学柏克莱分校任教）。"埃尔姆斯常常开玩笑说，'我的研究采样是 $N=1$，但是西蒙顿的研究采样通常是 $N>1000$'"，丁兴祥常常用这样的比喻来形容当初在美国求学时的典范（paradigm）差异经验，一脚踏在主流实证方法学上，另一脚踏在传释取向典范上。有趣的是，丁兴祥在接受埃尔姆斯有关心理传记学课程的洗礼之后，感动之余，一度想进行有关华人人物心理传记的研究，但是埃尔姆斯以"对华人世界的人物不了解，不方便指导"为由，委婉拒绝了丁兴祥的热情（埃尔姆斯往后仍为丁兴祥的博士学位论文评委）。当然，这之间还有另外几层考虑，例如丁是西蒙顿的学生，但是其中更深沉的考虑是这样的博士学位论文指导取向，可能会造成心理学界典范转移的危机爆发所导致的种种矛盾与冲突（虽然如此，丁自言自己在戴维斯分校学习最多、用心最深的方法是心理传记学取向，而非早就在台湾学习过的统计学方法）。丁于1980年出国进修，1986年完成学位回国，期间不仅真实体验了学术典范之间的争议，亦在社会学系的课程上体验了"同一门学科却完全不同内容的社会心理学"，也在学长的建议下，初次接触弗洛伊德的精神分析以及日常生活中的差异经验（如同性恋社群）。心理传记又如何呢？当丁兴祥以历史计量方法研究华人历代文学家的创造力，并获得博士学位离开戴维斯分校之后，埃尔姆斯分别在1990年与1992年指导了伊娃谢珀勒（Eva Schepeler）（丁当时认识的学妹）、舒尔茨两位学生撰写心理传记学的博士学位论文，而爆发系上有关典范的纷争（详细可参考Schultz, 2005; Runyan, 2005）。后来，埃尔姆斯又陆续指导了几位学生做心理传记学学位论文，戴维斯分校也给予通过，如伊萨克森（Kate Isaacson）和安娜·宋（Anna Song）两位学生（Runyan, 2005）。

丁兴祥回国后先任教于辅仁大学企业管理学系两年，后调转辅仁应用心理学系，其学术取向除了主要延续研究中国历代杰出人物的社会条件之通则性（nomothetic）分析之外，几年后亦逐渐发现人的创造力的复杂度，就算是同为天才型的诗人李白与杜甫，其气质性格及作诗的方式亦截然不同。这些又必须研究创造人才的生命史（life story）才可以得知其创造何以表现。因此，丁兴祥同时潜心作个别人物的心理传记特则性（idiographic）研究。其间，辅仁心理学硕士班在1989年成立，让丁有机会逐步开发相较于大学部已结构化的课程之外的课程（1999年开始博士班招生）；再则，翁开诚老师在美国明尼苏达寄给丁的一封信上提到自己找到了博士学位论文的方向，要以"故事（narrative，或称叙事）"的取向来突破同理心的研究；另外，丁在台湾大学参加本土心理学讨论会时，常常去余德慧老师的办公室，发现余德慧在台湾大学开设海德格尔（Heidegger, M.）的诠释心理学课程，丁向余老师提出："这样非传统的课程可以开吗？"丁记得余老师的回答是："老丁，你要开就开啊……不要担心什么心理学传统还是心理学需不需要诠释心理学，难道开心理传记学，还要问心理学需要不需要心理传记学吗？"随后，再加上如前述学生提出这类课程的兴趣与需求、历史的因缘与巧合，丁兴祥于是在1993年的春天决定开设"心理传记学"课程，心理传记学在辅仁心理系开始生根，持续发展迄今。

之后，丁与学生教学相长，逐步开出更多元的质性研究法相关课程，其中叙事取向的研究法不仅取法翁开诚在美国阅读的当时唯一一本叙说心理学（Sarbin，1986），更因为学生邱皓政在南加利福尼亚大学攻读学位时转寄了另一位美国叙说取向大师——波尔金霍恩（D. Polkinghorne）的书给丁，让丁继心理传记之后，更走向叙说取向的心理学。至此，丁开始大量指导学生撰写心理传记与生命史取向的论文。同时，20世纪90年代初期，陆续回国任教的夏林清老师、翁开诚老师也开始指导学生以故事和行动研究的取向进行学位论文创作，亦协同举办质性取向的学术研讨会。另外，在另一位同事刘兆明老师的努力下，这群人又一起在1999年正式发行《应用心理研究》期刊。在这期间，丁兴祥开始深入探讨整个心理学历史的演变（于大学部开设心理学史课程，从早期仅谈西方心理学/哲学史，迄今更兼论华人世界心理学发展史），以及心理学方法论的多元典范演变（先在研究所开设心理学方法论课程，然后约莫在2005年前后在大学部开设科学方法论导论课程），并通过一一开出的相关课程与论文指导，渐渐引发硕博研究生对心理"科学"典范思潮的反思。2006年，更于《应用心理研究》期刊开设"心理学的定位与开展"专题，促成更多人"反思"心理学。

究竟是什么样的历史脉络与机缘，让丁兴祥和一群有别于台湾心理学界实证逻辑研究的系上同仁能够在辅仁大学心理系发展出"另类的、在地的、反思的心理学工作"，成为心理传记学在台湾发展的基地、故事取向的大本营呢？这不仅是丁兴祥的个人历史背景，是辅仁大学心理系的故事，是台湾心理学的故事，也是世界史，更是我们一起所处的时代历史。

三、试说：辅仁大学心理系的发展故事

2002年，在刘兆明与夏林清的领导下，辅仁心理系举办了庆祝本系成立30周年、两岸三地"心理学的开展"研讨会。2004年开始，接任系主任的夏林清更积极推动接续北平辅仁与台湾辅仁心理系历史的系列活动，因此有关辅仁心理系的历史故事逐渐从模糊走向清晰。翁开诚则分别以"成为自己的来源"以及"若绝若续之辅仁心理学"为辅仁心理系找出源头活水（翁开诚，2005，2006）。

以下为辅仁大学及其心理系诞生的简略年表：

1913年　英敛之成立辅仁社于北京香山（以文会友，以友辅仁）。

1917年　因河北一带发生严重水灾，救济事务繁重，辅仁社暂停讲学。

1925年　因英敛之上书罗马教皇（1917），后于北京涛贝勒府成立北京公教大学辅仁社（国学专修科）。

1927年　正式定名为辅仁大学，设立中文系、英文系、历史系，本科、预科总约155人，校长奥图尔神父（Rev. George Barry O'Toole）。

1928年　增设哲学系。

1929年　夏天，因学生运动事态严重，当局教育部认为校务尚有改良之处，因而将辅仁降格为学院（至1931年春天恢复为大学）。随后，因应教育部新颁条例，聘陈垣为校长。增设理学院、教育学院，原本的文科改为文学院，共11个系。而教育学院则成立教育系与心理系。同年，新成立的两学院部分系科开始招生。来年全系科招生。

1930年　9月，辅仁庆天府校区落成，迁址。张怀任教育学院院长与教育系主任（1930—1944）。

在 1911 年清朝覆灭、民国建立后不久，"辅仁"之名即在北京诞生。若依李泽厚（1987，1996a）的史观来看，辅仁的诞生背景是处在"启蒙与救亡同时相互并起，但最后救亡压倒启蒙"的历史氛围之中：政党林立、第一次世界大战、文化运动、学生运动、科玄论战、北伐战争……就是在这复杂又多元的年代，1927 年，辅仁大学在北平创立。1929 年，北平辅仁大学即在教育学院成立心理系，1952 年中国大陆院系调整，辅仁大部分科系并入北京师范大学。

辅仁在台湾复校后，1972 年获准在文学院成立教育心理学系。台湾辅仁心理学系的第二届学生翁开诚（2005）常言，当年辅仁教育心理学系的师资多是吕渔亭神父"三顾茅庐"、"磕头"求来兼任的，师资多元且复杂（包含吴静吉、李美枝、王震武、郑昭明、黄荣村、徐世杰、沈楚文等等）。大部分老师介绍当时世界最前端且主要是美国的主流心理学，但是吴静吉老师、徐世杰老师以及吕渔亭神父则带来比较另类、人文的心理学（翁开诚，2006）。继首任系主任魏钦一老师后，接任的吕渔亭神父是当初创系时期最重要的系主任，回忆初创历程，连连叹气说："不简单啊不简单啊。"（翁开诚，2012）接着又说："当时学生的生活重心都在学校，不像现在老往校外发展，而自己的生活重心也在学校，整个校园生活就有如一家人一样亲近，为家人努力是当然的情感。"（翁开诚，2005）

"家"的亲近与互相支持不是只有心理上的，还需有物理空间的客观结构与撮合彼此的氛围。直到 2000 年更名为心理系，行政权归属理学院，且系址迁至现今的圣言八楼之前，教育心理学系和应用心理学系时期的行政权隶属于文学院，其系址在文学院的文友楼。当时系上拥有完整的一整层口字形独立空间（中间即是文友楼天井），因此在系上任何位置都能看到、听到也能感觉到彼此间的种种个人或集体状态。这样的空间让整个系就像个大宅院似的，同学、学长姊、学弟妹与老师之间就像非血缘关系的亲密家人，每天在一起生活着。

　　辅仁大学心理系坐落文学院，有别于当时台湾一般心理系设定在理学院，因此，尽管系上的教学内容大都属于主流"科学"的心理学，但因位处文学院，辅仁心理系的学生无形中涵泳于中文系、历史系、哲学系、图资系、传播系、新闻系等人文社会学科的气息氛围中。加上教育心理学系时期多元复杂的师资，虽然没有形成特定的学术走向，但也因此让辅仁教育心理学系没有被单一主流学术所主宰。这样的主客观差异经验或多或少地在后来系上有关人文心理学与科学心理学取向的讨论上，起了相当或隐或显的影响。

　　20世纪70年代中期，由于教育政策调整（师资培育由政府专责），教育心理学系必须改名，而更名的考虑不仅是名字表面的异动而已，还有名字实质上承括的踏实性与发展性。若改成传统的心理学系，大量实验仪器与空间设备并非当时私校财力所能负担的，因此改成应用心理学系（1978），是本着"心理学已有的理论与发现的应用学问"的思考，切合当时内外现实环境条件，因此重点放在应用取向的谘商与工商领域（翁开诚，2005）。于是，应用心理学系承接着教育心理学系时期的行政隶属关系（文学院），初期仍然在文组招生，直到1984年，考试类别转为理组招生。

　　对八九十年代的台湾大学生而言，当时社会政治正处于变动翻转的激情之中（1979年高雄美丽岛事件、1987年台湾解严、1989年郑南榕自焚事件与天安门事件、1990年三月野百合学运、1994年410教改大游行，直到2000年民进党陈水扁当选"总统"的政党轮替，台湾掀起了内外交汇的最高峰社会能量），同时，台湾经济股票也经历起飞与飙涨（整个20年代80年代是持续朝股票万点成长的曲线图，然后在90年代一开始就直线式地往下落）。外在世界引动校园滋生更多更微妙的骚动，有别于以往的多重层次动能。

　　1985年吕神父退休，接任系主任的王震武老师所面对的正是上述内外剧烈变动所带来的冲击（解严前后频繁的社会运动，报禁、党禁的解除，媒体言论的自由开放等），学生日益渴望理解人心的真实性与复杂性，并勇于付诸行动。在校内，80年代末期，应用心理学系学生发起反抗权威老师的大字报事件，1991年对校方未与系上协商而直接委任系主任发起抗争，最后校方接受系上集体声音，由丁兴祥接任系主任。在校外，学生主动参与诸如1990年的野百合学运等社会运动。系上对这样的发展秉持着民主开放的态度，翁开诚提到，这些事件的发生、历程与结束都可以让学生获得学习、反思（例如：如何动员？怎么动员？民主的讨论需要是怎么产生的？），而这些是在课本上所无法学习的真实生活的经验智慧。对于处于解严前后大时代氛围中的辅仁心理学系学生而言，这些经验不同于传统心理学实验取向的人文、质性与实践心理学，除了学术上的意义之外，亦在于可以承接消化日趋复杂的生活与生命经验，并回应当时台湾社会的冲击（翁开诚，2005）。

此时期系上还是以传统科学心理学为主流路线，只有在高年级可能开设有别于主流科学心理学的其他课程（如夏林清开设的大团体动力课程）。1988年心理系硕士班成立，作为研究所可以跳脱大学部课程结构的限制开设另类课程（例如：诠释或批判典范的心理学课程），而这些偏向人文取向的学习也能在论文上开花结果，满足学生心灵的需求。除了丁兴祥之外，系上出国的老师陆续在1990年前后回校（如刘兆明、夏林清、翁开诚等等），系上课程也越来越多元丰富。除了传统心理学的课程之外，更多了实验性与创新性的课程（偏向质性取向）。但是，系上渐趋明显的量化与质性之间的典范差异，促使系上文、理典范的争议仍旧持续发生着。这样的冲突与矛盾在90年代渐趋明显，尤其是在学生的论文取向选择上，如1990年出现了第一本"质性研究"论文：《万国道德会的五行——一个本土心理学的质性研究》（陈永芳，1990），便引起"这样的论文内容是否可以成为硕士学位论文"的争议。1991年起担任系主任的丁兴祥老师采取无为而治的领导方式，再配合当时辅仁大学文学院对系所民主式的开放，让原本就有着"自主"传统的应用心理学系老师可以依自身兴趣开设课程。这样的开放,渐渐让系上老师间的学术差异路线越来越清晰,但亦促成了几位路线上相近的老师相聚讨论这几年来的实践经验与路径,试着在这差异中理解彼此间可能的共通性及共同关怀,翁开诚称之为"外双溪系列会谈"(赖诚斌,2009)。1995 年系上举办了一场大型的"质化研究与专业实践研讨会",不仅吸引了志同道合的伙伴,也引起广泛的注目。接着,这几位老师又在 1998 年合作举办"主体性探究与实践研讨会"。另外,有别于当时系上刊出的《应用心理学报》(1992 年初刊,共出 8 期),这几位老师亦决定创办一个追求创新、对话与融合的《应用心理研究》季刊(1999 年春天正式发刊),从此另类、创新、质性的心理与社会科学研究,在台湾终于有个学术刊物可以发表,扩增了更多元、宽广、跨领域的学术对话场域,但同时绝不排斥传统实证量化的研究(翁开诚,2006)。应用心理学研究期刊的出现,不仅让老师们的质性心理学论文可以有发表空间,同时也让学生们有机会深刻地了解质性研究的学术作品。1995 年前后,辅仁应用心理学研究生开始出现大量以叙说、心理传记、行动研究、批判民族志为等为取向的硕士学位论文。接着,应用心理学系在 1999 年成立博士班,逐渐朝向人文科学(human sicence)取向的学术路线发展。这样,质性、主体性、传(诠)释、批判与实践取向的心理学高等教育,在辅仁心理系逐渐成形并开枝散叶。

然而,典范转移所促成的差异亦造成系上老师的紧张与矛盾。1997 年林文瑛老师接任系主任,1998 年系上即构思大学部朝向系内分组(人文组与科学组)招生,但因故未能执行(翁开诚,2005)。2000 年应用心理学系改名心理学系,8 月从隶属文学院改为隶属理学院,系址从文友楼搬至圣言八楼。同年,研究所招生分为科学心理学组、人文心理学组与临床心理学组。2001 年,《心理师法》在立法院通过,此法一出即牵动台湾心理学界(临床、谘商、辅导以及理论领域)包括工作者与师生之间若有似无的波动。2004 年,夏林清接任系主任,启动北京辅仁与台湾辅仁"历史中的心理学——接续断裂历史"

专题论坛。2006年，丁兴祥在《应用心理研究》上开设"心理学的定位与开展"专题（31期），收录系上几位老师这几年来反思心理科学、本土心理学以及叙说反映与实践的多篇文章，为辅仁大学心理系正式定调为：朝向心理"科学"、处于政治历史皱折以及开展社会关怀的"辅仁心理学"！2010年，心理学系再因社会潮流之限制与更多可能性的发展，把领域组别浓缩，进行协作，分为认知科学组、社会文化与咨商心理学组、工商心理与衡鉴学组。在台湾心理学领域中，"辅仁"的心理系，若绝若续、悬扰波折近80年；而辅仁的心理学生生不息地，由过去到现在，又奔向未来（翁开诚，2012）。

（一）"辅仁心理传记学"的发展脉络

心理传记学就像任何领域一样会历经内外辩证演化（因历史、文化、政经、个人生命等多元背景），其多元路径所展现的差异，恰巧能凸显百花齐放的芳香，而这些正是滋养心理传记学丰富性的养分。在辅仁大学心理学系研究氛围下诞生的心理传记学取向论文及其发展即是一个例子。

2010年止，在辅仁大学心理学系产生的硕士学位论文中（目前尚未有博士学位论文以心理传记学为取向），以心理传记学为其研究方法进行研究的总共有9篇。分列如下：

1. 陈祥美（1994），《梁启超生命梦想的形成与发展：一种心理传记学研究》
2. 赖诚斌（1994），《乡下人的战争：沈从文的生命故事》
3. 周梦如（1995），《探索张君劢的价值选择：心理传记取向的研究》
4. 邱惟真（1996），《朱光潜自我之建构：一种叙说式研究》
5. 陈佩璇（2001），《李叔同的自我觉察与实践之路：李叔同的心理发展历程》

6. 陈御蓓（2005），《看孤鸿明灭：张爱玲生命创造之展现》

7. 赵士尊（2006），《当我这样唱：生命故事观点看张雨生音乐创作的心路历程》

8. 林长青（2007），《以僧人精神统合生命：圣严法师的心理传记》

9. 陶牧群（2008），《我写，我说，我便是我：冯玉祥自传世界中的多重自我》

在整个辅仁心理传记学发展的历史光谱中，除了参照美国心理传记学术成果（如鲁尼恩、埃尔姆斯、麦可亚当、舒尔茨等人的心理传记学专著），另也有丁兴祥等人（2002）翻译的鲁尼恩（1982）《生命史与心理传记学》、与广东湛江师范学院郑剑虹教授合作（2011）翻译的舒尔茨（2005）《心理传记学手册》、丁兴祥与赖诚斌两篇关于心理传记学的期刊论文：《心理传记学的开展与应用：典范与方法》（2001）、《历史及社会文化脉络中个人主体性之建构：以沈从文的坚持为例》（2002），以及丁兴祥与倪鸣香共同主编的《应用心理研究》"生命史及心理传记：接续与开展"专题（2008）。

从辅仁大学心理系网页（http://www.psy.fiu.edu.tw/）中"本系师资"的"研究著作完整介绍"可以看到，夏林清、翁开诚与丁兴祥等人于1991至1994年间便陆续开始指导研究生进行有别于自然科学典范的人文与社会科学典范（诠释批判、行动科学取向）研究论文。翁开诚（2006）提及约在20世纪90年代左右，台湾心理学界有着心理学本土化的呼声，同时，辅仁心理系有一小群老师开始于研究所尝试开设新的、有别于自然科学典范的质性课程。就在这样新的、另类取径的心理学氛围中，以心理传记学为其研究方法的论文，几年后便在丁兴祥老师指导下出现了。

但在华人学术脉络中，初次使用"心理传记学"（暂不论历史学界中的心理史学领域）这个专有名词，并以其为方法进行学位论文创作的人，该是香港中文大学教育所学生邹秉洛，且其论文早在1987年即发表。邹秉洛的指导老师是在台湾教育学术圈颇有名气的政治大学教育系老师吕俊甫博士。邹秉洛以心理传记学的方法写出《中国青年导师鲁迅之性格及其发展》，主要把鲁迅的生命分成四大阶段，然后分别以发展心理学［代表人为皮亚杰（Jean Piaget）、科尔伯格（Lawrence Kohlberg）等］以及人格心理学［代表人为弗洛伊德、埃里克森（Erik H. Erikson）等］的理论来进行理解。从其论文摘要与目录看来，这确实是一本以心理传记学为方法进行研究的论文（然而，目前我们尚未拿到该论文，无法知晓邹秉洛在当时是参照哪位心理传记学家的相关理论进行研究的）。即使邹氏在1987年在论文中已大声疾呼心理传记学是值得推广的研究人物之新路向，但遗憾的是，相关领域的学术圈似乎没有在心理传记方面的研究中引起任何波动。即便是吕俊甫老师，之后也未在台湾引领心理传记的相关研究，回国后反而迎合台湾社会的教育改革氛围，选择走上教育改革之路。

因缘际会，我们从陈祥美处得知郑剑虹这个名字，以及舒尔茨于2005年出版《心理传记学手册》的讯息①，而这位中国大陆学者郑剑虹有意翻译舒尔茨编著的这本著作，因此我们在网络上搜寻郑剑虹的相关数据。我们惊喜地发现，郑剑虹几乎与辅仁心理系发展心理传记学的时代同步，他于1997年以《梁漱溟人格的心理传记学研究》取得西南师范大学心理系硕士学位，然后攻读博士学位期间在黄希庭老师的指导下完成《自强的心理学研究：理论与实证》（2004）。毕业后，郑剑虹在湛江师范学院教育科学学院心理系担任教职，期间陆续发表有关历史心理学、心理传记学的文章，也在2008年的秋天首次开设心理传记学的课程，亦指导学生相关取向论文（如：傅安国于2006年有关金庸的心理传记研究）。也由于这样的网络查寻，我们与郑老师通过电子邮

---

① 除此之外，舒尔茨也在网络上设置心理传记学专属的网站（http://www.psychobiography.com）以及（http://williamtoddschultz.wordpress.com/）。本文作者也在2010的冬天因着课程需求，在网络架设辅仁心理传记学的网站（http://www.wretch.cc/blog/cchiyuan），有兴趣的读者可以自行上网点阅。

件的联络开始进行初步的交流。2008年9月，张继元藉由参加辅仁大学与中国人民大学两校交流的机会，在北京把台湾辅仁大学这几年来的心理传记作品邮递给广东的郑剑虹。2009年夏天，我们又因着《心理传记学手册》而启动两岸合作协同翻译工作。该年圣诞节前夕，丁兴祥与张继元应郑剑虹之邀，前往湛江师范学院进行心理传记学的交流与讲座。

另外，网络查寻的行动也让我们知道，《心理传记学手册》的编著者舒尔茨在加州大学戴维斯分校求学时，其指导老师便是埃尔姆斯。而舒尔茨（2001）亦访谈过鲁尼恩有关其生命史以及心理传记学的发展脉络。丁兴祥也是埃尔姆斯的学生，并且在课堂上亦使用了鲁尼恩的教本，因此丁兴祥当时笑着说："绕来绕去就是这个圈子啊！都是一脉相传，仅此一家，别无分号！"

百年之前，刚出版第一本心理传记研究著作的弗洛伊德也许没有想到，他个人通过传记、画作与达·芬奇的"交会"行动，居然撒下日后心理学学术领域（甚至是文学、宗教、历史等领域）学术领域其中一支的种子。更没想到，心理传记学在现代西方（主要指的是美国）历经若绝若续的发展后，居然又因着留学生与文献翻译遥传至东方华人世界中。虽然此领域的研究社群在华人世界还是相当微小，但似乎有着一息尚存的源头活水，有力地开枝散叶，纷落在世界各地。

辅仁大学心系，就是继承当年弗洛伊德开展的心理传记学的研究社群之一。经过十几年的发展，我们渐渐走出属于自己的"辅仁心理传记学"风格。这篇文章就是要试着说说我们在心理传记学方面的努力，承接历史文化的积淀，发掘我们的源头活水，说我们的故事，这便是一种走向如其所是的主体性开展！也就是"辅仁心理传记学"的反思、定位与开展！

（二）反思辅仁心理传记研究

20世纪90年代初期，当时还是硕士生的陈祥美因着自身的脉络（其兄长具近代历史学问的相关背景),在阅读多本人物传记中(胡适、蒋梦麟等),看到影响这些人的有着共同的一位重量级人物——梁启超,因此选择梁启超作为她的研究对象。而赖诚斌则因着自身文学创作的经验、台东乡下人北上求学的生活脉络,以及当时自身与都市主流价值文化的冲突矛盾,经由寻寻觅觅的过程,最后以沈从文的心理传记为其所归。台湾辅仁心理传记学的研究,便是从此时生根,若绝若续地发展着。

心理传记学在台湾发展的开创者丁兴祥,多年来也独自对梁漱溟、蔡元培进行研究。他不仅介绍西方传统的心理传记学说,近来亦对传统心理传记学研究进行反思,并且逐步发展出新的观点。举例来说,丁兴祥(2009)近期对梁漱溟的研究——《儒家心理学的开展:梁漱溟其人其事与其言》,便是转向的例子。丁兴祥企图以梁漱溟自身的哲学理论来理解梁氏自身的生命经验及其发展,这是跳脱自笛卡尔(Dene Descartes)以来西方主流的主客二元哲学立论。传统心理传记以"他者心理学理论解释某一传主生命"的哲学立基,在丁兴祥处逐渐转向以传主生命故事以及传主自身哲学思想为主要理解方式的心理传记研究。即使这过程中仍然有着认识论的议题可再进行讨论,但这样的"转向",也可能是心理传记学的另一条新路,引动再往前突破的一盏明灯。

除了上述已完成的硕士学位论文之外,辅仁大学心理系硕博班持续有学生努力投身心理传记学领域。例如,陈慧玲,中文系背景,为了更深入理解钟理和,2007年与一群辅仁心理系师生前往钟理和成长之地美浓进行传主生活经验的置身理解。本来她因故无法继续研究,但一段时间后,她又再度拾起钟理和,更说"我的做法会跟之前你们所做的不一样喔!"薛荣祥,长年对宗教与藏传佛教有深厚的探究与理解。他在1980年进入大学后,即参加了该校的东方文化社团,那时藏传佛教也刚进入台湾,他就跟着几个社团长辈跑进去参加活动。后来,从心理学系毕业后,担任科技大学讲师,同时担(兼)任其中一个藏传佛教基金会的董事。也许因为在团体中发生某些争执,他对这样的宗教经验产生一些疑惑与认同问题；但也因为在这宗教圈子里浸泡多年，他陆续发表了多篇相关文章，目前他正积极地对太虚大师进行生命故事/心理传记的探究。还有，游芬郁，大学时代主修历史学，双修心理学，毕业专题是以心理史学为其方法。进入辅仁心理系后，早期的研究对象设定为武则天开始，几经思索终于确认以秋瑾为其研究对象。由此可知，心理传记研究对象的选择，往往基于研究者主体的兴趣。另外，张慈宜，她的心理学求学生涯都是在辅仁心理系，她也是第一批心理传记论文社群之一员。当时她非常想以张爱玲为其硕士学位论文的研究对象，也在博士资格考试的时候以张爱玲为传主进行心理传记学研究，但也许在她的生涯发展或当时处境中有着更急迫的议题需要面对，她一直没有正式发表过对张爱玲的研究（近来已陆续发表）。不过她却一直针对张爱玲做些文献研究与生命的对话，张爱玲，是她始终没有放下的选择。最后，张继元，从大学到博士班都在辅仁心理系成长，并且不断找寻个人在时代中的生命意义。他一路走来的研究取向，从自我实现到社区心理健康学，后又绕到中国哲学中思索"生命道径/境"的哲学提纲，最后因着生命经验中积淀着对情感与对自由的追寻（李泽厚哲学），终于碰见追求生命性灵、期待成为生命艺术家的徐志摩。近年来，张继元又因着拒考教师资格检定的行动（在台湾要担任中学以下的教师职位，必须修习师资培育学分，并通过由政府所举办的检定考试，以取得教师证照），以及在新庄社区大学工作的经验，对台湾近代教育改革的重要人物——黄武雄有着深切的关心。

　　近来更有博士生开始对台湾本土人物产生兴趣，如陈映真、吴浊流、郑清文、黄武雄等人。他们研究传主从地理环境的整个中国转向台湾，时空的距离拉近，如企图研究吴浊流的博士生汤宗勋所说："时间也该到了！"

　　这些在辅仁心理系的学习氛围中从事心理传记研究的学者，在辅仁心理学面对典范转移的时刻作出了时代的选择，诚如丁兴祥和赖诚斌（2006a）所说，我们在整体的心理学定位上有了新的开展，种种的历史涌现相聚，让我们在心理学的体质上逐渐转移。但这不会是一步登天式的体质转移，而是随着时间的堆叠积淀，在心理学方法论、认识论、本体论、价值论上，以及选择转移后在心理工作实践上达至知行合一，逐步缓转觉醒。这样多层次的积淀反思，本质上即是在追问："心理学是什么？"的一种身体力行。而这样的整体知行/叙说与实践研究的转变历程，在我们看来，十几年来丁兴祥所指导的心理传记学论文正可说明此一发展演变。

从对梁启超、沈从文（1994）的研究开始，到对朱光潜（1996）的研究为止，算是辅仁心理系开始以心理传记学为研究方法的第一段时期，因为之后的阶段要迟至2002年另一本心理传记研究论文才出现。在第一段时期初的心理传记研究论文中，心理传记学取向的论文写作风格刚起步，辅仁心理学系的人文取向也正处于草创阶段，其认识论与方法论采用丁兴祥和赖诚斌（2001）根据西方心理传记学家鲁尼恩（Runyan，1982）、麦克亚当斯与奥克博格（McAdams and Ochberg, 1988）下的定义："明显地使用系统化或正式的心理学知识或理论于传记研究，并连贯出具启发性的故事"。我们可以称这一时期的发展是"心理传记犹如理论之应用"，是属于第三人称、主客二元的立场。此时期的心理传记论文就在上述的定义之下进行研究，而常用的理论诸如埃里克森发展阶段论（尤其是自我确认的概念）、莱文森（Levinson，1978）人生四季论、格根等（Gergen & Gergen，1988）三种叙说原型以及叙说建构的自我。简言之，此时的心理传记学企图用"西方"已发展的心理学理论来诠释、分析，或者说套用在其传主生命故事文本中，以这些理论视框来解释所发现的"传主样貌"。这样的"理论使用"做法，会发生如上定义描述中某种典范转移上的矛盾。因为这样的"理论解释"正是在方法论、认识论上进入主客二元，是我这研究者（主体）拿着理论来诠释你这研究对象（客体），本质上是接近笛卡尔的主客二元论的立场，而较不倾向人文科学、诠释学中互为主体式生命理解与同理的范畴，也非如马丁·布伯（Martin Buber）所说的"我与你

(I and you)"的关系情态（Buber，M. 1991）。

然而，在草创期要进行如此心理传记形式的研究，以及当做学位论文，已属不易，需要如余德慧所说的"勇气"，这已是非常不简单的突破。另外，又如赖诚斌所说（2009 年初政治大学另类教育研讨会，张继元与他的私下谈话），他当时非常喜欢埃里克森的论述，对于沈从文的生命故事，他觉得埃里克森的说法是可以去解释的。赖诚斌在硕士班时完成沈从文的心理传记研究，日后在攻读博士学位时更企图"互为主体"地努力紧贴着沈从文的生命情调与当时错综复杂的社会历史背景，书写出沈氏"有情于世，拙于事功"的乡下人样貌。而对于埃里克森的学问，赖诚斌也努力以自身生命经验，有意识或无意识地不断与之对话，让其涵化成为他自己生命的学问。如他自己所说，他使用"结晶化分析"的方式，不断地来来回回于传记数据文本与自身生活经验中，细致深化地淬炼出传主的生命情态。在这之间，研究是一个逐渐形成的历程，也是将研究者本身视为重要的研究工具（赖诚斌、丁兴祥，2002）。这样的典范转移与心理传记写作风格和功力要一直到了 2002 年那篇《历史及社会文化脉络中个人主体性之建构》发表之后才产生。而这篇文章的产生，亦多少影响了辅仁心理传记发展的第二段时期研究者。然而，赖诚斌至此已浸泡在心理传记学中十年了。这是初学者暂时无法进入的另一层功夫境界。这已不是当年"独上高楼，望尽天涯路"了。

此时的每个研究者，某种程度上或多或少都与传主进行过相当深度的交会与理解，但 20 世纪 90 年代中期的心理传记研究尚处于"以理论解释传主"的论述中（这基本上需要从心理传记学的历史发展来看待其定义的使用）。甚至，经过时间的推移到了现在，即使心理传记学多少加入了文学、艺术等的观点，也提醒大家要小心使用理论，提倡最好是用自己的生命经验积淀出的生活视野，或在反复的理解传主生命文本的过程中淬炼出适当的理论出现。但是心理传记的定义还是保持着非常原初的形式，即是把理论放进研究对象的生命文本中，以此作为心理传记研究的主要方式。这些都还是在"理论的适用性"上打转，还未进入心理哲学范畴中去反思此中的哲学立场！"理论"作为一个理论创作者的生命学问，如何挪至使用者身上并发生"恰当的融合"，然后又放进研究者与传主的生命当中，这是近代诠释学不断反思与辩证的议题。然而，必须一再提醒的是，心理传记研究在辅仁心理系是一个历史性的发展，当时有当时的情势氛围，我们需要有历史感，也就是脉络性的理解与同理！或者可说，初期的研究比较偏向后实证主义典范的心理传记研究写法（Runyan，1988），也许是心理传记学的某一种研究风格，或者是其发展阶段的一个切面风貌。

在第一段时期的后期，辅仁心理系也有另外一批学生开始以故事的写作取向来进行学位论文创作（辅仁心理学的叙说取向小历史请看翁开诚 2006 年的《若绝若续之辅仁心理学》一文，从以强调同理心的方式来协助走进咨商室的他者叙说自己的故事开始，到研究生叙说自己的生命故事，再到群己关系的故事叙说；这是一段企图走向主体性生成，以及互为主体性养成的缓慢历程）。针对朱光潜进行心理传记研究的论文（邱惟真，1996），便是受其"故事"氛围的影响。该论文并未大量以心理学理论来解释传主，而是主要以格根等，(Gergen & Gergen，1988) 的"叙说建构的自我"为其主轴来说明朱光潜的多重自我。这样的论文内容基本上是在书写传主的"生命故事"，及其传主在如此的生命经验中自我的建构历程。某种程度上来说，这具有跳脱上述"理论解释"的研究框架之意味，而开展出朱光潜的主体生命经验之故事呈现。但是，这样的写作形式却仿佛少了什么？研究者去哪了？在朱光潜的论文中，研究者不以心理学理论来分析或套用在传主这客体的生命上，而是让传主的传记自身说话，开始真实地启动典范转移（从实证逻辑转至诠释典范）。在这样的诠释过程中，研究者看似不见，但其实我们又知道作者自己在论文中处处留下痕迹，虽然他始终没有现身表白自己的立场与自己的研究视框。这样我们看到的到底是朱光潜的生命展现，还是研究者的自身生命无意识的解读？这是进行生命故事取向的工作者常常需要思索的议题！这也是西方近代现象学、诠释学与实务工作者之间的争议之处，即离开哲理上的辩证逻辑，在生活世界中具体地进行与他人之间的"视域融合"该如何的真实反映。20世纪90年代年代，当时辅仁心理系的叙说取向论文内容，也都几乎还处于主客二分的氛围上（翁开诚，2006），然而，时间的轨迹仍然还在向前行走着。

必须在此说明的是，当我们提到辅仁心理系"叙说"式的论文取向时，其实会因着向"谁"学习"叙说"而有不同的叙说风格与行动路径。系上的学习氛围与不同取向的人文—社会学问之间是彼此交织影响的，尤其是这里提及的叙说与心理传记。然而，两者之间到底有着怎么样的关系与异同呢？心理传记研究面对的主要是文献上的"语言文本"，叙说研究者主要面对的是活生生的人（但其后也会转成语言文本），两者最后一样都会涉及"语言文本"。传记数据可能是自述，也可能是他述，而叙说数据可能是研究者自述，也可能是研究对象自述，研究者转成文本（逐字稿或田野稿），也有可能是研究对象自我书写。我们认为，两种取向的差异并不大，其根本性异同应来自研究者如何面对文本！心理学所指涉的"人"是怎么样的"人"？"人"就是"文本"吗？如同李泽厚（2011）常提及的论述，他总是说21世纪的哲学该是从语言哲学转向情本体（美）的哲学。该是理性地理解分析文本或活生生的人所说的话呢？还是带着我们的灵魂、情感与眼泪进入文本或活生生的人的生命杰作中冒险呢？是太初有言？还是太初有为（天行健）？或者说，两者都须拿捏兼具（"度"）呢？

接着，我们进入辅仁心理传记研究的第二段时期（2002—2008）这段时期由研究李叔同到研究张爱玲、张雨生、圣严法师、冯玉祥。这段时期我们可以称之为朝向"心理传记犹如互为主体，作者与传主对话"的阶段。第二段时期是在六年的空窗后，承接第一时期的后续氛围，企图逐渐脱离主客二元的后实证典范阶段，迈向诠释典范互为主体、同理的理解。然而，我们会看到，这样浸泡在系上的叙说取向已逐渐转向互为主体，赖诚斌在2002年那篇文章所展现了心理传记学研究及其研究者在典范转移时遭遇到的困境。在这段时期中，心理传记研究论文已渐渐脱离直接套用理论解释的主客二元窘境，更多的是书写出传主的生命故事，这是承接朱光潜那本论文之后的书写脉络。在研究李叔同的心理传记论文中，研究者因着自身的经验以及李叔同的哲学立场，故而注意到中国哲学中包含着的心理学学问，且大胆地以此研究中发现的心理学知识，与西方理论有所对话。更令人激励的是，研究者本人不时出现在论文中与传主、理论对话，更因为研究传主的生命经历进而勾动研究者本身的生命经验，凡此种种都开始有了互为主体式的心理传记书写的意味。作者虽然仍旧主要是处在"理解李叔同的故事"的位置，但已渐渐把自己的生命立场挺立出来并与之对话。

　　三年后，以张爱玲为传主的心理传记论文出现，之后是逐年一本心理传记研究作品的出产，直到2007年止。在这第二段时期的历程中，我以对张雨生的研究举例说明此时的发展状况。在关于张雨生的那本心理传记论文中，作者开头的动机说明就有着浓厚的自身生命经验意味，说明他如何在其生命经验中与张雨生相遇，同时，作者援用了同理心的概念，也挪用了利科（P. Ricoeur）的诠释"三层再现论"（沈清松，2000），让传主的生命样貌更显得活灵活现。之后，研究者也接受论文口试委员提出的建议，在论文中加入"我的立场"。这"我的立场"已显现出"我笔下的……（研究传主）"，使研究者自身在研究中的出场得以确立，也就是说，不回避在主流实证典范下被宰制的"自身的主观经验"。即便"我的立场"仅是个小文，在整个论文内容占了非常少的分量，但是这样表明研究者的立场，却是之前的论文没有的。这样的处境牵扯到论文内容中"传主的故事"与"研究者的故事"之间的关系摆放之议题。赖诚斌也在《应用心理研究》第12期中的《心理传记学的开展与应用典范与方法》（丁兴祥、赖诚斌，2001）一文中作了这样的努力。在该文中，作者简略地说明了赖诚斌的生命经验与沈从文相遇的脉络，这是在赖诚斌硕士学位论文中并未出现的经典段落；接着，文中也指出赖诚斌对沈从文的"一生"承诺，如此方能对研究对象有深沉的生命理解，以及生命的敬重。这是个时间脉络下的相遇，对过去、当下与未来都有意义，这不仅是对传主的生命理解而言，同时也是对着研究者的后设理解来说。

到关于圣严法师的这本心理传记论文时，我们一开始就看见研究者认真地爬梳与书写自己的生命故事，从中试图理解自己的生命，这几乎占了整本研究论文的一半。而对于圣严法师的看法，研究者也不套用理论解释圣严法师，而是就研究者自己的文献整理与理解，娓娓道出圣严的故事。但是，说完了圣严法师的故事之后论文即结束。两方主体的故事各自彰显，却没有发生任何扣连（仅说明了走向圣严法师的动机与过程），仿佛是互为主体之间的桥梁断裂。然后接着的冯玉祥心理传记论文，同样也是在介绍选择传主的动机时，交代了研究者自身的生命经验（主要是自身宗教的经验与疑惑），接下来的书写是运用"多种自我"的观点对传主进行理解，同时也反身对研究者本身进行理解。不过，这时期的"独有议题"也找上了该作者。

（三）心理传记学的积淀与转化创造之必要

最后这两篇论文所标示出的"独有议题"困境，在辅仁心理传记第二段发展后期几乎是一种必然！随着系上叙说取向的氛围影响，心理传记论文也试着在体质上挪移到诠释典范的"互为主体"上（当然不仅这个，还有更多，诸如如何达至现象学的本质直观、人文与科学的关系理解、真善美的追求等等），甚至，发展到生命叙说后的行动研究。但是，在此时就会遇到硕士毕业时间的问题，这关联到硕士学位体制与社会普遍浮动的生存隐规则之限制

（在台湾，2001年之后的"心理师法"更是冲击心理系师生的整体学习样貌与生存姿态）。

一般科学取向的硕士生多半两年内完成学业，而人文取向的学科则至少三年。但按照上述不断提到的理想——互为主体式心理传记学，既要先理解心理传记学，然后要搜寻传主相关资料并试图整理故事化传主的生命（传主的生命理解又包含时代脉络、传主背景学问、传主的人际图像等等），同时又要自我叙说、自我理解。这些学问要求与生存处境造成硕士生时间上的严重超载，以及知识承载负荷过重（心理传记学不可避免须跨领域，是整体性的学问）。传主与研究者两个故事相继生长着，同时又要求"高层次同理心"的视域融合。在这要求绩效、效率、问题解决等等科技理性与资本主义并存的现代社会中，选择心理传记取向进行研究的硕士生（甚至是学者）必须面对挑战以及生存抉择，其实是相当需要勇气，或者傻劲。然而，谁希望如此？所以，故事的断裂、仅仅是对传主个人故事的理解、小论文等等成为进行此研究的必然遭遇！果然，1996年度后至今，虽则亦有研究生努力地试图以心理传记为研究取向，但面对辅仁心理传记学的经验积淀，却无任何正式学位论文的生成。一个"暂且阶段完成"的历史积淀接口尚未登场。

但也许，有另一经验可循，就如赖诚斌的研究。他在硕士时阶段性地完成了沈从文的心理传记学论文，接着在就读博士班时陆续发表更深刻更细致更贴近沈从文生命情态与意义的期刊论文（2000，2001，2002）。他明白地表示，研究者在心理传记研究过程中是非常重要的研究工具这样一个立场，又说"强调研究者长期在文本（text）和经验之间不断地来回反思解释，经过不断在数据上、概念上分析比较，并洞察经验所得和融入新的领悟，把文本渐渐形塑成可传达理解的诠释形态"（Miller & Crabtree，1992；赖诚斌、丁兴祥，2002）。这是一种接续与面对生命的方式，一种对传主的生命承诺的书写再行动，如此逐渐进入更高层次深化的功力。这之中不仅仅是涵括理论概念或理性上的诠释理解而已，还要有如朱光潜（1932/2003）在《谈美》一书中所说的，灵魂进入传主的生命杰作中一起冒险的精神和承诺，这是一个强调生命情感共振同理的美学层次。

然而，并不是每个人都能有机会或有兴趣念博士班，进而做出这些更深化的功夫，也不是每个心理系都能接受这样的研究取向。其他人或许也有生命式承诺的行动，但不尽然会或需要书写出来成为学术著作，或者，对自己有意义即可。对自己有意义正反映特定历史环境的一个切面，因此，对自己有意义的理解行动，再加上对自选的传主的生命与历史的交会理解，正是对我们身处的某种特定政治历史下的一群人的接续脉络的理解与行动。心理传记也因此勾勒出了社会关连性、反思在地文化与行动变革的可能性。这就朝向了知行合一的可能，也就是叙说与实践。

心理传记或叙说的研究精神并不仅固着在学术领域上，像这样的非工具性、心灵生命式的承诺行动，不局限在研究中，也能发生在艺术创作、文学创作、宗教经验、小区活动、助人工作、教育行动之中，也许更是发生在任何日常生活一点一滴的时空关系之中，这便是"道在伦常日用之情中"（翁开诚，2009，2011）。难怪，中国化的禅宗可道出这样一句耐人寻味的话语："挑水砍柴无非妙道！"而傅伟勋（1994）的"学问的生命"与"生命的学问"才有了可能的扎实联结，李泽厚（1996b）才会放心地吐出："慢慢走啊，欣赏啊！"在自然的人化与人的自然化中，"人在自然中"（夏林清，2009）才如然浮上心头，交会于人世存有的江湖之中。

最后，回到舒尔茨所架设的心理传记学网站，在网站上舒尔茨介绍了"什么是心理传记学"，这还是接承着鲁尼恩、麦可亚当以及埃尔姆斯的定义："心理传记学是一门使用心理学理论和研究来分析历史上有其意义的某个人之生命。它的主要目标是要了解人们，以及试图揭示其公众行为的深层动机，不管此行动属于艺术的展演、科学理论的创发，或者是政治决策的采纳。"另外，鲁尼恩在接受舒尔茨访谈时也是说："心理传记学是明确地运用正式的心理学理论或研究来解释个人生命。"（Schultz，2001）再后来，伊萨克森在2001年的秋天用电话与电子邮件访谈埃尔姆斯，其中提及埃尔姆斯进行心理传记研究时的理论偏好与方法论，埃尔姆斯也是说："我会试着去寻找最能接近或相称于我正在研究的传主的理论，因为我不认为有任何一种理论是可以适用于任何人的。"[①] 综合上述说法，这些说法大多与丁兴祥、赖诚斌（2001）整理后的定义大同小异，即"明显地使用系统化或正式的心理学知识或理论于传记研究，并连贯出具启发性的故事"。

迄今，我们认为这是整个世界心理传记学发展的第二期阶段性完成（第一期是指弗洛伊德创立心理传记学至埃里克森为止，可见文后附录之"弗洛伊德百年之后：心理传记学（者）的发展"）。本文的最后，两位作者尝试对心理传记学的未来发展，进行一个提纲式论说。

四、辅仁心理传记学的继往开来：从相对多元认识论朝向主体实践

回顾心理传记学的历史发展，不同地区的发展情况并不相同，这本身便是一个很有意思的历史问题。历史的发展既有外在的条件，也有其内部的因素，这些因素常常是辩证对偶地生发着的。心理传记学在台湾的发展与台湾的社会条件变迁以及台湾心理学的发展有关。台湾心理学在"二战"后兴起（虽然在日据时期亦有台湾心理学，这来龙去脉又是作者另一篇"台湾心理学史"要努力阐述的故事了），而心理学在"二战"后，可说是由美国心理学主导的。台湾在战后主要承袭的便是美国的心理学，而美国战后主导的心理学为实

---

① 该文参考 http://starcraving.com/之"Alan Elms biographical interview"

证典范。心理传记学可说是源于弗洛伊德（1910）的达·芬奇研究，主要的方法与理论是心理分析。战前，心理传记学曾兴盛一时，战后量化典范兴起，心理传记学在美国可说是边缘学科。很少有心理学研究者是采取心理传记学取向。埃尔姆斯（1976）在《政治中的人格》一书中，启用了心理传记学（psychobiography）这个名称（虽然这个名称在心理学之外已有人使用）。本文作者之一的丁兴祥在20世纪80年代去美国留学，在加州大学遇上了埃尔姆斯，可说是一种际遇，而这个际遇也埋下了台湾心理传记学发展的种子。

心理传记学作为美国心理学的边缘学科，虽然在方法上突破了量化（或通则式取向）的传统，强调以个案（或特则式取向）为方法取向，然而，当时心理传记研究者在认识论上所采取的立场，多少仍站在主客二元的位置，强调以研究者客观（或旁观者）的角度，分析或诠释传主（当事人）的生命。而这样的立场，在心理传记学的源头便出现了争议。埃尔姆斯（1994）指出弗洛伊德（Freud, 1910）的《达文西对童年的回忆》研究显示出弗洛伊德有其自身的深层个人理由而影响了对达·芬奇的心理诠释。这意味着心理传记研究避免不掉传主与研究者两者之间复杂的关系问题。当然这也是心理分析的问题。弗洛伊德的失误带给心理传记在方法论上的反思及启示。弗洛伊德之后，埃里克森的《青年路德》（1958）以及《甘地的真理——好战的非暴力起源》（1969）在资料及方法上都有显著的改善。虽然埃里克森也是采取研究者立场表述，但书中会主动表述自己本人的想法，尤其是在《甘地的真理——好战的非暴力起源》一书中，在研究遇到难题及困境时，曾采取书信的方式，试图与传主（甘地）对话，这已明显地采取"互为主体"的对话立场。

到了20世纪80年代，美国心理学也逐渐在方法上有不同的声音，研究者逐渐试图摆脱寻求单一最好的、正确的诠释（这属于实证典范立场），鲁尼恩（1982）在《生命史与心理传记学》一书中，便提出了"相对认识论"立场。诠释在"批判"及"否证"之后，可以提出多种诠释的可能。诠释是具开放性的，甚至诠释本身是具历史性的，受历史脉络的影响。这已接近诠释学的认识论。美国心理学80年代中期兴起了另一种认识论——叙说取向。萨宾（Sarbin, 1986）首次使用"叙说心理学"这样的宣称。叙说取向逐渐扩散出来，麦克亚当斯、汤姆金斯（Tomkins）、布鲁纳（Bruner）、萨宾等可为这方面的代表人物。台湾心理学也受到叙说取向的影响，只是时间上发生得较晚。

简而言之，台湾心理传记学的发展，也大致依循了美国心理学的发展。开始时是承袭了美国的取向，而当时所用的教科书是鲁尼恩（1982）的教本。鲁尼恩的认识论已从主流的实证取向，朝向相对认识论（亦可称之为"后实证取向"，强调理性批判及多种诠释的可能）。但鲁尼恩仍站在研究者立场诠释传主的生命（虽然有多种诠释的可能）。台湾心理传记学开始发展时，主流心理学是以量化为主的实证研究，并不理解也不支持心理传记式的个案研究。而当时的质性研究也才刚起步。

诚如库恩（Thomas S. Kuhn, 1962）《科学革命的结构》中所论述的，科学范式（paradigm）并非固定不变。科学之进展与"典范转移"有关。一个学科的典范会随时间而产生质变，形成所谓的典范转移或科学革命。典范的变迁是历史问题，一个科学社群往往是从少数的异例开始，提出不同于主流典范的主张。20世纪90年代，台湾心理学逐渐兴起不同于主流的质性研究，包括了扎根理论、诠释学、批判理论、生命史学、民族志等等。质性研究在认识论上的立场，与量化研究有明显的区隔与对比，甚至有"不可共量性"，是明显的"另类"（alternative）论述。这当然会带来学科内的紧张与危机。质性研究显然在认识论上与量化研究不同，但质性研究本身是个大伞，包括了多种本体论及认识论，其中包括后实证主义、诠释学及批判理论等。而这些不同的认识论各有其本体论的设定，亦有其认识论与方法论的主张，可说是各异其趣。

哈贝马斯（Habermas, 1968）在《认识与兴趣》一书中，试图区分三种不同的学科（科学），乃是基于人各自有不同的兴趣（旨趣、利益，interest）。

哈贝马斯将生活的基本要素区分为三种（劳动、语言、权力），产生了三种兴趣（利益）（技术、实践、解放），形成了三种科学（经验/分析科学、历史/诠释科学、批判科学）。若以研究者与研究对象的关系形式来看，三种科学可分别用 I–it（经验/分析科学）、I–thou（历史/诠释科学）以及 I–they/we（批判科学）表述。亦即，经验/分析科学采取主客分立、旁观者（客观、疏离）立场，历史/诠释科学采取互为主体（平等、同理、对话）立场，批判科学采取"人与社会辩证"（研究者与被研究者共同参与行动、伙伴关系）立场（引自郭官、李黎义，1999）。

若用哈贝马斯的概念架构和台湾心理传记的实践之路，依认识论中研究者与传主之关系的立场来看，其发展之初是采取后实证主义立场（经验/分析科学，旁观者立场），然后逐渐地朝向历史/诠释科学（互为主体之同理与对话）。若心理传记的焦点着重在传主与其社会的关系，着重在改变这种关系，亦可采取批判科学之立场（传主与研究者为共同行动之伙伴关系）。而无论是历史/诠释科学或批判科学，均强调主体的反思与实践，强调研究者与传主彼此"参赞化育"，是一种"我与你"及"我们"一起的关系立场，是一种主体实践取向的心理传记。

黑格尔在《哲学史讲演录》中曾强调哲学史就是哲学（引自邓晓芒，2008）。一个学科的历史形构了该学科。这已是历史本体论的提法。同样的，心理学家莫里（Murray，1938）亦有类似的话，莫里曾言："有机体的历史就是有机体"。这是在强调"人"的历史性。台湾心理传记学的历史发展也建构了台湾的心理传记学（或称为"辅仁的心理传记学"）。这一路走来，研究认识论及视角也逐渐变迁，从摆脱主流的实证典范，逐渐朝向本体论及认识论的多元化。心理传记学在西方（美国）作为一种另类心理学，本身便具有边缘性，其历史也是充满了争议及起伏。在强大的现代性思潮面前，心理传记学在西方亦是在对抗主流思潮，试图追溯西方文化的人文传统。这并不只是当代的问题。反观传记学在中华文化中亦有其深厚的传统，而中国文化的人文传统可以上溯至春秋战国时代，甚或更早的周代、商代的巫史传统。台湾现代心理学的话语均以西方（美国）为主流，这种"移植"性格是我们要深切反思的。心理传记学若要朝向多元化、本土化发展，应可上承自身文化的人文传统。所谓"承先启后"、传统与现代、主客之争，若从诠释学者伽达默尔（H. G. Gadamer）的观点来看，所谓的"理解"涉及两者之间的"视域之融合"，理解是一个过程，是往复循环的。历史本身就是流动的，也是积淀的（引自严平，1997）。理解是一个创造的过程，上承自身的传统并与之对话，或可走出现有的困境，这也许是台湾心理传记学进一步努力的目标。近年来，有许多学者试图从中西文化之对比、比较、对话方式，提出融通中西的新主张、新话语。话语之不同，显现了文化的差异。如何再造新的哲学话语，成为心理传记学的根本，本立而道生。举例而言，心理传记作为一种"生命美学"，若以李泽厚（2008，2011）"人类学历史本体论"的话语，以情（人类心理；情感与情况）为本体，"度"为方法论，"主体实践"为方法，审美为终极价值，或可开拓出一种崭新的"心理传记学"。简而言之，也就如李泽厚（2011）晚近常说的"以美启真、以美储（显）善、以美立命"。而这样的心理传记学或可上承传统的"仁学"，亦可与西方开展的心理传记学对话，"以文会友，以友辅仁"。

　　本文结尾试说心理传记学第三期发展的可能性论述，是典范转移至互为主体，是知行合一（叙说与实践），也是努力朝向主客交融、视域融合的有意味形式（仁），更是奔向情本体、美学的。文末表达了对第三期的深切期盼。是为结。

　　渐，女归吉，利贞。回望心理传记学的历史轨迹，轻抚弗洛伊德与埃里克森的经典之作（Wrightsman, 1994），接承过去心理传记学者的努力，在世界各地投身于心理传记学的研究者们啊，继续走啊，继往开来吧！

参考文献

陈佩璇（2001）．李叔同的自我觉察与实践之路：李叔同的心理发展历程．硕士学位论文，辅仁大学应用心理学研究所，新北．

陈祥美（1994）．梁启超生命梦想的形成与发展：一种心理传记学研究．硕士学位论文，辅仁大学应用心理学研究所，新北．

陈御蓓（2005）．看孤鸿明灭：张爱玲生命创造之展现．硕士学位论文，辅仁大学应用心理学研究所，新北．

陈永芳（1990）．万国道德会的五行——一个本土心理学的质性研究．硕士学位论文，辅仁大学应用心理学研究所，新北．

邓晓芒（2008）．哲学史方法论十四讲．重庆：重庆大学出版社，20—21．

丁兴祥（2006b）．一条回家的路——重新面对"人"的复杂性．见丁兴祥等（译）．质性心理学：研究方法的实务指南，7—13．台北：远流出版公司．

丁兴祥（2009）．儒家心理学的开展：梁漱溟其人其事与其言．辅仁大学心理系"2009 全球化中的多元思维学术研讨会——心理系场"（10 月 2—3 日）之报告论文，台北：辅仁大学．

丁兴祥、倪鸣香（2008）．生命史及心理传记：接续与开展．应用心理研究，39，13—16．

丁兴祥、赖诚斌（2001）．心理传记学的开展与应用：典范与方法．应用心理研究，12，77—106．

丁兴祥、赖诚斌（2006a）．回观心理"科学"：从反思性到善美社会之人文科学心理学．应用心理研究，31，113—132．

傅安国（2006）．人格与事业生涯的发展：以金庸的心理传记学研究为例．湛江师范学院学报，5，117—122．

傅伟勋（1994）．学问的生命与生命的学问．台北：正中书局．

赖诚斌（1994）．乡下人的战争：沈从文的生命故事．硕士学位论文，辅仁大学应用心理学研究所，新北．

赖诚斌（2004）. 自我叙说探究与生命转化——发生在芦荻社大的学习故事. 博士学位论文，辅仁大学心理学研究所，新北.

赖诚斌（2009）. 心理学教育作为社会变革的可能路径：一个人文科学心理学社群在台湾的故事. 见 Rainer Kokemohr，倪鸣香，冯朝霖（主编）. 异文化中的教育专业意义世界：2006年台德双边学术交流工作坊论文集（239—260）. 高等教育出版社.

赖诚斌、丁兴祥（2002）. 在历史及社会文化脉络中个人主体性之建构——以沈从文为例. 应用心理研究，16，173—214.

李泽厚（1996a）. 中国现代思想史论. 台北：三民书局.

李泽厚（1996b）. 我的哲学提纲. 台北：三民书局.

李泽厚（2008）. 人类学历史本体论. 天津：天津社会科学院出版社.

李泽厚（2011）. 哲学纲要. 北京：北京大学出版社.

林长青（2007）. 以僧人精神统合生命：圣严法师的心理传记. 硕士学位论文，辅仁大学应用心理学研究所，新北.

罗曲玲（2005）. Carl Rogers生涯历程之研究：心理传记学取向. 硕士学位论文，台北市立师范学院教育心理与咨商研究所，新北.

邱惟真（1996）. 朱光潜自我之建构：一种叙说式研究. 硕士学位论文，辅仁大学应用心理学研究所，新北.

沈清松（2000）. 吕格尔. 台北：东大图书公司.

陶牧群（2008）. 我写，我说，我便是我：冯玉祥自传世界中的多重自我. 硕士学位论文，辅仁大学应用心理学研究所，新北.

翁开诚（2005）. 成为自己的来源——辅大心理学系的故事. 见刘佩蓉（主编）. 超凡入圣. 213—244. 台北：辅仁大学出版社.

翁开诚（2006）. 若绝若续之"辅仁"心理学. 应用心理研究，31，161—193.

翁开诚（2009，10月2—3日）. 道在伦常日用之情中（上、下，粗/初稿）. 发表于辅仁大学心理系主办的"2009全球化中的多元思维学术研讨会—心理系分场"报告论文. 台北：辅仁大学.

翁开诚（2011，4月2—6日）. 道在伦常日用之情中：以美启真，以美显善. 发表于辅仁大学心理系、武汉大学心理系合办的"辅仁大学与武汉大学心理学系2011年两岸学术交流论坛——百年心理、在地转化：迈向人/民的心理学"报告论文. 湖北：武汉大学.

翁开诚（2012，2月24日）. 老照片与系史——成为自己的来源. 发表于辅仁大学心理系主办的"辅仁在台五十、心理四十：拾遗、回顾与前瞻"报告论文. 台北：辅仁大学.

夏林清（2009，10月2—3日）. 人在自然中，迎向世间事——在地闲坐的身体笔记. 发表于辅仁大学心理系主办的"2009全球化中的多元思维学术研讨会—心理系分场"报告论文. 台北：辅仁大学.

严平（1997）. 高达美. 台北：东大图书公司.

赵士尊（2006）. 当我这样唱：生命故事观点看张雨生音乐创作的心路历程. 硕士学位论文，辅仁大学应用心理学研究所，新北.

郑剑虹（1997）. 梁漱溟人格的心理传记学研究. 硕士学位论文，西南师范大学心理学研究所，重庆.

郑剑虹（2004）. 自强的心理学研究：理论与实证. 博士学位论文，西南师范大学心理学研究所，重庆.

周梦如（1995）. 探索张君劢的价值选择：心理传记取向的研究. 硕士学位论文，辅仁大学应用心理学研究所，新北.

朱光潜（1932/2003）. 谈美. 台北：晨星出版社.

邹秉洛（1987）. 中国青年导师鲁迅之性格及其发展. 硕士学位论文，香港中文大学文学教育研究所，香港.

Buber, M.（1991）. 我与你（陈维刚译）. 台北：桂冠出版社.

Erikson, E. H.（1958/1997）. 青年路德（康录岛译）. 台北：远流出版公司.

Erikson, E. H.（1969/2010）. 甘地的真理：好战的非暴力起源（吕文江，田嵩燕译）. 北京：中央编译出版社.

Freud, S.（1910/2000）. 达文西对童年的回忆（刘平，孙庆民等译）. 台北：知书房.

Habermas, J.（1968/1999）. 认识与兴趣（郭官，李黎义译）. 上海：学林出版社.

Runyan, W. M.（1982/2002）. 生命史与心理传记学（丁兴祥等译）. 台北：远流出版公司.

Schultz, W. T. (2005/2011). 心理传记学手册（郑剑虹等译）. 广州：暨南大学出版社.

Elms, A. C. (1976). *Personality in Polities.* New York：Harcourt Brace Jovanovich.

Elms, A. C. (1994). *Uncovering Lives.* N. Y. ：Oxford University Press.

Freire, P. (1990). *Pedagogy of the Oppressed* (2nd ed.) N. Y. ：Continuum.

Gergen, K. J. & Gergen, M. M. (1988). Narrative and the Self as Relationship. *In Advances in Experimental Social Psychology*, 21. N. Y. ：Academic Press.

Kuhn, T. (1962). *The Structure of Scientific Revolutions.* Chicago：University of Chicago Press.

Levinson, D. J. , Darrow, C. , Klein, E. , Levinson, M. & Mckee, B. (1978). *The Seasons of a Man's Life.* New York：Knopf.

McAdams, D. R. & Ochberg, R. L. (Eds. , 1988). *Psychobiography and life narratives.* Curham：Duke University Press.

Miller, W. L. & Crabtree, B. F. (1992). Primary Care Research：A Multimethod Typology and Qualitative Road Map. In B. Maher & Miller (Eds.). *Doing Qualitative Research.* Newbury Park, C. A. ：Sage.

Murray, H. A. , et al. (1938). *Explorations in Personality.* New York：Oxford University Press.

Runyan, W. M. , McAdams, & D. P, Ochberg, R. L. (Eds. , 1988). *Psychobiography and Life narratives：A Special Issue of the Journal of Personality.* Durham and London：Duke University Press.

Runyan, W. M. (2005). Evolving Conceptions of Psychobiography and the Study of Lives：Encounters with Psychoanalysis, Personality Psychology, and Historical Science. In W. T. Schultz (Ed.) , *Handbook of Psychobiography* (pp. 19 – 41). New York：Oxford University Press.

Sarbin, T. R. (Ed. , 1986). *Narrative psychology：The Storied Nature of Human Conduct.* New York：Praeger.

Schultz, William Todd (2001). Psychobiography and the Study of Lives: Interview with William McKinley Runyan. *Clio's Psyche: A Psychohistorical Forum*, December Special Issue, 105 – 112.

Schultz, W. T. (Ed., 2005). *Handbook of Psychobiography.* New York: Oxford University Press.

Wrightsman, L. S. (1994). *Personality Development in Adulthood: Volume 1: Theories and Concepts. Newbury Park*, C. A. : Sage.

After Freud's Century Work, "Fu Jen Psychobiography" Goes from Strength to Strength

Chi-yuan Chang Shing-shiang Ting

(Department of Psychology, Fu Jen Catholic University, Xinbei, Taiwan, 24205)

╱ Abstract ╱

This article reviews the history of the development of the psychobiography in Taiwan. It is a story about Shing-Shiang Ting's encounter with psychobiography. It is also a story about psychobiography which occurs in the Department of Psychology at Fu Jen Catholic University. It attempts to establish a "new psychobiography" through reflecting between present and past, east and west. Furthermore, it is also a story which goes from strength to strength of psychobiography. The story/narrartive itself is meaningful. Through the story, we believe that life experiences can exemplify Ze-hou Li's remarks of "inspiring truth by beauty, manifesting goodness by beauty and fulfilling/identifing life by beauty". This explains why "Fu Jen Psychobiography" can inherit from Freud and open up the new future.

／ **Keywords** ／

Psychobiography, Narrative/story, Department of psychology, Fu Jen Catholic University, Aesthetics

附录：弗洛伊德百年之后：心理传记学（者）的发展

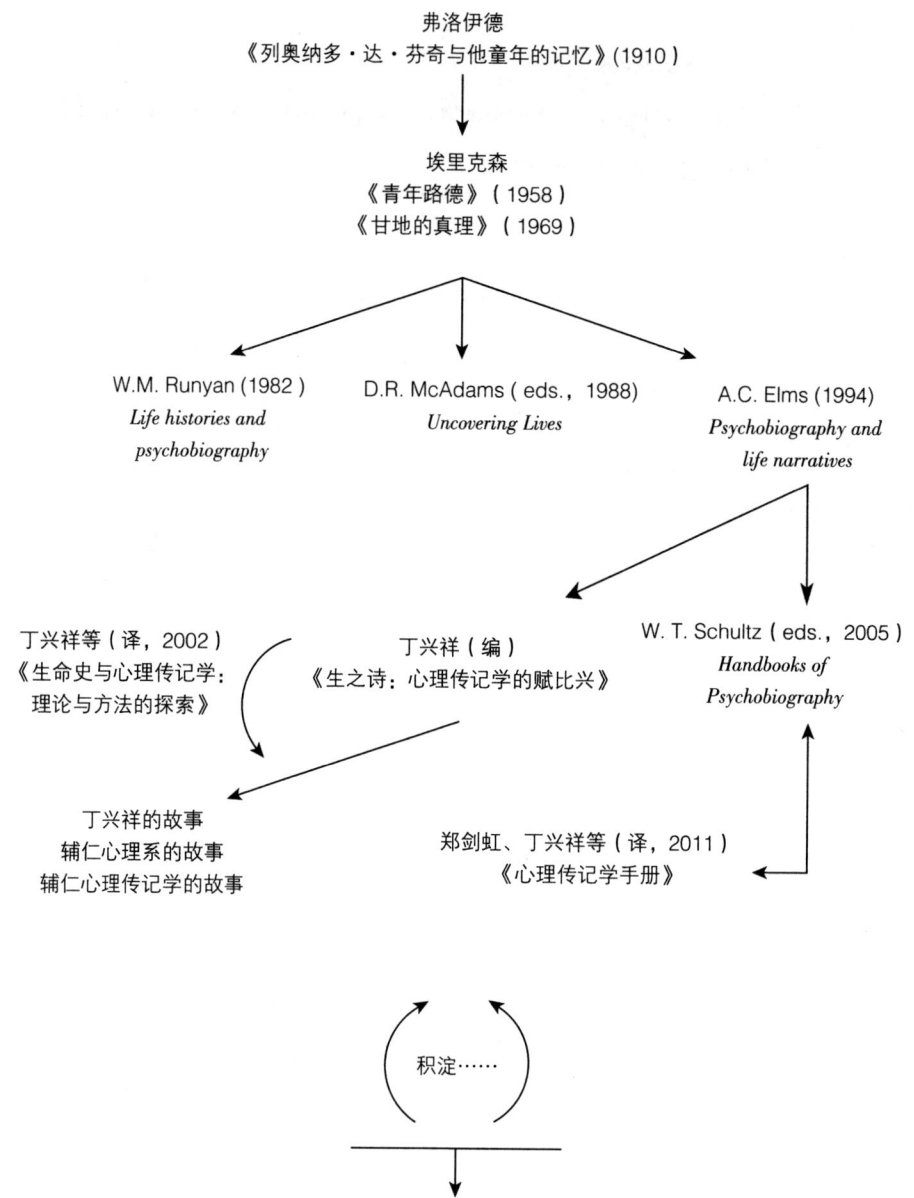

中国大陆的心理传记学研究及其质量结合模式

郑剑虹[*]

（湛江师范学院心理学系，广东湛江，524048）

/ 摘 要 /

文章综述了中国大陆心理传记学研究的状况，提出了心理传记学研究的质量结合模式，阐述了该模式的研究程序、特点、资料筛选与处理方法及研究中要注意的问题。质量结合模式由传主人格的评估与分析和悬念性问题的确定与分析两个部分构成，在做心理传记时，两个部分既可以独立进行，也可以结合起来做。在方法上，每个部分都有涉及质与量的结合问题，但传主人格的评估与分析更多偏向量的方法的运用，悬念性问题的确定与分析则更多偏向质的研究。

/ 关键词 /

心理传记学，心理历史学，质量结合模式，悬念性问题

---

[*] 郑剑虹，E-mail: zjhong@sina.com

一、引言

一般认为,1910 年出版的弗洛伊德(Freud)的《列奥纳多·达·芬奇与他童年的一个记忆》(*Leonardo da Vinci and a Memory of His Childhood*)是第一本心理传记学著作。此后,采用精神分析理论或其他心理学理论来研究非凡人物的方法被许多学科的学者所使用,出现了一大批心理传记学著作。其中,以心理学家埃里克森(Erikson)的《青年路德》(*Young Man Luther*,1958)和《甘地的真理——好战的非暴力起源》(*Gandhi's Truth:On the Origins of Militant Nonviolence*,1969)尤为著名。但从我们所查阅的文献来看,"心理传记学"(psychobiography)这一英文词直到 20 世纪 60 年代才出现①,有关心理传记学的理论性著作也直到 20 世纪 80 年代初才出版。② 因此,心理传记学被作为一门学科来研究,应该是在上世纪 70、80 年代之后。如果将心理传记学既看做一门学科,又看做一种研究方法的话,此前的研究,应是一种心理传记法的应用研究,主要是精神分析理论应用于人物传记的案例性研究。而 2005 年舒尔茨教授主编的《心理传记学手册》(*Handbook of psychobiography*)③一书的出版可看成这一学科初步确立的标志。因此,心理传记学虽有百年的研究历史,却是一门新兴学科。

从心理传记学一百多年的发展史来看,大致可分为三个发展阶段:(1)案

---

① 根据我们的数据库搜索,在 20 世纪 60 年代的学术文献中,已出现"psychobiography"这一英文词,例如,1968 年第 13 卷第 4 期的《当代心理学》(*Contemporary Psychology*)杂志曾发表有"The Psychobiography Trap"一文。在此之前,出现有"psychological biography"、"psycho-biography"等词。
② 最早的心理传记学的理论性著作应是鲁尼恩(Runyan,1982)著的《生命史与心理传记学:理论与方法的探索》(*Life Histories and Psychobiography: Explorations in Theory and Method*),中译本由丁兴祥等人翻译,台湾远流出版公司 2002 年 8 月出版。
③ 该书的中译本由郑剑虹等人翻译,暨南大学出版社 2011 年 9 月出版。

例研究阶段（1910年代—1970年代）。（2）学科初步形成阶段（或理论探索阶段，1980—2005年）。（3）学科发展阶段（2005年至今）。在案例研究方面，已形成了政治人物的心理传记学研究、文艺家的心理传记学研究和心理学家的心理传记学研究三个领域，并逐渐形成比较心理传记学这个较新的研究领域。在理论研究方面，目前已获得了较丰富的成果：关于传主资料的筛选与处理方法，提出了"凸显性识别指标"（principal identifiers of salience）（Alexander，1988，1990），"原型场景"（prototypical scene）（Schultz，2002，2005），"生命故事认同模型"（life story model of identity）（McAdams，1996，2001）等理论；在解释模型或研究取向上，提出了"因果式（causal）解释模型"、"整体连贯式（coherent-whole）解释模型"（Crosby e. g.，1981）和"八成分过程模型"（the model of component processes）（Runyan，1988）；以及提出了心理传记学著作质量的评价标准等（Runyan，1982，1988；Schultz，2005）。中国大陆的心理传记学研究，无论是案例研究还是理论探索都是近20年的事情，对与之相关的心理历史学（psychohistory）的关注也不到30年的时间。虽然起步晚，但也取得了一些成果与进展，本文拟对大陆的心理传记学研究及相关理论作一述评。

二、中国大陆的心理传记学研究

（一）历史学工作者的探讨

20世纪80年代中期，中国大陆一些史学工作者开始注意西方心理历史学的研究，并对其研究状况与进展进行了介绍和评价，也翻译了少量这方面的研究论文，进行了初步的理论思考并探讨了采用心理学的理论和方法来研究历史人物和历史事件对中国历史学科发展的意义。在80年代，这些论文有20余篇，大部分发表在史学刊物上，例如，1987年第2期的《史学理论》曾刊载了4篇这方面的文章（译文2篇，介绍性文章和理论性文章各1篇）①，1989年的《史学理论》继续支持学者对这个领域的探讨，分别在第1期和第4期从史学新学科的视角发表了罗凤礼教授介绍国外心理历史学研究状况的两篇文章，同年，在大陆史学界最具影响力的《历史研究》刊物上发表了朱孝远的《现代历史心理学的产生和发展》一文，该文重点对弗洛伊德和埃里克森的心理传记学著作进行了介绍和评价。总之，在上述20余篇文章中，除了译文外，大都会介绍心理传记学的经典著作，但几乎未提及"心理传记学"这一名词。② 此外，这一时期，有学者翻译了劳埃德·德莫斯（Lloyd deMause）于1975年主编出版的 The New Psychohistory 一书，中文版为《人格与心理潜影》（上海人民出版社1989年版）。德莫斯在该书中提出了心理历史学作为独立学科的主张，并将其分为童年史（the history of childhood）、心理传记学（psychobiography）和群体心理历史（group psychohistory）三个研究领域，该书收录了研究美国前国务卿基辛格和俄罗斯作家别林斯基的两篇心理传记学论文。同年，弗洛伊德的另一部心理传记著作——《摩西与一神教》（Moses and Monotheism）也被翻译成中文出版，这是中国大陆首次对西方心理传记学论著的完整译介。

20世纪90年代，大陆史学界一些研究者开始采用心理学的理论和方法来分析中国古代的历史人物。马良怀（1993）采用阿德勒（Adler）的理论探讨了曹操和一些封建帝王的自卑心理及其超越行为；张六莲（1994）探讨了北宋宰相赵普的个性心理特征及其形成与发展。一些史学研究者对司马迁的人格

---

① 这4篇文章分别是：罗凤礼（1987）. 美国的心理史学；彭卫（1987）. 试论心理历史学的主体原则与理论层次；Kohut（1986/1987）. 心理史学与一般史学（罗凤礼译）；Richard（1987）. 对历史的心理学研究（姜跃生等摘译）。

② 从所查阅的文献来看，80年代只有荣颂安写的《心理历史学简介》（见《世界史研究动态》1985年第11期）一文出现了"心理传记"一词。

及其创作《史记》的行为动机进行了心理分析。① 赵良（1994）出版了《天子的隐秘：七位中国帝王的心理传记》一书，作者试图采用精神分析理论对秦始皇、刘邦、武则天、李煜、朱元璋、光绪帝、溥仪等七位皇帝的典型行为进行心理传记分析。胡波（1997）出版了《岭南文化与孙中山》一书，该书探讨了孙中山的个性、思维方式与情感及其与岭南文化的关系。这一时期，也出现了几本探讨如何采用心理学理论来研究历史人物的著作，如彭卫的《历史的心镜》（河南人民出版社1992年版）、胡波的《历史心理学》（广东高等教育出版社1993年版）等。

进入21世纪，史学界对心理历史学或心理传记学的研究兴趣似乎有所降温，更多人转向了心态史学的研究。除了一些文章继续对国内外该领域的研究进行述评和理论探讨外，在学术期刊上已很少见到采用心理学理论对历史人物进行研究的论文。最近，罗凤礼和箫延中两位教授开始主持翻译《心理传记学译丛》，该译丛包括9本书，其中《甘地的真理——好战的非暴力起源》、《作为革命者的斯大林（1879—1929）：一项历史与人格的研究》（Stalin as Revolutionary 1879 - 1929：A Study in History and Personality）、《希特勒的心态——战时秘密报告》（The Mind of Adolf Hitler：The Secret Wartime Report）、《卢梭与反叛精神：一项心理学的研究》（Rousseau and the Spirit of Revolt：A Psychological Study）这四本书的中译本已分别于2010年、2011年、2012年由中央编译出版社出版。值得一提的是，这时期在史学界之外的其他社会科学界（教育学、文学），出现了几篇心理传记学的学位论文，例如，胡志坚（2005）采用社会心理学理论，比较分析了蔡元培、黄炎培和陶行知三位教育家的自我概念、社会认知、社会态度、归因风格等社会心理特点和生命历程与其教育行为的关系；魏潘红（2010）则比较分析了康有为、梁启超和严复三位教育家

---

① 陈雪良（1998）．司马迁人格论．上海：上海人民出版社。成颂（1991）．司马迁受宫刑而愤书的心理分析．人文杂志（4），104—110.

的自我概念、社会角色与其教育主张和教育实践的关系。这两篇文章具有比较心理传记学的雏形。牛小五（2007）研究了19世纪英国浪漫主义诗人柯尔律治（S. T. Coleridge）的生命史、性格特点与其创作神秘诗歌的关系。

总之，从上述的简要回顾可以大致勾勒出中国大陆史学界对心理传记学的探索轨迹：即从20世纪80年代的译介到90年代的实例研究再到本世纪的逐渐降温。这些探索主要存在以下几个问题：（1）对西方的研究文献把握不够，大多数文章只是对几本心理传记学经典著作的评述，因此，无法很好地了解西方在该领域的研究状况与进展。（2）不了解西方心理传记学研究的理论和方法，加上史学工作者缺乏系统的心理学知识和培训。因此，从严格意义上来看，上述这些探索还不能算作是一种心理传记学研究，这可能是进入21世纪后，心理传记学研究在史学界逐渐降温而转向心态史学和群体心理历史研究的主要原因。

（二）心理学工作者的研究

1983年，心理学者蔡雁生在《华南师范大学学报》上发表《创立"历史心理学"刍议》一文，在这篇文章中，作者论述了历史心理学的研究对象、任务和方法，认为历史心理学是"研究人类心理的发生，与其所处历史社会环境如何相互作用，研究历史上的人们和特定人物的心理特征，及其形成的历史原因和历史过程"。我们比较了心理历史学、心态史学和历史心理学的关系，提出历史心理学是从心理学的视角对个体与群体的历史资料进行研究，以验证和构建心理学理论的一门学科。它的研究内容和范围分为心理传记学、群体历史心理和心理变迁三个领域。心理传记学是采用心理学的理论和方法对个别人物的生命史和人格进行心理学的编排和解释的学问（郑剑虹等，1996；郑剑虹，2006）。周宁等人（2008）对心理传记学的概念、发展历史、研究方法进行了梳理、介绍，认为心理传记学研究具有注重生态效度、大量运用归纳法、研究是一个演化发展的过程、重视研究中的关系互动等四个特点，并阐述了心理传记学研究对心理学和普通大众的意义与影响。

中国大陆心理学界对历史人物的心理传记学研究始于1997年，至今已完成了对中国古代和近代十余名历史人物的研究。1997年，郑剑虹完成了对中国历史文化名人梁漱溟的心理传记学研究，这是中国大陆心理学界第一篇心理传记学的学位论文。从研究思路来看，这篇论文由两个部分组成，一部分是对传主人格的研究，另一部分是对传主典型行为事件或悬念性问题的分析。对梁氏人格的研究，采用定量与定性相结合的方法，从意识层面与潜意识层面进行探讨，首先，采用人格形容词评定法和因素分析法得出梁漱溟的5个主要人格特质；其次，采用精神分析理论等质性分析，发现梁氏的自恋人格特征。在此基础上，分析了这些人格特征的形成与发展。关于传主的悬念性问题和典型行为事件，则采用精神分析理论来分析梁漱溟的自杀、由佛转儒、与毛泽东激烈冲突的深层原因。该学位论文的部分内容曾发表在《心理科学》2003年第1期上。此后的十余篇心理传记学论文基本上采用这种定量与定性研究相结合的模式。例如，杨波（1998，1999，2002）在其博士学位论文中采用人格评定问卷对司马迁的人格作专家评定，得出司马迁的人格结构具有仁、智、勇、隐的特点；并从5个方面论述了其人格结构的形成；采用人本主义心理学理论和精神分析理论探讨了司马迁创作《史记》的动机。谷传华（2009）采用人格特征定量估计和定性分析相结合的方法对周恩来早期（0—20岁）、成年初期（20—40岁）、成年中期（40—60岁）和成年晚期（60岁以后）四个阶段人格特点的发展轨迹及其成因进行心理传记分析，发现周恩来的人格既有连续性也有发展变化性的特点，而逐渐增强的中和性则是其人格的基本特点。舒跃育（2009）以诸葛亮为研究对象，采用定量研究方法，分析出诸葛亮元形象和塑成形象的基本内容及其差异和变化趋势，并对这二重形象人格的成因进行心理传记学研究。此外，也有学位论文对两个历史人物进行比较心理传记学分析。例如，朱晨海（2003）在其博士学位论文中采用历史测量法分别对周氏兄弟（鲁迅和周作人）的人格（包括需要、气质、能力、道德、价值类型、人格特质等）进行定量评估。然后采用精神分析理论（主要是埃里克森的同一性危机理论）比较分析了两人人格形成的原因，以及两人在关键事件上的关键抉择（包括一些"历史疑案"）。

此外，苏州大学心理系的吴继霞教授及其弟子分别对中国大学名校长梅贻琦（2008）、竺可桢（2008）、马寅初（2011）、蔡元培（2013）等人的人格及其成因进行了定量与定性分析。赵晓春（2003）研究了中国共产党的早期领导人瞿秋白，在人格问卷测量的基础上，对瞿秋白人格的成因及与其悲剧性的政治命运的关系进行了分析。傅安国（2006）、张建人等人（2010）采用质量结合的方法各自探讨了金庸和鲁迅的人格及其形成与发展。2010年11月在上海举行的第13届全国心理学学术大会上，由郑剑虹组织的心理传记学专题报告，集中报告了6篇与心理传记学相关的会议论文。①

总之，大陆心理学界的心理传记学研究正呈现出平稳增长的趋势，这些研究大部分都是采用精神分析理论来分析传主的人格及其悬念性问题或典型行为事件，基本上遵循一种定量与定性相结合的方法来研究历史人物。这种质量结合的研究程序或研究模式有什么特点？存在什么问题？将来如何发展完善？下面我们将对这些问题进行初步的思考和分析。

---

① 这6篇会议论文是：郑剑虹 (2010). 心理传记学：理论、方法与进展；涂阳军，郭永玉 (2010). 儒道互补人格——王安石和嵇康的比较心理传记学分析；舒跃育 (2010). 诸葛亮人格特征及成因的心理传记学研究；孙箐，吴继霞 (2010). 蔡元培的人格特质；曹文雯，吴继霞 (2010). 马寅初人格特征初探——运用多维尺度分析法；郭小川，吴继霞，凌黎 (2010). 吴玉章人格特质的历史心理学研究。

三、心理传记学研究的质量结合模式

(一) 质量结合模式的研究程序

质量结合的研究模式一般包括对传主人格的分析和对悬念性问题或典型行为事件的诠释两个部分的内容。其程序和做法是：在第一部分的研究中，首先采用定量和定性相结合的方法评估得出传主的人格，然后采用心理学理论对其人格的形成与发展或人格的成因进行质性分析。在第二部分的研究中，首先要寻找传主悬念性问题或典型行为事件，然后根据心理学理论和传主的人格特征来对这些行为事件或问题进行诠释分析。在对传主人格的成因及悬念性问题的诠释分析中将其生命编排成一个连贯的故事。

1. 传主人格的评估与分析

我们认为，个体人格的某些特征是外显的，与其密切接触的人是能够较为准确地了解的；个体人格的有些特征只有自己能够熟知；还有些人格特征别人和自己都不了解，属于潜意识层面的人格特征。基于上述这三个表述或假设，传主人格的评估包括两个方面：(1) 传主外显人格的评估。可通过两种途径，一是了解有关专家对该传主人格的看法（可采用特尔菲法、内容分析法和元分析法等）；二是了解传主亲人或熟人对其人格的看法（可采用访谈法和内容分析法等）。(2) 传主内隐人格的评估。这里的内隐人格包括传主对自己人格的认识和传主潜意识层面的人格特征两个方面。前者可通过对传主的自传（自述）、日记、书信、访谈录、回忆录等第一手资料进行分析（含质的分析和量的分析）来获得；后者可采用精神分析理论进行质性研究来揭示。

综合上述三方面人格特征的研究，最终获得对传主人格较为全面的理解。上述三方面人格特征的评估是互为印证和互为补充的，是一个反复评估的过程。接着，系统地采用心理学理论对传主人格的成因或人格的形成与发展进行质性分析。需要指出的是对人格成因的分析仍然要注意与前述人格评估结果互为印证和互为补充的问题。因此，整个研究过程是一个反复论证、迭代分析的过程。对传主人格的评估与分析也可为验证或发展心理学理论和假设提供一种研究方法或取向。

2. 悬念性问题的确定与分析

在2011年9月于台北召开的第七届华人心理学家学术研讨会的"心理传记学"专题报告会上，我曾提出悬念性问题的概念。悬念性问题（Suspenseful problems）的确定与分析是心理传记学研究的重要内容。确定悬念性问题既可以采用定性方法也可以采用定量方法。从定性的角度确定悬念性问题，可参考以下几点：（1）为研究者强烈感兴趣并想探个究竟的问题。（2）为其他研究者共同感兴趣，但却解释不一的问题。（3）能够反映传主的人格特征。（4）一般具有弥漫性和渗透性的特点，可贯穿传主的大部分生涯时段。（5）对传主的人生产生重要影响的典型行为事件。

悬念性问题也可采用定量的方法或质量结合的方法进行确定。例如，清初儒臣、岭南三大清官之一的陈瑸，被康熙皇帝称为"清廉之卓绝者"，陈瑸到底"清廉卓绝"到什么程度呢？我们对史料的整理统计发现（见表1、表2），陈瑸的清廉实属罕见。他仅在任台厦兵备道、福建巡抚期间应得俸银就有七万三千多两（按购买力折算相当于现在人民币3000多万元）。而他对这些收入的处理却是"全部捐于修理炮台、交付台湾府库、解送京师，供西北边防之用"。他平时吃的是粗粮瓜菜，穿的是粗布衣，史载："抚闽官厨，惟进瓜菜，清风苦节，视前弥励。"他兼任闽浙总督时，奉命巡海，自带行粮，以至于临终时没有任何家产，只"一绨袍，覆以布衾而已"。历史上的清官很多，像陈瑸这样官至督抚而如此清廉者，实难有出其右者。因此，"陈瑸为何如此清廉"就成了我们要分析的一个悬念性问题。

表1 陈瑸任职期间生活"清苦"事例（列举部分）

官职	"清苦"事例	资料来源
台湾知县	在县衙院落里开辟菜园，种瓜种菜，三餐以瓜蔬为食，最好的菜便是咸鸭蛋，而且一餐只吃半边。	《清官陈瑸》——吴信茂 《陈瑸诗文集》——邓碧泉
台厦兵备道	为多节省些钱办公益事业，他越来越俭朴，平时吃的是粗粮瓜菜，穿的是粗布衣，天冷时就口含姜片，靠辛辣刺激体温。衙堂有房，但他只占一间，办公兼卧室使用。史载："衣御布素，食无兼味"，"革具蔬粝，日啖老姜少许"。	《续修台湾府志》——余文仪 《陈瑸传》——吴兰修 《清官陈瑸》——吴信茂 《陈瑸诗文集》——邓碧泉
福建巡抚	巡抚厨房，只进粗粮瓜菜，史载："抚闽官厨，惟进瓜菜，清风苦节，视前弥励。"	《陈瑸诗文集》——邓碧泉
闽浙总督	兼任闽浙总督时，奉命巡海，自带行粮，摒绝沿途供顿。主仆共居一室，既是办公室之所，又是起居之室。	《廉吏传》——周怀宇 《陈瑸诗文集》——邓碧泉 《清官陈瑸》——吴信茂
临终时	没有任何家产，只"一绨袍，覆以布衾而已"。并嘱咐后人对其后事薄碱俭办。	《陈清端公年谱》——丁宗洛 《清代七百名人传》——蔡冠洛

表2 陈瑸任职期间应得的收入

官职	应得俸银	收入使用情况
台厦兵备道期间	"俸银三万两"	"悉屏不取，全部捐于修理炮台等公事"。
	"官庄岁入三万两" (官庄不久便被陈瑸革除了)	"悉以归公，秋毫不染"把所有官庄银交付台湾府库。
福建巡抚期间	一万三千余两	死后遗书：全部解送京师，供西北边防之用。皇帝不忍，返还其子三千余两。
合计	七万三千余两	

悬念性问题可以一个也可以多个，悬念性问题确定以后，可采用心理学理论对其进行分析（以质性分析为主），在诠释分析中将传主的生命编排成一个连贯的故事。

传主的人格评估与分析和悬念性问题的分析作为心理传记学研究的质量结合模式的两个构成部分，如何将两者有机地结合起来，在实践中有时比较困难，因此，还需要在理论上给予进一步的探讨。当然，只对其中的一个部分进行研究，特别是对悬念性问题的分析，也是未尝不可的。在某种程度上，我们也可将心理传记学研究看作对传主悬念性问题进行诠释分析的过程。

（二）资料筛选与处理的方法

亚历山大（Alexander, 1988, 1990）和舒尔茨（Schultz, 2005）提出的"凸显性识别指标"和"原型场景"的资料筛选与处理方法，主要是微观和中观层面的资料处理技术。我们这里提出一种较为宏观的资料筛选与处理方法，称为成长性关键因素（key factors of growth），包括三个方面的内容：（1）早期经历。这里的早期经历的时间指的是11、12岁之前。绝大部分心理学家都认同早期经历对成人的人格与行为会产生重要影响的观点，因此，传主早期资料的收集和分析就显得尤为重要，这些资料主要包括亲子关系、家庭环境和早期教育等。（2）身体自我。个体进入青春期之后，对高矮、胖瘦、美丑、强弱等有关自身的外表和身体状况极为关注，对自己身体的认识及与别人身体比较的认识会对个体的心理和行为产生很大的影响（例如，我们对梁漱溟的研究发现了身体自我对其人格形成与发展的重要影响）。因此，要高度重视对这方面资料的处理与分析。（3）角色楷模。主要是了解传主在人生的不同阶段有否存在或都有哪些角色楷模。这些角色楷模从影响的程度上来看，主要包括重要他人、崇拜的偶像或英雄（英雄崇拜）和自居的对象（自居作用）。

我们认为，从可操作性的角度来看，对资料的筛选与处理，应先从宏观到中观，再到微观。

(三) 质量结合研究模式的特点

1. 对人性的理解更具全面性

质量结合模式的定量研究部分，特别是采用特尔菲法的研究，如果专家一致认为某个历史人物具备某些人格特征，那么这些人格特征应该是符合传主的。而在自述、访谈录等第一手材料中传主对自己人格或性格的评价，通过定量与定性分析的结合可作出较为客观性的判断。对于潜意识层面的人格特征，则可通过质性分析，特别是采用精神分析理论来发现。这三个方面的人格特征有时又可互为印证，或通过对传主典型行为事件的分析进行验证，并最终获得对传主人格较具全面性的理解与把握。

2. 可在某种程度上避免立论错误和论据的主观性

在寻找悬念性事件进行立论时，质量结合的方法有时可避免立论的错误。例如，我们以著名作家巴金为研究对象，在寻找其悬念性问题或典型行为事件时，感觉其文学作品的主人公大都是具有积极形象的女性，但通过内容分析的统计发现，实际上并非如此。后来，我们进一步统计分析其40岁之前的作品（前半生最能体现个体的心路历程），发现其小说作品中的女性可归为5种形象，其中革命或要求革命、为他人服务、反抗封建压迫这三种形象的女性共占53%，反映女性的爱与同情的比例为39%，8%为无法归类（形象模糊）。因此，最终确定将此作为悬念性问题来分析。同时，我们对1980年到1990年这

10年间巴金写给冰心的30封信（已出版）进行内容分析，结果发现向冰心描述自己生活的信件占53%，向她表示自己的崇拜或赞美的占23%，向她诉说自己的苦闷或心里话的占17%，向她表达自己的想念的占7%，无一封信件涉及工作或写作方面的问题。由此，可作为巴金将冰心视做母亲替身的证据之一（崔海凤，2011）。

3. 有助于验证和构建心理学理论或假设

例如，关于人格的稳定性与可变性问题一直是人格心理学研究的前沿课题。我们采用特尔菲法对孙中山人格的研究发现（温贞华，2008），孙中山从青少年时期到成年时期再到老年时期，其核心人格是稳定的，只是不同时期的人格表现形式不同而已。同时，可通过对其行为或参与的历史事件的质性分析来进一步验证这个研究结果，或提出新的假设。当这种研究文献累积多了，可通过元分析（meta analysis）方法来验证人格心理学的前沿课题或构建出新的理论。

4. 有助于发现和提出新的假设或概念

例如，舒跃育（2009）采用定量研究和定性分析相结合的方法，对诸葛亮进行心理传记学研究。定量研究发现，诸葛亮存在元形象与塑成形象①的差异，由此，作者提出"二重形象"的概念，并从中国传统文化、社会需求和艺术形式的发展等方面来解释两者的差异。

---

① 关于"元形象"和"塑成形象"两个概念，前者是指基于史料的基础上，对历史人物所形成的形象，这种保持历史真实的形象称为元形象。而后者是指后人在历史的发展中，将历史人物原有形象给予加工改造而形成的一个全新的艺术形象或民间形象。元形象定点于最早的权威史料，它一般是不变的，具有稳定性 (当然新史料的发现，也可能会使元形象发生变化)；而塑成形象则不然，它是在历史的发展中，在人民大众的共同努力下形成的，它是不断变化的，虽然在一定的历史时期内它具有相对的稳定性，但从长远来看，它是发展、变化的 (舒跃育，2009)。

(四) 质量结合研究模式需要注意的问题

1. 要避免定量研究主导的问题（或定量诊断式问题）

大陆心理学界的这种质量结合的研究方法，有时也会带来对传主人格的定量诊断式问题，即完全根据定量研究结果来寻求证据的支持。如果定量研究结果不可靠，就会有很大问题。因此，要避免这个问题，首先，定量研究结果要具有科学性，这涉及方法的选择。一般来说，采用特尔菲法，即选取专门研究这个传主的专家对该传主的人格或行为事件进行评定比非专家（一般大众）的评定可能相对会更科学些。如果选择的方法较为科学、可靠，还要考虑证据的适切性和证据链的问题。亦即不能完全根据这个看似科学的定量研究结果进行有选择性的诠释，能印证的资料就拿来，不能印证或相左的资料就视而不见。有时，在采用心理学理论进行诠释分析时，会出现无法对传主人格及其行为事件进行合理解释的情况。这时，就要回过头来思考先前人格定量评估的结果是否有问题，或者是否还存在尚未发现的重要人格特征，当然，也要考虑该理论是否适用的问题。其次，对传主人格的评估要采用多种方法，从多个层面、多个角度，定性与定量相结合进行研究，这比单一的定量评估更为全面和可靠（无论定量方法多么的科学）。总之，定量研究与质性分析要互为印证、互为补充，各种来源的资料之间要形成一个证据链，以达到对传主人格的较准确的了解。

2. 要避免质与量结合的脱节问题或生硬结合的问题

心理传记学质量结合研究的目的是试图对传主的人格与生命史有一个较全面而准确的了解。但质与量研究的脱节有可能会导致对传主人格理解的片面和歪曲，导致无法将传主的生命史编排成一个连贯完整的故事，特别是以人格评估为主线的研究往往容易出现质与量结合脱节的问题。对于质与量结合的方法，目前有整体式结合和分解式结合两种方式，各自分别又有三种不同的设计，前者包括顺序设计、平行设计、分叉设计三种，后者包括混合式设计、整合式设计和内含型设计（陈向明，2008）。可将这些设计类型应用于心理传记研究的质量结合模式中，进行适应性设计。此外，通过寻找传主的悬念性问题，以其作为主线，在分析悬念性问题的过程中，将两者有机地结合起来（质的证据与量的证据结合，形成证据链），并在悬念性问题的解释中使传主的人格得以显现。

四、总结与展望

从世界范围来看，心理传记学还是一门处于发展中的新兴学科，如果从心理学学科的角度来看，可将其视为人格心理学下的一个分支领域。当然，它也是一门跨领域的交叉学科，其研究者来自心理学、历史学、政治学、教育学、文学、精神病学等众多学科领域。目前，它尚未有系统而规范的人才培养计划，没有自己的学术组织和专门发表研究成果的阵地[1]，缺乏研究合作与交流。但人天生就喜欢听故事，而且喜欢听非凡人物或杰出人物的故事，这从2008年我们在大陆本科生中第一次开设心理传记学课程以及开设讲座受欢迎的程度可窥见一斑，这给了我们很大的信心。因此，我们有理由相信，随着心理学研究的叙事转向、质性心理学的兴起、积极心理学的发展、心理学本土化运动的深入，以及多学科学者的合作与努力，特别是普通大众对此领域兴趣的与日俱增，心理传记学这门学问一定会有美好的前景。

---

[1] 美国的一些心理传记学家在20世纪90年代成立了"海湾地区心理传记学研究小组"（Bay Area Psychobiography Study Group），不定期召开会议，发表一些会议论文。但它只是美国国内的一个小型组织，也并非正式的学术组织机构。心理传记学的文章大都发表在相关的心理学杂志、精神分析杂志和心理历史学杂志上，至今并未创办属于自己的刊物。

参考文献

蔡雁生（1983）．创立"历史心理学"刍议．华南师范大学学报（社会科学版），75 (2)，51—53.

曹文雯，吴继霞（2011）．马寅初人格特质初探．东吴学术，2 (2)，33—37.

陈发钊（2012）．陈瑸"清廉卓绝"的心理传记学探索．学士学位论文，湛江师范学院心理学系，湛江.

陈向明（2008）．总序：在参与和对话中理解和解释．见 Lieblich, A. 等．叙事研究：阅读、分析和诠释（王红艳等译）．重庆：重庆大学出版社.

崔海凤（2011）．女性崇拜与巴金：一种心理传记学的探索．学士学位论文，湛江师范学院心理学系，湛江.

傅安国（2006）．人格与事业生涯的发展：以金庸的心理传记学研究为例．湛江师范学院学报，27 (5)，117—122.

谷传华（2009）．周恩来中和性人格的心理学分析．武汉大学学报（人文科学版），62 (2)，207—212.

胡波（1997）．岭南文化与孙中山．广州：中山大学出版社.

胡志坚（2005）．自我统摄下的心理与行为：蔡元培、黄炎培和陶行知的社会心理与行为特点研究．博士学位论文，华中师范大学教育学院，武汉.

罗凤礼（1989）．西方心理历史学．史学理论，(1)，130—153.

罗凤礼（1989）．再谈西方心理历史学．史学理论，(4)，110—122.

马良怀（1993）．曹操的自卑与超越．华中师范大学学报（哲学社会科学版），(3)，85—89.

马良怀（1993）．皇帝的自卑心理透视．河北学刊，13 (1)，9—100.

牛小五（2007）．柯尔律治诗歌的神秘因子探源．硕士学位论文，贵州大学外国语学院，贵阳.

舒跃育（2009）．历史人物之二重形象研究：以诸葛亮的心理传记分析为例．硕士学位论文，西北师范大学心理学系，兰州.

孙菁、吴继霞（2013）．蔡元培的人格特质及其对中国大学教育改革的影响．心理学进展，2013，3（1）．

魏潘红（2010）．求新与复古的变奏：康有为、梁启超、严复的社会心理与行为特点研究．硕士学位论文，曲阜师范大学教育科学学院，曲阜．

温贞华（2008）．孙中山的人格：一种历史心理学的探索．学士学位论文，湛江师范学院心理学系，湛江．

吴继霞、薛飞（2008）．梅贻琦人格特征的历史心理学分析．学术交流，176（11），224—228．

吴继霞、赵子真（2008）．竺可桢人格特质初探．苏州大学学报（社会科学版），29（5），117—120．

杨波（1998）．中国人的人格结构．博士学位论文，西南师范大学心理学系，重庆．

杨波（2002）．司马迁人格特征及成因的心理传记学研究．浙江师范大学学报（社会科学版），27（1），62—66．

张建人、周晋彪、凌辉（2010）．鲁迅人格的心理传记学研究．中国临床心理学杂志，18（3），339—342．

张六莲（1994）．赵普的个性心理特征探讨．西南师范大学学报（哲学社会科学版），2，108—111．

赵良（1994）．天子的隐秘：七位中国帝王的心理传记．北京：中国广播电视出版社．

赵晓春（2003）．瞿秋白人格研究．硕士学位论文，华东师范大学心理学系，上海．

郑剑虹（1996）．再谈历史心理学．重庆大学学报（社会科学版），2（2），92—96．

郑剑虹（1997）．梁漱溟人格的心理传记学研究．硕士学位论文，西南师范大学心理学系，重庆．

郑剑虹（2003）．梁漱溟人格的初步研究．心理科学，26（1），9—12．

郑剑虹（2006）．作为心理学学科的历史心理学．湛江师范学院学报，27（4），85—90．

周宁，刘将（2008）．心理传记学探析．五邑大学学报（社会科学版），10（1），79—82．

朱晨海（2003）．近现代中国文化名人人格研究．博士学位论文，华东师范大学心理学系，上海．

朱孝远（1989）．现代历史心理学的产生和发展．历史研究，（3），83—94．

DeMause, L. (1975/1988)．人格与心理潜影（沈莉、于盱译）．上海：上海人民出版社．

Erikson, E. H. (1958/1989)．青年路德（康绿岛译）．台北：远流出版公司．

Erikson, E. H. (1969/2010)．甘地的真理——好战的非暴力起源（吕文江、田嵩燕译）．北京：中央编译出版社．

Freud, S (1934/1989)．摩西与一神教（李展开译）．北京：生活·读书·新知三联书店．

Langer, W. C. (1972/2011)．希特勒的心态——战时秘密报告（程洪雁译）．北京：中央编译出版社．

Runyan, W. M (1982/2002)．生命史与心理传记学（丁兴祥等译）．台北：远流出版公司．

Scultz, W. T. (2005/2011)．心理传记学手册（郑剑虹等译）．广州：暨南大学出版社．

Tucker, R. C. (1973/2011)．作为革命者的斯大林：一项历史与人格的研究（朱浒译）．北京：中央编译出版社．

Alexander, I. E. (1988). Personality, Psychological Assessment, and Psychobiography. In Alexander, I. E. (1990). *Personology*: *Method and Content in Personality Assessment and Psychobiography*. Durham and London：Duke University Press.

Crosby, F. & Crosby, T. L. (1981). Psychobiography and Psychohistory. In S. L. Long (Ed.), *The Handbook of Political Behavior* (195–254). New York：Plenum.

Freud, S. (1910/1959). *Leonardo da Vinci and a Memory of His Childhood*. London：Routledge and Kegan Paul.

McAdams & Ochberg (1988), *Psychobiography and Life Narratives*. Durham and London：Duke University Press, 265–294.

McAdams, D. P. (2001). The Psychology of Life Stories. *Review of General Psychology*, 5

(1), 100 – 122.

McAdams, D. P. (1996). Personality, Modernity, and the Storied Self: a Contemporary Framework for Studying Persons. *Psychological Inquiry*, 7 (4): 295 – 321.

McAdams, D. P. (2001). *The person: an Integrated Introduction to Personality Psychology* (3rd ed.). New York: Harcourt Inc.

Runyan, W. M. (1988). Progress in Psychobiography. In McAdams & Ochberg (Eds.), *Psychobiography and Life narratices.* (295 – 326). Durham and London: Duke University Press.

Scultz, W. T. (2005). *Handbook of Psychobiography.* New York: Oxford University Press.

Scultz, W. T. (2002). The Prototypical Scene: a Method for Generating Psychobiographical Hypotheses. In McAdams, D. P. Josselson, R. & Lieblich, A. (Eds.), *Up Close and Personal: Teaching and Learning Narrative Research.*. Washington, D. C. : American Psychological Association Press.

Psychobiographical Studies in Mainland China and the Research Model Thereof Combining Qualitative and Quantitative Methods

Jian-hong Zheng

(Department of Psychology, Zhanjiang Normal University)

╱ Abstract ╱

This paper introduced the development of psychobiographical studies in Mainland China and proposed a research model combining qualitative and quantitative methods. The paper discussed the model's procedure, characteristics, data management methods and some problems of attention. The model is composed of two parts, namely the assessment and analysis of the subject's personality, and the determination and analysis of the suspenseful problems. These two parts can be conducted either independently or jointly. Methodologically speaking, though both parts involved the combination of qualitative and quantitative methods, the personality assessment and analysis emphasized the quantitative methods while the determination and analysis of suspenseful problems favored the qualitative methods.

／ Key words ／

Psychobiography, Psychohistory, The research model combining qualitative and quantitative methods, Suspenseful problem

"出名要趁早"：张爱玲之成名情结？

张慈宜[*]

（辅仁大学社会学系暨心理学系，台湾新北，24025）

/ 摘　要 /

"出名要趁早呀！来得太晚的话，快乐也不那么痛快。"喜爱张爱玲的读者，不会忘记这句尽显得意之情的娇俏名言。不过，并不是所有人都对张爱玲的"成名"乐观其成。曾有人指摘她爱名："余疑此姝甚好名，三代以下未有不好名者也。唯张爱玲为最……"。又有人大胆断言她"之所以颠沛一生"，与其"爱名"脱离不了关系。张爱玲真有所谓的"成名情结"？本文将由心理传记的取径出发，试图论证是什么样的心理动力驱使张爱玲急于成名，而这样的心理动力又是由什么样的成长历程所促成？

/ 关键词 /

张爱玲，心理传记，成名情结，无条件积极关怀

---

[*] 张慈宜，E-mail: 023966@mail.fju.edu.tw

约莫一甲子之前，在繁华若梦、华洋竞逐的上海，一个甫入文坛未久的少女，对着"坏得有分寸"、"世故练达"① 的上海人，"充满娇宠"② 地喊出："出名要趁早呀！来得太晚的话，快乐也不那么痛快。"③

得意兴奋之情，溢于言表。而年轻的张爱玲确实有理由可以这么招摇，又这么迫不及待地与读者分享她意兴飞扬的喜悦。她的小说集《传奇》出版了一个多月随即再版。如果不算她为《二十世纪》月刊以英文写作的散文和影评④，自从1943年5月在《紫罗兰》发表《沈香屑：第一炉香》初登文坛之后，短短几个月的时间，张爱玲迅速"占领"了上海滩几乎所有最出名、最有影响的文学杂志(余斌，1997：101)。"成了沦陷区，家喻户晓的名作家，说她一夜之间红遍上海滩并不过分"(冯祖贻，2001：243)。

然而，在这个"弄堂有多少，流言就有多少"的城市里⑤，许多的流言蜚语伴随着张爱玲的蹿红而孳生、流转。

一、"生意眼"所引发的讪笑

其中一类的流言围绕着张爱玲的"登龙有术"及"生意眼"而穷加挖苦讪笑。关于"生意眼"之讥讽，部分缘起于张爱玲与《万象》杂志社老板平襟亚两人之间的矛盾、摩擦。由于其中的是非曲直远非本研究所关注的重点，

---

① 语出张爱玲的《到底是上海人》，收录于张爱玲的散文集《流言》，页56。
② 语出杨泽的《世故的少女——张爱玲传奇》，收录于杨泽所编之《阅读张爱玲》，页10。
③ 张爱玲的小说集《传奇》一书于1944年9月再版，这段文字出自于再版序文中，后收录于皇冠版(1991年版)的《倾城之恋》中，页6。
④ 张爱玲为《二十世纪》供稿的时间，计从1943年1月至12月。如无特别注明，本文所参考的年谱皆为肖进编著之《旧闻新知张爱玲》。
⑤ 这段文字是上海作家王安忆对上海这座城市的描绘(《长恨歌》，页21)，张爱玲走红于上海期间所出版的散文集就叫做"流言"，恐怕并非只是一种巧合。

因此我们不拟追溯两人争辩事件的始末①，只针对与本研究之主题相关的部分进行探讨。

1944年8月18—19日，上海的小报《海报》连着两天刊出，《记某女作家的一千元灰钿》一文，作者署名秋翁，其实就是平襟亚。平在文章中写道：

> 记得一年前吧，那时候我还不认识这位女作家，有一天下午，她独自捧了一束原稿到"万象书屋"来看我，意思间要我把她的作品推荐给编者柯灵先生，当然我没有使她失望。第一篇好像是"心经"，在我们《万象》上登了出来。往后又好像登过她几篇。她有一回写了一封信给我，大谈其"**生意眼**"，并夸张她一连串的履历，说她**先人事迹**，可查《孽海花》……她写信给我的本旨，似乎要我替她出版一册单行本短篇小说集。我无可无不可地答应了她……当我接受了她的原稿后，她接连来见过我许多次，所谈论的无非是"**生意眼**"，怎样可以有把握风行一时，怎样可以**多抽版税**，结果是她竟要我**包销一万册或八千册**，版税最好先抽，一次预付她。我给她难住了，凭我三十年的出版经验，在这一时代——饭都没有吃的时代。……因此，我只好自认才疏力薄，把原稿退还给她。②

这段文字中接连两次提到"生意眼"一词，诉求的重点不外乎是张爱玲如何狮子大开口，如何市侩，并暗示张爱玲可以为了宣传自己的作品而"炒作"自己的先祖。

如果说读者们读了这篇文章之后，对于张爱玲是否独具"生意眼"一事，仍旧感到云里雾里不着边际的话，那么平襟亚很快地就为围观的观众补充了细

---

① 除了平襟亚及张爱玲两人皆曾针对稿费相关争端撰文诉讼公平之外，已有其他人加入战局，有兴趣的读者可以自行参阅《旧闻新知张爱玲》一书所收录与此有关的多篇文章。
② 引自肖进，2009：6，黑体部分为笔者所强调。

节。9月12日，平在《最后的义务宣传》一文中，做了以下的记述：

> 末了，我得声明，后此永不重提这事，① 更不愿我的笔触再及她的芳名，生怕堕她"**生意眼**"的计中。这非空话，有信为证：
>
> "我书出版后的宣传，我曾计划过，总在不费钱而收到相当的效果。如果有益于我的书的**销路**的话，我可以把曾孟朴的《孽海花》里有我的**祖父与祖母**的历史，告诉读者们，让读者和一般写小报的人去代我**义务宣传**——我的家庭是带点'□□'气氛的……"
>
> 上面一段话，是她在六月十五给我的信中所说的。那么，我所敬爱的诸同文，试想，她只要赚钱，什么祖父、祖母的历史"香""臭"，任人宣扬都不计较。那我人为什么要做她的义务宣传员呢？任说——"**触贵族笔**"，"**流贵族血**"，在她总认为有相当效果的一回事。②

"'□□'气氛"是《旧闻新知张爱玲》一书中的用法，而在张子静与季季（2003：147）合著的《我的姊姊张爱玲》中则直接使用"贵族"气氛一词。由于《旧闻新知张爱玲》未针对这一点作任何的批注，无法明了"□□"是平襟亚的原始用法，还是如该书他处所说明的，代表此处两字污损不清。③ 无论如何，从上下文脉来推论，在空格处填入"贵族"两字殆应不会离张爱玲的原意太远。

张爱玲的祖父张佩纶少年得志，23岁中进士，并迅速成为清流要角。祖母李菊耦则是李鸿章的女儿。历史学家冯祖贻（2001）指出《孽海花》是一

---

① 不过，目前已有的资料确实清楚地显示：平襟亚终究忍不住再度提及，他在1945年1月25日又写了《"一千元"的经过》，与张爱玲的《不得不说的废话》同时于《语林》刊出。这两篇文章均收录于《旧闻新知张爱玲》。

② 引自肖进编著，2009：12—13，黑体字为本文作者所强调。

③ 举例来说，《旧闻新知张爱玲》56页的脚注1，便有如此的说明文字："此处两字污损不清。"

部政治小说，取材自真实材料，经人考证，小说所根据的原型人物有两百七十几人。根据冯祖贻，小说中的"威毅伯"即影射封肃毅伯的李鸿章，而"庄仑樵"即张佩纶（字幼樵），至于小说第十四回中"相府择婿"的情节则是以李鸿章择张佩纶为婿的题材为底加工的。

以旧时代的标准来看，说张爱玲出身"贵族"并不为过，然而，在当时的舆论界却引发了轩然大波，一时之间各种讥刺、讪讽不绝于耳。兹举其中大者如下：

贵脑汁与贵血液之结晶品，自是一种"名件"，合当居为"奇货"，求善价而沽诸，谁曰不宜？①

谈起张爱玲贵族血的成分，就好像两年以前夏威夷左近的太平洋里淹死过一只鸡，于是我们这儿天天使用的自来水也都还在自说自话的认为就是鸡汤一样。②

之所以会有这么激烈的回响，一方面固然与肖进（2009：4）所谓上海小报"藏污纳垢、杂树丛生、泥沙俱下"的生态有关；另一方面，也许更加重要的是，张爱玲欲藉祖父母身世来拉抬、营销自己作品的做法，相当程度上违逆了世俗大众对于"作家"的期待。

迈入20世纪的中国，随着印刷事业及新闻事业的蓬勃发展，既建立了稿费制度，也促成了"职业作家"阶层的出现（栾梅健，1992）。然而，人们并不能用看待一般商业活动从业人员的眼光来看待这个新的职业阶层。在张爱玲活跃于上海的40年代，传统规范"士人"的道德标准，仍然相当程度反映在

---

① 啼红，《女作家一字一斤》，刊于《海报》1944年9月11日；引自《旧闻新知张爱玲》，页18。
② 真西哲，《论胡兰成与张爱玲》，刊于《海报》1944年9月6日；引自《旧闻新知张爱玲》，页51。

对于现代职业作家的期待与要求上。由当时小报上的一些唱叹或议论,不难看出这种倾向:

> 作家本来是一个普通名词,与木匠、买办、理发师、部长之类相同。可是由于一些人对于文字生活,看得又清(清者苦也)又高(崇高也),所以认为作家是一种了不得的人物……①

> 张爱玲出版了《传奇》的集子,除了奉送作者肖像以外,还特别加亲笔签名,这无非是招徕顾客的方法,但因此而引起了许多对张爱玲的口诛笔伐,文艺家不同于市侩就在这等地方,偏偏张爱玲不了解这些。②

由《旧闻新知张爱玲》中所辑录的当年小报文字来看,确实如上述第二则引文所言,在贵族身世之外,张爱玲另外一项"招徕顾客"的"噱头"——随书附赠照片,并亲笔签名之举,也为她招来了不少嘲讽,如:

> 张爱玲是精明的,她签一本书的时候是算计到版税的收入的。
> "醉翁之意不在酒",读者花了二百大洋好奇而看《传奇》,而我想作者也是"醉婆名利双收",也并不希望读者读作品。③

综合先前这些以小报文章为主的引述文字来看,1944—1945年间,以上海市井小民八卦娱乐为主的舆论圈子,从"市侩"及"生意眼"的角度对张爱玲所作出的讪笑、攻讦,不可谓不辛辣。如前所述,小报文人的"口诛笔

---

① 钱公侠,《谈女作家》,刊于《大上海报》1945年7月16日;引自《旧闻新知张爱玲》,页33。
② 秋水,《关于张爱玲》,刊于《力报》1944年8月26日;引自《旧闻新知张爱玲》,页17。
③ 文海犁,《〈传奇〉印象》,刊于《力报》1944年8月24日;引自《旧闻新知张爱玲》,页23。

伐"不过代表当时一般民众对于新崛起的"作家"阶层仍抱有较高的道德标准,尚不习惯将作家贩文维生与其他商业活动等同视之所致。以现今的眼光来看,当年受到挖苦抨击的营销计划(欲藉《孽海花》披露、宣传贵族身世)或活动(随书附送照片、亲笔签名),都毫无出奇违和之处。只不过,张爱玲毕竟是生活在当时的时代氛围之下,是什么样的动力让她敢于无视围绕着"文人"的道德光圈,而做出这些"市侩的"举动?

如果不欲深究的话,并不难找出便利的答案。张爱玲自己说过她一直都是在潮流之外的。① 确实,闻名遐迩的"奇装异服"装扮,及与胡兰成的婚恋,都是为人之所不能为,所以对一般人而言务必要遵守的社会规范或伦理训诫,对张爱玲而言并不必能构成太大的障碍。再者,张爱玲曾经毫不避讳地宣称自己是个"拜金主义者":

> 我母亲是个清高的人,有钱的时候固然绝口不提钱,即至后来为钱逼迫得很厉害的时候也还把钱看得很轻。这种一尘不染的态度很引起我的反感,激我走到对面去,因此,一学会了"拜金主义"这名词,我就坚持我是**拜金主义者**。②

因此,众人避之唯恐不及的"市侩"骂名,对张爱玲来说,或不至于到无关痛痒的地步,但恐怕也不是一个会让她难堪不已,进而须小心避开的地雷。

表面上看来,前述的解释似乎已经足够。但若全面一点地就张爱玲针对自己的作品所进行的全体努力来看,就会发现仅从"经济面"的角度——仅由

---

① 语出《忆胡适之》,在讲到"左派"的压力时,张爱玲写到:"像一切潮流一样,我永远是在外面的。"张爱玲,《张看》,页148。

② 引自张爱玲,2000a:6,黑体部分为笔者所强调。

销路及版税的角度,来诠释张爱玲种种被解读为"市侩"的行止,不仅太过简化,也将丧失一个可以更深入理解张爱玲的机会。

二、有成名的情结?

晚年张爱玲最有名,也最为人所津津乐道的,是她的"与世隔绝",关于这方面的记述几乎可以用不可胜数来形容①,篇幅所限,在此仅提供一则具体的情节以飨读者。司马新的《张爱玲与赖雅》一书,可说是张爱玲旅美婚姻生活最重要的参考文献之一。在琳琅满目的张爱玲文献之中,司马新的这本传记之所以占据一个特殊的地位,主要原因在于司马新率先采用了张爱玲第二任丈夫赖雅的日记②为素材,为读者们提供了许多张爱玲最贴身的观察资料。以下这一则明显应该是取材自赖雅日记的生活纪实,可以说相当清晰地点出了张爱玲不喜人际应酬的人格特性。原文摘录如下:

> 有一次,他们的朋友飞利浦牵来一口山羊给张爱玲看,赖雅故意隐而不宣,只是唤她出来会客,张坚决拒绝,为此争辩良久,最后,当张明白来访者原来是只山羊,才很快出来。赖雅对她那种防御性心理觉得难以理解,他以为这种拒绝与他人见面的行为是一种癖。③

---

① 举例来说,花了许多时间挖掘张爱玲的许多事迹进行考察的陈子善(2001:162)如此写到:"张爱玲……生活在一个几乎与世隔绝的孤独的文字和情感世界中……";而张爱玲过世后所出版的纪念文集《华丽与苍凉》亦有多篇文章记载张爱玲晚年的"离群索居"(如林世同所撰写之《有缘识得张爱玲》),有兴趣的读者可以自行参阅,在此不作赘述。
② 赖雅原名 Ferdinand Reyher,是德裔美国人,1891 年出生于美国费城,1956 年与 36 岁的张爱玲结婚。赖雅病卒于 1967 年,死后其手稿、信件和日记被捐献给美国马里兰图书馆。资料来源:司马新,《张爱玲与赖雅》及《张爱玲的今生缘》——《张爱玲与赖雅》之外一章。
③ 摘自《张爱玲与赖雅》,页 129。

事实上，回避交际，尤其是与陌生人之间的应对，是张爱玲从非常年轻的时候就已经养成的倾向。姑姑张茂渊，是张爱玲由青少年时期一直到青年期身边最亲近的亲人，同时也是张爱玲走红于上海时的同居者，她曾经如此表示："她不喜应酬，天性如此，四十年代初已是这样，记得对不相识的来访者，常推我代见应付，她不露面"（司马新，1997：73）。张爱玲在1978年11月26日写给夏志清的信上亦云："我在大陆也过着离群索居的生活"（夏志清，1998：142）。如果担心这些多年后回溯的记忆可能有"扭曲过去以迎合后来形象"之嫌疑，当年小报上的文字则应该可以免除这类质疑（虽然或许有夸张之嫌疑），如："张爱玲小姐写得一手好文章，却生就一种怪脾气。她住在一所五层公寓顶上，杜门不出，谢绝交往，大有'遗世独立'之慨"。[1]

那么问题就产生了，深不喜于往来酬酢，而且在陌生人面前非常寡言、害羞内向（张子静、季季，2003；刘金川，2003），甚至被人称为几近于有"人群恐慌症"[2]的张爱玲，竟然可以为了使自己的文章顺利得到发表，主动求见掌握文坛入门砖的杂志社主编（周瘦鹃）以及老板（平襟亚）! 关于与平襟亚的相识过程已见于本文开头部分的引述，接下来且看周瘦鹃的说法：

> 拿一个挺大的信封递给我，说有一位张女士来访问。我拆开信一瞧，原来是黄园主人岳渊老人介绍一位女作家张爱玲女士来，要和我谈谈小说的事。当夜我就在灯下读起她的"沉香屑"来，一壁读，一壁击节，不管别人读了以为如何，而我却是"深喜之"了。一星期后，张女士来问

---

[1] 佚名，《女作家摊销》，刊于《沪报》1947年3月17日；引自《旧闻新知张爱玲》，页35。
[2] 语出张瑞芬的"张爱玲的《小团圆》今生今世对照记"，用来形容张爱玲万年的"沉默，低调不见人"。作者使用这个比较强烈的词语，应是意在强调张爱玲的避世倾向，推测其原意并不在于将张爱玲加以疾病化。

我读后的意见,我把这些话向她一说,她表示心悦神服……我问她愿不愿将"沉香屑"发表在《紫罗兰》里,她一口应允,我便约定在《紫罗兰》创刊号出版之后,拿了样本去瞧她,她称谢而去。当晚她又赶来,热诚地约我们夫妇俩届时同去,参与她的一个小小茶会。①

从这段陈述中,可以清楚地看到,张爱玲不仅用心周全,而且在人际交接方面展现出异常主动积极的一面。不管是针对周瘦鹃,还是平襟亚,张爱玲突破她在陌生人面前万般不自在的心防,竟然都是独自一人带着她的文稿主动拜见!② 固然部分原因可能是初出茅庐的张爱玲已经对自己的作品具备相当的信心,所以敢于直接接受"面试"③,但若非背后有一股强大的动力在驱策着她积极行动,实难解释张爱玲为何不循一般的投稿管道(不用出面,把稿子投到杂志社)就好,而竟至于可以放下自己对于与陌生人交际的畏惧厌恶心态,主动出击。

况且,上述引文中的另外一个细节也同样难以用张爱玲的一般行事风格来加以理解。在周瘦鹃已经和张爱玲谈妥将其《沉香屑》在《紫罗兰》发表,会面结束之后,当天晚上张爱玲竟又赶赴周瘦鹃处,邀请周氏夫妇到她家去参加一个特地为他们夫妇俩所举行的一个小小茶会。综观张爱玲的所有相关文献,张爱玲什么时候对社交应酬这样积极热心过?

有的,但凡于推动她的创作有利的相关活动,张爱玲都表现得非常积极,不管因此而需要面对的是素未谋面的文坛老前辈,有无好感的文学同道,或者演艺人员,皆是如此。举例来说,张爱玲以"女作家"的身份所出席的活动

---

① 这段文字见于周瘦鹃的编辑按语:《写在〈紫罗兰〉的前头》,原载于 1943 年 5 月的上海《紫罗兰》第 2 期,后收录于《私语张爱玲》一书。
② 不像她成功踏入文坛之后,出席许多文艺活动,多由好朋友言樱陪同。
③ "面试"一词语出余斌的《张爱玲传》。

还包括：为《传奇》之出版所举行的"评茶会"①、为欢迎朝鲜女舞蹈家崔承喜来上海所举行的欢迎会②、女作家聚谈会③，以及在日本投降前夕，与伪满洲国的著名影星李香兰同为主宾的纳凉晚会④等。

前述所列举的活动皆由《杂志》月刊所举办，根据余斌的说法，《杂志》乃为沦陷时期的上海"首屈一指的文学杂志"（1997：99），然而其后台为日本人，目的似乎是为了"给日伪文化活动方面撑撑场面"（1997：99）。一方面，张爱玲毫不避讳地参加《杂志》为了捧红她本人，或者宣扬大东亚文化所进行的各项宣传活动。另一方面又对于供稿的刊物不加区辨，以天女散花之姿同时提供文稿给多个刊物，其中就包括一些被标签为"背景复杂"⑤、"不干不净"⑥的刊物。⑦

事实上，张爱玲此等作为在抗战胜利之后，就为她带来了极大的麻烦。因为南京的国民政府制订了"惩办汉奸条例"，"文化汉奸"也列于其中。当时社会舆论点名、追打汉奸嫌疑人物不遗余力，张爱玲因为与胡兰成的关系，以及与那些"不良背景"刊物关系之密切，受到猛烈的抨击（余斌，1997；蔡登山，2003）。依据柯灵⑧的说法，抗战未胜利前，著名文坛前辈郑振铎基于

---

① 细节可以参阅姜穆的《张爱玲与"名"》。
② 细节可以参见于青的《张爱玲传》，收录于《寻找张爱玲》中。
③ 聚谈会举行于1944年3月16日，参加人员包括：张爱玲、苏青、潘柳黛、谭正碧、关露等人。这场聚谈会的发言内容，请见《女作家聚谈会》，收录于青编著之《寻找张爱玲》中。
④ 资料来源为：余斌的《张爱玲传》及《旧闻新知张爱玲》。纳凉晚会举办于1945年7月21日，对谈的内容主要为生活及艺术，对谈记录整理成《纳凉会记》，于《杂志》刊出。
⑤ 语出余斌《张爱玲传》，页256。
⑥ 语出柯灵《遥寄张爱玲》，收录于陈子善所编之《私语张爱玲》，页17。
⑦ 张爱玲所供稿的刊物，除了《杂志》的后台为日本人外，《古今》的社长朱朴曾任汪精卫政府的交通部政务次长，而《苦竹》则为胡兰成所主办的刊物。此处资料来源：余斌《张爱玲传》及姜穆《张爱玲与"名"》。
⑧ 柯灵即是文学作家，又是出名的编辑，曾主编过多份报纸的文艺副刊。在上海沦陷期间认识张爱玲时，乃为《万象》杂志的主编。在张与平襟亚的稿费纠纷发生前，曾有几篇作品发表在《万象》。

爱才的心理，托他劝告张爱玲"不要到处发表作品"。① 并且为张爱玲著作的出路提供了具体的建议：即张爱玲的作品先由开明书局保存，"由开明付给稿费，等河清海晏再印行"。② 彼时开明书局已经利用这样的方法，延揽了一批文化界的耆老，让他们躲避风头。恰巧，当时张爱玲正为了欲出版小说集《传奇》一事征询于柯灵的意见，柯灵于是趁机提出了他的忠告："以她的才华，不愁不见知于世。希望她静待时机，不要急于求成"。③ 结果，张爱玲回信主张要"趁热打铁"。并且果真，在1944年8月15日，由《杂志》月刊社出版了《传奇》一书。

这样一路追索张爱玲在1943—1945年期间于上海文坛的行止，也就不难理解为何会有人指责她过于好名："余疑此姝甚好名，三代以下未有不好名者也。唯张爱玲为最，且投稿刊物漫无标准，斯则不取"。④ 甚至有人作出这样强烈的宣称："她之所以颠沛一生，都与她的爱名有密切关系"。⑤ 张爱玲的一生是否可称为"颠沛一生"？这是相当主观的评判，由于不是本研究的重点，所以我们无意深究。对我们来说，重要的是去探究张爱玲的"成名情结"⑥ 究竟是怎么一回事？藉由本文，我们试图论证张爱玲之急于成名，并不单纯只是亟于享受盛名所带来的"浮夸的"快乐，也只是一种强烈的"世俗的进取心"⑦ 而已，其实背后有其强大、并且特殊的心理动力存在。

然而，要回答关于心理动力的问题，我们就不得不回到张爱玲的生命历程

---

① 柯灵《遥寄张爱玲》，页17。
② 柯灵《遥寄张爱玲》，页17。
③ 柯灵《遥寄张爱玲》，页18。
④ 秋水，《张爱玲》，刊于《力报》1946年4月1日；引自《旧闻新知张爱玲》，页59。
⑤ 这段文字见于姜穆的《张爱玲与"名"》。
⑥ 余斌（1997：105）曾道："成名是张爱玲的一个'情结'。"
⑦ "世俗的进取心"原是张爱玲在《我爱苏青》中的用语，原文为："所以我们非常明显地有着世俗的进取心，对于钱，比一般文人要爽直得多。"（《余韵》，页86）余斌套用此语来说明年轻时期的张爱玲渴望掌声，渴望出名的心态。

中去梳理：这样的心理动力之所以成形，并且得到强化的缘由。

三、我希望有个炸弹掉在我们家

1920年9月30日①，张爱玲诞生于上海公共租界区的一座宅邸。对于这座宅院，相关文献未见多少记载，但其祖父母偕隐的南京祖宅，则提供了比较清楚的线索可以一窥其家底。这座祖宅是张佩纶为了迎娶李菊耦而购置的，原是清康熙年间，讨伐吴三桂有功，被封为靖逆侯的张勇的宅邸（余斌，1997；贾梦玮，2003）。张佩纶购下此宅时，"还有房子近两百间，每间房都有四十八平方米左右，大花园依然完好。"（贾梦玮，2003：73）。1909年，此宅曾被用作金陵崇实学校的校舍，可以容纳学生五百多名之外，还有几十个房间可以供学校创办人柏文蔚的家眷使用。1928年，则被立法院长胡汉民择为立法院的院址（贾梦玮，2003）。

张佩纶自幼家贫，又兼仕途发展不顺，所以购买豪宅的资金合理猜测应该是来自于张爱玲祖母的嫁妆（冯祖贻，2001；张子静、季季，2003）。张爱玲的父亲张志沂7岁时，张佩纶就已过世，李菊耦独自带着一双年幼子女过活。张爱玲晚年如此回忆祖母对于"坐吃山空"的恐惧：老女佣曾经说道："老太太那张（注：辰光）总是想方（法）省草纸。"（张爱玲，2000b：49）。然而，李菊耦应该无论如何都料想不到她苦心教子的结果，仍然挽不住张家的衰微，而且是极为惊人的衰颓速度。只不过，这个加速的历程应该主要是发生在李菊耦于1912年化为烟尘入土之后了。这一年，张志沂16岁，张茂渊11岁（张子静、季季，2003）。

---

① 这是目前一般通用张爱玲的出生日期，也是张爱玲旅美后，申请补发美国国民身份证的表格上，自己所填写的生日（请见林式同《有缘识得张爱玲》一文所附文件，《华丽与苍凉》，页46）。但黄康显在香港大学所查到的张爱玲自己填写的入学表格，确是填为9月19日（见《张爱玲的香港大学姻缘》一文）。所以，至今也仍然是罗生门。

没有足够的信息可以推估李菊耦嫁妆的规模，但根据张子静（2003）的说法，在 1935 年左右，父亲至少在上海虹口还拥有八栋洋房出租，此外，手上也仍持有一些田产与古董。因此，小时候的张爱玲确实是过着可说茶来张口，饭来伸手的富裕生活，所有生活琐事都有随身的阿妈负责打点。在 17 岁离家之前，住的宅邸不外是花园洋房，或是宽大宅院；出门看电影有汽车负责接送；家里触目所及，不仅有中国古董，亦有新式西方办公室家具；① 并且还有奢侈的机会学习英文和钢琴。然而，随着岁月渐增，越来越懂事的张爱玲，一方面继续过着衣食无忧，仆佣一应俱全的日子；另一方面，却越来越体验到钱的磨难了。

出身纽约富贵家庭的知名摄影师戴安·阿巴斯（Diane Arbus）在其始终未完成的自传中，如此写道："我们从来不觉得富有，哦，我们是穿最昂贵的衣服，受最好的教育，但家世带来的好处——那些钱——从来没有让我们（霍华、我和芮内）② 高兴过"。③ 而戴安的哥哥霍华则曾经对妻子这样表示："我认为那些钱跟我一点关系也没有"。④

不敢说张爱玲亦有此等强烈的负面感受，但从她诉说自身的许多作品中，都可以窥见钱如何像颗卡在鞋子里又无论如何取不出的尖锐石子般，阻碍在亲子的关系中，扎得人隐隐作疼。如果有时候似乎显得安然无恙，那也不过只是暂时性的麻痹而已，永远都有一种"惘惘的威胁"⑤，因为一旦又有新的事件发生，就宛如石头又滚动到一个新的位置，无法不重新感受到疼痛。

---

① 父亲家里有西方办公室家具的说法，出自张爱玲的遗作《小团圆》。书中提到了父亲买了钢制书桌和文件柜两件办公室家具，桌上还有打孔机器和拿破仑石像，意在凸显父亲和母亲都是"过渡时代的人"（《小团圆》，页 97），虽然父亲较倾向中国传统作风，母亲较倾向西式学派作风，但委实都是中西、新旧并存的。至于《小团圆》的自传性质，将在稍后的正文统一予以说明。
② 此处的霍华和芮内，分别为传主戴安的哥哥及妹妹。
③ 引自 Bosworth 原著之《控诉虚伪的影响叙事者》（陈儒雅译），页 83。
④ 引自《控诉虚伪的影响叙事者》，页 83。
⑤ 借用《传奇》再版序中的名言。

"没有钱的苦处她受够了。无论什么小事都使人为难,记恨,"① 张爱玲在其中篇小说《怨女》中,对女主角银娣的处境做了如此的描述。而从下面这段自述文字中,我们其实不难看出,银娣的此番心声应该也曾经回荡在张爱玲的脑海中。

> 我不能够忘记小时候怎样向父亲要钱去付钢琴教师的薪水。我立在烟铺眼前,许久,许久,得不到回答。后来我离开了父亲,跟着母亲住了。问母亲要钱,起初是亲切有味的事,因为我一直是用一种罗曼蒂克的爱来爱着我母亲的。她是位美丽敏感的女人,而且我很少机会和她接触,我四岁的时候她就出洋去了,几次回来了又走了。在孩子的眼里她是辽远而神秘的……可是后来,在她的窘境中三天两天伸手问她拿钱,为她的脾气磨难着,为自己的忘恩负义磨难着,那些琐屑的难堪,一点点的毁了我的爱。②

这段文字同时包含了父亲与母亲的部分。而相较于张爱玲与母亲之间的纠葛缠绕,与父亲之间的关系则显得较为简单一些,因此,还是先来看关于父亲的部分吧。

父亲继承了万贯家产,对于自己的需求也照顾得很好,常常换新车、抽鸦片,也懂得享受醇酒与女人,然而女儿学钢琴的费用,却总是延挨着,要女儿在烟铺前伫候良久,仍得不到响应。"把钱搁在身上多握两天也是好的。"③ 一方面这让张爱玲感受到父亲的恐惧,在旧中国被时代的巨轮几乎整个碾了过去,翻了一个跟斗之后,张爱玲的父亲,尽管可以将那些古代典籍背得"川

---

① 出自张爱玲之《怨女》,页23。
② 出自张爱玲之《童言无忌》,收录于《流言》,页8。
③ 语出《小团圆》,页96。

流不息，不舍昼夜"，却也只能像个"笼中兽，永远沿着铁槛兜圈子巡行"。①时代狠狠地将他们抛弃在后，而张志沂这群遗少，虽不至于像他们的父辈，"听到'商女不知亡国恨，隔江犹唱后庭花'就流泪"②，仍然因为"不承认民国"③，生活在时辰永远落后外头世界一个钟点的封闭世界中。④只好用"狂嫖滥赌，来补偿他们生活的空虚"。

然而另一方面，同时也更加重要的是，张爱玲对于父亲处境的理解，并无法阻止她看见父亲"不过是一个自私的男子"⑤，他的"保守性也是有选择性的，以维护他个人最切身的权益为限"⑥。虽然在思想上受到五四的影响，⑦而且外界的教育改革喊得震天价响，新式学校逐渐广为设立⑧，但张志沂却在很长的时间里都是延聘塾师来家里任教，"明知在家里请先生读古书是死路一条"⑨。一直到了张爱玲10岁那年，在母亲的强硬坚持下，她才终于被送到教会办的小学就读⑩；其后又隔了4年（1934年），张子静才获得插班入小学就读的机会。⑪

张爱玲显然完全无法认同父亲的做法，暮年的张爱玲在谈到这件事情时，口气仍然显得酸溜溜的。在《对照记》中，张爱玲这样写道："她（指母亲）

---

① 此两则引述皆出自张爱玲的《对照记》，页50。
② 张爱玲的《对照记》，页10。
③ 张爱玲的《花凋》，收录于《第一炉香》，页203。
④ 张爱玲《倾城之恋》中对于遗老遗少家庭的描述，收录于《倾城之恋》。
⑤ 《倾城之恋》，页228。
⑥ 《对照记》，页37。
⑦ 《对照记》中的说法。
⑧ 1905年废除科举制度，1906年清廷制定《勤学所章程》，鼓励兴办小学，以推广普及教育。1902—1911年，全中国的新式学堂数量由700多所，扩增到52500所，在学学生最多达到163万人（资料来源：王笛，1987）。如果只看小学的话，到了1931年，江苏省一省的小学有8516所，学生人数为71万，进展到1936年时，学校数量增至11392所，而人数则膨胀至182.7万（资料来源：谷小水，1998），成长速度相当惊人。
⑨ 《小团圆》，页98。
⑩ 资料来源：张爱玲之《必也正名乎》，收录于《流言》及张子静、季季《我的姊姊张爱玲》。
⑪ 张子静、季季《我的姊姊张爱玲》。

从来没干涉我弟弟的教育，以为一个独子，总不会不给他受教育。不料只在家中延师教读"（页53）。究其原因，张爱玲紧接着如此明示："连衔堂小学都苛捐杂税的，买手工纸都那么贵。我听见我父亲跟继母在烟铺上对卧着说"（页53）。讽刺效果何其明显！父亲与继母一边抽着鸦片，一边抱怨着就读小学所需的纸张文具过于昂贵。对照父亲那些奢华的嗜好：鸦片、汽车等，也就不难理解张爱玲的心酸与怨怼。

造成张爱玲与父亲关系上及感情上皆彻底决裂的爆裂物，当然是熟悉张爱玲的读者们不可能忘记的，父亲被继母挑唆，将张爱玲打了一顿后禁闭达数月之久的事件。① 在《私语》这篇文章中，张爱玲详细地记述了事件的经过，当中有些文字读来令人悚然：

> 我父亲扬言说要用手枪打死我。我暂时被监禁在空房里，我生在里面的这座房屋忽然变成生疏的了，像月光底下的，黑影中现出青白的粉墙，片面的，癫狂的。
>
> 我也知道我父亲决不能把我弄死，不过关几年，等我放出来的时候已经不是我了。数星期内我已经老了许多年。我把手紧紧捏着阳台上的木栏杆，仿佛木头上可以榨出水来。头上是赫赫的蓝天，那时候的天是有声音的，因为满天的飞机。
>
> 我希望有个炸弹掉在我们家，就同他们死在一起我也愿意。②

哪怕记忆中有那么些与父亲之间的温暖记忆③，也只能被这桩残酷冷硬的

---

① 事件发生在1937年9月，约于沪战发生两个礼拜后，这一年，张爱玲17岁。
② 《流言》，页165。
③ 举例来说，"我喜欢鸦片的云雾，雾一样的阳光，屋里乱摊着小报（直到现在，大叠的小报仍然给我一种回家的感觉），看着小报，和我父亲谈谈亲戚间的笑话——我知道他是寂寞的，在寂寞的时候他喜欢我。"资料来源：《私语》，见《流言》，页162。

现实冲撞得破损不堪了吧。1938年农历过年前，张爱玲找到机会出逃，投奔母亲与姑姑（当时她们住在一起）。1942年，张爱玲在香港大学的学业因为战争而不得不中断，为了转学入上海圣约翰大学的学费问题，在迫不得已的情况下，回家向父亲要钱①，这是她17岁出走后，唯一一次回家。"在家坐不到十分钟，话说清楚就走了"②，而这一次，她确实是头也不回地，永远地离开了。

四、"自传已不足以形容它的真实"的遗作《小团圆》

张爱玲的母亲是个美丽的女人，而且是个勇敢的女人。③ 她原先是用一种罗曼蒂克的爱来爱着她的，然而，浪漫的爱迟早要"撞着了现实"④。这里的"现实"指的是什么？在解答现实是什么之前，必须稍事说明张爱玲的遗作《小团圆》在张爱玲传记文献中的位置。2009年3月，《小团圆》一出版，立刻引发台湾文坛的鼎沸。关键议题有二：一是关于这本遗作该不该出版的问题，二是震慑于《小团圆》这本自传小说的"真实性"，在孜孜矻矻地"对号入座"之后，对张爱玲的生命作出各种新的解读。

第一项议题基本上与本研究无关，有兴趣的读者，可以参见张小虹的《合法盗版——张爱玲，从此永不团圆》与宋以朗的《小团圆》前言，当可略知对于该当出版与否的正反意见为何，不在此赘述。第二项议题，事关我们是否可以将《小团圆》里面所铺陈的情节与想法感受当成自传数据来加以使用，

---

① 当时，母亲又一次滞留在海外，姑姑则因为投资失利，加上遇到公司大裁员，转任薪水较低的翻译工作，无力负担张爱玲的学费，姑姑向张爱玲解释当初的离婚协议本来就讲好父亲应该负担其教育费用，在香港大学的三年已由母亲负责，剩下半年没有道理不找父亲负担。资料来源：张子静、季季，《我的姊姊张爱玲》。
② 张子静、季季，《我的姊姊张爱玲》，页11。
③ 《对照记》中对于踩着"三寸金莲横跨两个时代"（页20）的母亲的各种英勇事迹有丰富的描写，有兴趣的读者请自行参阅。
④ 张爱玲，《洋人看京戏及其他》，《流言》，页107。

因此需有一个大体上的浏览。

熟悉张爱玲作品的作家，及长期投入于研究张爱玲生平、创作的研究者，甚至还包括了曾经为张爱玲作传的作者，分别在阅读过《小团圆》之后，作了以下的表示：

> 凄风苦雨中才出炉的《小团圆》，舍不得快，只想一路把多年以来对张爱玲生平的许多理解的缺口，一一补缀起来。[1]

> 但是还原成她的"**自传**"，**则这本书坦率得吓人**。书里呈现的张爱玲所有文学史料或她自己的文本里完全不曾披露过呈现过的。[2]

> 自传已不足以形容它的真实，笔触之坦露，也完全超越以往……[3]

> 我认为**《小团圆》是改写张爱玲的重要依据**，如何改写，那就要正面相见。[4]

> 她在初暮之年开始写这部自传体小说，大胆地采取了**还原生命史**的手法，让她自己以及与她有过纠结的人物回到事件的**初始状态**。[5]

> 《小团圆》就是张爱玲面对自己的人生告白。用小说体写，只因为这是她最熟悉的方式，但《小团圆》不只是小说……小说可以有许多虚构

---

[1] 陈克华，《闺中密友与书生书僮》。
[2] 袁琼琼，《多少恨：张爱玲未完》。
[3] 张瑞芬，《张爱玲的〈小团圆〉》，《今生今世对照记》。
[4] 周芬伶，《真的"小团圆"吗?》。
[5] 季季，《张爱玲为什么要销毁〈小团圆〉?》。

之处，但写**私小说**或**自传体小说**时，作者却会想尽量**符合现状**，否则何必写？写私小说是为了面对自己，找回自己，解决自己人生的问题。①（以上黑体，皆为笔者所强调。）

可见得对于《小团圆》作为一本"坦率告白"的"自传小说"已有相当的共识。然而，除了文坛同道及研究者的"鉴定"之外，更加重要的是，来自于张爱玲本人的亲口证实。关于这一部分，张爱玲文学遗产的执行人宋以朗②在《小团圆》的前言中，已有清楚的说明，在此仅列举较为关键的陈述，不待一一阐述：

> 我在《小团圆》里**讲到自己**也很不客气，这种地方总是自己来揭露的好，当然也并不是否定自己。③

> 志清看了《张看》自序，来了封长信建议我写我祖父母与母亲的事，好在现在**小说与传记不名分**。我回信说，"你定做的小说就是《小团圆》。"④

> 我正在写的《小团圆》**内容同《对照记》**，不过**较深入**。⑤

（以上黑体，皆为笔者所强调。）

《对照记》乃是张爱玲于 1995 年去世前所出版的最后一本书（出版于

---

① 韩良露，《梦中小团圆》。
② 宋以朗是张爱玲结交达四十年的挚友宋淇之子。张爱玲的遗嘱上写明将所有的遗物，包括银行存款都留给宋淇夫妇。资料来源：林式同，《有缘得识张爱玲》。
③ 1975 年 7 月 18 日张爱玲写给宋淇夫妇的信，引自宋以朗的《小团圆》前言，《小团圆》页 4 。
④ 1976 年 4 月 4 日张爱玲写给宋淇夫妇的信，《小团圆》页 8。
⑤ 1994 年 10 月 5 日张爱玲写给庄信正的信，引自庄信正《张爱玲来信笺注》，页 207。

1994年），是张爱玲自述其家族历史与生平故事的一本图（照片）文对照集。综合前述张爱玲对《小团圆》所作的几项说明，《小团圆》的自传性质殆无疑义。①

五、在现实的社会里，我等于一个废物

打从一开始，张爱玲就意识到她的出走"没有一点慷慨激昂"②，后来她甚至还写过一篇《走！走到楼上去！》③ 的文章，讽刺中国人从易卜生的《娜拉》一剧中所学会的"出走"，其实是无路可去。固然彼时她确实身处于一个一点也不罗曼蒂克的时代，但也跟她被父亲囚禁时，母亲请人代传给她的话不无关联：

"你仔细想一想。跟父亲，自然是有钱的，跟了我，可是一个钱都没有，你要吃得了这个苦，没有反悔的。"当时虽然被禁锢着，渴想着自由，这样的问题也还使我**痛苦**了许久。④

我们要如何理解张爱玲在极度渴望着自由的情况下，母亲明明提供了一个"出路"，却还要因为"这样的问题"而久久痛苦着？"这样的问题"又是什么样的问题呢？张爱玲自己提供了解答。紧接在上面那段引文之后，张爱玲这样写道：

---

① 根据注③，张爱玲一直到过世前一年都还在修改《小团圆》，然而目前皇冠出版社出版的《小团圆》则是张爱玲在1976年寄给宋淇的版本，更多的版本细节，请见季季《张爱玲为什么要销毁〈小团圆〉?》
② 张爱玲"我看苏青"，《余韵》，页81。
③ 收录于《流言》。
④ 张爱玲，《我看苏青》，《余韵》，页81，黑体部分为笔者所强调。

> 后来我想，在家里，尽管满眼看到的是银钱进出，也不是我的，将来也不一定轮得到我，最吃重的最后几年的求学的年龄反倒被耽搁了。这样一想，立刻决定了。①

表面上，就像张爱玲所写的，是因为经济及前途上的现实考虑，让她举棋不定。但如我们更早前的引述所透露出来的，这次的殴打禁闭事件，让张爱玲悲愤到连同归于尽的心都有了，竟会纯粹只因为舍不得放弃父亲家的钱财，而作不出决定？而且依张爱玲的聪慧，她会想不透上面那个"钱进钱出，也轮不到她"的简单道理？还因此而"痛苦了许久"？因此，仔细探究母亲的那番话是必要的，当然我们不可能真有办法得知母亲当初的传话内容，我们所拥有的只有张爱玲的讲法，不过事实上母亲怎么讲并不重要，我们要探究的是张爱玲的心理真实，而不是客观上实际发生了什么。

细究母亲的那番话，我们会发现母亲对于被禁锢着的张爱玲所提出的邀请，缺乏义无反顾要拯救她脱离苦海的豪气，反而是一开始就先竖立了障碍："一个钱都没有"、"要吃得了这个苦"，听起来仿佛更像是希望张爱玲别去投奔她似的。真正让张爱玲痛苦许久的，恐怕正是这样的一个言外之意吧。佐以《小团圆》中张爱玲所揭露的一个之前从未曝光的细节，事情的面貌就会更加清晰。《小团圆》中记述：她出走到母亲家之后，母亲还曾暗地里央请亲戚向父亲疏通，希望能让张爱玲回去。②

在《小团圆》及《对照记》中，张爱玲分别通过继母和家里人之口，嘲笑母亲"自搬砖头自压脚"。③ 这大约很可以说明张爱玲对于自己当时处境的认识：自己是个没人要的沉重负担！因此，当17岁的张爱玲终于有机会与她

---

① 张爱玲，《我看苏青》，《余韵》，页81。
② "九莉（即张爱玲的化身）不知道这时候还在托五爷去疏通，要让她回去。"《小团圆》，页139。
③ 分别见《小团圆》，页139；《对照记》，页54。

所恋慕的母亲一起生活时——她4岁的时候,这位勇敢的湖南女子就出洋去了,"几次回来了又走了",因此过去她们实际上相处的时间非常有限①——迎接她的,并不是童年的她所认为的"美的顶巅"②的童话世界,而是笼罩着现实的重重阴影的未来。

一堵由无数面镜子所砌成的墙,高耸在母亲家,时时映照出她作为母亲负担以及笨拙丑小鸭的存在。每一面镜子都代表母亲审视的眼光,或者应该说是被张爱玲所内化了的母亲审视的目光。

从前久立在父亲的烟铺前,迟迟等不到钱的难堪,以另外一种形式同样发生在母亲家。母亲一边为了张爱玲的前途——留学英国,花了非常昂贵的补习费③,一边却常常怨叹自己的牺牲:

> 想想真冤——回来了困在这儿一动也不能动。其实我可以嫁掉你,年纪轻的女孩子不会没人要。反正我们中国人就知道"少女"。④

> 劳以德总是说:"你应当有人照应你。你太不为自己着想了。"是我的朋友都觉得我不应当让你念书。不是我一定要你念,别的你又都不会。马寿也说我:"留着你的钱!你不要傻!"⑤

于是,张爱玲惶惑不已地怀疑着自己"是否值得这些牺牲"。⑥ 困于自鄙与强烈的自尊心⑦,她甚至"想到跳楼,让地面重重的摔她一个嘴巴子。此外

---

① 《童言无忌》,《流言》,页8。
② 《私语》,《流言》,页160 。
③ 张子静、季季,《我的姊姊张爱玲》。
④ 《小团圆》,页137。
⑤ 《小团圆》,页144 。
⑥ 《私语》,《流言》,页167。
⑦ 张爱玲《私语》中则是用"困于过度的自夸与自鄙"(页168)来形容自己。

也没有别的办法让蕊秋（母亲的化身）知道她是真不过意"。① 因此，她怕伸手向母亲拿公共汽车钱，宁可走过半个城市去补习。②

钱不是张爱玲在母亲家的唯一磨难。

如我们先前所说的，从前她在父亲家的生活，一切生活琐事都有仆佣负责打点，因此在学校上化学实验课时，连划火柴都不会，只好劳动老师来代点酒精灯，老师忍不住"一脸鄙夷的神色"。③ 母亲为了协助她成为一个进退有度的现代淑女，对她展开以下的训练：

> 教我煮饭；用肥皂粉洗衣；练习行路的姿势；看人的眼色；点灯后记得拉上窗帘；照镜子研究面部神态；如果没有幽默天才，千万别说笑话。④

可惜，这些训练非但没有奏效，反而为母女双方都带来极大的挫折。张爱玲的母亲是个伶俐干练的女人，交际手腕高超，十分懂得如何敷衍人，以争取最好的待遇⑤，张爱玲舅舅家的几个表姊也都是她做的媒。⑥ 偏偏张爱玲在待人接物方面，常常"显露惊人的愚笨"⑦，母亲受不了张爱玲的笨拙与碍事，有时候脱口而出的锋利言语，即使只是透过纸面，仍令人为张爱玲感到惨然：

> 你有些笨的地方都不知道是哪里来的，连你二叔都还不是这样。照你

---

① 《小团圆》，页145。
② 《小团圆》，页133。
③ 《小团圆》，页136。
④ 《天才梦》，《张看》，页242。
⑤ 如《小团圆》中曾经描写：张爱玲得伤寒住院时，母亲去看她，"总是跟看护攀谈……她永远想替九莉取得特殊待遇。"（页：150），又写道："蕊秋极力敷衍，重托了比比照应她。"（页：152）。
⑥ 《小团圆》。
⑦ "天才梦"，《张看》，页242。

这样还想出去在社会上做人？①

你这是干什么？猪！②

反正你活着就是害人！像你这样只能让你自生自灭。③

与母亲同住的生活可以说几乎像是一场灾难，既让张爱玲心中所恋慕的美好母亲形象几近幻灭——"让你到后台来，你就感到幻灭了？"④ 也对她的自我概念产生相当大的影响。张爱玲在《天才梦》里如此写道：

在待人接物的常识方面，我显露惊人的愚笨。我的两年计划是一个失败的实验。除了使我的思想失去均衡外，我母亲的沉痛警告没有给我任何的影响。⑤

对心理学家来说，所谓的自我概念（self concepts），是指一个个体用来定义他/她自己的信念、欲望、价值及特性（Kosslyn, S. M. & Rosenberg, R., 2006）。一般认为，自我概念是多向度并且相对稳定（但非不可改变）的。自我概念一旦形成之后，即会对个体如何处理与自我相关的讯息（如：注意与否、如何解释、记忆的重点等等）造成影响，并进而影响到个体的情绪及行为层面。举例来说，一个拥有"不擅社交"自我概念的人，每次在与他人的互动中，可能都特别注意到自己人际失当的那一层面，结果，除了带来负面的情绪感受之外，又进一步强化既有的"不擅社交"自我概念，于是，为了避免挫折，就有可能演变成尽量回避需要社会交际的场合。

---

① 《小团圆》，页134。
② 《小团圆》，页136。
③ 《小团圆》，页149。
④ 《小团圆》，页145。
⑤ 《张看》，页242。

小时候的张爱玲可能只是在不熟悉的人面前容易内向害羞，却未必对自己发展出相对应的负面自我概念。从张爱玲19岁所写的《天才梦》文本中，我们可以窥见张爱玲如何归因自己的发展轨迹：

> 在学校里我得到自由发展。我的自信心日益坚强，直到我十六岁时，我母亲从法国回来，将她睽违多年的女儿研究了一下。
>
> "我懊悔从前小心看护你的伤寒症，"她告诉我，"我宁愿看你死，不愿看你活着使你自己处处受痛苦。"
>
> 我发现我不会削苹果，经过难苦的努力我才学会补袜子。我怕上理发店，怕见客，怕给裁缝试衣裳。许多人尝试过教我织绒线，可是没有一个成功。在一间房里住了两年，问我电铃在哪儿我还茫然。我天天乘黄包车上医院去打针，接连三个月，仍然不认识那条路。总而言之，在现实的社会里，我等于一个废物。①

此处，张爱玲所提到的学校生活让她自信心日益坚强，主要是针对她的文字能力。她的作文极受国文老师汪宏声赏识，而且据称其在校刊上发表的多篇创作也引起全校师生的瞩目。② 根据这篇文章所呈现的理路，似乎是指向归国的母亲让她"意识到"她是一个现实社会里的废物。熟悉张爱玲作品的读者或许依稀记得张爱玲中学生活的不愉快。确实，她曾经明白坦承："一大半是因为自惭形秽，中学生活是不愉快的，也很少交朋友。"而之所以自惭形秽，乃因为拣继母的旧衣服穿不完地穿着，带给她极大的"憎恶与羞耻"③，倒没有提到任何待人接物方面的难堪或痛楚。无论如何，经过母亲两年的淑女调教

---

① 《张看》，页241—242。
② 汪宏声《记张爱玲》，收录于陈子善所编之《私语张爱玲》。
③ 《童言无忌》，《流言》，页10。

计划，不是在张爱玲的脑中建立起关于待人接物的极度负面的自我概念，就是高度强化此一既有的负面自我概念。

六、渴望无条件的爱

终其一辈子，张爱玲都在追求一种无条件的爱。

"她一直觉得只有无目的的爱才是真的"。[①]

在她生前的最后一本书中，张爱玲以一种温柔又充满感情的语调，写出她对于一种无条件支持的渴望：

> 我没赶上看见他们（指祖父母），所以跟他们的关系只是属于彼此，**一种沉默**的**无条件的支持**，看似无用，无效，却是我**最需要的**。他们只静静地躺在我的血液里，等我死的时候再死一次。我爱他们。[②]

讽刺的是，能满足她此项需求的对象却只有从未谋面的祖父母。仿佛正因为没有"赶上"，才得以让彼此的关系变成一种"无条件支持"的关系，不会遭受现实的损伤。

对张爱玲的"自我"（self）养成而言，父亲、母亲可以说是最重要的两个人。而从我们先前的论述中，读者们不难看出张爱玲要在他们两人身上追求无条件、或说无目的的爱，终究只能是落空的。对张爱玲的生平具有一定认识的读者，或许会提出这样的疑问：一向与张爱玲亲近，并且在母亲离国期间对张爱玲多所照顾的姑姑，或者从小一路悉心照料张爱玲长大的何干，他们难道没有提供张爱玲所需要的那种无条件的爱？

[①] 《小团圆》，页165。
[②] 《对照记》，页52，黑体，为本文作者所强调。

1939年，因为欧战爆发的缘故，张爱玲被迫更改留学英伦的计划，搭船赴香港读大学。挥别了母亲与姑姑的张爱玲，倒在舱位上大哭了起来。船，旋即开了。张爱玲接下来如此写道："她遗下的上海是一片废墟"。① 彼时孤岛上海绝非一片废墟②，故张爱玲在此委实是自况身世。废墟一片的并非上海，恐怕是张爱玲的心。

  那么，对于上述的问题而言，还能是什么答案呢？然而，我们还是先从张爱玲与姑姑的关系看起吧。由于篇幅有限的缘故，我们将不再像先前针对父亲、母亲的部分，进行长篇的论述，将简单扼要地直取核心。

>   我再稍大两岁她就告诉我她是答应我母亲照应我的。她需要声明，大概也是怕我跟她比跟我母亲更亲近，成了离间亲子感情。③

  这是张爱玲在《对照记》中的说法，在《小团圆》中，则是："我答应二婶照应你的。"不要她承她的情。④

  由此处，即可看出姑姑待张爱玲再怎么亲近，也始终是拿捏着分寸，不愿逾越了分际。而所谓的"分寸"、"分际"这样的东西，表示姑姑对张爱玲的感情总是有限度，并且是有规范的，也就不可能是张爱玲所企求的那种无条件的爱。对此，张爱玲有一段非常传神的描绘，读者看了应该可以心领神会：

>   乱世的人，得过且过，没有真的家。然而我对于我姑姑的家却有一种天长地久的感觉。我姑姑与我母亲同住多年，虽搬过几次家，而且这些时

---

① 《小团圆》，页152。
② 根据学者的研究，孤岛上海非但不是废墟，而且还呈现出非常繁荣的景观。有兴趣的读者可以参见谢文孙，1998。
③ 《对照记》，页29。
④ 《小团圆》，页115。称呼张爱玲的母亲为"二婶"，乃因为张爱玲口头上过继给大房，因此张爱玲称呼自己的父母为二叔二婶，这里姑姑沿用张爱玲的称谓。

我母亲不在上海，单剩下我姑姑，她的家对于我一直是一个精致完全的体系，无论如何不能让它稍有毁损……

因为现在的家于它的本身是细密完全的，而我只是在里面撞来撞去打碎东西，而真的家应当是**合身的，随着我生长的**，我想起我从前的家了。①

非常清楚，姑姑的家再怎么"精致完全"，再怎么给张爱玲一种"天长地久的感觉"，张爱玲都只能在其中"撞来撞去打碎东西"，因为这个家是"不合身的"。细究其原因，就在于姑姑主要都是根据一种"分际"，而不是依据张爱玲的实际需求来对待她。而张爱玲觉得自己是"自动地粘附上来"的②，打扰了姑姑"幽独的生活"③，所以十分尊重姑姑所持的分际。因而，两人的相处有一种清平和谐，但其实并不能满足张爱玲内心深处对于无条件的爱的渴望。

那么从小拉拔张爱玲长大的阿妈何干又如何呢？

《小团圆》中关于她被父亲殴打后与何干互动的一段话，可以说已经其理甚明：

自从她挨了打抱着韩妈④哭，觉得她的冷酷，已经知道她自己不过是韩妈的事业，她爱她的事业。过去一直以为只有韩妈喜欢她，就光因为她活着而且往上长，不是一天到晚掂斤播两看她将来有没有出息。⑤

---

① 《私语》，《流言》，页153—154，黑体部分为笔者所强调。
② 《姑姑语录》，《张看》，页138。
③ 《小团圆》，页75。
④ 韩妈乃为何干的化名。
⑤ 《小团圆》，页130。

读了这段文字之后,也才能恍然明白年轻的张爱玲在《私语》中所谓的"恐惧使她变得冷而硬"的复杂涵义,并不只是张爱玲当初所提供的"因为爱惜我,她替我胆小,怕我得罪了父亲,要苦一辈子"① 这样的理由而已!对张爱玲来说,更加痛苦的毋宁是,由何干的恐惧中,看到自己原来竟是何干的"事业"!而张爱玲的事业说,究竟意指为何?藉助于《小团圆》中描述其后与何干道别的一段文字——"她自己再也休想做陪房跟过去过好日子了"②,也就一清二楚了。

张爱玲是否太过"多心"?远非本研究所关注的重点,我们只着重于探究从张爱玲的文字中所折射出来的心理现实。再一次,我们看到张爱玲对于一种极尽纯粹的无目的/无条件的爱的深切呐喊,这种爱只是因为她活着,她生长,就看顾她,喜欢她,而不是寄托在"衡量"她"有没有出息"之上。而且,不该忽略的是,在该段引述文字中,张爱玲确实表达出何干原本是她对于无条件爱的唯一寄望的对象。只是,终究还是幻灭了。

张爱玲所渴求的无条件的爱,与心理学家罗杰斯(Carl Rogers,1959,1963,1977)所十分强调的无条件积极关怀(unconditional positive regard)可说几乎如出一辙。罗杰斯所谓的"无条件积极关怀",是指一种非占有性的,也不要求报偿的关切。不管对方如何表现,都将之视为一个独特的个体来加以关怀和接纳,而不是因为孩子(或者个案)符合父母(或者治疗师)的期待才加以喜欢。为何对罗杰斯来说,无条件积极关怀这么重要?

罗杰斯理论中的一个基本前提是:每个人都有追求正向关怀的基本需求,特别是来自于生命中的重要他人(significant others)的正向关怀,更是对个体具有强大的影响力。但如果这些正向关怀是建立在一些条件(conditions)之上,则个体就会学习到所谓的价值条件(conditions of worth),亦即除非个体

---

① 《流言》,页165。
② 《小团圆》,页146。

能够满足这些条件，否则他就无法正向地看待自己，或者是认为自己是有价值的。因此，一旦价值条件建立了之后，个人的统整即受到影响。某些特定的经验开始会对自我构成威胁，为了保护自我，个体因而必须要作出一些防卫性的反应（Rogers，1959）。然而，防卫虽然可以让个体得以维持一个可以接受的自我概念，却要付出代价：对某些方面的知觉变得又狭隘又坚固，而且可能会有过度敏感及过度反应的情形（Barrett-Lennard，1998）。

接下来就让我们回到张爱玲的生命脉络中，看罗杰斯关于条件式的关怀及价值条件等概念如何深化我们对张爱玲的理解。

如我们稍早前所论述过的，张爱玲在其成长过程中，一直都未能从重要他人那儿获得她所企求的无条件的爱，所以她的自我价值感一直都没有得到很好的确立。以罗杰斯的观点来说，亦即她从与父母、姑姑等重要他人相处的经验中建立起一些价值条件，因此必须要满足某些特定的条件，她才有价值可言。在所有的重要他人中，张爱玲最深爱过的母亲，毋宁对于其自我概念与自我价值的形塑拥有最深刻的影响力。也就是说，迎合母亲的期待（条件），获得母亲的肯定，也就成为最为迫切的一件事。

母亲对张爱玲最深切的期许/要求是什么？一、对于待人处世应对得宜的淑女风范的要求。① 二、对于自立的期待，而在母亲的想法里，要能够自立的最佳途径就是透过教育。关于第一点，我们前面已经讲了很多，此处毋庸赘言。至于第二点，《小团圆》中则提供了很多线索。如：

> 九莉（张爱玲的化身）诧异到极点，从小教她自立，这时候倒又以为可以嫁掉她？②

---

① 亦见于余斌，1997：34。"她母亲似乎只能接受一个够得上淑女标准的女儿……"
② 页138。

> 人家都劝我,"女孩子念书还不就是这么回事……"但是结了婚也还是要有自立的本领,宁可备而不用,等等。①

> ……然后蕊秋开始饭后训话:受教育最要紧,不说谎,不哭,弱者才哭,等等。②

而熟读张爱玲作品的读者们,想必不会忘记张爱玲曾用一种极为俏皮的笔法来形容母亲对于让她接受西式学校教育的坚持:

> 十岁的时候,为了我母亲主张送我进学校,我父亲一再地大闹不依,到底我母亲像**拐卖人口一般**,硬把我送去了。③

张爱玲的淑女训练最后落得惊觉自己在现实社会中是个废物,并进而"思想失去均衡"的下场,在自立方面的表现又如何呢?

如果没有战争来搅局的话,很有可能张爱玲就终于能够在教育这个项目上满足母亲的期待。但是天不从人愿,虽然她在伦敦大学的远东区入学考试中考得了第一名④,由于欧战爆发只好改进香港大学。在香港大学努力用功,"揣摩每一个教授的心思",在每门功课中都拼到第一,"连得了两个奖学金,毕业之后还有希望被送到英国去"。然而,战争又来了,"学校的文件记录统统烧掉,一点痕迹都没留下"⑤,所有的成就一笔勾销。张爱玲被迫回到上海,转学入

---

① 页137。
② 页82。
③ 《必也正名乎》,《流言》,页40,以上黑体,为笔者所强调。
④ 张子静、季季,《我的姊姊张爱玲》。
⑤ 《我看苏青》,《余韵》,页83。

圣约翰大学就读，但基于种种原因，①张爱玲后来又选择辍学。根据张爱玲的说法，她在香港大学所获得的奖学金战后仍然保存着②，但因为想继续从事写作，她没有回香港把大学学位读完，让母亲"非常失望"③，并且写信来骂她"井底之蛙"。④

　　由此可以清楚地看到两个重点。首先，母亲并不认同张爱玲的写作事业。就如同她的传记作者余斌（1997）和司马新（1997）所注意到的，在写作这一条路上，张爱玲几乎从来没有得到母亲的肯定与支持。⑤再者，针对母亲的"出色的教育资历即通往自立之大道"这个殷切期盼而言，张爱玲再次挥棒落空了。

　　感受不到自己在母亲眼中价值的张爱玲，亟须建立自己的价值，而张爱玲最能够仰赖的就是自己的写作才华。张爱玲需要她的写作才华得到认可，得到"证明"，而且需要显赫的成功才行，只有这样才能赢得母亲的尊重。否则，如果只落得成为一个勉强自食其力的贩文为生者，那么在母亲的眼中仍将一无是处。难得掉泪的⑥张爱玲，在三十几岁时为了棒球员吉美·皮尔索苦心奋斗的传记片，哭得近乎号啕，殆非偶然。吉美竭尽全力想赢得父亲的欢心，多年来始终未果，在球场上终于获得成功后，发狂似地喊道："看见了没有？我打中了，打中了！"⑦张爱玲也需要母亲看见她耀眼的成功。

---

① 张子静在《我的姊姊张爱玲》中提到他曾经向姊姊询问辍学的原因，得到的答复包括：圣约翰没有好教授，当时已经开始为英文《泰晤士报》写影评、剧评，同时还要上课，精神体力不济等原因，然而最主要的原因仍然是经济层面的。因为当时母亲再一次出洋，张爱玲与姑姑同住，不愿意增加姑姑的负担。
② 《对照记》。
③ 《对照记》，页70。
④ 《小团圆》，页259。
⑤ 与写作有关的记述中，几乎都没有提到母亲（倒是有不少地方提到父亲的肯定或支持），凤毛麟角的一则是《天才梦》中写到母亲批评她小时候创作的一个情节："我母亲批评说：如果她要自杀，她决不会从上海乘火车到西湖去自溺。"《张看》，页240。
⑥ 张爱玲形容自己"长大自立之后实在难得掉眼泪的。"《我看苏青》，见《余韵》，页85。
⑦ 《小团圆》，页291。

1957年8月，从伦敦传来母亲病重必须进医院动手术的消息①，张爱玲没法到英国看望母亲，只能多写信并寄钱给母亲。② 在母亲临终前的这个时刻，张爱玲除了写信和寄钱之外，事实上还做了一件事，她将《文学杂志》上所刊载的夏志清之《张爱玲的短篇小说》，及邝文美所撰的《我所认识的张爱玲》寄去给母亲。③ 日后，张爱玲能够在中国文学史上占据重要的地位，身为欧美地区"中国现代文学掌门人"④ 的夏志清是一个重要的推手（如：杨照，1996；王德威，2001）。夏在其《中国现代小说史》中为张爱玲开辟专章进行评析，并给予高度的赞誉如："可能是五四运动以来最有才华的中国作家"、"技巧之熟练和心理刻画之透彻，在近代中国文学中是无与伦比的"等。⑤ 此"张爱玲专章"后来由夏志清的哥哥夏济安翻译成《张爱玲的短篇小说》及《评〈秧歌〉》二篇中文文稿，刊登于《文学杂志》。⑥ 张爱玲将夏志清评论她的文章千里迢迢寄去给病榻上的母亲，其用意不言而喻。张爱玲自己是这样说的："希望她看了或者得到一星星安慰，后来她有个朋友来信说她看了很快乐。"⑦

　　另一方面，如果她的写作天赋可以得到强烈的"认证"，那么她身上受到母亲所强化的、在人际交往方面"惊人的愚笨"此等相当负面的自我概念，亦可以得到某种平衡。就像张爱玲在《天才梦》中所表达的，人们总是愿意包容天才/杰出人物的各种怪癖，但这些怪癖若发生在平凡人身上，就只会是惹人厌的缺陷了。如成为一个受到高度拥戴的知名作家，张爱玲璀璨的社会成

---

① 司马新：《张爱玲与赖雅》。
② 1957年10月24日张爱玲写给邝文美的信，收录于宋以朗所撰《我所认识的张爱玲》前言，《张爱玲私语录》。
③ 宋以朗，《我所认识的张爱玲》前言。
④ 王德威《重读夏志清教授〈中国现代小说史〉》，收录于夏志清之《中国现代小说史》，页29。
⑤ 分别见于《中国现代小说史》，页275、276。
⑥ 夏志清《张爱玲给我的信件（九）》，《联合文学》，第十四卷，第七期。
⑦ 1957年10月24日张爱玲写给邝文美的信，《张爱玲私语录》，页11。

就，将可以使得她所谓的"思想的不均衡"（待人接物方面负面的自我概念）得到修补。

从这样的角度来理解张爱玲，则不仅可以解释张爱玲当年之所以急于成名的心态，以及为了成名不惜被批评为市侩、搞噱头或者不辨是非的各种举动，而且也可以解释张爱玲对于傅雷那篇著名批评的反应，以及在过世前一年获得时报文学奖的特别成就奖时，其得奖感言竟通篇追究50年前的不快往事此一奇特现象！

1944年5月，翻译名家傅雷以"迅雨"为笔名，在《万象》发表了《论张爱玲小说》一文。一方面对于张爱玲的文学技巧予以高度的肯定及赞誉，如："作品的美也到了顶"①、"结构，节奏，色彩，在这件作品里不用说有了最幸运的成就"②，并且称其《金锁记》"至少也该列为我们文坛最美的收获之一"。③ 另一方面，傅雷爱深责切④，对张爱玲作品的"中心题材"，提出了严厉的批评：

> 遗老遗少和小资产阶级，全都为男女问题这恶梦所苦。恶梦中老是霪雨连绵的秋天，潮腻腻，灰暗，肮脏，窒息的腐烂的气味，像是病人临终的房间。烦恼，焦急，挣扎，全无结果，恶梦没有边际，也就无从逃避。零星的磨折，生死的苦难，在此只是无名的浪费。青春，热情，幻想，希望，都没有存身的地方。⑤

此外，除开对于《金锁记》的极度赞赏，对于张爱玲当时已出版的其余

---

① 收录于唐文标之《张爱玲研究》，页120。
② 《张爱玲研究》，页121。
③ 《张爱玲研究》，页124。
④ 傅雷自谓："没有《金锁记》，本文作者决不在下文把《连环套》批评得那么严厉，而且根本也不会写这篇文字。"《张爱玲研究》，页124。
⑤ 《张爱玲研究》，页128。

作品,傅雷几乎都给予了程度不一的批评,其中尤以对《连环套》的抨击为最烈,如:"主要弊病是内容的贫乏。已经刊布了四期,还没有中心思想显露"①,"人物的缺少真实性,全都弥漫着恶俗的漫画气息"② 等。

　　同一月份,张爱玲发表《自己的文章》一文,虽然没有直接点名,但据余斌的说法是:"句句皆有所指,事实上是对傅文观点逐条地进行反驳、辩难、解释",并称张爱玲的语调"针锋相对",并且"寸步不让"③,其回应动机很大一部分是"意气之争"④。柯灵则谓张爱玲的响应"远兜远转,借题发挥,实质是不很礼貌"⑤。而且就如同余斌与柯灵所注意到的,几十年后,当《连环套》收入张爱玲的作品集,在台湾重新出版时⑥,张爱玲在"自序"中提出了远较傅雷还要严厉得多的自我批评:

　　　　三十年不见,尽管自以为坏,也没想到这样恶劣,通篇胡扯,不禁骇笑。一路看下去,不由得一直龇牙咧嘴做鬼脸,皱着眉咬着牙笑,从齿缝里迸出一声拖长的"Eeeeee!"(用"噫"会被误认为叹息,"咦"又像惊讶,都不对)连牙齿都寒飕飕起来,这才尝到"齿冷"的滋味。⑦

　　由于张爱玲与傅雷对于文艺之宗旨与功能的看法不同,所以张爱玲写作《自己的文章》申论自己的文艺理论及创作立场,本无可议之处。但为何张爱玲的响应文会发展到一种令观者认为沦为"不礼貌"的"意气之争"的程度,

---

① 《张爱玲研究》,页129。
② 《张爱玲研究》,页130。
③ 《张爱玲传》,页109。
④ 《张爱玲传》,页110。
⑤ 柯灵《遥寄张爱玲》,《私语张爱玲》,页19。
⑥ 《连环套》之重新出版,主要是因为此旧作被唐文标挖掘出来,所以有其"被迫"性质。见《张看》之"自序"。
⑦ 《张看》,页10。

"出名要趁早": 张爱玲之成名情结?

对傅雷的殷切期许①完全视而不见,一味辩护自己的创作立场与作品(尤其是对《连环套》的维护),就足堪玩味了。藉助本研究所提出的解释框架,我们就不会停留在把张爱玲看成一个不识好歹之人,一心只想逞强争胜这样的层次上。虽然张爱玲是个自尊心极高的人,但她同时也是一个实际主义者,她曾说过: "人生不是赌气的事。"② 究其原因,实在是因为写作乃是她个人整体价值之寄托,除此之外她别无所依,因此不能容忍它受到一点点的批评,即便这样的批评是基于善意的出发点。就如同我们稍早前所提到的罗杰斯及巴雷莱纳(Barrett–Lennard)的观点,那些由于重要他人的条件式的关怀,学习到将自我的价值建立在特定条件之上的个体,为了防卫自我的价值不会受到损害,常会不由自主地作出过度激烈的反应。

再来看另外一个事件,即《西风》杂志的获奖事件何以成为张爱玲跨五十年不能根除的一颗蛀牙?1994年9月,时报文学奖将特别成就奖颁给了张爱玲。同年12月3日,《中国时报》刊出了张爱玲的获奖感言:忆《西风》——第十七届时报文学奖特别成就奖得奖感言。

在这篇文章中,张爱玲娓娓道来1939年她参与《西风》杂志社征文,原本已通知她得到首奖,最后却落了个"特别奖"的辛酸经过。关于张爱玲对于《西风》征文字数500字,第一名得奖作品的字数却长达3000余字的质疑,陈子善已考察了当年的《西风》杂志征文启事,并写了一篇《〈天才梦〉获奖考》释疑,据陈的考察,征文字数限制确实是5000字,500字应属张爱玲之误记。其实早在《忆〈西风〉》这篇得奖感言之前,在20世纪70年代,张爱玲即针对《天才梦》之出版写了一小篇附记,其中提到:

---

① 傅雷写道: "心理观察,文字技巧,想象力,在她都已不成问题。这些优点对作品真有贡献,却只《金锁记》一部。我们固不能要求一个作家只产生杰作,但也不能坐视她的优点把她引入危险的歧途,更不能听让新的缺陷去填补旧的缺陷。"(《张爱玲研究》,页132)。
② 《罗兰观感》,收录于《对照记》,页95。

《我的天才梦》获《西风》杂志征文第十三名名誉奖。征文限定字数，所以这篇文字极力压缩，刚在这数目内，但是第一名长好几倍。并不是我几十年后还在斤斤较量，不过因为影响这篇东西的内容与可信性，不得不提一声。①

　　是不是事隔多年还在斤斤计较？由张爱玲在1994年年底的得奖感言中又旧事重提来看，可说毫无悬念。

　　1994年，彼时张爱玲不管在台湾或者大陆，都已经拥有大批的读者和研究者。却在获颁一个象征其文学尊荣地位的"特别成就奖"时，仍然念兹在兹于五十几年前的前尘往事，并且甘冒被读者们笑话"小器"的风险，也要在半个世纪之后倾诉她的"怨愤"②，从中所透露出来的，其对于五十年前《西风》获奖事件情绪之强烈与持久，既令人惊讶，也令人怃然。同时也再一次支持了本研究的看法：其文学创作能不能被认可，即等于她这个人在母亲面前、在这个世界上，有无价值可言。半个世纪前，记忆，或者还掺杂了其他的什么阴错阳差的因素，联合起来跟她开了一个玩笑，让她从得到首奖的云端上坠下，跌得鼻青脸肿，从此不能忘记这项耻辱。

　　幸好，"还没写信告诉我母亲。"③ 在一个有月亮的晚上，张爱玲的这句话像个叹息声传来，不知怎的，让人心揪了一下。

---

① 《张看》，页245。
② 《忆〈西风〉——第十七届时报文学奖特别成就奖得奖感言》，收录于子通、亦清编之《张爱玲文集（补遗）》，页245。张爱玲的原始文字如下："五十多年后，有关人物大概只有我还在，由得我一个人自说自话，片面之词即使可信，也嫌小气，这些年了还记恨？当然时过境迁早已淡忘了，不过十几岁的人感情最剧烈，得奖这件事成了一只神经死了的蛀牙，所以现在得奖也一点感觉都没有。隔了半世纪还剥夺我应有的喜悦，难免怨愤。"（页245—246）
③ 《忆〈西风〉——第十七届时报文学特别成就奖得奖感言》，《张爱玲文集（补遗）》，页245。

参考文献

蔡登山（2003）．传奇未完：张爱玲．台北：天下文化书坊．

蔡凤仪（1996）．华丽与苍凉：张爱玲纪念文集．台北：皇冠出版社．

陈克华（2009）．闺中密友与书生书童．联合报，E3 版/联合副刊．

陈子善（2003）．''天才梦''获奖考，见苏伟贞．张爱玲的世界（续编）．台北：允晨文化公司．

冯祖贻（2001）．百年家族——张爱玲．台北：立绪文化事业公司．

谷小水（1998）．三十年代的江苏初等教育．档案与建设，98（7），42—45．

韩良露（2009）．梦中小团圆．中国时报，E4 版/人间副刊．

黄康显（2003）．张爱玲的香港大学姻缘．见苏伟贞．张爱玲的世界（续编）．台北：允晨文化公司．

季季（2009）．张爱玲为什么要销毁《小团圆》？．中国时报，E4 版/人间副刊．

贾梦玮（2003）．张爱玲祖宅．见苏伟贞．张爱玲的世界（续编）．台北：允晨文化公司．

姜穆（1995）．张爱玲与"名"．中央日报，18。

柯灵（1996）．遥寄张爱玲．见陈子善．私语张爱玲．浙江：浙江文艺出版社．

乐梅健（1992）．二十世纪中国文学发生论．台北：业强出版社．

林式同（1996）．有缘得识张爱玲．见蔡凤仪．华丽与苍凉：张爱玲纪念文集（下册）．台北：皇冠出版社．

刘金川（2003）．我所知道的张爱玲．见苏伟贞．张爱玲的世界（续编）．台北：允晨文化公司．

司马新（1996）．张爱玲与赖雅．台北：大地出版社．

司马新（1997）．张爱玲的今生缘——《张爱玲与赖雅》之外一章．联合文学（台湾），13（07）64—84．

宋以朗（2009）．《小团圆》前言．见张爱玲．小团圆（3—17）．台北：皇冠出版社．

宋以朗（2010）．张爱玲私语录．台北：皇冠出版社．

汪宏声（1996）. 记张爱玲. 语林, 1（1）. 见陈子善编. 私语张爱玲. 杭州：浙江文艺出版社.

王安忆（2000）. 长恨歌. 台北：麦田出版公司.

王德威（2001）. 重读夏志清教授《中国现代小说史》. 见夏志清. 中国现代小说史. 香港：香港中文大学出版社.

王笛（1987）. 清末新政与近代学堂的兴起. 近代史研究，（3），245—270.

夏志清（1998）. 张爱玲给我的信件（九）. 联合文学（台湾），14（7），90—96.

夏志清（1998）. 张爱玲给我的信件（十）. 联合文学（台湾），14（9），138—145.

肖进（2009）. 旧闻新知张爱玲. 上海：华东师范大学.

谢文孙（1998）. "孤岛时期"上海的繁荣现象——畸形呢，还是典型？. 见纪念七七抗战六十周年学术研讨会论文集（下册）. 台北：国使馆.

迅雨（1995）. 论张爱玲小说. 见唐文标. 张爱玲研究. 台北：联经出版公司.

杨泽（1999）. 世故的少女——张爱玲传奇. 见杨泽. 阅读张爱玲：张爱玲国际研讨会论文集. 台北：麦田出版公司.

杨照（1996）. 在惘惘的威胁中——张爱玲与上海殖民社会. 见蔡凤仪. 华丽与苍凉：张爱玲纪念文集. 台北：皇冠出版社.

于青（1995）. 寻找张爱玲. 北京：中国友谊出版公司.

余斌（1997）. 张爱玲传. 台中：晨星出版社.

袁琼琼（2009）. 多少恨：张爱玲未完. 联合报，E2 版/读书人.

张爱玲（1999）. 余韵. 台北：皇冠出版社.

张爱玲（2000a）. 流言. 台北：皇冠出版社.

张爱玲（2000b）. 对照记. 台北：皇冠出版社.

张爱玲（2001a）. 第一炉香. 台北：皇冠出版社.

张爱玲（2001b）. 倾城之恋. 台北：皇冠出版社.

张爱玲（2001c）. 怨女. 台北：皇冠出版社.

张爱玲（2001d）. 张看. 台北：皇冠出版社.

张爱玲（2002）. 忆《西风》——第十七届时报文学特别成就奖得奖感言. 见子通、

亦清. 张爱玲文集（补遗）. 北京：中国华侨出版社.

张爱玲（2009）. 小团圆. 台北：皇冠出版社.

张瑞芬（2009）. 张爱玲的《小团圆》，今生今世对照记. 联合报，E3 版/联合副刊.

张小虹（2009）. "合法盗版"张爱玲，从此永不团圆，联合报，A4 版/要闻。

张子静、季季（2003）. 我的姊姊张爱玲. 上海：文汇出版社.

周芬伶（2009）. 真的小团圆吗？. 中国时报，13.

周瘦鹃（1996）. 写在《紫罗兰》前头. 见陈子善. 私语张爱玲. 杭州：浙江文艺出版社.

庄信正（2008）. 张爱玲来信签注. 台北：印刻出版社.

Bosworth, P. (2008). 控诉虚伪的影像叙事者（陈雅汝译）. 台北：商周出版社.

Rogers, C. R. (1990). 成为一个人：一个治疗者对心理治疗的观点（宋文里译）. 台北：桂冠出版公司.

Barrett-Lennard, G. T. (1998). *Carl Roger's Helping System*: *Journey and Substance*. London: SAGE.

Kosslyn, S. M. & Rosenberg, R. (2006). *Psychology in Context* (3rd ed.). Pearson Education, Inc.

Rogers, C. R. (1959). A theory of Therapy, Personality, and Interpersonal Relationships, as Developed in the Client-centered Framework. In S. Koch (Ed.). *Psychology*: *A Study of A Science*: *Formulations of the Person and the Social Context*, Vol. 3 (184 – 256). New York: McGraw-Hill.

Rogers, C. R. (1963). Actualizing Tendency in Relation to "Motives" and to Consciousness. In M. R. Jones (Ed.), *Nebraska Symposium on Motivation*, Vol. 11 (1 – 24). Lincoln: University of Nebraska. .

Rogers, C. R. (1977). *Carl Rogers on Personal Power*. New York: Delacorte.

"To be Well-known as Early as Possible": Eileen Chang Had a "Fame Complex"?

Tsz-yi Chang

(Department of Sociology and Department of Psychology, Fu Jen Catholic University, Xinbei, 24025)

/ Abstract /

"To be well-known as early as possible! If the repute comes too late, it won't be so joyful." Eileen Chang's faithful readers will never forget this famous line which is filled with proud feeling. However, not everyone was optimistic about Eileen Chang's "fame". She had been accused of chasing fame: "I suspect this woman indulges in fame. Everybody is fond of fine reputation, but Eileen Chang cares about it the most." Besides, there was a bold assertion: Chang's miserable life was due to her love of repute. Did Eileen Chang really have the so-called "fame complex"? This article attempts to demonstrate what kind of psychological impetus drove Eileen Chang to rush to fame, and what kind of growth process contributed to this psychological dynamic in turn, from the psychobiographical approach.

/ Keywords /

Eileen Chang, psychobiography, fame complex, unconditional positive care

黄炎培关注职业教育的心理史学解读

胡志坚*

(聊城大学教务处,山东聊城,252000)

/ 摘 要 /

黄炎培是中国近现代著名的职业教育家,其一生充满了传奇色彩。对黄炎培职业教育思想及实践的研究可谓汗牛充栋,但对黄炎培关注职业教育的个人原因特别是个体心理原因的研究,却为数不多。本文从心理史学的角度,通过黄炎培的成长历程,揭示了其对生命的脆弱和对生存状况的危机意识的原因,并认为黄炎培提出、实践职业教育的原因之一,便来自他对生命的脆弱和对生存状况的危机意识。

/ 关键词 /

黄炎培,职业教育,心理史学,解读

---

* 胡志坚,E-mail: huzhijian@lcu.edu.cn

1929年,教育史家舒新城在《近代中国教育思想史》一书中曾评论说:"中国近代各种教育思想在实际上之影响,无有出乎职业教育思想之外者。"(舒新城,2007:157—158)十年来职业教育思想之时时进展,最大的原因虽是社会上的实际需要,但也"不能不归功于提出人之处事有方"。(舒新城,2007:160)

这个有巨大影响的职业教育思想的提出者、处事有方的人就是黄炎培。本文拟从心理史学(心理传记学)的角度,对黄炎培关注职业教育并能处事有方的原因给予某种解读。

一、黄炎培的成长历程及其对生命、生存的关切

黄炎培1878年10月1日(农历九月初六)出生于江苏省川沙县高行镇(现为中国最发达地区之———上海市浦东区)的"内史第"(1986年,上海市文物管理委员会把"内史第"定为黄炎培故居)(朱鸿伯、扬正德,1995:19)。原号楚南,后改号韧之、任之,别号抱一。

在回忆录中,黄炎培曾专门提到自己的外祖父孟荫余和"东野草堂",而对自己的出生地"内史第"却只字未提。何故?搞清这个问题,对我们理解黄炎培关注职业教育并能处事有方的个人原因,将会有所帮助。

笔者认为,黄炎培只字不提自己的出生地"内史第",可能有两方面的原因。第一,历史背景。黄炎培1958年开始着手写作《八十年来》,1964年完稿。按他自己原来的计划,是要写"一本八十万字的《八十年来》"(田正平、周志毅,1997:182),但最后成稿只有区区十几万字,且只记述到1949年止,"不免给人以名实不副之惑"(田正平、周志毅,1997:183)。所以有人认为:

联系当时的历史背景,不难发现多变的政治风云,使黄炎培一心愿做

"历史见证人","不为尊者讳,不为亲者讳","秉着是是非非的直笔"来记载历史的想法难以实现。(田正平、周志毅,1997:184)

黄炎培在回忆录中说:"我的父亲是知识分子。自己没有土地,并且没有房屋,终他的一生租住人家房屋的。"(黄炎培,1982:4)这既符合当时的政治背景,也不失历史的真实。

第二,个人原因。黄炎培没有明确他父亲"一生租住人家房屋(即'内史第'——笔者注)"的"人家"是谁。或许正是这个"人家",是黄炎培不愿记述"内史第"的个人原因。

可以说"内史第"是黄炎培家,又不是黄炎培家。说"内史第"是黄炎培家,是因为黄炎培和祖父、父亲都在此居住。说不是黄炎培家,是因为"内史第"确实不是黄家的房产。简单说就是,黄炎培的祖父长期借住在"内史第"的岳父家。

"内史第"建于清咸丰九年(1834年),其主人名叫沈树镛。黄炎培在回忆录中记载了沈树镛其人,也表明了自己和他的关系。

> 沈树镛,号韵初,举人,考取内阁中书,住北京很久,是一位有名的金石文考订专家,写作都好。……我呢,和他家关系太密了。沈树镛和我父亲的母亲是胞姊弟,又和我母亲的母亲是胞兄妹。沈肖韵是我的姑丈,又是我父亲一手教导出来的学生(廪贡生)。我吸收的一些旧文化,和他家是分不开的了。(黄炎培,1982:26)

如果不仔细分析,人们很难发现其中的问题和黄家、沈家以及黄炎培的外祖父孟家之间错综复杂的关系。沈树镛的姐姐就是黄炎培的祖母,沈树镛的妹妹就是黄炎培的外祖母,而沈树镛的儿子,又是黄炎培的姑父。事实上,所谓

"他家",就是黄炎培祖父的岳父家,就是黄炎培所说父亲"一生租住人家房屋"的"人家",也就是黄炎培"家"。笔者不知道当时川沙是否有居住岳父家的风俗,但按照当时社会的一般习惯,居住在岳父家似乎不属于一种常态。黄炎培不是也说吗,"我的母亲是地主的女儿。……但封建社会制度,财产传子不传女,我母亲倒因此干干净净地克勤克俭地过了一生。"(黄炎培,1982:5)。

《红楼梦》第三回中有一段林黛玉初进"大观园"外祖母家时的心情描写:

> 这林黛玉尝听得母亲说过,他外祖母家与别家不同,他近日所见的这几个三等仆妇,吃穿用度已是不凡了,何况今至其家,因此步步留心,时时在意,不肯多说一句话,多行一步路,恐被人耻笑了去。(曹雪芹、高鹗,2004:22)

这颇能说明皇权专制时代一般人借住外祖母家时的心理。或许正是因为祖父、父亲就是"借住",而自己青少年时代又有很长一段时间"借住"在外祖父家这种非常态的原因,使得黄炎培不愿提及"内史第"自己的"家"。[1] 考虑到黄炎培青少年时期生活环境的复杂性以及他独特的个人遭遇(见下述),

---

[1] 或许这也是黄炎培不愿把孟荫余称为"外"祖父的主要原因。对黄炎培为什么不愿把孟荫余称为"外"祖父,许纪霖等认为,老人对黄炎培的慈爱,读书、生活等方面都关爱有加,可能是原因之一(参见许纪霖、倪华强,1999:5),这一观点也不无道理。作为20世纪80年代较早采用心理史学方法研究历史和历史人物的一个代表,许纪霖的著作中借用了许多精神分析学派的概念和名词,诸如"潜意识"、"情结"等等。也许正是看到了这种研究中存在的问题,所以许纪霖在回顾自己研究历程时曾说:"80年代我的文章中有大量的心理学的痕迹,从心理分析的角度研究知识分子的心态人格。"他所得出的结论是,对心理学了解多了,"我慢慢发现心理学只是一门行为科学,它所能达到的层次是很浅的,许多问题是无法用心理学来回答的"(许纪霖,2003:5)。如果说"许多问题是无法用心理学来回答的"还有一定道理的话(毕竟,心理史学只是史学研究中的一种方法),那么,说"心理学只是一门行为科学,它所能达到的层次是很浅的"就不能不让人怀疑作者对心理学知识的了解程度了。而在这种心理学掌握程度基础上进行的心态人格研究,无怪乎连研究者本人也不能满意了。

再考虑到当时整个中国社会的生存状况，说黄炎培对生命、生存的关切和对复杂人际关系的感受比一般人要深刻得多似乎不为过。所有这些，对黄炎培关注职业教育并处事有方多多少少会有一定的影响。

可以说，黄炎培从出生之日起，便与生命、生存结下了难以分割的瓜葛。有人记载：

> 当黄炎培于1878年夏历九月初六出生时，正好他的伯父病殁。祖父在悲痛中得孙，感叹说："我们家何其不幸，还望生个好孙子吗？"而当他满月时，祖父病殁，这给襁褓中的新生儿蒙上了不祥的阴影。（尚丁，1986：2）

在黄炎培的记忆中，"世界上有美人，最美是我母亲；世界上有好人，最好是我母亲"（黄炎培，1982：6）。但多舛的命运总是和黄炎培过不去。1891年黄炎培14岁的时候，年仅32岁的母亲不幸撒手人寰。据记载，黄炎培的母亲临终时，

> 已经气绝，撤去帐帷，盖上面幕，举家号哭。约半小时，忽见幕动，众人环围呼唤，母亲竟然苏醒，举首四顾，颤悠悠地问：奎在哪里？阿妹在哪里？黄炎培和他两个妹妹急忙抱住母亲呼应，母亲凝视有顷，才瞑目长逝。（黄炎培，1982：7）

这是多么悲惨的一幕啊！可老天爷偏偏不长眼睛，仅仅过了三年，不到40岁的父亲也因咯血而逝。临终之时嘱咐黄炎培："奎，你已经17岁，是长子，应当知道怎样自立，我所放心不下的，你的两个妹妹呀！你要好好待她们！"（黄炎培，1982：7）可以设想，黄炎培对生命危机和责任感的意识，是

常人难以想象的。

从黄炎培20年后的一篇日记中，我们或许可以看到这一点。1916年10月11日全国教育会联合会议在北京开幕。会议期间，黄炎培于20日忽然疟疾大作，30日病愈后作《病榻杂感》一文。在当天的日记中，黄炎培写道：

> 此回之病，可为吾生哀痛之一大纪念。吾今年三十九岁，吾父实以三十九岁殇。当余卧病北京医校昏瞀之中，正往年吾父之殇日也。当时余年十七，侍父疾，今长儿方刚年十六，肄业清华学校，亦乞假来侍。语之曰：昔年今日，情景正复相同，汝父病不至死，而汝祖死矣。回想当日汝父兄妹三人，无父无母，零丁孤苦，流转寄食于诸父之家，求如汝今日之境而何可得。（中华职业教育社，1994：247—248）

由于父母早亡，寒暑假，黄炎培也常到叔叔在川沙城开设的一所百货零售店里帮忙，挣些临时的工资。在这里，黄炎培不仅学会了零售柜一些必要的技术，为他将来注重职业教育准备了经验基础；同时，也认识到社会中大鱼吃小鱼，小鱼吃虾米，以及大鱼与大鱼之间竞争的激烈与残酷。这对黄炎培的处事有方也不能不说有一定的影响。

在黄炎培早期的记忆中，有一件事颇耐人寻味，即："文丐"。

> 特别使我忘不了的，是一种文丐。一条街道，一个文人，衣尽管破，必须长衫，手里拿一把折扇，一面漫步，一面摇摇摆摆地朗读诗文，边读边走，长长的街，一来一往，再来再往，到三来三往，伸着手依次向街旁商店或人家很文雅地接受薄薄的馈赠。积少成多，大约这一天生活来源有着了。更使我忘不了的，在孟家书塾里，某天，来个上边所说那样的文人，一进门很客气地问老师姓名，老师答"乔文如"。索纸笔，立刻写一

首诗。我还记得头两句："落拓江湖恨见迟。温文儒雅是我师。"把老师别号"文如"两字写进去了（虽然"如"换了"儒"），斋老师大大称赞。隆余祖父出见，请他一顿酒饭，送了轻微的一笔钱而去。

我们能不能说"文丐"作为一种反面角色，使黄炎培抛弃了"腐儒"的追求而更注重实际呢？笔者认为，从黄炎培一生的为人行事看，得出肯定的结论似乎不会错到哪里去。这与他注重职业教育也不能说没有一定的关系。

生命中的另一次经历，或许使黄炎培再次感受到生命、生存的重要与脆弱。

1903年6月22日，因人诬告，黄炎培、顾次英、张访梅、张尚思四人被南汇县令戴运寅当做革命党人而拘捕入狱。当时在上海的美国监理会长老步惠廉，得知教堂被扰，四人被逮，急忙谒见美国驻上海领事，并于26日晨，偕同陆子庄、方渊甫、袁恕庵三个牧师持领事公文来到南汇。经过一上午的交涉，戴运寅在无可奈何之下，才答应放人。中午十二时一刻，黄炎培等出牢，随步惠廉乘船回上海，到十二时三刻，"就地正法"的电令就到了。可以说，生与死就在片刻之间！四人出狱后，由于事情闹得沸沸扬扬，佑尼干律师急告步惠廉总牧师：四青年案不行了。万一清政府派上海道就上海租界会审公堂审问，一经审过，可以立即解往内地，那完了，只有快快出国。于是，黄炎培、顾次英、张访梅三人（因张尚思已声明并未参加演说，案中除名了）由杨斯盛慨然赠给川资，买到西伯利亚船四等舱票，连夜逃往日本。对此，黄炎培在回忆录中写道：

西伯利亚船出了吴淞口，茫茫黄海，回看祖国，一片大陆的黑影，逐渐逐渐地随着夕阳而西没。挥泪告读者们：我生最难堪，要算此时此境。陈天华烈士就在这种情况下蹈海了。我们一行三人，不甘自杀，定要为祖国生存而奋斗。先从改名字下手。顾次英原号冰一，改号仲修；张志鹤原号访梅，改号伯初，我呢，原号楚南，改号韧之。韧字的意义，刃是刀，韦是牛皮，要杀敌。要坚忍。（黄炎培，1982：41—42）

二、黄炎培对生计的关切与教育主张

黄炎培在回顾中华职业教育社的创立时，反复强调的一点，就是社会发展时势的作用。譬如：1922 年黄炎培在中华职业教育社成立 5 周年时说："凡一学说、一制度之倡，非人能倡之，盖时势所迫，察其需要之攸在，而为之振导，未几推行全社会。"（中华职业教育社，1994b：340）1941 年在纪念中华职业教育社成立 24 周年时，黄炎培又说：

一个事业的出生与发展，主要的是若干客观条件的反映。例如，中华职业教育社为什么不早不迟、而要在我国"海禁"已开、欧战正酣、所谓"列强"对于我国的经济侵略不能不稍松弛的民国六年出现呢？这显然是因为到那时期职业教育的客观需求已经酝酿成熟了的缘故。（中华职业教育社，1995：14）

这些都说明，职业教育的实行与社会发展的需要有着密切的关系。但我们要问，处同一时代，为什么偏偏是黄炎培能够提出"实用主义教育"、职业教育的主张，而不是其他人呢？这就不能不从黄炎培自身寻求原因了。

如前所述，黄炎培对生命的脆弱和对生存状况的危机意识，比一般人要敏锐和强烈得多。因此，与个人生命和生存相联系的事物，便很容易地成为他首先认知的对象。"文丐"式的传统读书人悲惨的下场，使他不能不思考读书受教育的人生意义。

"生计",是黄炎培教育论著中出现概率很高的一个词汇。为了生计,他提出了实用主义教育的主张;为了生计,他极力鼓吹职业教育并身体力行;为了生计,他把职业教育拓展开为大职业教育;为了生计,他使职业教育与抗战紧密结合在一起。他的"生计",不唯为个体的生命和生存,推而广之,更是为了种族的生命和生存。

1913年,当黄炎培提出"实用主义教育"主张时,他说:"自社会困于生计,于是实业教育问题惹起一世之研究。"而"十年以来,吾国民思想界不可谓无开拓活动之进步,而独至物质文明,则奄然无生色。"(田正平、李笑贤,1993:17、18)继而,黄炎培又论述到:"生而为人,第一目的曰生活。任天而行,其能生存与否,未可知也。则不得不辅以人力,本其天赋之能,而长养之,扩大之,求有以利其生,而教育起焉。"(中华职业教育社,1994a:52)由此不难看出,黄炎培的实用主义教育主张,是以维护个人和社会的生计为动机的。

1915年,在《调查美国教育报告》中,黄炎培认为:"方今世界竞争,日益剧烈,一国之教育,非注重生计,绝不适于生存。而人之资质,各有不同,又非用各别教授之法,不能尽其所长。"(中华职业教育社,1994a:280)1916年,在给时在美国留学的陶文濬(即陶行知)的信中,黄炎培写到:

> 盖江苏最急要之问题,无过于教育与职业之联络。……若今之教员与校长,往往但求教学生至毕业为止,而学者亦但求博得毕业虚名为止,至所教所学之是否适于所用,两俱不问,无惑乎有此结果也。依此现象,所谓教育者,不惟不能解决世界最重要之生计问题,且将重予生计问题之困难。幸而教育未发达未普及耳,苟一旦普及,满地皆高等游民,成何世界。(田正平、李笑贤,1993:69—70)

这些无不说明，从美国考察回来的黄炎培，真正关心的还是教育对"生计"的价值问题。

1917 年 1 月中华职业教育社成立前期，在论证职业教育的希望时，黄炎培指出：

> 以因果律推之，吾敢知今后中国数年之间，民生尚不已其穷蹙，变故尚不已其纠纷。教育非不逐渐扩张，而其无补于社会、国家最困难之生计问题，将日益显明，其显明之区域将日益推广；而社会、国家一切现象所以表示其对于改革教育之要求，将日益迫切，其迫切之程度，将日益增加。因而使教育讲演者不得不大发挥职业教育，著作者不得不大揭橥职业教育，可断言也。虽然，说食其能饱耶？何可眩于言论而盲于实行也。（田正平、李笑贤，1993：74）

5 月，中华职业教育社在上海创立。在成立宣言书中，上述观点表现得更为明确和具体。

> 今之策国是者，莫不重教育；策教育，莫不谋普及。夫教育曷贵乎普及，岂不曰教育普及，则社会国家一切至重要至困难问题，根本上皆得缘以解决也。今吾中国至重要至困难问题，尚有过于生计者乎！兴学二十余年，全国学校亦既有十万八千余所，何以教育较盛之区，饿莩载涂［途］如故，匪盗充斥如故。更进言之，谓今之教育而能解决生计问题，则必受教育者之治生，较易于其未受教育者可知。而何以国中自小学以至大学，学生之毕业于学校而失业于社会者比比。此同人所谛观现象，默审方来，而不胜其殷忧大惧者也。（田正平、李笑贤，1993：80）

> 吾侪所深知确信而敢断言者，曰今吾中国至重要至困难问题，阙惟生计。曰求根本上解决生计问题，阙惟教育。曰吾中国现时之教育，决无能解决生计问题之希望。曰吾中国现时之教育，不惟不能解决生计问题，且将重予关于解决生计问是［题］之莫大障碍。（田正平、李笑贤，1993：81）

> 方今最重要最困难之问题，莫生计若。而求根本上解决此问题，舍沟通教育与职业，无所为计。（田正平、李笑贤，1993：84）

黄炎培之所以总抓住"生计"不放，根本原因是黄炎培深切意识到当时教育状况难以维持生存。

> 观今之学子，往往受学校教育之岁月愈深，其厌苦家庭鄙薄社会之思想愈烈，扞格之情状亦愈著。而其在家庭社会间，所谓道德身体技能知识，所得于学校教育堪以实地运用处，亦殊碌碌无以自见。即以知识论，惯作论说文字，而于通常之存问书函，意或弗能达也；能举拿破仑、华盛顿之名，而亲友间之互相称谓，弗能笔诸书也；习算术及诸等矣，权度在前弗能用也；习理科略知植物科名矣，而庭除之草不辨其为何草也，家具之材不辨其为何木也。此共著之现状固职教育者所莫能为讳者。然则所学果何所用？而所谓生活必需者，或且在彼不在此耶？（田正平、李笑贤，1993：17）

> 今兹学校教育方法之未善，学子自入学校，起居饮食无一不与家庭与社会相扞格，寄宿者尤甚。往往毕小学业，习农则畏勤动之多劳，习商则感起居之不适。而自实际应用上观之，其所学固一无所得也。循是不变，

学校普而百业废，社会生计绝矣。（田正平、李笑贤，1993：19）

多数儿童，未入校前，伶俐活泼；既入校后，日渐呆钝。余之家族及亲戚中之子女，其初亦甚活泼，一入学校，渐渐迟钝，不解其意。近视各学校毕业时所谓品学兼优之学生，得名誉证书及奖品者，睹其人，诸君以为何如欤？则近其视也，屈其背也，又弱其身体也。夫今日学校教师所期望、所理想之标准学生乃如是，是尚可以为教育乎？（田正平、李笑贤，1993：61）

通过对这些现象的分析，善于从实践中学习的黄炎培，慢慢触摸到了中国传统教育的根本弊病。

盖社会积习重士而轻农、工、商，贵劳心而贱劳力，千百年养成之，非一朝一夕所能返。流毒至极，人人以安坐享食为荣；非甚贫苦，不肯施其一手足之烈。以故农之子恒为农，工之子恒为工。而毕业于农、工、商学校者，乃至舍而求为官，不得，则求为师，以自慰。往往有学生父兄，其境遇已不能不使子弟自食己力，乃其希望犹欲使子弟坐享虚荣。（田正平、李笑贤，1993：75）

他满目所见，不正是他深为担忧的"文丐"的坯子吗？这怎能不让深具生命和生存忧患意识的黄炎培深感不安呢！

三、结论

综上分析，笔者认为，黄炎培提出、实践职业教育的原因之一，盖来自个人对生命的脆弱和对生存状况的危机意识。

可以说，这一行为动力在黄炎培的职业教育实践过程中始终没有太大的改变。譬如：1922年，当平民教育正兴之时，黄炎培说：

> 自平民主义兴，为普及教育于社会计，颇盛倡义务教育，此为最近之趋势。虽然，义务教育而诚欲福利平民也，是不可不藉职业教育以完成其目的矣。平民之所急者生计，苟输入文化而于彼所急曾无裨益，将奚以劝？今社会积习，青年一受教育，便有使君于此不凡之概，最普通之职业若农，若小工小商，多不屈就，而转让夫未受教育者之较易谋生。如是，教育愈广，生事且愈窄。苟诚普及，其影响于社会经济为何如？（中华职业教育社，1994b：341）

参考文献

曹雪芹、高鹗（2004）．红楼梦．北京：现代教育出版社．

黄炎培（982）．八十年来．北京：文史资料出版社．

尚丁（1986）．黄炎培．北京：人民出版社．

舒新城（2007）．近代中国教育思想史．福建：福州教育出版社．

田正平、李笑贤（编，1993）．黄炎培教育论著选．北京：人民教育出版社．

田正平、周志毅（1997）．黄炎培教育思想研究．沈阳：辽宁教育出版社．

许纪霖（2003）．中国知识分子十论．上海：复旦大学出版社．

许纪霖、倪华强（1999）．黄炎培：方圆人生．上海：上海教育出版社．

中华职业教育社编（1994a）．黄炎培教育文集（第一卷）．北京：中国文史出版社．

中华职业教育社编（1994b）．黄炎培教育文集（第二卷）．北京：中国文史出版社．

中华职业教育社编（1995）．黄炎培教育文集（第四卷）．北京：中国文史出版社．

朱鸿伯、扬正德（主编，1995）．黄炎培在浦东．上海：红旗出版社．

A Psycho-history Interpretation of Yan-pei Huang's Concern about Vocational Education

Zhi-jian Hu

(Office of Academic Affairs Liaocheng University)

／Abstract／

As a famous vocational educator in Chinese modern history, Yan-pei Huang's life is full of legends. Studies about Huang's thoughts and practices of vocational education can be described as voluminous, but studies on his personal concerns, especially his micro psychological concerns about vocational education, are relatively rare. From the point of view of Psycho-history, this paper examines his growing process. This is to reveal the reasons why Yan-pei Huang held that life is fragile, and why he had a sense of crisis over living conditions. It is proposed in this paper that one of the reasons why Yan-pei Huang put forward and practiced vocational education lies in his view that life is fragile and his sense of crisis over living conditions.

／ Key words ／

Yan-pei Huang, vocational education, Psycho-history, interpretation

大学名校长之唐文治：
一种心理传记学的探索

吴继霞* 曹莉萍 朱浚溢

（苏州大学教育学院心理学系，苏州，215006）

/ 摘 要 /

本文运用心理传记学方法研究大学名校长唐文治的主要人格特点及"弃官从教"的社会心理成因。唐文治是我国近代著名的爱国教育家、国学大师、工科教育的奠基者和创始人。他的一生经历了清朝、民国和解放后的新中国三个历史时期。唐文治在少年时代即怀有"修齐治平"的"伊尹之志"，28岁中举步入仕途，官至农工商部署理尚书，14年的从政经历平坦通畅。但是在他即将实现其"伊尹之志"之际，却于1906年毅然"弃政"从教，此后再未踏入官场，将其后半生全部投入教育中，以办理南

---

* 吴继霞，E-mail: zgwjx@sina.com

洋大学堂（交通大学前身）及无锡国学专修学校（苏州大学前身之一）知名于世。

在本研究中，首先采用人格形容词评定法对唐文治的人格特点作定量研究，因素分析揭示了唐文治尽责躬行、开放敢为、刚毅自强、聪慧博学、仁爱利他的人格特点；其次，运用特尔菲法进行两轮专家咨询。研究者向3位专家介绍了课题的研究目的和研究背景等相关资料，对由人格形容词评定法获得的上述唐文治人格特征进行评价和补充，获得第一轮专家咨询结果的汇总，唐文治的人格特征为：尽责躬行、开放敢为、爱国自强、相容并包、宽厚仁爱。在第一轮汇总结果基础上，请6位专家对唐文治人格特点及其形成的结论分别进行再评估，得出唐文治人格特征为：尽责躬行、开放敢为、坚韧自强、相容并包、宽厚仁爱；最后，运用心理传记法进行了质性分析，尤其是针对唐文治"弃官"办南洋大学堂（工科）、双目失明办无锡国学专修学校等悬念性问题进行深入探讨，揭示其人格形成和发展是遗传与家庭环境、乡土人文和传统的儒家文化思想以及积极的社会实践等内外因素交互影响的结果。

/ 关键词 /

大学校长，唐文治，心理传记学

一、前言

　　唐文治，字颖侯，号蔚芝，晚号茹经，江苏太仓人，是我国近现代著名的爱国教育家、国学大师、工科教育的奠基者和创始人。先生生于1865年（同治四年），卒于1954年，享年90岁，一生跨越了清朝、民国和解放后的新中国三个历史时期。唐文治在少年时代即怀有"修齐治平"的"伊尹之志"。他6岁开始读书，拜多位硕儒为师，寒窗苦读，博学经典；18岁中举人，28岁中进士，开始步入仕途，官至农工商部署理尚书。他为官期间清廉尚节，主张变法立宪，振兴民族工商业，支持实业救国，维护国权，两次充使节随员，遍访日、英、法、比、美等国，14年的从政经历平坦通畅。但是在他大展其"伊尹之志"之际，却于1906年毅然"弃政"从教，将其后半生全部投入教育中。他担任上海南洋大学堂（交通大学前身）校长，锐意改革，中西学并重，首开中国高等学校设置铁路、机电、商船驾驶科先河，培养优良校风，为日后交通大学成为我国著名理工科大学奠定了基础；后又创办并主掌无锡国学专修学校（苏州大学前身之一）①，克服双目失明之厄痛，以"正人心，救民命，明正学"为大任，传承中华传统文化与道德，抵御东西方列强的文化侵略，殚精竭虑30年，为国家培养了上千名国学根基深厚、有爱国情操的文化教育专家。

　　唐文治先生作为大学校长，为我国现代科技教育的开辟和发展以及传统文化的传承和教育作出了伟大的贡献。这些卓越的教育成就与其独特的人格特点是分不开的，那么人们不禁会问，唐文治究竟是一个怎样的人？为什么在他从政的黄金时期"弃官从教"？他是如何在教育事业中取得巨大成就的？我们可否通过他的成长轨迹找到解释他成就事业的必然因素？前人对唐文治的研究颇

---

① 1929年奉教育部令，无锡国学专修馆更名为私立无锡国学专修学校。

多，但多集中在历史和文学的角度。

心理传记学（psychobiography）作为历史心理学的一个研究领域，是采用心理学的理论和方法对某个人物生命故事的叙述性研究，它不仅在于通过心理学理论和方法对单个人物的生活史和人格进行心理学的编排和揭示，还能够验证或构建新的心理学理论。心理传记学既是一个分支学科，同时也是一种研究取向。心理传记学的具体研究思路有两种不同的范式：纯质化研究和质量结合研究。纯质化研究属于西方心理学的传统研究模式。质量结合研究是郑剑虹先生于1997年首次将统计方法因素分析应用于心理传记学中而发展起来的一种方法。郑先生在研究方法上的创举既是心理传记学引入大陆的开始，也是改变心理传记学研究的一次突破。此后，很多学者采用郑剑虹先生的定量研究和定性分析相结合的研究模式对司马迁、瞿秋白、梁漱溟、金庸、诸葛亮、周恩来、鲁迅、古代帝王和现代文化名人、成就人物、中国名大学校长等进行心理传记学的分析，取得了丰硕的成果，丰富了心理传记学的研究。

关于质量结合模式的研究程序，郑剑虹认为：传主人格的评估与分析是基于三个论述或假设：第一，个体人格的某些特征是外显的，与其密切接触的人是能够准确了解的；第二，个体人格的有些特征只有自己能够熟知；第三，还有些人格特征别人和自己都不了解，属于潜意识层面的人格特征。针对第一种假设，传主外显人格研究的程序与方法可以通过：（1）了解有关专家对该传主人格的看法。可以采用特尔菲法（Delphi method）、专家访谈法和对专家研究文献的内容分析或元分析等。（2）了解传主亲人或熟人对其人格的看法。可以采用访谈法和内容分析法。针对第二、三的假设，传主内隐人格研究的程式与方法可以通过：（1）传主对自己人格的认识。可采用对传主的自述或自传、日记、访谈录、回忆录、书信等第一手资料的分析（含质的分析和量的分析）。（2）传主潜意识层面的人格特征，采用精神分析法。同时，对悬念性问题（Suspenseful problems）进行阐释是心理传记学最有益的目标（Schultz,

2005)。因此，综合上述三方面人格特征的研究，获得对传主人格较具全面性的理解。特别要注意三方面人格特征估计的互为印证和互为补充。

本研究拟尝试从心理学的视角，运用质量结合模式的研究程序，通过多角度对唐文治人格进行评估与分析。即通过人格形容词评定法①、访谈法、特尔菲法和心理传记学分析法（包括悬念性问题分析），透过传主的传记数据，分析探索唐文治人格的特征及其形成与发展。

二、研究方法与程序

（一）人格形容词评定法

1.《唐文治传略》的撰写和《人格形容词测评量表》的编制

研究者根据收集到的大量的唐文治的相关资料，以尽量保持客观的尺度撰写《唐文治传略》，请6位心理学专业研究生阅读并将其中带有主观色彩的语句进行删改，最终形成一份2000余字的《唐文治传略》（附录一）。

再根据《解读中国人的人格》（王登峰、崔红，2005）一书附录中提供的1520个中文人格特质形容词为依据，结合唐文治传记材料提取出有关描写唐文治人格特点的形容词，经过专家筛选，最终确定202个人格特质形容词，经过随机排列最后编制成《人格形容词测评量表》（附录二），量表采用7点记分，即在1（完全不符合）到7（完全符合）之间的程度评定。

---

① 在人格研究中，特质的构建是以人格研究的词汇学假设 (psycho‐lexical hypothesis) 为依据。该假设认为，人的许多特点可以通过外在行为表现出来，而必然会有一个词来描述这种外在行为。因此可以通过测量与统计方法确定可量化的人格结构。

2. 人格测评

选取 200 名大学生作为被试，要求被试先阅读《唐文治传略》，然后根据《传略》内容以及自己对唐文治的了解，对《人格形容词测评量表》中的形容词进行评定打分。最后回收 192 份问卷，有效问卷 180 份，使用 SPSS13.0 对数据进行因素分析。

（二）访谈法

1. 访谈对象

三位健在的无锡国学专修学校的毕业生，他们都曾听过唐文治先生的课，与他有过直接或间接的交往。

H 老先生，学者，1921 年出生，1941 年毕业于无锡国学专修学校沪校。

Q 老先生，官员，离休干部，1923 年出生，曾是学生领袖，与唐文治先生非常熟悉，主要在无锡国学专修学校沪校学习和生活，1946 年毕业。

L 老先生，学者，离休干部，1926 年出生，毕业于无锡国学专修学校。

2. 访谈过程

研究者经友人介绍预约了三位老先生，分别对他们进行了访谈。访谈时间每人大约一小时左右，全程录音。访谈的内容主要围绕三个方面的问题展开：

（1）唐文治是怎样的一个人？他有什么特点？

（2）为什么他在从政的黄金时期"弃政"从教？

（3）为什么晚年双目失明、工科学校办得很红火的时候，他还创办无锡国学专修学校？

研究者将三份访谈录音转换成三份 WORD 文本，由此将进行内容分析和悬念性问题分析。

（三）特尔菲法

特尔菲法又名专家意见法，是依据系统的程序，采用匿名发表意见的方式，即专家之间不得互相讨论，不发生横向联系，只能与研究人员发生关系，通过多轮次调查专家对所提问题的看法，经过反复征询、归纳、修改，最后汇总成专家基本一致的看法，作为预测的结果。这种方法具有广泛的代表性，较为可靠。

1. 成立专家协调小组

专家协调小组由三人组成，其中教授一名，助教一名，研究生一名。其主要任务是确定研究主题、选择咨询专家、编制专家咨询表等。

2. 确定专家成员

专家的人选标准：从事唐文治研究的专家；对本研究有一定的积极性。本研究经研究小组反复讨论，选取了具有专业代表性和权威性的六位专家。其中，有三位便是健在的无锡国学专修学校的毕业生，还有三位是从事唐文治研究的中青年专家（M、C、Mm），他们都分别有专著或论文发表，并且还将有陆续出版的成果。

(四) 心理传记学分析

采用心理学理论对确定的悬念性问题进行质性分析，根据唐文治的相关资料及其他传记文献分析唐文治人格的形成及发展。

三、结果分析

(一) 人格形容词评定法的结果分析

使用 SPSS13.0 对评定唐文治人格特征的 202 个人格形容词进行因素分析和信度分析。

结果显示 $a = 0.966$，说明《人格形容词测评量表》具有较高的信度。根据 180 名被试者的评定结果，抽选出平均分大于 5 分，且 5、6、7 分累计频次大于等于 95% 的人格评定词 28 个。对 28 个人格评定词进行信度分析，结果显示 $a = 0.907$，说明仍具有较高的信度。对数据进行因素分析，KMO 值为 0.822，适合作因素分析。采用主成分分析和方差最大旋转法所得结果如表1。方差最大正交旋转后抽取特征值大于 1.5 的因素共 5 个，累计解释率 52.366%；5 个因素分别命名为：尽责躬行、开放敢为、刚毅自强、聪慧博学、仁爱利他。

表1 唐文治人格特征的因素分析结果 (正交旋转后)

人格评定词	尽责躬行	开放敢为	刚毅自强	聪慧博学	仁爱利他
有责任心的	.689				
务实的	.673				
以身作则的	.608				

续表

人格评定词	尽责躬行	开放敢为	刚毅自强	聪慧博学	仁爱利他
尽职尽责的	.588				
身体力行的	.587				
兢兢业业的	.579				
认真	.518				
严于律己的	.515				
刻苦自励的	.506				
高瞻远瞩的		.774			
有主见的		.691			
有开放意识的		.679			
有远见的		.621			
有见识的		.486			
自强自立的			.731		
积极进取的			.616		
有气节			.609		
胸怀大志的			.551		
有抱负的			.525		
博闻强识的				.807	
笃学的				.768	
勤奋的				.656	
有思想的				.609	
好学的				.453	
爱国的					.747
有使命感的					.713
有忧患意识的					.562
乐于奉献的					.501
旋转后特征值	7.768	2.043	1.726	1.600	1.525
旋转后贡献率	27.743	7.295	6.164	5.716	5.448
累计贡献率	27.743	35.038	41.202	46.918	52.366

(二) 特尔菲专家咨询的结果分析

第一轮专家咨询由 3 位无锡国学专修学校的毕业生构成。研究者向专家介绍了课题的研究目的和研究背景等相关资料，针对上述由人格形容词评定法获得的唐文治人格特征进行评价和补充。结合访谈法转录的 3 份文档资料，对其进行内容分析获得第一轮专家咨询结果的汇总，唐文治的人格特征为：尽责躬行、开放敢为、爱国自强、相容并包、宽厚仁爱。

第二轮咨询的专家为 6 位专家。在第一轮汇总结果基础上，请专家对唐文治人格特点及其形成的结论分别进行再评估，得出唐文治人格特征为：尽责躬行、开放敢为、坚韧自强、相容并包、宽厚仁爱。

四、讨论

(一) 尽责躬行、开放敢为、坚韧自强、相容并包、宽厚仁爱的人格特征形成

遗传和环境共同影响着人格的形成和发展。人格的形成与发展过程，是由生物性自我转变为社会性自我的过程，是无知的幼童在成长时期不断接受社会教化的过程，是模仿与学习成年人的思维方式（伦理道德观念、为人处世方法、日常生活知识等）、情感反应与表达方式、行为方式及其社会规范（风俗、习惯、礼节等等）的过程，从而形成个人的认知、情感与行为方式与倾向性，即个人的人格。下面采用心理传记分析方法从遗传与家庭环境、社会文化环境以及自我调控因素等方面来对唐文治人格的形成和发展进行探讨。

1. 唐文治所处微观环境促使其形成尽责躬行、坚韧自强、宽厚仁爱的人格特征

所谓微观环境,是指被主观因素所内化了的,对个性的形成与发展具有直接意义的环境。它有两层含义:一层是指那些直接对个体发生作用的客观环境,这些环境通过自身诸种成分的作用,对个性的形成有着重要意义!另一层是指被主体所接受了的,并把它归入到个体的活动范围之中的环境。唐文治的家庭教育、太仓人杰地灵的人文环境和传统儒家文化构成其微观环境,并形成他尽责躬行、坚韧自强、宽厚仁爱的人格特征。

(1)卓尔超群的家庭教育

任何社会个体的人生生活圈层,最核心且对该个体最先发生决定性影响的是其家庭。家庭是一个微型的社会机构,能够为个体心理在整个生命周期的发展提供一个社会情境,因此家庭对个体人格的影响是持续终生的。唐家历代重视子孙接受儒学教育,自唐文治的七世祖而下,诗书传家,保留了不少先人的墨迹和遗书。唐文治自小所师从人物有外叔祖、外祖、父亲、两位姨丈等亲人。由此可见,唐家良好的家庭教育和卓越的遗传素质,为唐文治良好人格特征的形成和成就教育事业提供了良好的基础。

少小时期的唐文治生活在长辈们的疼爱中,但长辈们在对唐文治求学和品行方面的要求却厉行严格。唐母端正严肃,通经史大义,以至诚为做人宗旨,年幼的唐文治偶因犯过而出谎言时,唐母即正色厉责:"古人常言'幼子常示毋诳',你这么小就学着说谎,长大后就会欺人诳世!做人要讲诚实守信,千万不能从小就学着说谎。"及至进学明理后,其母常常指着那些无事闲逛的少年的背影告诫说:"古人有言'其为人也多暇日,其过人不远',不管是男是女,都是这个道理。一天到晚游手好闲的人,绝不是好男儿,绝不是好媳妇。你可千万不要学这些人!"① 唐文治刚入私塾就翘课回家,其母严词痛责,于

---

① 唐文治《先妣胡太夫人事略》,《茹经堂文集》初编5卷,第383页,台北文海出版社1974年版。

是唐文治再也没有翘课之事发生。为使儿子能够苦读成才,每晚小文治放学归家后,其母总是坐在桌旁就着油灯边做针线边行督课,有时甚至让文治就着月光诵读。唐父则从立志远大处教诲唐文治:"我所以教汝者,在学成圣贤,稍立功德,以期无玷先人耳。"文治13岁时向父求教"为人之道",其父训诫:"当从孝、悌、忠、信、礼、义、廉、耻八字始,切记孝为百行之原。"文治20岁上从事训诂,唐父严诫做学问须打牢根基,当唐文治偶尔露出恃才傲物的情态时,必对其严行抑制,并在平时以不喜标榜、不务声华的学问行谊给儿子做出无声表率,使唐文治赋予深知为人为学须立定"闇然自修不求人知"的宗旨。①

父母的教养方式对个体人格特征的独特发展有着重要的影响。权威型父母的教养方式会促进儿童社会能力和适应性的发展,增强儿童的个人效能感,有助于儿童高自尊的形成、发展与提高。唐父、唐母对唐文治赋予爱和亲情的同时,坚决地对他进行始终如一的要求和指导。在制约唐文治行为的时候,不是以专制的方式进行,而是采用关怀和支持的方式,使唐文治自小就获得了高自尊和高自我效能感,为唐文治形成"尽责躬行"、"坚韧自强"的积极人格质量奠定了良好基础。较高的自尊、自我效能感及良好的人格质量,使唐文治在投身教育后,虽屡陷困厄,但却从未退缩,筚路蓝缕,披荆斩棘,发展工科教育事业,并以老迈失明之身,力保弦歌不辍,开创了中国教育近代化的新天地。

唐家历来注重仁爱善施,在文治曾祖时,唐家相当殷实;道光年间水灾时,其曾祖曾将贫困人家的借贷证券悉数付之一炬,不令偿还,借此以活人甚众。经此义举,唐家随之"即贫"。自唐文治降生之时唐家已很艰贫,饭菜常是"缺油少盐的苜蓿、雪里蕻煮豆腐之类的菜蔬"。为维持生计,其父外出授馆谋生,其母在家勤俭操持,小文治除了在学习之余勤于收拣洒扫之外,还常

---

① 唐文治《先考府君事略》,《茹经堂文集》初编5卷,第362—374页,台北文海出版社1974年版。

常挽着菜篮上集市买菜,回家时稚嫩的手腕上总是留下一条红红的凹痕。虽家境贫苦,唐家仍时常任恤施予,唐文治祖父平日为人以慈善为怀,勤俭持家,其父母常常周济身边的亲戚、邻居。父母是孩子的第一任老师,是孩子最早的学习榜样,社会信仰、规范、价值观等也是通过父母的"过滤"而影响孩子的,父母的一言一行都在潜移默化地影响孩子,孩子时时处处都在模仿和学习父母的行为。社会学习理论认为,模仿和学习榜样的行为和质量对帮助人们获得适当的社会技巧,习得新的道德认识和道德行为,产生利他行为等具有重要作用。勤勉仁善、忠贞爱国、崇尚节俭的家庭榜样对唐文治形成"坚韧自强"、"宽厚仁爱"的人格特征有着积极的影响,以至于唐文治终其一生都坦然面对生活的贫困,生活俭朴,乐善好施,体恤民众,一旦国家发生大灾,他总是自己带头赈济,并八方呼吁募捐。

(2)太仓人杰地灵的环境熏陶

唐文治出生于清同治四年的江苏太仓,明清两代的江苏太仓,随着经济的日益发展和书院、文社到社学、私塾之类的基础教育的普及,各类人才屡有所出,蔚为大观。H说:

> 明代的王世贞、张溥,清代的陆世仪、陈确庵、江药园、盛寒溪等等均是名噪当世的大家学者,尤其王、张二人风骨鲠直、直忤权奸的忠贞人格为世人所敬仰。太仓一地人杰地灵的优势,让唐文治从小受益匪浅。(H访谈资料)

唐父注重乡贤教育,据唐文治回忆:"幼时随先大夫往来太昆间,岁必数四,舟车经历,先大夫概指示之曰:乡某乡某先达之发祥地也,某社某先贤之设教地也。"① 而在"光绪己卯庚辰之间，文治年十五六岁，随侍先大夫读书沪滨，先大夫则书传经授课，夜则讲乡贤遗事，俾知激励"②。美国心理学家班杜拉（Albert Bandura）认为，个体通过对他人行为的模仿和认同，最后内化而形成个人独特的性格特征。认同的对象不一定像模仿学习那样"出现在模仿者面前"，历史人物、世人称道的偶像、小说中的英雄和团体规范都可能成为认同的对象。

唐文治从小生活在有如此丰厚文化底蕴和优良人文精神的环境中，在父亲的引导教育下，此等桑梓乡贤广博的学识，不畏权势的浩然正气，顽强的奋斗意志，无私的奉献精神和不朽的伟绩丰功无疑成为少小唐文治认同和模仿的榜样。唐文治由乡贤身上习得的爱国精神和高尚气节经由内化而认同之后就成为他个性的一部分，从而表现出"尽责躬行"、"坚韧自强"、"宽厚仁爱"的高尚人格特征。他在清廷供职期间，提出"正人心，别流品，严操守，奖气节"的主张。退出官场投身教育后，更是以培养德才兼备、正气浩然的莘莘学子为己任，坚持着"明耻教战"的兴教活动。

（3）传统儒家文化思想浸润

人格发展历程实质就是个体借助自身的经验，积极主动地与外部世界发生相互作用，并建构一种协调自身行为与社会关系的价值体系的过程。文化知识的学习则是个体价值获得和价值体系形成的重要管道。

L回忆说："唐文治自幼饱读四书五经，受传统儒家文化浸染极深。他曾先后师从太仓理学家王紫翔与东南经学大师黄元同，在理学与经学研究方面都有较深的造诣。"（L访谈资料）。儒家文化主要是一种以自强不息、积极进取为人生价值观的伦理文化。每一文化都试图塑造它所崇尚的人格特征。儒家提

---

① 唐文治《太昆先哲遗书序》，《茹经堂文集》3编5卷，第1343—1344页，台北文海出版社1974年版。
② 唐文治《娄东孙氏家集序》，《茹经堂文集》3编5卷，第1347页，台北文海出版社1974年版。

倡的理想人格体现为积极、入世、奉献精神和律己、秩序精神。"达则兼济天下，穷则独善其身"，"出则为名相，处则为名儒"，经世致用，实践躬行等儒家训则和传统文化理念内化成为他一以贯之的价值追求和行为准则。价值观一旦形成就成为决定人格发展方向最重要的因素和动力。刚健有为、自强不息的奋斗精神，博施济众的仁爱情怀，以忧患意识彰显的历史使命感和社会责任感，贵德重义的气节操守，以及和乐精神气质的儒家"内圣外王"理想人格，成为唐文治的人格价值取向和人格追求，这也是唐文治"尽责躬行"、"坚韧自强"、"宽厚仁爱"人格特征形成的基础。

2. 特定社会文化背景中的机遇形成唐文治开放敢为、兼容并包的人格特征

（1）中西交汇的时代背景

人格在很大程度上是由社会背景塑造的，社会背景在过去和当前对人格形成和发展都有重要的作用。唐文治生于1865年，正值洋务运动逐步展开之际。两次鸦片战争的炮火将中国的大门豁然洞开，使近代国人不仅遭受了洋人炮火的猛烈轰击，也受到了随之而来的西学潮流的强烈冲击。1892年，唐文治考中进士，任户部主事。1894年恰逢中日甲午战争爆发，目睹朝政腐败，国势衰危，愤而上书，作《请挽大局以维国运折》，洋洋万言，斥李鸿章误国，诟李莲英弄权，虽然万言书泥牛入海，但唐文治却让朝野有识之士交口称赞。事在康梁戊戌变法之先。举人康有为等发动"公车上书"，唐文治亦为江苏会试举人，撰写了《呈都察院请代奏拒签辱国条约》的奏章，积极支持康有为的爱国行动。在以后的几年中，唐文治在一系列奏疏中，提出改革政事、增强国力、保护主权、疏治运河等利国利民的主张。

与此同时，为了应对千年未有之变局，先进的中国人从学习制造西方的坚船利炮开始，相继引进了大量的西方工业制造技术等先进的西学知识。因此，

虽然唐文治自幼接受的是四书五经的传统教育，但特殊的时代在客观上为唐文治认知西学营造了一个良好的社会氛围，使他从一开始就不排斥西学。20世纪初的两次出洋考察，使唐文治的西学观念真正发生质的飞跃。《东法日记》和《英招日记》详记了种种感受。认定中国要由弱转强，就得结合自己的国情，效法西方。他在《由英回京条陈》中建议"切近易行，为中国万不可缓者，厥有三事"。就是要兴商务、兴路矿和开学堂。（《职思随笔》卷十五）正是这种宏观的时代文化背景，为唐文治"开放敢为"、"兼容并包"人格特征的形成起着积极的作用。

（2）见贤思齐的人际际遇

陈祥美认为，人际际遇（chance encounter）会改变一个人生命的发展途径，也会使一个人的梦想逐渐成形以及发展、变迁。"人际际遇"是指在人的生命中，一些能够让个体的生命发生极大转折的人对个体所产生的影响（陈祥美、丁兴祥，1998）。

从求学到为官再到从事教育的生命历程中，对唐文治影响较大且与之交往密切的师友，当属王紫翔、黄以周、王先谦、沈曾植、吴汝纶。

经学名师王紫翔是对唐文治在为学做人方面影响最为深远的老师。王师勉励唐文治"子学为文，先从立品始，然后涵濡于四子六经之书，研求于《史》、《汉》诸子百家之言，不患不为天下第一等人，不患不为天下第一等文"。[①] 唐文治17岁正式师从于王紫翔研求理学，王师首先以孝悌忠信之道勉励，继而申明义利之辨，认为义利关系乃"心术生死之界"，并切诫不可"以利害义"。自是而后，直到唐文治进入官场，王师"于文治一言一行之有失，亦必严词峻责，不稍假借"。[②] 唐文治曾感言："文治自有生以来，期望之殷，

---

① 唐文治《王紫翔先生文评手迹跋》，《茹经堂文集》3编5卷，第1385页，台北文海出版社1974年版。
② 唐文治《王紫翔先生六十寿序》，《茹经堂文集》2编7卷，第989页，台北文海出版社1974年版。

知己之感，未有过于先生者。而自度学问行谊，尚不见弃于君子之门，则皆先生督责之力以至于今日也"。① 由于王紫翔的榜样作用，唐文治在以后的办学过程中也尤其重视德育，强调"欲成第一等学问、事业、人才，必先砥砺第一等品行"。他还强调道德实践的重要性，重视言行一致，注重身教。

唐文治20岁考取南菁书院，受教于经学大师黄以周，开始从事经学研究。书院山长黄以周先生学术思想不拘门户，以敦品励学、躬行实践为教学主旨，极注重对学生务实专一、勤勉躬行的务实人格教育。继任山长王先谦是另一位经学大师，讲学亦讲求实事求是，提倡经世致用，其忠耿直言参劾当朝权宦李莲英并因之招"开缺"一事对青年唐文治影响极大，使其对刚毅自强的人格精神有了更深的理解和认同。这种不畏权势铮骨忠公的精神，在后来唐文治的从政和教育生涯中不时有所闪现。

唐文治28岁中举开始仕途生涯，居官之后拜"囊括六经，出入诸子百家，贯天人之奥，会中西之通"的沈曾植先生为师，在沈的悉心指导下，唐文治学问更为眼观通达。受沈氏影响，他认识到一时代有一时代的学问，"唯知时者可与言消息"。唐文治在如此名师的教诲下不仅学业日见长益，而且形成了兼容并包的思想、开放的眼界。

唐文治于1900年秋与吴汝纶相识，向其请教文章之写法、读法以及应读书目，吴汝纶一一回答，并就文章之读法作了示范。1902年，唐文治随载振考察日本，恰好吴汝纶也在日本考察学务，两人再次进行长谈。吴汝纶再次就读书作文之法给其提出中肯建议。唐文治对此大为心折，自称除王紫翔、黄以周、沈曾植之外，"生平景仰者，惟先生一人而已"。② H说："夫子在读法方面，受吴汝纶的启发，他悉心研究，精益求精，从而发明了'唐调'的朗读

---

① 唐文治《王紫翔先生六十寿序》，《茹经堂文集》2编7卷，第989页，台北文海出版社1974年版。
② 唐文治《桐城吴挚甫先生文评手迹跋》，《茹经堂文集》3编5卷，第1385页，台北文海出版社1974年版。

方法，在无锡国专（无锡国学专修学校）成为流行。"（H 访谈资料）L 说："'唐调'就像京剧里的花脸，很有感染力。"（L 访谈资料）

人际际遇是人生中难以直接把握的一部分，是影响一个人事业追求的一些偶然因素，但又不完全是偶然的，因为人际交往是一个彼此互动交互的过程。唐文治进学历程中以及为官之后所受教和往来的师友，多为当时治学名家和忠贞高官，这与唐文治加强自身能力的心理预期有关，所以他会在人群中主动寻找有利于实现自己人生理想的人。唐文治在与师友相处过程中，不仅常受他们的教诲和勉励，且耳濡目染于他们的高尚品行和人格魅力，为其"相容并包"、"开放敢为"等人格特质的形成和发展起着潜移默化的引导作用。

（二）圆满的人生轨迹

1. 积极的自我同一性及中年危机的顺利解决

唐文治 6 岁开始接受儒家教育，8 岁便怀有"修齐治平"的"伊尹之志"，拜多位硕儒为师。对唐文治的学问和人格形成影响最大者，当推太仓先哲桴亭先生陆世仪。陆世仪生活于明末清初，自幼聪颖好学，虽家境清贫，然在父母的督励下勤读不懈，偶逢疑义往往废寝忘食以求其解而后安。26 岁上始撰巨著《思辨录》，早年曾在太仓集结讲会宣讲理学，主张读书讲实用、摒空谈，用心培养"体用具备，文武兼资"的救世之子。明亡后，绝意科场，专心学术，力主东林、太仓诸书院，作育人才，遍栽桃李。其学恪守程朱，重视内心修养，晚年对地方公益颇有建献。

埃里克森认为，青少年（约 12—18 岁）的主要发展任务是培养自我同一性，解决自我同一性危机。自我同一性是指个体在寻求自我的发展中，对自我的确认和对有关自我发展的一些重大问题，诸如理想、职业、价值观、人生观等的思考和选择。青少年在这个时期开始了"我是谁？我将是谁？"等对自身、人生的思索，开始寻找他们自己的认同方向，包括他们以后的职业发展及职业的选择，也会开始建立自己的价值观念。L 谈到："**17 岁的唐文治在研求理学的学习过程中，仰慕乡贤理学家陆世仪，日夜淬历于性理文学，对陆氏人格、学问尊奉仰慕。**"（L 访谈资料）值此青少年时期的唐文治根据以往对自我的觉知和积累起来的生活经验，开始对自己的社会身份进行着更为积极的探索确认，陆世仪小时候的家教、进学经历和唐文治多有相似之处，此时陆世仪的学问、人品和作为无疑成为唐文治自我发展中的认同对象，唐文治在对此先贤的认同中，确立自我的认同方向，从而逐渐获得积极的自我同一性，形成一条自己未来发展的路径。唐文治后来的人生旅程，尤其 42 岁后绝意仕途，弃官从教专心学问和作育人才，以及对地方公益付予极大的心力等，几乎与陆氏人生道路同行一辙。

埃里克森认为个体处于中年期（40—60 岁），是人生发展中一个十分重要的时期。此人生阶段存在繁殖感对停滞感的发展矛盾。如果一个人能很幸运地形成积极的同一性，过上富有成效的幸福生活，那么他就会力图把产生这些东西的环境条件传递给下一代。很多人在事业上取得了成就，并且开始负起一个成功的成年人对下一代的责任，即一方面要悉心养育自己的子女，使他们成才；另一方面，还要栽培下属，让他们继承并发扬自己所开创的事业。在某个阶段中积极的危机解决办法增加了使作为下个阶段特征的危机得到积极解决的可能性。唐文治在青少年时期形成积极同一性，顺利地渡过该阶段的发展危机。① 这为唐文治顺利渡过"中年危机"奠定良好的基础。当唐文治在仕途上不能达成治国平天下的人生最高理想时，毅然弃官从教，重视培养人才对兴国、强国的重要意义，敦品励学、注重实践，通过培养胸怀大志、以救国救民

---

① "危机"有着发展的意义，它并不意味着灾祸临头，它指的是一个转折点，或者说是个体在发展过程中必须实现或完成的"发展课题"。

为志向的"圣贤"来实现自己的经邦济世的人生抱负。唐文治42岁时在事业上第一次"转身",弃官从教办理13年的工科大学,56岁又创办国学专修学校,在事业上第二次华丽"转身",以老迈失明之身,传承中华传统文化与道德,力保国粹。谢泳在《从无锡国专到清华国学研究院》(见中共太仓市委宣传部,2008)中写道:"历史在事后看有时候很让人害怕,如果没有(清华国学研究院和无锡国专)这两个机构,中国后来的国学研究是一种什么样的局面,真不可以设想。"对唐文治创办无锡国学专修学校的历史性贡献作了高度评价。

2. "弃官从教"与"创办国专"两次华丽转身的契机

(1)唐文治为何"弃官从教"?

首先,以教育培养人才、借人才治理天下,是传统儒学思想体系中的一个基本组成部分。唐文治自幼饱读四书五经,受传统儒学文化的长期熏染,对教育人才和治理天下的内在联系,早就了然于心。

第二,唐文治在为官十多年的仕途生涯中,经历了甲午战争和八国联军侵华战争两次浩劫,我国都以惨败而告终。他认为战事的惨败,在于官吏的"因循玩贪",因此多次奏请清廷整饬政纪,以挽危局。但由于清廷政治的腐败,使他的变革理想破灭。理想的毁灭直接导致了唐文治对于政治热情的冷却和仕途之志的丧失。

第三,"教育救国"的思想在不同的时期有着不同的历史特点和主张,但却始终有一个共同的主题——将改革和发展教育视为国家强弱的指标和救亡图存的要律,寄希望于教育来挽救民族危亡,实现国家的独立和富强。唐文治的教育思想也或多或少地受到了这股思潮的影响,将教育事业的发展与兴国之计联系在一起。

第四，1901年至1902年，唐文治曾先后出使过日本与欧美等国，对西方各国教育的考察使他的思想发生了很大变化，归国后对其物质文明之发达感触颇深。他认为日本明治维新后出现中兴，是学习英、德的结果。他考察英国的教育后，非常赞赏牛津大学，认为"名儒名相都出其中"。唐文治认识到，中国要想富强就必须走实业救国的路，而民族工业的发展依赖于科技人才的培养，只有重视教育事业的兴办，中国才能走上自强文明之路。

第五，1906年，因母亲去世而"丁忧"的唐文治离开农工商部。按照当时的制度，丧期服满，可以重行任职，然而，他却借口父病，不再出山。1907年9月，邮传部尚书陈玉苍奏请唐文治出任上海实业学校监督（校长），唐文治考虑父亲年事已高，思乡心切，加上京官难当的深切感受，同意到上海就职。

由此可看到，在清末乱世，唐文治入朝为官十数年，本着儒家"齐家治国平天下"的思想，尽责躬行、坚韧自强，虽屡次受挫但毅然坚持自己的"伊尹之志"。可清末的政治腐败，当权者不思进取，使唐文治不仅意识到自己"治国平天下"的远大的政治抱负绝无实现的可能，同时也对清政府如何"整理时局"彻底丧失了信心，从而坚决地放弃自己的仕途生涯。不过也正是为官的挫折体验，尤其是两次出国的阅历和见闻，让唐文治深刻认识到人才对于国家振兴和发展的重要性，从而其救国道路开始由"政治救国"转向了"教育救国"，借母"丁忧"之际，毅然弃官从教，终其后半生投身教育，开创我国高等理工科教育先河，传承我国传统文化的血脉。办教育和接受儒家的不能实现政治抱负便退而乐育英才的思想相吻合。

（2）唐文治为何辞去交通大学校长职务，却又办无锡国学专修学校？

首先，唐文治是近代著名国学大师，自幼"束发读书，受父师训"。"弱冠，潜研经训性理，志闲先圣之道"，贯通经史之学，能高屋建瓴般把握经学精髓要旨。他认为"经典所载，不外举养、兴教两大端"，其"举养"乃"救民命","兴教"乃"正人心"。此六字对百孔千疮的社会大有利而无弊害,是"善国良药"。

第二,辛亥革命前后,尊孔读经问题成为民主与专制斗争的政治思想文化焦点。唐文治将辛亥革命以来,国民道德出现断层的严峻局面,归于废经不读,因而使近代国民道德的沦丧到了史无前例的地步。所以,唐文治认为拯救国民道德的沦丧必须首先恢复读经,并重视读经教育。

第三,自鸦片战争以来,中国落后挨打的严酷现实使唐文治不得不承认,中国要获致富强,立于世界之林,就必须学习西方的先进文化;而另一方面,自西方资本主义进入垄断阶段后,西方文化危机四伏,面临严重的危机,又使唐文治担心中国文化会遭受西方文化所固有的人性丧失和精神困扰的痛苦。

第四,五四运动猛烈地冲击着封建礼教,也冲击着唐文治的道德观和"保存国粹"思想,当学生高呼"打倒孔家店!",砸烂孔子牌位时,他痛心疾首,把学生领袖而且是受他多年熏陶的优秀学生侯绍裘秘密开除出校。1920年他以"目疾日深,学风不靖"为由从南洋大学堂辞职。

第五,1920年10月,一贯热心教育的施肇曾邀请唐文治创办无锡国学专修馆。唐文治以"讲学家居,平生之志",欣然接受邀请出任馆长。

因上述种种因素唐文治最终还是毅然地退回中学的阵地,为捍卫国学、保护中华民族的传统文化而创办了无锡国学专修学校。

3. 独特的人格特征——卓越的教育成就

(1)尽责躬行,坚韧自强。

唐文治接办邮传部高等实业学堂(1911年更名为"中国南洋大学堂")时,因前任监督久不到校,教学秩序混乱,简直是一个烂摊子。他便着手整顿,延聘教职人员,调整专业设置,井然有序。辛亥革命后不久,政局不稳,学校经费来源无着，不少官立学堂因此而停课以至停办。而他却镇定自若，动员师生齐心协力共渡难关。一面酌情加收学费，一面对教职员暂时减薪，自己带头减一半，并争取各方面的资助。终于战胜了困难，迎来学校的新发展。

辞去南洋大学校长一职后，唐文治又接受了创建无锡国学专修学校的建议，以"正人心，救民命"为宗旨，开始了传承中国国学血脉的奋斗。无锡国专从决定创办到招生、开学，仅用了一个多月时间。没有校舍，就暂借山货公所的两幢楼房。教职人员精干，开办时连他自己仅四人。效率如此之高是不多见的。无锡国学专修学校自1921年1月开馆，历经磨难，北伐战争时被迫停课，抗战时期内迁长沙、桂林并在上海办国专分校，直至1950年国专沪校归并无锡院本部时，时年86岁高龄的唐文治因目盲体病，难以随校迁移，其对学校的工作才行告结束。30多年的时间，历经北伐战争、抗日战争和解放战争，几经辗转、分合，唐文治不顾自己"目盲体病年高"，把一个小型书院式的高等学馆治理成了"中国文学院"，实非常人的毅力和魄力可为。1937年八·一三淞沪抗战之后，已是74岁高龄且双目早已全盲的唐文治率领全校师生在日军的战火下开始内迁，由于天气隆寒、沿途劳顿惊扰，几经折腾的唐文治已是"形神几若相离矣"，即便如此，安顿下来后照常为学生授课。1938年6月，由于年事已高且水土不服，唐文治不得不由桂林回到上海。回沪后，在敌伪严控威胁下仍"孳孳讲学"而不缀，并在此数年间，冒着生命的危险在上海创办了国专分校（沪校）。H说："我是有幸听夫子讲课的，夫子的基本功好，双目失明后讲课的特点是背诵，秘书板书的。"（H访谈资料）

1942年，唐文治因患"癃闭症"实施了小便改道手术，在为渐"余沥""皮管不能离身"的情况下，仍然坚持上课。年届80高龄后，随着身体状况日渐衰老，唐文治仍然每星期到校讲授文法课一节，其间仍在家开馆授徒，直至1951年87岁时还接收弟子入门"受业"。

Q 说:"在我 1943 年进沪校时,夫子的身体不好了,还坚持每月在礼堂讲一次大课。"(Q 访谈资料)。再后来,L 说:"到无锡国专时,他家住上海,到无锡讲课少了,但每月坚持写一篇文章。"(L 访谈资料)

唐文治尽心尽力地履行着一位教育者的"天职",以坚毅的韧劲,不断地克服困难,终其一生,都是忠贞勤勉、兢兢业业、务实躬行,追寻着他少时"愿为伊尹"的宏愿,实践着他"经邦济世"的人生抱负。这也是他"尽责躬行"、"坚韧自强"的人格特征的体现。

(2)务实致用,相容并包

南洋大学和无锡国学专修学校两校的历史证明,唐文治的施教,既汲取传统教育的精华,又能吸收顺应科学技术发展的西方教育的优点,相互补充,逐步完善。

唐文治掌管南洋大学堂校政之前,当时从事工科教育的学校仅北洋大学、唐山路矿学堂和上海工业专门学校等屈指可数的几所,且大多属单科、专科性质。唐文治借鉴吸收西方教育经验,结合中国的国情,制定了切实可行的办学方针,千方百计地荟萃中外名师,博采众家之长,选择欧美先进的工科教育教材,运用新式的教学方法,严格学校管理制度,使校成为一所中国自己的新型高等工程学府。

无锡国学专修学校接受旧书院教学的有益经验,起初实行教师主讲,质疑问难,以学生自学为主,以后,于课程设置、教学形式等方面,又逐步向同类的一般学校靠近,而仍保持其特点。注重文字、训诂、音韵、目录等基础教学,讲究选读各种诗文,加强习作,训练写作和研究的技能,规定要精读几种原著,由博返约,循序渐进。

他聘请不同学派的学者任教,主张"将在精而不在多"。只要是学有专长、术有专攻的名师,他是想尽一切办法延聘的。南洋大学堂、无锡国学专修学校都有一流教师。这些教师有不同流派,有进步的,也有保守的,也有个别的马克思主义者，唐文治兼容并蓄，不存门户之见。如他自己精于理学，又请汉学大师章太炎讲学，钱穆、吕思勉、周谷城等学说各异，均曾受聘执教。国专还设定期的演讲会，聘请国内著名学者开设讲座作专题演讲，不拘一格，兼收并蓄。学校里学术民主的气氛是浓而健康的，也是他"相容并包"的人格特征的体现。

（3）宽厚仁爱，以身立教

唐文治数十年如一日，身体力行，言传身教。他时刻关心学生、爱护学生，挂于办公室的"唯天生才皆有用，他人爱子莫如予"的联语，的确道出了真实的感情。他曾经是清代从一品的官吏，一生清廉自守，粗布淡饭，出不车从，平易近人，和蔼可亲。兴来时一曲昆腔，与学生相唱和。要求学生剪发辫，自己先剪。要求学生穿校服，自己先穿。每天必按时到校办公、上课，晚上总是一灯前导，深入于学生教室和宿舍，与学生个别谈，晓以理，动以情。他严守爱国立场，在多次学生爱国民主运动中，挺身而出，反对当时政府的镇压政策，或致函，或通电，尽力营救学生，无愧为"人伦师表"，也是他"宽厚仁爱"的人格特征的体现。

（4）开放敢为，注重实践

唐文治掌管南洋大学堂后"不以文法相绳"，创设了电机、铁路管理、航海等专科。铁路管理专科的设立，标志着学校的体制走向共管结合，这在我国近代高等工科教育中是一个创举，尤其工厂管理法课程的开设也是在我国高等教育课程设置中的首创。工业教育，在传统教育中没有先例，唐文治便果断地向西方学。学制、课程和教学形式，都因袭先进的资本主义国家，连教师也聘任外籍人员。但他又不迷信和依赖这些，而是不断调整和充实，注意积极培养自己的师资，有计划地派遣留学生出国深造，取外人而代之。

他注重教学与实践相结合，建设各种实验室和工厂，开展实验和实习，使学生既"研科学之理"又"精机械之术"。视知识与技能并重，除外国语之外，开设古汉语及多种传统文化课程，成为同类工业学校中独有的特点，开创了在我国高等工科学校中工文结合的先例。这也是他"开放敢为"的人格特征的体现。

五、结论

唐文治从小就立下"愿为伊尹"的鸿鹄之志，以经国济世为己任，生逢末世、内忧外患，其从儒家所秉承过来的"修齐治平"的人格特质使得他能够为人仁爱，为官俭廉，为教躬行，为学严谨，终生践行着儒家"出则为名相，处则为名儒"的价值理念。也正是"尽责躬行"、"开放敢为"、"坚韧自强"、"相容并包"、"宽厚仁爱"的人格特征使得唐文治在动扰波乱的特殊历史时期，历经官场阴暗而能操守持重，为教则务实严谨，成为世人所敬仰的"工科先驱，国学大师"。

执掌南洋和创办国专从表面上看起来是截然不同的两条道路：主掌南洋，锐意培养传统教育中所不曾涉及的工程技术人才，主持国专则是为了传统文化薪火相传，但仔细体味唐文治对人才培养的目标的追求，又会发现这种差异和他从政、从教两条道路一样，都是殊途同归，就是力图造就胸怀大志、以救国救民为志向的"圣贤"。

参考文献

曹文雯、吴继霞 (2011). 马寅初人格特质初探. 东吴学术, (2), 33—37.

陈仙梅、杨心德 (1988). 性格心理论. 长沙: 湖南人民出版社.

陈祥美、丁兴祥 (1998). 人生际遇与生命梦想的形成与发展: 以梁启超的心理传记研究为例. 本土心理学研究, (10), 235—282.

傅安国 (2006). 人格与事业生涯的发展: 以金庸的心理传记学研究为例. 湛江师范学院学报, (5), 117—122.

谷传华 (2009). 周恩来中和性人格的心理学分析. 武汉大学学报 (人文科学版), (2), 207—212.

郭永玉 (2005). 人格心理学: 人性及其差异的研究. 北京: 中国社会科学出版社.

黄希庭 (2002). 人格心理学. 杭州: 浙江教育出版社.

金盛华 (2005). 社会心理学. 北京: 高等教育出版社.

陆振岳 (1991). 试论唐文治. 苏州大学学报 (哲学社会科学版), (2), 102—109.

沈筠蓉. 一代文化巨人唐文治. http://wxy.suda.edu.cn/yq/info.asp?ArticleID=335.

舒跃育 (2009). 历史人物之二重形象研究: 以诸葛亮的心理传记学分析为例. 硕士学位论文, 西北师范大学心理学系, 兰州.

童天 (2006). 职业生涯发展与规划. 北京: 知识出版社.

王登峰、崔红 (2005). 解读中国人的人格. 北京: 社会科学文献出版社.

吴继霞、薛飞 (2008). 梅贻琦人格特征的历史心理学分析. 学术交流, (11), 224—228.

吴继霞、赵子真 (2008). 竺可桢人格特质初探. 苏州大学学报 (社会科学版), (5), 117—120.

杨波 (2002). 司马迁人格特征及成因的心理传记学研究. 浙江师范大学学报 (社会科学版), (1), 62—66.

杨德森 (2003). 人格的形成与发展. 神经疾病与精神卫生, (3), 165—169.

杨德森 (2003). 人格的形成与发展 (二). 神经疾病与精神卫生, (4), 247—250.

叶奕干（2005）．当代人格心理学．上海：上海人民出版社．

易莉、徐惠（2006）．社会学习理论中的榜样教育．江西教育，（2A），25—26．

余子侠（2004）．工科先驱，国学大师——南洋大学校长唐文治．济南：山东教育出版社．

张建人、周晋彪、凌辉（2010）．鲁迅人格的心理传记学研究．中国临床心理学杂志，(3)，339—342．

张晶华（2006）．唐文治学术思想研究．硕士学位论文，山东师范大学，济南．

张天宝（2001）．我国近现代"教育救国思想"述评．河北师范大学学报（教育科学版），（3），64—68．

张雪永（2009）．唐文治弃官从教析论——兼与蔡元培比较．西南民族大学学报（人文社科版），（10），254—257．

张日升、陈香（2001）．青少年的发展课题与自我同一性——自我同一性的形成及其影响因素．河北大学学报（哲学社会科学版），（1），11—16．

赵国祥（1989）．关于微观环境及其在个性形成中作用的探讨．心理学探新，（4），20—21．

赵良（2006）．帝王的隐秘——七位中国皇帝的心理传记．上海：上海文艺出版社．

赵晓春（2003）．瞿秋白的人格研究．硕士学位论文，华东师范大学心理系，上海．

郑剑虹（2006）．中国现当代成就人物人格特征的传记分析研究．湛江师范学院学报（哲学社会科学版），27（5），110—116．

郑剑虹（2010）．心理传记学：理论、方法与进展．第13届全国心理学学术大会专题报告．

郑剑虹、黄希庭（2003）．梁漱溟人格的初步研究．心理科学，（1），9—12．

中共太仓市委宣传部（2008）．唐文治．杭州：西泠印社出版社．

朱晨海（2003）．近现代中国文化名人人格研究．博士学位论文，华东师范大学心理学系，上海．

曾天德、张大均（2005）．人格形成和发展的内部机制探寻．漳州师范学院学报（哲学社会科学版），（4），108—113．

附录一：唐文治传略

唐文治（1865—1954），字颖侯，号蔚芝，1865年10月16日出生于江苏太仓一个不甚宽裕的书香门第。

一、学习生涯

唐文治6岁开始读书，自幼受严格的家庭教育，祖父与父母的训诲极严，母亲督教尤多。因家庭贫困，他晚上常借月光苦学，14岁读完《论语》、《孟子》和五经，16岁考中秀才，17岁从太仓理学家王紫翔学习，18岁考中举人，21岁入江阴南菁学院受业于经学大师黄以周，因此对理学、经学都有深厚的根底。在个人德行修为方面，除家庭至亲者，他还得益于师友的鞭策激励。在南菁书院时期，继任山长王先谦对唐文治的个性修养增益亦多，尤其他忠耿直言参劾权宦李莲英并因此而被罢官一事，对青年唐文治影响极大。这种不畏权势铮骨忠公的精神，在后来唐文治的从政生涯中不时有所闪现。唐文治还牢记"友者，有也"的古训，从同门诸子身上取长择优，藉以攻己不足。

二、进仕录

1892年唐文治考中进士，踏上仕途，服官京师，此时正值国家民族灾难日甚一日的多事之秋。甲午战争爆发，他向清政府上书万言疏稿，针砭时弊，抨击权奸，呼吁政革图新。康有为等发动"公车上书"，他主动撰写《呈都察院请代奏拒签辱国条约》的奏章，支持康有为的爱国行动。鉴于日本早有窥视中国东北的野心，他又撰写《请东北三省速举要政折》，主张从速整顿东北三省，以确保东北的主权与安全。1902年3月发生中葡界约问题，唐文治极力维护国家主权，坚决拒绝葡方的无理要求。

唐文治两次随使出国访问，牢记孔孟训言，极力做到"使于四方"而"不辱使命"。两次出访，对日、英、法、美等国的政治、经济、文化、教育等情况进行了广泛的考察，使唐文治思想观念发生了飞跃性变化。他深感中国要富强必须走实业救国之路,首要的是大办自己的民族工业,培养科技人才,大兴教育事业。因此归国后他在递交的《由英回京条陈》中建议:"西方致治保邦之略,切近易行,为中国所万不能缓者,厥有三事:兴商务,办路矿,开学堂。"他在商部任职期间,做了很多有益于中国民族工商业发展的工作。在他的推动下,清政府批准了一批民族资本主义企业的立案,这是近代中国最早的一批民族资本主义企业。他还规定商部官吏不得自营商业以图私利,严禁贪污纳贿。此外,他极力反对借外债修筑铁路,积极推进商办铁路政策,以维护国家主权。

唐文治虽然仕途顺利,但由于清政府的极端腐败,亦很难实现自己的政治抱负。两次出国访问深受发达资本主义国家文化教育成就的启迪,从而得出结论:"人才者,国家之命根也;学堂者,又人才之命根也。"在官场失望之余,坚决退出仕途,从事教育,希望像牛津大学那样,培养出一批出色的人才,振兴中国。

三、弃官从教

1906 年母病大作,唐文治一意侍奉汤药,母逝后不再返京任职,放弃仕途,以兴学为救国要务,踏上了教育救国、实业救国之路。

1907 年 8 月,唐文治就任今上海交通大学的前身——上海实业学堂(1911 年更名为"中国南洋大学堂",1912 年更名为"交通部上海工业专门学校")的监督(校长),确立其宗旨为"造就专门人才,尤以学以致用,振兴中国实业",坚定了以工科为主的办学方向。从他接受学堂监督之聘到第一个工程专科——铁路专科正式成立,前后不及两个月,该专科的设立实为唐文治对学堂实施改革的第一步。为适应时代的需要,唐文治"不以文法相绳",还创设了电机、铁路管理、航海等专科。铁路管理专科的设立,标志着学校的体制走向共管结合,这在我国近代高等工科教育中是一个创举,尤其工厂管理法课程的开设也是在我国高等教育课程设置中的首创。他还努力学习借鉴西方先进国家的办学经验，积极延聘外籍教师来校任教。他注重教学与实践相结合，建设各种实验室和工厂，开展实验和实习，使学生既"研科学之理"又"精机械之术"。他十分重视国学，注意保存国粹，开创了在我国高等工科学校中工文结合的先例。辛亥革命后，学校经费来源无着，他动员师生齐心协力共渡难关，一方面酌情加收学费，一方面对教职员暂时减薪，自己带头减一半，并争取各方面的资助，终于战胜了困难。

1920年，唐文治因目疾日重，辞去上海实业学堂监督之职，定居无锡，创办了无锡国学专修馆（1929年更名为"私立无锡国学专修学校"，以下简称"无锡国专"）。无锡国专从决定创办到招生、开学，仅用了一个多月的时间。没有校舍，就暂借房两栋，教职人员精干，开办时连他自己仅四人，效率如此之高是不多见的。无锡国专以"弘扬中国优秀文化，发扬民族精神，经世致用，救国救民"为办学宗旨。"九·一八"事变之后，他又提出了"明耻教战，振兴中国"的立教方针。他在国专学生食堂挂了一块匾，上面写道："世界龙战，我惧沦亡，卧薪尝胆，每饭不忘。"时刻提醒学生不忘雪耻。唐文治在双目失明的情况下仍34年如一日地办好国专，无论寒暑，每周一次在学校礼堂为全体学生讲学。为了促进教育质量的提高，他亲自编撰教材，还千方百计聘请学术界名流来校任教。国专始终坚持"学以致用"的原则，在课程的设置、讲课的方式等方面都有自己的特色。正如钱钟联先生所言，"无锡国学专修馆的教学特点，是'务实'，不空谈"。抗日战争时期，唐文治年逾古稀，双目失明，行动不便，仍率领无锡国专学生内迁到桂林，历尽艰难，但他始终抱乐观态度，稍有喘息机会便坚持上课。

唐文治十分重视道德教育，提倡道德气节，他把"着重注意道德，以全校蔚成高尚人格"列入校章第一章，常以岳飞的《满江红》、文天祥的《正气歌》等爱国诗篇激励学生，并编写了《人格》一书作为道德教育的模板。南洋大学堂和无锡国专的礼堂悬挂着相同的一副对联："好学近乎智，力行近乎仁，知耻近乎勇，虽愚必明，虽柔必强；富贵不能淫，贫贱不能移，威武不能屈，所存者仁，所过者化"，作为砥砺学生品德的座右铭。此外，为了摘掉"东亚病夫"的帽子，唐文治还重视体育，把学校的体育运动办得有声有色。

唐文治管理严格，各项规章制度强调师生共同遵守，并在实际执行中一视同仁。据王蔚华先生回忆，他们在小学最后一个学期，因不满意体操教员，毕业考试结束时故意和老师捣蛋，老师即告唐文治，唐当即主张严惩。王等人下意识地把唐庆增（唐文治三子）说成为首人之一，唐即主张包括庆增在内的为首几人一律不得升入中学部。后经班主任调查，得知是王蔚华的"诬扳"，对于庆增不必苛责，但唐文治力主同惩，于是庆增只得离开而转考清华。在严格管理的同时，唐文治更养护学子，他在办公室悬挂对联"唯天生才皆有用，他人爱子莫如予"时刻提醒自己，表明自己与师生同甘共苦的决心。他经常深入学生宿舍、食堂，与学生同餐谈心，关心学生的学习生活。他严守爱国立场，在多次学生爱国民主运动中，挺身而出尽力营救学生，无愧为"人伦师表"。

四、日常生活

据唐文治的弟子们回忆，唐文治经常身着青灰色棉布长袍，脚穿布鞋布袜，从来没有过什么华贵的衣服。有人曾馈赠他一块绫罗，他怒形于色，将馈赠者拒之门外。1934年70岁生辰时为避寿到家乡扫墓，家人偷偷为他换上清朝做官的绸衣，当时已失明的他摸知后坚决脱掉。他在饮食方面，饭桌前常见蔬菜总是一碗草头和雪里蕻豆腐羹，唯一的营养品是早晨吃粥时吃上一只煮鸡蛋，有人送些鱼肉糕点，他都要留下一部分用来待客，并一再叮嘱馈赠者不要再送。在居住条件上，他甚无讲究，大多数时日住在上海租借的小房子里。

不取身外之财，不受他人之馈，唐文治对于贫苦的基层社会还积极地尽力施予，即自48岁起至80岁止的30余年间，他为赈灾先后十多次往来于太仓、昆山、无锡、常熟等地，奔走呼号，带头输捐，利用自己的声望和影响进行募捐，甚至节衣缩食，将卖文所得的绝大部分用于慈善事业。

附录二：人格特征评定量表

指导语：您好！请先阅读传略《×××传略》，根据文章内容以及你对×××的了解，对关于×××人格特点的描述性词汇进行打分。如果你认为该词汇与×××的特点"**完全不符合**"（1分），"**完全符合**"（7分），中间为过度分数，如"**不确定**"（4分），请在相应的地方打"√"。

1	豁达的	1	2	3	4	5	6	7	27	内向的	1	2	3	4	5	6	7
2	干练的	1	2	3	4	5	6	7	28	有威严的	1	2	3	4	5	6	7
3	笃学的	1	2	3	4	5	6	7	29	为他人着想的	1	2	3	4	5	6	7
4	有思想的	1	2	3	4	5	6	7	30	自命不凡的	1	2	3	4	5	6	7
5	温文儒雅的	1	2	3	4	5	6	7	31	机智的	1	2	3	4	5	6	7
6	有建树的	1	2	3	4	5	6	7	32	心地善良的	1	2	3	4	5	6	7
7	博闻强识的	1	2	3	4	5	6	7	33	封建保守的	1	2	3	4	5	6	7
8	清高自傲的	1	2	3	4	5	6	7	34	胸襟宽广的	1	2	3	4	5	6	7
9	认真的	1	2	3	4	5	6	7	35	高雅的	1	2	3	4	5	6	7
10	勤奋的	1	2	3	4	5	6	7	36	贤明的	1	2	3	4	5	6	7
11	脚踏实地的	1	2	3	4	5	6	7	37	忧国忧民的	1	2	3	4	5	6	7
12	有气魄的	1	2	3	4	5	6	7	38	悲观的	1	2	3	4	5	6	7
13	理性的	1	2	3	4	5	6	7	39	尽职尽责的	1	2	3	4	5	6	7
14	专制的	1	2	3	4	5	6	7	40	爱才的	1	2	3	4	5	6	7
15	好学的	1	2	3	4	5	6	7	41	消极的	1	2	3	4	5	6	7
16	有条不紊的	1	2	3	4	5	6	7	42	主观的	1	2	3	4	5	6	7
17	沉稳的	1	2	3	4	5	6	7	43	有原则的	1	2	3	4	5	6	7
18	刻薄的	1	2	3	4	5	6	7	44	慎重的	1	2	3	4	5	6	7
19	一丝不苟的	1	2	3	4	5	6	7	45	雄才大略的	1	2	3	4	5	6	7
20	坚定不移的	1	2	3	4	5	6	7	46	虚心的	1	2	3	4	5	6	7
21	蛮横的	1	2	3	4	5	6	7	47	被动的	1	2	3	4	5	6	7
22	关怀他人的	1	2	3	4	5	6	7	48	自私自利的	1	2	3	4	5	6	7
23	高风亮节的	1	2	3	4	5	6	7	49	百折不挠的	1	2	3	4	5	6	7
24	自强自立的	1	2	3	4	5	6	7	50	有正义感的	1	2	3	4	5	6	7
25	不可靠的	1	2	3	4	5	6	7	51	善于沟通的	1	2	3	4	5	6	7
26	有领袖风范的	1	2	3	4	5	6	7	52	讲求实际的	1	2	3	4	5	6	7

53	心胸狭窄的	1	2	3	4	5	6	7	88	悟性高的	1	2	3	4	5	6	7
54	严谨的	1	2	3	4	5	6	7	89	人情练达的	1	2	3	4	5	6	7
55	开明的	1	2	3	4	5	6	7	90	身体力行的	1	2	3	4	5	6	7
56	有赤子之心的	1	2	3	4	5	6	7	91	死板的	1	2	3	4	5	6	7
57	积极进取的	1	2	3	4	5	6	7	92	细心的	1	2	3	4	5	6	7
58	轻浮的	1	2	3	4	5	6	7	93	武断的	1	2	3	4	5	6	7
59	有奉献精神的	1	2	3	4	5	6	7	94	有判断力的	1	2	3	4	5	6	7
60	有忧患意识的	1	2	3	4	5	6	7	95	主动的	1	2	3	4	5	6	7
61	足智多谋的	1	2	3	4	5	6	7	96	平易近人的	1	2	3	4	5	6	7
62	自卑的	1	2	3	4	5	6	7	97	自我完善的	1	2	3	4	5	6	7
63	精力充沛的	1	2	3	4	5	6	7	98	有抱负的	1	2	3	4	5	6	7
64	明智的	1	2	3	4	5	6	7	99	有开放意识的	1	2	3	4	5	6	7
65	通情达理的	1	2	3	4	5	6	7	100	善解人意的	1	2	3	4	5	6	7
66	思虑周密的	1	2	3	4	5	6	7	101	软弱的	1	2	3	4	5	6	7
67	冷静的	1	2	3	4	5	6	7	102	无私的	1	2	3	4	5	6	7
68	处事灵活的	1	2	3	4	5	6	7	103	有感召力的	1	2	3	4	5	6	7
69	有责任心的	1	2	3	4	5	6	7	104	充满活力的	1	2	3	4	5	6	7
70	有诚信的	1	2	3	4	5	6	7	105	草率的	1	2	3	4	5	6	7
71	桀骜不驯的	1	2	3	4	5	6	7	106	处变不惊的	1	2	3	4	5	6	7
72	重仁义的	1	2	3	4	5	6	7	107	亲力亲为的	1	2	3	4	5	6	7
73	乐于合作的	1	2	3	4	5	6	7	108	狭隘的	1	2	3	4	5	6	7
74	正直的	1	2	3	4	5	6	7	109	乐于奉献的	1	2	3	4	5	6	7
75	组织能力强的	1	2	3	4	5	6	7	110	待人真诚的	1	2	3	4	5	6	7
76	内疚的	1	2	3	4	5	6	7	111	以身作则的	1	2	3	4	5	6	7
77	刻苦自励的	1	2	3	4	5	6	7	112	有内涵的	1	2	3	4	5	6	7
78	冷漠	1	2	3	4	5	6	7	113	人品出众的	1	2	3	4	5	6	7
79	处事谨慎的	1	2	3	4	5	6	7	114	有主见的	1	2	3	4	5	6	7
80	稳重的	1	2	3	4	5	6	7	115	高瞻远瞩的	1	2	3	4	5	6	7
81	乐观的	1	2	3	4	5	6	7	116	能独立思考的	1	2	3	4	5	6	7
82	勇往直前的	1	2	3	4	5	6	7	117	热情的	1	2	3	4	5	6	7
83	情绪化的	1	2	3	4	5	6	7	118	意志薄弱的	1	2	3	4	5	6	7
84	有亲和力的	1	2	3	4	5	6	7	119	有包容力的	1	2	3	4	5	6	7
85	执著的	1	2	3	4	5	6	7	120	爱恨分明的	1	2	3	4	5	6	7
86	可依赖的	1	2	3	4	5	6	7	121	度量大的	1	2	3	4	5	6	7
87	胸怀大志的	1	2	3	4	5	6	7	122	坦荡荡的	1	2	3	4	5	6	7

123	有定力的	1	2	3	4	5	6	7	158	宽容的	1	2	3	4	5	6	7
124	逃避的	1	2	3	4	5	6	7	159	客观的	1	2	3	4	5	6	7
125	唯才是举的	1	2	3	4	5	6	7	160	循循善诱的	1	2	3	4	5	6	7
126	有胆识的	1	2	3	4	5	6	7	161	有气派的	1	2	3	4	5	6	7
127	理智的	1	2	3	4	5	6	7	162	变通的	1	2	3	4	5	6	7
128	克己奉公的	1	2	3	4	5	6	7	163	易相处的	1	2	3	4	5	6	7
129	忠心的	1	2	3	4	5	6	7	164	尊重人的	1	2	3	4	5	6	7
130	有创造力的	1	2	3	4	5	6	7	165	清廉的	1	2	3	4	5	6	7
131	肤浅的	1	2	3	4	5	6	7	166	忍辱负重的	1	2	3	4	5	6	7
132	相容并包的	1	2	3	4	5	6	7	167	固执己见的	1	2	3	4	5	6	7
133	有远见的	1	2	3	4	5	6	7	168	充满斗志的	1	2	3	4	5	6	7
134	有自制力的	1	2	3	4	5	6	7	169	自觉性差的	1	2	3	4	5	6	7
135	重感情的	1	2	3	4	5	6	7	170	自律的	1	2	3	4	5	6	7
136	敬业的	1	2	3	4	5	6	7	171	刚正不阿的	1	2	3	4	5	6	7
137	善与人交往的	1	2	3	4	5	6	7	172	决断力强的	1	2	3	4	5	6	7
138	乐于助人的	1	2	3	4	5	6	7	173	目光短浅的	1	2	3	4	5	6	7
139	严于律己的	1	2	3	4	5	6	7	174	公私分明的	1	2	3	4	5	6	7
140	优柔寡断的	1	2	3	4	5	6	7	175	民主的	1	2	3	4	5	6	7
141	思想开放的	1	2	3	4	5	6	7	176	气度宏伟的	1	2	3	4	5	6	7
142	公正的	1	2	3	4	5	6	7	177	和蔼的	1	2	3	4	5	6	7
143	有使命感的	1	2	3	4	5	6	7	178	人格高尚的	1	2	3	4	5	6	7
144	品行端正的	1	2	3	4	5	6	7	179	果断的	1	2	3	4	5	6	7
145	能屈能伸的	1	2	3	4	5	6	7	180	崇尚自由的	1	2	3	4	5	6	7
146	能患难与共的	1	2	3	4	5	6	7	181	触类旁通的	1	2	3	4	5	6	7
147	有凝聚力的	1	2	3	4	5	6	7	182	有浩然正气的	1	2	3	4	5	6	7
148	可敬的	1	2	3	4	5	6	7	183	有慧眼的	1	2	3	4	5	6	7
149	胸无大志的	1	2	3	4	5	6	7	184	有见识的	1	2	3	4	5	6	7
150	实事求是的	1	2	3	4	5	6	7	185	明辨是非的	1	2	3	4	5	6	7
151	外向的	1	2	3	4	5	6	7	186	能接受忠告的	1	2	3	4	5	6	7
152	大无畏的	1	2	3	4	5	6	7	187	盲从的	1	2	3	4	5	6	7
153	谦虚的	1	2	3	4	5	6	7	188	善于协调的	1	2	3	4	5	6	7
154	平等待人的	1	2	3	4	5	6	7	189	有团队精神的	1	2	3	4	5	6	7
155	兢兢业业的	1	2	3	4	5	6	7	190	处事周到的	1	2	3	4	5	6	7
156	独立自主的	1	2	3	4	5	6	7	191	勇于创新的	1	2	3	4	5	6	7
157	随和的	1	2	3	4	5	6	7	192	爱国的	1	2	3	4	5	6	7

193	守信的	1	2	3	4	5	6	7	198	不畏强权的	1	2	3	4	5	6	7
194	有气节的	1	2	3	4	5	6	7	199	德才兼备的	1	2	3	4	5	6	7
195	务实的	1	2	3	4	5	6	7	200	自信的	1	2	3	4	5	6	7
196	热心的	1	2	3	4	5	6	7	201	感性的	1	2	3	4	5	6	7
197	出类拔萃的	1	2	3	4	5	6	7	202	文质彬彬的	1	2	3	4	5	6	7

请检查是否有遗漏,谢谢您的合作!

A Psychobiographical Exploration on the Famous University Chancellor: Wen-zhi Tang

Ji-xia Wu Li-ping Cao Jun-yi Zhu

(Education College of Soochow University, Soochow, 215006)

/ Abstract /

By using a research paradigm of psychobiography, the present paper explored the main personality traits of Wen-zhi Tang, the famous University Chancellor in Chinese history, as well as the underlying social-cultural and mental reasons for him to pursue a career in education rather than in politics. Mr. Tang was famous for being a patriot, an educator, a master of Chinese culture and a founder of modern engineering education in China. In his life, he experienced three historical periods, including Qing Dynasty, the Republic of China and People's Republic of China. Ever since he was a teenager, he had the ambition of leading China to its peace and growth. When he was twenty-eight years old, he became an official and thus began his political career. In the next fourteen years, he was promoted successively and finally became the Minister of Agriculture, Industry & Commerce. However, right at the moment for him to realize his political ambitions, he decided to become an educator rather than an official. In the following years, he devoted himself to the establishment of Nanyang University (the former Jiaotong University) and Wuxi Chinese Culture School (one of the former Soochow Universities).

In Study One, personality trait evaluation method was used to quatitatively evaluate Mr. Tang's personality. Results revealed five of his personality traits: responsible and assiduous, open and brave, strong and independent, intelligent and knowledgeable as well as gentle and altruistic. In Study Two, Delphi method was used to consult experts' opinion in two run. In the first run, three experts were asked to re-evaluate and expand the results from the first study. The results yielded five of Mr. Tang's personality traits: responsible and assiduous, open and brave, patriotic and independent, broad-minded and compatible, as well as lenient and gentle. In the second run, six experts were asked to re-evaluate and expand the results from the first run. Results showed that the main personality traits of Mr. Tang include responsible and assiduous, open and brave, staunch and independent, broad-minded and compatible as well as lenient and gentle. In Study Three, psychobiographical method was used to qualitatively analyze Mr. Tang's personality traits as well as the reasons why he abandoned his political life and devoted himself to education. The analysis showed that the formation and development of Mr. Tang's personality is the result of the interaction among several nature and nurture factors, including heredity, family environment, local culture, traditional Confucian ideology as well as personal positive social exercises.

／Key words／

University Chancellor, Wen-zhi Tang, Psychobiography

向大海进军:以李安的生命叙说反思成年男性的转化之道

洪瑞斌[*]

(中国文化大学心理辅导学系,台北,11114)

/ 摘 要 /

为了个人内在动力与需要,我开始进入与建构李安导演的生命叙说,我猜是为了自己中年危机寻找转化之道。我尝试透过本文建构李安的生命叙说,诠释其生命主题;再进一步以李安生命故事、生命主题为素材讨论某种成年男性在其发展过程中,面对危机或关卡时转化成长的方式或历程;并且将李安的生命素材与埃里克森的发展理论、"穿越历程"视框作对话与反思。最后,本文发现,在成年男性生命的某种再生转化发展型态中,它透过与传统权威或主流体制辩证与超越,取得新认同与可试验的实践方法,解决自身危机并获得成长。另外,这些个体在面对自身危机,并与社会、集体体制对话过程中,其叙说与论述的声音或是实践变革的行动将成为促进社会与文化革新的契机。

/ 关键词 /

李安,生命叙说,心理传记,成年男性,转化,穿越历程

---

[*] 洪瑞斌,E-mail: hrb@faculty.pccu.edu.tw

一、前言

为了个人理由，有种内在动力需要贴近与建构李安的心理传记。才忽然明白，博士班时期的自我统整，其实过程除了跟着案子开始倾听男性劳工的生命故事，重获得某种阶级认同之外（洪瑞斌，2005），我还透过读与写埃里克森的生命故事，协助处理了自己当时的内在混乱。现在重读《艾瑞克森——自我追寻的实践家》（洪瑞斌，2002；本文集中的"Erikson"统一译为"埃里克森"，即原著中的"艾瑞克森"），依然有些感觉。但更惊讶埃里克森与李安的某种相似性与对比性，或许因为都是自己潜意识投射的共鸣对象，自然有些相似。但的确，李安某种程度较埃里克森有时代的进步性。

为何是李安？或者在这忙碌的生活轨道中何以有闲情逸致来研究一个导演？自己清楚的是，此工作跟面对 40 岁的我以及中年危机有关联。40 岁确实开始进入中年，但我有危机吗？先前在母校分享，似乎有些听众对于我缺乏明显外因（失业或失婚）而说危机，感觉我是为赋新辞强说愁。但我以为中年危机的关键特质并不在于外在因素或环境冲击，而是一种内在危机，即便缺乏明显外因。中年危机也是一种过渡或转换期，如同荣格所说，中年如同一天的正午，过了正午就开始预备进入黄昏、夜晚，结束一天。换言之，这个过渡期界于成年期与老年期之间，他可能在如日中天或一切都不差的阶段，但是却在心理预备进入下坡的阶段。所以这样的内在危机是强烈的，即便可能从外在生活或环境看不出来（Karpiak，2008）。于是中年个体的内在冲击就在"理想 VS. 现实"、"生存 VS. 存在"、"责任义务 VS. 欲望"之拉扯。与青年期不同的是，中年阶段已经作过一些选择，有过一些历练及累积，或许天真不再。他们为生存而奋战过，为理想而投入实践过，与现实主义的生意人交过手，也见过不同梦想家。如果他幸运适应下来，生活也过得不错，这些生存游戏的赢家或幸存者，却难掩内心的存在焦虑或忧郁感，如果他还有一丝丝意识的话。焦虑的是，他明白生命已经倒过来数，已经无法单纯寄托于未来会更好；他了解现实环境与结构的僵固与嵌卡，乌托邦或梦想并不容易到达；他也发现自己生活方式或境况虽为多数人称羡，但离他年轻时的理想却天差地别；当他想要改变时，也发现需要考虑许多因素，例如所付代价、职责、对他人影响等，不再像青年时只需要义无反顾的勇气就可以。

对我个人来说，为了处理这样的议题，我一部分透过熟悉的生命叙说方法来尝试找出路，而研究及书写李安的故事就是具体行动。生命叙说的疗愈作用除了述说与书写自我故事之外，我认为"阅读他者故事"也有重要特殊作用，且不仅止于作为叙说自我故事之催化活动而已，尤其是在生涯发展与辅导里。"阅读他者故事"可能可以提供读者一个情感认同或模仿学习的对象，在生涯领域即类同于生涯角色楷模（role model）或导师（mentor）的作用，因为对自己的角色楷模重构与撰写故事应该是深度的阅读，除了会收集多重来源的资料，还会把自己的观点与生命融入其中。

那为何会选李安呢？我并非因为迷上他的电影才对他好奇，甚至第一次看《卧虎藏龙》还感觉很不习惯。相反，我是对他的生命故事有兴趣，后来才尽量去找他的影片来看。最早吸引我注意的是他在节目专访中谈到自己电影硕士毕业后六年的失业，我好奇他这样的过程及坚持的力量。而后我才开始收集他的资料与故事，也慢慢有些理解。对我而言，李安本身的特质确实有某种吸引力，也才会不自觉地开始研究他。

若依过去，我所能辨识的三种生命实践路线是"主流逻辑、功名利禄"／"基进运动、草根团体"／"坚持信仰、脱俗隐士"。我在想能否走出不同于以上三种典型的路线，一种比较符合我自己生命叙事基调的路线，在体制内做生存调适，却不忘记持续进行意识转化与文化传播的工作。在我意识觉醒的早期，我对于基进草根的战斗团队感觉钦佩，也惭愧于自己无法作牺牲式的投入；另外看到有些志节坚毅、不入俗流的修士也有明显的骨气。现在我逐渐肯认变革的另一种路线，而且我清楚这不是某类骑墙派的合理化辩解。置身体制内，却致力催化变革，这并不是一种容易的修炼。于是我找到李安作为现阶段的学习楷模，尝试走一条人世修炼以及温柔革命（透过叙说文本之建构与发声）的道路。于是我们必须具有后现代的能耐，能觉析各种意识形态、观点的特性与缺陷，能穿梭于不同世界与文化之间，能够运用叙说的素材与语汇，以促发自身与他人不断转化（可以用"巫师"作为隐喻）。

于是体制内的变革者，工作的对象可能大多不是被常模轨道甩出或摒除的弱势边缘群体，而是意识模糊的普罗大众，如同意识未觉醒前的我或现在碰到的多数学生。于是我们这类的入世巫师，得要使用大众文化与叙事语汇（太过激进或直接批判会让他们弹开，太过小众或另类的叙事风格会让他们难以进入），点燃这些一般人心中的烛光，映照自身内在的魔性（贪欲与畏惧）与佛性（受苦与慈悲），促进这些大众或多或少地自觉与转化。于是巫师与革命家、修士在不同场域与道路上，实践相同方向的使命，殊途同归。

二、探究路径

既然希望能进入李安的生命，深度阅读并建构其生命故事，我便参考心理传记的研究方法进行。所谓"心理传记"是指"明显地使用系统化或正式的心理学知识或理论于传记研究，并连贯出具启发性的故事"（丁兴祥、赖诚斌，2001；McAdams & Ochberg, 1988）。不过本文不似一般心理传记或传记研究，对资料完整穷尽地搜集以及进行严格的考据，所以或许称为"深度阅读与书写他者生命故事的研究取径"更加合适。回到本文之目的，研究者主要是要获取"个人知识"（personal knowledge; Polanyi, 1958），而非普遍性知识，因此这样的方法与取径应已经足够。①

实际进行的过程，首先收集各种关于李安的文献与次级资料，例如传记、报导、采访、影片、电影作品或其他研究论文等。由于没有机会访谈李安，所以我主要依赖各种文献数据。因为李安是知名人物，也是媒体产业的一分子，各种公开报导、采访资料丰富，以李安传记或作品为对象之专书也有好几本，故在资料收集上并不困难。通常李安在电影上片或参赛的宣传期间都会接受媒体访问，而他几乎都会坦诚分享创作过程及自己的状态。但是这些公开数据还是可能只反映出李安"公众自我"的部分，而且我确实也缺乏李安的书信、日记等个人文件资料，所幸李安是"创作者"，电影是其创作作品，我认为透过电影作品的解读，应该相当程度上可以探照其内在状态及议题。

接下来就让自己充分浸泡在各种资料的阅读与消化中。在众多数据之中，我以描写比较充分而深度的传记性数据以及李安直接受访与表述的数据为主，其他多手转述层次的数据仅作辅助理解之用。另外，电影作品有助于进入李安的内在世界，所以也花时间反复观看其各时期的作品，特别是在我"没感觉要找感觉"时，往往就会挑部李安的电影来看。然后尝试建构李安的生命叙说与传记文本。我先整理出李安的生命史曲线，并在上面标注其各阶段重要事件后，才开始动手书写故事，并反复编修。生命叙说文本建立后，再以生命史表格方式摘要分析与建构李安生命历程与主题，详细内容可参见表1。最后，透过生命历程分析表再进行整体性反思与讨论。

进入与阅读李安生命并建构故事的过程，并不顺畅，文章初稿写成用了超过两年时间，过程一路走走停停，光是开场前言就经历2009、2010年暑假，至2011春假时才写完，后面才渐渐能入其故事。究其难处，除了日常的教学、

---

① 承蒙陈祥美教授之评论及指出本文有此点之不足，并建议再扩增更多来源叙说资料。但详加反思后，笔者确认对研究目的而言，本文研究取径已经足够，因为重点并不在于历史真实或形成普遍知识，而是在响应个人议题与个人知识，因此与一般传记研究之关切点略有不同，特此说明。

工作、生活事务的挤压，剩下很小生命叙说所需中介空间可以回旋之外，还因为他是依然生存于现在的活人。不同于过去心理传记或生命叙说研究，不是研究已逝的历史人物，就是近身访谈传主整理故事。不容易之处在于我能准确理解吗？我有何资格为其代言？他会同意我的诠释版本吗？一旦考虑这些问题，提笔就变得困难重重。最终，我只能仿效他将原著小说改写为剧本的方式，看完原著几遍之后，就把小说丢掉。当然，他还是经常进入与揣摩作者与不同角色的感受与心意，这是扩大生命的会心与交织，而且他明白最终作品还是会变成融合二者的作品。这是回到后现代的根本假设，没有原初的版本，没有单纯"李安的生命世界"，或者没有任何人回得去"那个世界"了，包括李安本人。于是，故事的工作变为我必须与"李安"的生命交融，对其的理解试着外化或具象化为故事文本。所以，如果"李安的生命"是一本小说，而我所产出的生命叙说文本，将不可避免地将自己的生命加入，成为融合二人的故事版本。

三、李安的生命叙说：解构主流与转化自我

李安是国际知名导演，拍了不少知名电影，也获得许多大奖，如台湾金马奖、柏林影展金熊奖、奥斯卡金像奖等等。他父亲为公立学校校长，从小对他期望高、管教严，但他读书成绩却一直不佳，缺乏自信。大学联考两度没考上，意外考上艺专，找到戏剧作为投入方向，从此生命才开始活过来。从艺专到美国纽约大学留学，他专业累积与进步快速，也展露天赋，毕业作品《分界线》也获学校奖项，受到瞩目，因此留在美国找机会。但这一等却等了六年，正好在人生的壮年——31至36岁。其间他写剧本、改剧本、谈合作、找机会，不断重复，却都没能成真。他说因为自己什么都不会，只会拍电影，所以赖皮撑下去，但是很少人能撑这么久。在此过程中烧菜，带孩子，培养生活的细腻度，写剧本则是重要专业训练，更重要的或许是一种考验，考验他的热

忧，也让他学习如何找资源与机会来实践自己的梦想。后来他的《推手》、《喜宴》剧本获选新闻局奖，也获得拍片机会，虽然资源不多，但他抓住机会，把心中意念与情感具体化表达出来。而且他后续通过拍片工作，一步步专业提升，一步步碰触与转化自我。

（一）乖顺与压抑的童年

李安的老家是江西的大户人家。高祖及曾祖父都曾是大财主，但爷爷出生时家道中落，几乎所有家产都散尽。李安父亲出生那年爷爷发了大财，所以爷爷非常喜欢父亲。而后爷爷送父亲进洋学堂，"希望家中有人在朝为官"庇荫家族。父亲之后考上大海大厦大学，两年后抗战爆发，转入南京干校就读。抗战胜利后返乡，28岁就当上江西崇仁县县长，后来调至教育部任主任秘书，内战时辗转来台（张靓蓓，2002）。

到台湾后，李安父亲先后曾在嘉义、屏东、台东、花莲担任教职，后来调至台南，而且在台东女中、花莲师范台南二中、台南一中皆担任校长。在嘉义教书时，有同乡从大陆过来，带来家乡的消息，说父亲老家被划为"黑五类"，爷爷奶奶都被枪毙。爷爷临终托人带话给父亲："老家全完了，你在海外另起炉灶。"李安父亲听到消息，伤心欲绝，想到庙里出家，被朋友阻拦。直到遇见李安母亲，结婚生子，才又重获希望。在这种情况下，父亲身为家族的长子，李安又是这代的长子，可以想见父亲对李安有多大的期望，寄予了多少来自家族传统的责任与使命（张靓蓓，2002）。

李安对于母亲的描述不多，但李安说自己"娘胎就喜欢看电影"。因为母亲也是老师，从年轻就爱看电影，包括怀李安的时候，她在李安小时候也常带着他一起看电影。母亲曾提到，李安小时候曾经问她，为何都看外国片；她答以外国片好看。李安就说那为何不把国产片做好一点。母亲认为李安后来的导演工作就做到了当时他所说的（温怀智、蔡康永，2003）。李安母亲是启聪学校老师，所以觉得小孩只要健康就好，给予李安很大的包容，每次父亲要打他的时候，母亲都会帮忙挡。

李安描述自己的童年是快乐的。尤其是住在花莲的那八年。父亲除了担任花莲师范校长、"师训班"班主任外，还是花莲救国团的主任委员。由于"师训班"集合了各种退伍军人，所以各种康乐队都会来此表演，像歌舞特技、评剧、绍兴戏、魔术、话剧等表演。李安小时候看了不少"秀"，因为父亲的身份，李安总是坐在前排的贵宾座。李安也从小就展现表演的天赋，当爸妈的朋友、同乡来家里作客时，他常拿扫把当吉他，带着弟弟上场表演，逗大家开心。他也善于模仿不同叔叔、伯伯。上小学之后，班上每周班会前李安也会表演一段相声，甚至他还自编自演了许多话剧。例如小学三年级时，李安便编写剧本，导演同学表演，男同学不愿演女生，他就自己反串上场。

但升上小学四年级后，李安的生活有了转变，随着父亲转调台南学校，他也转学到台南。这是他第一次面对"文化冲击"，从花师附小这个"完全外省、讲国语、美式开放教育、没有体罚打骂"的环境，转入一个"完全本省、讲台语、日式填鸭教育、体罚打骂、注重升学"的传统国小，完全不同于附小那种美式新式启发教育的环境。于是在台南公园国小的那两年，李安的学校生活就在"考试、重视数学、打"的升学教育中。即便十分不适应，但李安也只能这么挨过去。他在书中提到："如今回顾小学岁月才发现，从小我就身处文化冲击及调适的夹缝中，在双方的拉扯下试图寻求平衡。因为培育我的两种教育制度，正代表台湾的两种文化：外省中原文化及日式本省文化。"（张靓蓓，2002）

但这个转折也显示李安快乐的日子已结束，因为无可避免的是升学体制与课业压力的到来。他的课业表现并不好，因为对课业没兴趣，所以一直漫不经心。人也显得越来越内缩与压抑。但他还是进入了台南一中。

台南一中是中南部精英汇聚的学校，相较之下李安就更形逊色。加上当时父亲正是一中校长，李安心中的难堪与压力更加放大。但这份压力并无法提升他的课业表现，于是在学校里只好总是躲着父亲。李安的青春期没有叛逆，而是内缩自闭，总是胡思乱想，驼背又害羞。父亲为了提升他的成绩，给他加了很多补习，老师全是中南部的名师，但成绩还是不见起色。当时父亲看他念书实在不行，也很忧心，就找机会跟他谈未来生涯的打算。李安对父亲说想当导演，大家都以为他在开玩笑。可是李安心里清楚这是真实的想法，他特别想当电影导演，即便当时并不清楚导演在干吗。

(二) 意外找到出口以及自己的路

高中功课不佳的李安果然大学联考二度落榜，第二年甚至只以一分之差落榜。因为李安几乎每到大考就紧张，身体也起反应，腹痛、头昏，题目也看不清楚。二度落榜对李安家有如世界末日，他没想到会是如此结果。心情极差的李安独自到海边散心，家人还以为闹失踪；回家后，没人敢惹他。母亲担心他出事，还派弟弟盯着李安。专科考试没那么紧张，李安反而考得不错，最后进了"国立"艺专影剧科。(张靓蓓，2002)

刚进艺专，李安像多数同学一样，准备重考。他甚至戏称戏剧科是"一零八"志愿，直到他第一次上舞台参与演出。他说："舞台，改变了我的一生。在此，我的灵魂第一次得解放。混沌飞扬的心，也找着了皈依。"李安也清楚形容："记得第一次站上舞台，强烈的聚光灯洒下来，面对灯光之后黑暗中的观众，我第一次感觉到命运的力量，是戏剧选择了我，对它我无法抗拒。"于是李安一上舞台就强烈地感觉到"这辈子就是舞台"。舞台召唤着他，擦亮了他的双眼，唤醒他的心灵。李安终于了解到，所谓升学的路，对他来说只是学习基础知识，遵循常模轨道，但一生就此庸庸碌碌；反而去学戏剧，他就可能走一条很不寻常的路。于是李安开始悠游于演戏、编剧、导戏的艺术世界。

另外,李安接续母亲幼时的陶养,开始接触外国的流行电影与艺术电影。当时让李安很有感觉的片子是迈克尔·尼科尔斯(Mike Nichols)执导的《毕业生》。而艺术电影方面,他看的第一部片是伯格曼(Ingmar Bergman)的《处女之泉》,看完他仿佛遭重重一击,久久无法动弹(张靓蓓,2002)。"我觉得身边一片寂静;我瘫痪了,被电击了。我拒绝离开放映间,直到下一场电影要开始放映。在那之后,我的人生整个改变了。我再也不曾看过音量如此微弱,却又如此暴力的电影。"于是李安对电影也开始开窍,他发现一部好电影并不只像原先以为的那样把故事讲好,还要对人性特别关注(李达翰,2007)。后来他尝试拍了一部黑白短片《星期六下午的懒散》。拍片时李安发现自己应该有电影艺术的天份,因为他从摄影机的观景窗望出去,看到一个跟平常经验不一样的世界,可以只"选择"有意思的东西。李安感觉在那个世界里,他可以尽情挥洒,并让梦想显影。对电影与舞台剧李安都有兴趣,不过在艺专时还是舞台剧做得多(张靓蓓,2002)。

李安如鱼得水地学习戏剧、艺术,父亲虽然答应支持,但内心一直很矛盾。讨论过是否重考,李安当然不想;父亲答应了,条件是毕业后出国念书。其实父亲很不开心,因为在他的想法里,李安做的和军中康乐队没两样,所以很伤心。李安不能光宗耀祖,居然还沦落为戏子,因此父亲要李安出国,希望能拿到学位,成为戏剧系教授。李安说:"想来有趣,返家、离家、压抑、发展之间的拉扯,都和父亲有关。出国是他和我之间的'约定',离家千万里即是他的促成。"(张靓蓓,2002)

于是李安先到伊利诺伊大学就读戏剧系,然后再到纽约大学电影研究所,在此过程中学费及拍片所需花费家里都资助。在伊利诺伊大学的学科与术科的学习都很充实,但与艺专最大的不同是,由于语言的问题,李安无法如以往演出男主角或有重要发挥，于是他才动念想转而学习电影导演。纽约大学的专业训练很扎实，每位学生要编导五部作品，包括毕业作。其间他学到很多实务经验，成为未来吃饭的家伙。帮别人拍片时，接触各部门的基本技术；拍自己片子时，练习创作历程、领导统驭及学习承受批评。李安觉得自己最愉快、最充实的日子，就是在纽约大学的求学时光。因为李安在一般生活情境里，自尊一直很低，可是一到电影系就不一样了。导戏的时候，同学都会听他的，而他在此过程中一些有创意的点子，最后都能够做出来。

（三）六年蛰伏与试炼

李安原本打算毕业后先回台湾发展，但他的毕业作《分界线》在纽约大学影展中得了"最佳影片奖"与"最佳导演奖"两个奖，美国三大经纪公司的经纪人当场就要跟他签约，并力劝李安留在美国发展，一直跟他说机会很大。于是李安决定留在美国试试看，另一个原因是当时太太也还在伊利诺伊大学念博士学位。只是没想到迎接李安的不是一帆风顺，而是六年的等待（张靓蓓，2002）。六年蛰伏对李安生涯的作用不只是专精教育，而更像一种试炼，试炼着李安对导演生涯的意志与承诺，考验着李安如何将艺术理想落实于现实土壤之中，考验着家庭的支持力以及自身兴趣的坚持投注。命运像是在质问："你是否能容忍没有尽头的等待？""在没有什么资源、条件的情况下，你如何能找寻机会与出路？"

那几年，李安主要做的是发展剧本的工作，写出剧本初稿，若有人欣赏，就叫他改写，来回修稿，这样一耗就是一两年。最后不是无果而终，就是继续发展，这就是美国所谓的"企划炼狱"（development hell）。据说一个剧本从初稿到开拍平均要缠斗五年，那还是拍成电影的少数幸运剧本。就这样，一个计划不成，另一个计划又来，隔一阵子就有不同人跟李安谈合作。总有几个在进行，但也经常落空，所以人总像是悬在半空中（张靓蓓，2002）。在实际生活上，除了写剧本外，就是烧菜、带小孩及分摊家事，所以也练就一手好料理。在经济上，靠太太薪水过活，为了经济节省，李安也不太乱跑，多半闷在家里。平常待在家里无聊时，有时间李安就看报纸练练英文。当时如果有案子做，李安就会很高兴，出去找人写剧本或自己作研究，很有冲劲。如果李安看起来很忙，太太就会不管他；如果李安从早到晚无所事事，她就会问："你到底在干吗？无聊的话找个事做，不一定要是赚钱的事。"（张靓蓓，2002）

的确，如李安所说，若不是碰到他太太，他可能没有机会追求自己的电影梦。他说太太性格独立自主，包括经济与生活方面，理性聪明，而且心思单纯、不易焦虑。甚至在大儿子出生时，她还自己入院生产，不要李安陪产。她专业上发挥所学，进行"微生物科学"研究工作，经济独立。在此关键的试练期，她发挥极大的支持作用，一方面李安的生活靠其收入，不够用时，双方父母也会接济一下，寄钱给他们救急。另外，当李安在想学计算机等谋生技能时，她还是支持李安专注做他的专业与兴趣。太太也曾说："我只是不管他，leave him alone。"李安发现这是他最需要的，她给出了极大的时间与空间，让李安去发挥、去创作。包括这六年，她没有要求李安为了收入要出去上班（张靓蓓，2002）。

当然六年那么长，太太也并非都没压力。她第一年就有感觉了，觉得再等下去好像没有尽头，也觉得伤心。因为即便看李安讲的东西有意思，但也从没看到一个成形的东西，如何去期待与相信？但是她就自我调适，自己想法想通了，她就不再多说什么（曹志雄、陈鲁豫，2008）。似乎她就是接受李安这样的人，有时看到他的片子喜欢，就很开心，不是因为他的成就。不论是在那低潮的六年，或是后来成名的时候，她都保持同样的态度，信任李安，这真不容易。

这个过程中，除了写剧本，李安曾尝试做其他事，偶尔去帮别人拍片，看看器材，帮剪接师做点事、当剧务等，甚至也去餐厅打过工。但不论做什么事都不灵光，李安觉得自己是潜意识的排斥，自嘲"除了拍电影外，自己什么事都干不好"。1990年暑假，老二李淳出生时是李安最消沉的时候，甚至他在想是否自己在人世的作用，就是为了传宗接代，教好儿子。当时李安感觉完全绝望，全部死寂，自己精神锐气已磨尽，也不知如何是好。要不要回台湾？国产片那时也不景气，于是举棋不定、进退维谷。但就在所有计划全部泡汤的几个月后，最低潮抑郁的时刻，《推手》、《喜宴》的剧本在台湾得奖了，整个运势状态自此谷底翻扬（张靓蓓，2002）。许多人好奇李安怎么熬过那一段抑郁时期。他回应道：当时自己没法跟命运抗衡，只是死皮赖脸地待在电影圈，死撑下去，当时机来了，就迎上去而已。说赖皮是因为原本李安设定二年，若不成就回台湾，但又没有规划另外要做啥。他说等待其实没有什么不好，等到比较容易处理的局面，自然水到渠成（温怀智、蔡康永，2003）。

（四）父亲三部曲：专业起步，解构父亲形象

《推手》剧本的想法来自武侠小说里的太极拳，但故事的情节倒是李安自己构想的，因为对练太极拳的老头的迟暮之爱有兴趣，但他并未动笔。直到同在美国的好友冯光远告知台湾新闻局征选剧本比赛，并提议写个剧本来赚奖金，李安才动手将构想写出来。在此过程中李安访问了太极拳师父，到社区大学学太极拳，同时将剧本写出来，花了约二个月。完成后，就把《推手》以及原本就写好的《喜宴》寄回台湾参赛。1990年年底传来喜讯，《推手》获第一名，《喜宴》获第二名（张靓蓓，2002）。返台领奖时，李安居然已十年没回台湾了。"中影"经理徐立功提议出资让李安拍《推手》，预算1200万台币，李安反倒考虑了一下。因为当初写这剧本纯粹为了参赛赚奖金，主题冷门，拍出来他怀疑有什么观众会看。徐立功则因为它是第一名剧本，又具有浓厚的文

化意涵，愿意提供辅导金。李安自然明白这机会难得，只是也很担心练功六年，万一第一仗就出师未捷，断送后路。最后，在侯孝贤等前辈的鼓励下，李安终究开拍了，毕竟当时也没有其他明显机会（张靓蓓，2002）。

从第一部片《推手》开始，李安就找到"好机器"（Good Machine）公司合作，对其专业成熟有很大帮助，他也慢慢摸索自己的工作模式。前两部片子，因为资金很低，"好机器"协助李安采取美国独立制片模式，成功完成任务，当然其中很多事务都得靠自己处理。"好机器"公司教导他，如果资金有限却又想把片子拍出来，就得靠事先详细的计划，因为"计划不花钱"。最后他做到了，《推手》24 天，《喜宴》26 天拍完，按计划执行（张靓蓓，2002）。此两部影片，等于是让李安以从前学生片游击战模式，再进阶提升质量，而且变成玩真的。最后《推手》所得成果算是不错，台北票房达 1800 万，获金马奖最佳男主角奖、最佳女配角奖及特别奖，于是徐立功又努力催生《喜宴》开拍。结果《喜宴》大放异彩，奠定了李安在电影圈的知名度，也打开了票房市场。主要是因为《喜宴》当年获得柏林影展金熊奖，而变得热门，也顺利卖到海外市场。结果《喜宴》在台湾票房达到 1.2 亿，全球票房冲出 3800 万美金，成本却仅 75 万美金，成为 1993 年全世界投资报酬比第一的电影（张靓蓓，2002）。

第一次获得金熊奖，李安感到既兴奋又茫然。当时他心里想着，"往后的人生都要因此而改变了，真担心接踵而至的掌声、曝光与更大的压力，不知该如何面对。"而在事业上的最大影响是《喜宴》开发了李安的国际市场，这是新的经验。《喜宴》开出红盘，各地开始高价收购李安的片子，自此确认出他的市场定位模式：在台湾及亚洲是"大众主流市场"，到了欧美就是"艺术院线"市场。他清楚地认识到，拍电影除了能力之外，还要靠"市场潜能"，它包括各地片商、媒体对导演的支持、观众的期待。他说"市场潜能"就是导演的"杆子"，有了群众基础，他不是摸黑冒险去面对未知的市场，或只得听从老板的卖点去拍片，它让导演比较有自主性（张靓蓓，2002）。除了最初得奖的关键影响，之后李安认为去参加影展就是去宣传造势，让国产片走入国际市场。即便他对于宣传的工作感到烦累，但他也很认真地去做。因为认知到电影在本质上是都市属性，必须把人气、新闻炒起来，既然本质如此，所以就得甘愿（张靓蓓，2002）。

由于先前的成功经验，徐立功再邀李安拍摄《饮食男女》，这个点子其实来自电视连续剧《四千金》。这次剧本主要由王蕙玲撰写，李安再讨论修改，最后"好机器"公司的詹姆士再加入修改，作为西方观众能否接受的把关者。后来，这也变成李安发展剧本常用的铁三角模式。剧本发展好之后，李安就返回台湾拍摄，拍了四个月，这次开始让李安感觉到市场与艺术的双重压力。《饮食男女》也是李安首次尝试多线结构的片子（张靓蓓，2002）。

开始打入西方艺术院线，问题就出来了，很多是从没遇过的，没有人能教李安，他只能去无中生有或借用西方的东西来补自己之不足。他在中西混合的过程中，有时候可以提升，有时也会水土不服，从《饮食男女》起他开始面对这样的挣扎。因为市场的"中西跨界"，使李安经常陷入前后两股力量拉扯的挣扎，想冲到西方市场抢地盘，但家乡的反应形成一种后顾之忧。《饮食男女》接续《喜宴》在欧美艺术院线有不错的票房，但在台湾却票房不理想，在金马奖评选中全军覆没，批评声音出现，这也让李安自省自觉。许多导演因为要跟好莱坞有别，要和它敌对，于是放弃了通俗性，但李安和这两类都不同。李安在美国学电影，拍独立制片起家，路数比较倾向通俗性电影，但又必须跟好莱坞保持距离。李安认为自己的路线大约是中间稍偏左，也明白这宿命的挣扎却也同时是其出路。他说道："这条跨界中西、两面为难、艺术票房都沾上边的电影路，成为我的挣扎，也成了我的活路，一切都是应势而生，机运加上我的性格、拍片路数，使我不得不然。"（张靓蓓，2002）

除了中西市场口味的拉扯，《饮食男女》拍摄过程也不顺利，因为这是他首度回台拍片。他把美国独立制片模式引入，却跟台湾拍片模式格格不入。美国独立制片模式事先规划，重视组织、效率；台湾拍片模式不计划、不组织，全听导演，边走边看，见招拆招，但也给足时间磨戏，比较有人情味。原本李安想要截长补短，相互融合，最后却只能彼此折中牵就，所以过程也很痛苦。但这过程也让李安摸索学习，如何混合当地团队与自己的方法，拍出自己想要的电影，最后他学到的模式可以应用到世界各地拍片（张靓蓓，2002）。

日后，李安回观最初"父亲三部曲"的三部电影，发现它们其实对自己有重要意义。他自觉处理"父亲形象"十分有助于其创作与生活，随着一部部电影的完成，父亲压力的阴影渐渐从李安的体系内涤除，有着净化与救赎的功能。具体可见的是越往后拍，父亲的形象越弱。《推手》里的父亲最强势；《喜宴》里的父亲是位退休将军，是最典型的父权象征，但他常打瞌睡，甚至被送医急救；到了《饮食男女》，家中无子，甚而安排把老爸给嫁出去。李安认为《饮食男女》藉由年轻貌美的妻子，老爸得以过正常人的生活，恢复了味觉，又找到生命的第二春，这算是他对中国"父亲形象"的最后祝福。有趣的是，李安得在美国，隔了一个海洋的距离，才得以开始凝视与解构"父亲形象"，也是到第三部片，场景才拉回台湾；但李安始终没能知道父亲如何看待这三部影片（张靓蓓，2002）。

李安清楚地说道："对我来说，中国父亲是压力、责任感及自尊、荣耀的来源，是过去封建父系社会的一个文化代表，随同国民党来到台湾后，逐渐失去他的统御能力及原汁原味。从父执辈身上，我看到中原文化的传承在台湾、在我身上所产生的变化。一方面我以自我实现与之抗逆，另一方面我又因未能传承而深觉愧疚。这种矛盾的心情不仅是我对父亲的感受，也是我对国民党/中原文化在台湾产生质变的感受。"于是，父亲权威、传承以及社会时代变迁成为这三部电影的基调。例如《饮食男女》里，台湾社会正处于新旧交替的转型期，从封建、农业、一元化社会迈入现代、民主、多元化社会，社会价值进入一个脱序的状态，在此过程中人们会出现很大不适应。大时代历史中的个人与家庭，或是社会变动处境下的人们，都成为李安日后电影最常关注的主题与人性（张靓蓓，2002）。

（五）凝视时代变迁的转折与矛盾：进入西方文化与市场

李安称《理性与感性》是他第一次拍大联盟的电影。《理性与感性》是简·奥斯汀（Jane Austen）原著的古典小说，后由知名女星艾玛·汤普逊（Emma Thompson）改编剧本，并出演女主角。原本制片想找英国导演，却没人有兴趣，于是动念找外国导演，李安才有此机会。《理性与感性》全片在英国拍摄，因此李安愿意接拍，因为当时他还是抗拒好莱坞生产线拍片模式，不过他也知道整体思维与运作方式还是属大联盟系统（主流市场）（张靓蓓，2002）。李安拍电影或写剧本前都喜欢投入研究，尝试理解与进入那个世界，况且《理性与感性》又是外国人看西方历史，所以他下足工夫。甚至从此片开始，李安会在合约中注明必须聘用私人研究员。他从研究学习过程中了解："简·奥斯汀时代的理性与感性和景观（landscape）设计有着密切的关联，景观即是人类以人工手法将自然带入人生的具象呈现。那个时代大都会刚刚兴起，工业革命正启动巨轮，浪漫主义萌芽，所以出现理性与感性的辩证"（张靓蓓，2002）。

拍《理性与感性》时，李安第一次感觉到"I've got a job"，也第一次感到可以去面对父亲。李安拍《理性与感性》时觉得自己像是从"小孩"跳入"成人"阶段，要负起"成人"的责任。一方面他觉得别人雇用我，自己得做出水平以上的东西，而他们付的薪水，也让他觉得真的可以养家活口。另外在专业上也是如此，他认为前三部片拍片的感觉和学生时代差别不大，还不够成熟。《理性与感性》是李安第一次跟全部专业的工作人员合作，每个班底的专业皆成熟，也让他觉得进入了"成人"层次（张靓蓓，2002）。完成《理性与感性》后，回响非常好，它拿下金熊奖、金像奖、金球奖、英国影艺学院奖，全球票房超过 2 亿美金。结果被肯定了，李安从亚洲导演跳级到国际导演，也觉得有成就感。李安认为《理性与感性》是他入行拍片后的第一个高潮，它算是把李安前三部做熟的东西再改用英文古装戏在大联盟做一遍。但之后，李安就不想再拍同样类型的电影，企图求变（张靓蓓，2002）。

《冰风暴》是李安当时很想拍的小说，他以一个局外人来看美国的转折年代。说是历史转折的时刻，因为美国 20 世纪 60 年代末期是一个充满热情的巨变时代，性革命、种族抗争、反越战、石油危机……人们企求心目中的乌托邦，于是努力改变世界。但 1973 却是个纯真丧失的年代，也是个成长的年代，因尼克松的水门案听证会、越战停战协议，终致"极端父权形象"（ultimate father figure）破灭。于是李安形容 70 年代的美国——"就像宿醉将醒，不再有浪漫精神，不再有革命热情，代之而起的只有性与毒品，是对某种旧文化秩序的基本破坏"（张靓蓓，2002）。因此《冰风暴》是以 1973 年美国康涅狄格州的两个中产家庭为场景，透过父母、孩子"平行"发展的架构，来看道德崩解的力量渗入一般家庭后对人们产生的影响。李安在叙事结构上作了新的尝试，跟他以往的电影比较，是"内容、结构"的双重叛逆（张靓蓓，2002）。《冰风暴》最后从票房来看并不热卖，这也是李安初尝票房失利，回收不到成本一半（张靓蓓，2007）。但这片子对李安仍有标示性意义，虽不叫座但是叫好，电影业界给予很好的评价（张靓蓓，2002）。另外，从这部片开始，李安脱离温暖风格喜剧路线。

李安后来也觉察到自己其实一直在拍不同的版本，《冰风暴》是美国康涅狄格州 1973 年版本；《饮食男女》则是台北中产阶级转变的版本。换言之，台湾 20 世纪 90 年代面临的问题，可以参看美国 70 年代的历史。李安认为美国 60 年代是嬉皮、反战的年代；70 年代，所有的政治性都过去了，热情已冷，道德解构的力量却开始渗入家庭，这才是引发社会结构具体转变的关键因素（张靓蓓，2002）。

而后李安拍摄《与魔鬼共骑》，同样是因为被其同名小说所吸引。《与魔鬼共骑》是透过一个男孩的观点，来检视"美国化"的内在动力——洋基（Yankee）精神（亦即拓荒精神）的影响。剧情聚焦于两个外来者（德裔移民及黑奴）及弱势女人身上时，透过这些边缘人的转变及解放，让人看到南北战争所挣扎的"人权"以及人性问题。但这又跟李安有何关联？因为李安总是不断面对中西价值的内在交战。他知道中西冲击的矛盾并非个人独有，而是普遍的现象，全世界都在美国化。于是李安好奇，究竟美国化的动力为何？何以它能够征服世界？（张靓蓓，2002）

李安认为洋基精神或美国梦可以分为两个部分：一是"人人应有相同的权利追求他的梦想"，这是美国征服世界的最大利器；另一个则是"人有独处的权利"，这是彼此尊重的基础。他认为《冰风暴》与《与魔鬼共骑》分别碰触了这两部分，1973年和南北战争，都是美国时代变迁的转折点，美国人回避，但他觉得应面对。因此南北战争是工业民主自由的新世界和封建农业的旧世代之争，李安在电影里探讨了"主从关系"、"情感与认同的枷锁"、"有无绝对自由"等议题。因考究史实，营造浩大战争场景，预算也一路追加到3500万美元，投资的环球电影公司也支持（张靓蓓，2002）。但最后《与魔鬼共骑》得到极冷的下场，不论是在票房或圈内影评的回响。在美国票房只得到63万美元，惨赔（张靓蓓，2007）。看来美国人原本就回避的议题，加上李安"南北战争"的观点挑战西方主流，自然得到大众的"冷淡"反应。

不论如何，这三部电影让李安一步步进入西方文化的核心。包括在对文化历史变迁的研究学习中，《理性与感性》反映工业革命正启动、浪漫主义萌芽的英国；《与魔鬼共骑》探讨美国梦的西部拓荒精神，南北战争介于工业民主以及封建农业的新旧世界间；《冰风暴》则反映自嬉皮乌托邦年代，进到传统家庭道德解构的时代。另一方面，因为拍摄西洋电影，李安直接去试探与碰触西方观众与票房市场。但这些学习还有另外的重要性，就是从西方文化发展再重新省思自己身上的东方文化，另外深入西方文化的探索也为未来中西文化融合的工作作准备。

（六）死亡 VS. 重生：中西合璧之模式

李安一直有心愿想拍一部富有人文气息的武侠片。拍武侠片对他来说，除了一偿儿时的梦想外，其实是对"古典中国"的一种向往。武侠对李安最大的吸引力，在于"江湖"是个抽象世界，不存在于现实当中。武侠片，除了武打还有意境，最重要的就是讲"情"与"义"，这对"侠"很重要。但对武侠片，李安其实还是爱恨交织："我爱它，因为它是我们中国压抑社会的一种幻想、一种潜意识的抒发、一种情绪的逃避。虽然是个虚幻的中国，却是一个真实情感的中国。但我恨它的粗糙、不登大雅之堂。"有着这些期待，李安要开拍时，就已面对许多两难的冲突，如雅与俗、武打与意境、中与西、古与今，要怎么取舍，如何融合，才能为大家所接受（张靓蓓，2002）。最后，他选定王度庐的武侠小说《卧虎藏龙》，这部小说不算有名，但有些特别，因为主角是年轻却桀骜难驯的少女。

玉娇龙是个千金小姐，却对江湖儿女有诸多幻想。像是碧眼狐狸的叛逆、不守江湖规矩的自由；俞秀莲行走江湖的自在豪气，俞、李并辔行侠的情境，她都想追求；李慕白的超凡武艺、江湖称雄，她也想超越。追求心性自由的玉娇龙，从这些人身上找寻她的江湖梦，可是这些人都要教训她，人人都想把她压制到一个具体的社会规范里。但无论礼教内外的任何形式，像是父母、婚约以及有肌肤之亲的承诺，都无法锁住玉娇龙那颗想飞的心。李安又把俞秀莲构造成玉娇龙对立面的女性形象与角色（张靓蓓，2002）。

男主角李慕白是名副其实的儒侠,武艺卓绝且遵循社会规范,轻生死、重承诺,展现大侠当有的风范。但对于江湖的刺激感,其实还是放不下,李安比喻,要李慕白交出青冥剑,就好比自己不拍电影,不可能。李安反复揣摩,在李慕白的心中,玉娇龙到底是什么?什么又是"藏龙"?似乎有一种"自我毁灭"的力量在背后驱策着他,就像赌徒,不是求赢,而是求输的。他看这女孩感觉将有不祥的事情发生,还是忍不住地往她那边走去(张靓蓓,2002)。武当大侠的功业在于"修道",因为"修炼"是性命双修,修活也修死。李安为闷葫芦李慕白编排了走向死亡之途,死亡之境放在窑洞,窑洞是所有纠结的集中地,也是了结一切恩怨情仇的所在。李慕白一路追进去,追寻他的命运。青冥剑是宝物,又是不祥之物。青冥剑隐藏着一种神秘难测的力量,都是归于阴,回归至大自然,就是死亡。李安把窑洞做成子宫的形状,李慕白追寻至终,就是来到那个孕育万物的所在。生与死,都在这里,极阴之处,却最富生气;里面有个被迷倒、手持青冥剑的玉娇龙,但同时也是碧眼狐狸的陷阱。最后,临死之际李慕白终于可以放开修道与礼教,真挚地给自己与俞秀莲的感情作表达与交代(张靓蓓,2002)。

但面对死亡与重生的也不只李慕白。玉娇龙肆意地江湖走一回,李慕白却因她而死,面对江湖规矩、传统礼教、社会与家庭规范更强的压力,最后她选择跳下山崖。有勇气面对看不见底的悬崖绝境,纵身入深谷,她得相信一个简单信念——"心诚则灵",这是重生的关键,也是净化的过程。但是,身背传统与道义包袱的儒侠以及随性追求梦想的单纯女孩各自面对自己的诱惑与恐惧,并没有相互结合或融合,这或许预示李安后续还有转化的需要。

拍片结束,李安与团队决定投入奥斯卡参赛的目标。在世界各地宣传,参加各种影展,整个发行所有活动都指向奥斯卡,整整花了一年的时间。期间李安团队把武侠片的片型及历史背景,一点一滴地介绍给世界各地媒体,然后推广给大众。为了《卧虎藏龙》的得奖,参与这个全世界最大的电影秀,李安铆尽全力,但过五关斩六将的过程也似乎让他心力交瘁,因为它也是矛盾的活动(张靓蓓,2002)。李安说影展竞赛很像选美,自己没办法做到完全无动于衷,就是一种"欲拒还迎"的心情。因为选美本身就是很表面的活动,又像是《喜宴》,本质荒谬但其中又内含真情,整个就是一个尴尬的过程(张靓蓓,2002)。李安虽明白电影竞赛没道理,但它还是很重要的宣传推销活动。经过漫长的过程,还是得到不错的结果,《卧虎藏龙》获得奥斯卡十项提名,四个奖项,包括金像奖最佳外语片,这也是华语片第一次获得。返回台南老家,李安感受到什么叫"光耀门楣"。家中大门口挤满了人,不论是媒体、邻居好友,大家都是真心地一起高兴。甚至后来陈水扁"总统"也到李安家里,拜会李安与其父亲,即台南一中的老校长,李安觉得好似古代的状元及第(张靓蓓,2002)。

另外在票房方面,《卧虎藏龙》在欧美获得空前胜利,光是美国就有1.3亿美金,而且从艺术电影线走到大众院线。西方观众见识到东方景观的意境、武侠的奇观,具有叛逆性与真性情的玉娇龙也改变了西方人对中国女性的刻板印象(张靓蓓,2007)。亚洲票房也还持平,香港、大陆不佳,台湾、韩国不错(张靓蓓,2002)。但东方观众与影评就正反两极,主要批评在于认为李安采西化方式来拍中式武侠片,不够地道。自然李安一反传统武侠片的阳刚与武打场面挂帅的形态,进入情感比较内在、儒雅的风格,确实挑战东方观众的收视习惯。[①] 不过奥斯卡获奖后相对弭平了这些争议,主要因为东方人在西方主流世界出了一口气(张靓蓓,2002;张靓蓓,2007)。

拍完《卧虎藏龙》,李安开始感觉已到中年。他形容这感觉很像爬山,以前都是往山顶爬,走上坡路,埋头往前,尽量抓东西,累积各种经验。但拍完《卧虎藏龙》后,他第一次觉得自己已翻过山头,能从层峰往山下看,也才发

[①] 笔者也有相似感觉,第一次看《卧虎藏龙》时,觉得不好看,因为武打不够精彩,情义不够张力。后来,转换观点再看,才逐渐看到更深的意涵。

现好像已累积了一些东西。不过李安也第一次感到体力上好像触到了底，不再能肆意而为。人生就这么多，要懂得取舍，李安知道人生就如一场修炼。李安获奖时曾说："我到中国拍片一年，处理了我的童年幻想与中年危机。"（张靓蓓，2002）李安确实进入中年危机，他也尝试碰触与融合中与西、传统与现代、文化约制与心性自由等二元对立。但票房与获奖荣耀扩增了他的名声、资源与影响力，让他看似在高峰状态，但其实中年危机才刚开始，并未过去。功名的显扬只是让中年危机更加隐晦。

（七）爱欲与死亡：正视与接触阴影

《卧虎藏龙》的成功与知名度也让李安受邀执导《绿巨人浩克》，它是由美国知名漫画所改编。所以李安不但进入了大联盟，还置身在主流好莱坞拍片，而且属于暑假档大片。有趣的是，当时李安舍弃《时时刻刻》与三位实力派女星合作的机会，吸引他的是，浩克展现了人们内在潜藏的愤怒，浩克就是"未经压制的本我"（Mr. ID Unchecked）。李安认为这反映了美国社会的潜在集体心理，在民主自由的表象下，压抑了很多暴力与攻击性，他认为这是西部拓荒精神的延续。经过《卧虎藏龙》后，李安觉得有些转变，开始进入比较潜意识的世界。李安发现男性身上有一种动物性，潜藏的阳刚力道（李达翰，2007）。

在编剧上，李安抓住关键主轴，加入现代科技元素进行改编，包括放射线污染、基因工程、纳米科技等。而由于愤怒本我的深层来源，他又回到精神分析式的父子冲突及矛盾情结。父亲觉得儿子是自己生命的延续，爱他，控制他，却又要让他独立成人；儿子继承父亲，却又反抗他，争取主控权，修正父亲路线。"Father must die,"李安说（张靓蓓，2003）。于是在剧情中父亲以基因工程传递特异体质给布鲁斯，布鲁斯这代研究分子生物，用纳米完成修正，但父亲却没有完成。所以他没有爆炸，父亲最后爆炸了。潜意识愤怒的原型具体化变成绿巨人浩克，愤怒力量越强，他就越大。这次和父亲三部曲最大的不同是，李安过去多从儿子的角度看父亲，这次他也看到自己身为父亲的角色。结局时"父亲"爆炸，李安甚至不清楚自己到底是在爆父亲，还是为儿子爆他自己（李达翰，2007）。

为求动作逼真，影片中绿巨人八成的戏份，是透过李安的亲身设计与演出，再以电脑动画处理。当看到画面完成时，他惊讶地发现自己潜藏的另一面。因为过去他形容自己是个烂好人，有礼貌，拖拖拉拉，凡事逆来顺受，个性像母亲。但在拍此片的时候，李安觉得自己越来越像父亲（李达翰，2007）。在实际拍摄过程中，李安努力实验一些新尝试，包括结合剧场表演形式、漫画与计算机动画等。另外他也实验"分割画面"，乍看像漫画，但实际上是"空间性"、非线性的编排与剪接（张靓蓓，2003）。因为求完美，他对镜头、表演方式、动画特效等都作各种尝试，预算也一路追加到 1.6 亿美元。

最后《绿巨人浩克》上映，在北美票房表现欠佳，美国票房 1.3 亿。观众与主流媒体的评价也并不好，比如"充满冗长的说教"、"心理分析式的叙事节奏缓慢"等。可以想见预期在暑假观赏一个娱乐强片的观众难免失望，他们很难欣赏李安的视觉实验并理解深层的心理情结，他们只在意动作与画面是否精彩、节奏是否明快。电影公司还为"浩克"作了铺天盖地的营销，促销各种衍生商品、玩具，甚至还有垃圾桶等，这让李安觉得有些荒谬。最后结算《绿巨人浩克》创造的总收入，电影公司的钱赚回来了，他们也活下来了（李达翰，2007）。

但是拍完《绿巨人浩克》时，李安自己几乎崩溃、精疲力竭了，甚至浮现就此退休的念头。可见当时李安的精神状态是前所未有的低落。他也体验到所谓大片的沉重压力（李达翰，2007）。一方面大型制作团队须调度所有人员与任务，自然压力庞大；另外，大成本、大卡司投入也让李安扛下票房与风评的巨大责任；再加上，步入中年的李安开始感觉身体似乎已无法负荷繁重的脑力、体力活动。但我推测在其处境下，有两方面的压力应该更有关键性影响。其一是在专业实践的路径上，他对于融合与超越的期待。简单来说，过去他在文艺电影中加入通俗的成分；在东方电影中加入西方的元素；现在他正式进入主流好莱坞，他也希望在最通俗的影片里，加入人性及影像实验的元素。这是他过往的定位与生路，但现在却形成他陷入二面矛盾的位置。最后，票房与评论结果也显示此片的尴尬性，确实二面不讨好。

另一方面则是内外交迫的压力，因为李安拍电影所着墨的人性主题几乎都以自己的生命议题与情感作为素材，从某种程度来说，李安也经常在此过程中碰触自己的议题。于是他在拍摄本片的过程中就面对内外交迫的胶着压力。一方面，李安让自己进入浩克的角色，碰触自己潜意识中的愤怒与冲动、被压抑的另一面；同时他也经常投射、转换至父亲的位置。在这样相关议题与情感浮现、潜意识流窜的时刻，个体通常是高张力且敏感的。但是，在导演的角色上，李安又得负担各种拍摄任务的顺利运作、大小问题的解决，并扛起影片票房、反应的成败责任。在这样外在的期待与要求压力抛不掉、内在议题与情感萦绕之内外交迫的状态下，自然心理是脆弱的。李安描述，"有时，晚上睡觉，他会有一种自己几乎要被压垮的感觉。但起床后，他又会不自觉挣扎着去琢磨与电影有关的各种问题。这种矛盾一直困扰着我"；"我拍完以后，有半年多还做恶梦。这是我拍别的电影都没有的"（李达翰，2007）。

于是李安开始想要休息或急流勇退，还好父亲的鼓励让他可以继续下去。所以李安选择拍摄《断背山》的原因，正是他想拍一部没什么人要看的电影。李安觉得拍一部故事题材非主流、票房压力不大的片子，就是自我疗伤、慢慢养气回神的方式。《断背山》是安妮·普露（Annie Proulx）的动人小说，描写两个男人（牛仔）的爱情故事。一开始李安研究故事座落的场境，怀俄明州——真实的美国西部，他一面旅行勘景，一面进入这个世界。李安知道所谓的西部片是被建构出来的，真正的西部从来就不是约翰·韦恩或克林特·伊斯特伍德电影的样子。编剧本身是德克萨斯州人，他告诉李安，西部人有一种不爱说话的文化。因此，李安进一步让整部电影弥漫着一种压抑的氛围（李达翰，2007）。

故事中，恩尼斯与杰克都是穷困的乡下少年。因为成长环境非常艰辛，他们除了每天都要对抗经济困顿的难题，还要抵抗风雪、大雨及多变的恶劣气候。如同举目可及的动物死尸，在这样环境里如何能活下去成为最重要的一件事。偏僻而遥远的断背山，成为他们逃开一切的庇护所。因为在山上可以避开世人、不受打扰；他们在山上可以活得自由自在。不过，当他们回到市镇之后，所有美好的生活又消失无踪。于是清新壮丽的断背山影像更强烈地凸显自由的感受和在老旧封闭的乡镇无法呼吸到的自由。李安认为，"断背山"本身象征主角对感情的渴望与幻灭；它像是一个悬念，一直盯着看就不知不觉会慢慢走上去。李安感觉断背山是一个神秘的境地，也反映每个人内心的黑暗部分，过程中有时也感到害怕。由于李安元气未恢复，只能用仅有的力气进行这部电影的筹备、拍摄。由于他对这部电影很放松，正好形成这部片子很自然的氛围，反而使《断背山》成为非常好的作品（李达翰，2007）。

《断背山》为李安夺得奥斯卡金像奖最佳导演奖，也让李安成为历史上第一位获得此奖项的亚洲导演。另外《断背山》也获得观众与社会很大的回响，除了票房不错之外，观众与专业评论多很正面。当然，除了同性恋议题引发小部分卫道人士的攻击，多数评论肯定李安在文化意义方面的提升。在李安所为之努力的文化融合与超越的实践上，我认为是非常成功的。李安回到人性根本的情感爱欲、社会压抑及渴望自由等真实感受，使得这故事叙事令人动容。当然它很不像"同志"电影，"同性恋"、"异性恋"的分类与界线似乎在影片中被融化于无形，回归更根本的人性。他也让"西部"的阳刚转化为温柔。除了同性恋之外，异性恋及其他族群也很多喜欢而接纳本片，可能进而更愿意接纳同性恋。李安的两个儿子过去都没喜欢过他的电影，《断背山》是他们第一次对父亲的作品表示骄傲，甚至看了一遍又一遍（李达翰，2007）。

《色，戒》小说对李安来说似乎有种致命的吸引力，不想拍却又逃不掉。他说"《色，戒》是我非常不愿意拍的，张爱玲非常不愿意写的东西，可是它有真实的东西在里面。在我们集体的记忆里，很多历史是我们要把它排斥掉的。《色，戒》对我来讲是一个很大的挑战，因为它是一个大逆不道的东西。可是也因为这样子，我们真诚地面对人性真的是什么东西，对我来讲很重要……"（陈丽玲、苏育琪，2008）。可以说李安逃避不了，选择去面对的是自己身上的、社会集体的阴影。在《色，戒》的故事里，藏着一片阴影，而真实就藏在这片阴影黑暗中。张爱玲在她擅长的零碎事物描绘里，在断垣残壁间，透露出一股令人绝望的气息，那是一种对整个时代的绝望，对感情的绝望。李安便被这股神秘的阴影所震慑、所困惑，最后决定以拍电影的方式，去探究以及面对它（李达翰，2007）。

为了进入电影故事，为了进入阴影，李安把自己丢进几个主要角色里。他和女主角王佳芝的联系在于"她其实是一个戏迷，平常生活里她好像没什么分量的；可是一演戏，她反而好像找到真实的自己"，这和李安很像。易先生与邝裕民形成二极，易先生是迷离的、邪恶的；邝裕民是踏实的、正直的。二者成为象征王佳芝心理状态的两股力量，可能维持平衡，也可能折断毁灭。如果是易先生触动王佳芝心中"色"的部分，邝裕民却不断提醒她勿忘记"戒"（李达翰，2007）。

面对黯黑阴影的过程，也曾使李安难以承受与负荷，他说："你进入那个世界，你就变成那个样子，你没有办法的；因为它的强度很大"（李达翰，2007）甚至在记者访谈到那时，他还红了眼眶，揉着眼泪说："讲起来很奇怪，就是我在拍床戏那段时间，我不晓得为什么会那么挫败，觉得自己好像被击败了，不晓得有什么怪物，觉得好像拍不下去了，整部片子要叫停了"（陈丽玲，苏育琪，2008）。最后李安慢慢地从阴影里面找到感情的部分，才能让他走出来，如同"从地狱走一趟要出来，人生还是有希望的、人还是有感情的。总之，要活着出来，不能陷在绝望里。……不要太被张爱玲阴影控制了"（李达翰，2007）。李安以爱作为某种答案，如同易先生坐在王佳芝的床上流泪的一幕，"（爱的）本质可能是一团雾，摸不清楚。可是你的需求、当你感受到的时候，那是很人性的感觉，这个我是很肯定的，也一直是我不会放弃的，"他说（苏育琪，2008a）。

于是《色，戒》、《绿巨人浩克》、《断背山》，每部片子都像李安自我的转化之旅，面对与碰触不同层面的阴影，再走出来。当他谈"成长"时也就反映自己的旅途与经验。例如"成长有很大一部分是面对，包括对衰老、对困顿、对死亡都要学习"；"成长有一个很重要的课题，就是对自己的诚实，包括你发现自己是怎么一回事，包括你自己都不晓得的部分。这个地方有你个人的业障，也有你的共业，跟台湾这群人是 share 的，我们对于台湾历史、中国历史，都有一种共业"（苏育琪，2008b）。李安的成长理论其实知易行难，唯"诚"而已，面对真实的自我，真诚面对自己的挣扎，就变作艺术/成长（一体两面）之道。这样便会拓增个人的很多空间以及思路，并且那个能量会影响到观众，他者就跟着参与进来了（苏育琪，2008b）。

（八）成为父亲：一个时代的终结

前面提及在拍《绿巨人浩克》时，李安在自己身上开始发现了父亲的影子，像是在指挥若定的片场中。令他意外的是，同样透过《绿巨人浩克》，父亲与李安重新接通了联结。父亲对李安说："我看了《绿巨人浩克》，终于明白你在拍什么了。"并希望提供影片，以便反复观赏。在他进入电影艺术这么多年后，父亲终于理解他，并表示赞赏之意。而当拍完《绿巨人浩克》后，李安觉得心力交瘁，几近垮下的瓶颈阶段，父亲看出李安的心事，并直接跟他谈。父亲问他是否想教书，李安依旧不想。意外地父亲居然对他说："你现在还不到50岁，后面的日子怎么过？只能戴上钢盔，继续往前冲。"他继续说道："不做电影，你要做什么？你会很沮丧。"（李达翰，2007）这代表父亲不但理解李安的天分与个性，也认同他投入的专业，而且正面支持他，这跟过去的态度是完全相反的。父亲的支持与父子联系给了李安力量，让他可以持续走下去。

2004年，李安在纽约清晨接到父亲病逝的电话通知，他立刻搭机赶回台湾。在治丧的过程中，李安进入过去父亲的家长角色，有条不紊地对大家交代事务。李安说："现在的我，和过去的我不太一样了。我有时不喜欢父亲对母亲的权威，现在，我则走进父亲的角色。"他也发现中国人数千年来的父系传统的力量如此坚固。如今父亲已死，李安承继，未来持续的考验与使命便在于他如何修正与转化传统文化，甚至融合与超越不同的文化，创造新价值。李安重新审视自己与父亲的关系，觉得不同于当年的一事无成，自己现在已经取得不错的成就，父亲应该会是满意而安慰的。父亲的去世，似乎象征曾有的父子纠结已然释放。郎雄（电影里的父亲形象）与父亲先后辞世，对李安来说，犹如一个时代的结束（李达翰，2007）。

2006年7月1日，李安来到了法罗岛，会见柏格曼（E. I. Bergman）。李安是受邀专程前来参加一项名为"柏格曼电影周"的庆祝活动。李安将参加大会最后两天的活动：包括参与自己作品《冰风暴》的特映会，以及进行一场演讲——"我的野草莓滋味"，畅谈柏格曼的《野草莓》（*Wild Strawberries*）。这次旅程对李安而言，如同朝圣之旅，因为李安认为柏格曼是所有电影创作者中最伟大的导演。同时这也变成李安个人生命的反思之旅。他说："对51岁的我来说，生命仍旧是难以预料的。而且，我的想法还是不断地被那些我们称之为生命的各种困惑因子给占据着。"李安思索自己与柏格曼之异同处，两人都在严父的管教下成长，一丝不苟；成为导演也都不是父亲为子规划的生涯蓝图；一位父亲是校长，另一位是牧师。二者差异的是，父亲对李安的态度，在威严中仍有慈爱；柏格曼父亲对其管教，则严厉到近乎残忍的程度。母亲方面也不同，母亲对李安从小呵护备至，近乎溺爱；柏格曼母亲因精神困扰，自身敏感脆弱，也和儿子疏离，但敏感的柏格曼却对母亲有着特别的依恋（李达翰，2007）。

在会见柏格曼之前，李安一度感觉近乡情怯。李安独坐在海蚀地形的岸边石上，自问"我是否真有资格享有这一切？"后来他在海蚀岩附近游泳，面对碧海蓝天，李安得到难得的平静。他觉得平时工作中，大家都不断要求他；但当下在海里的时候，李安觉得自己被净化了。见到柏格曼时，柏格曼立刻就给他一个温暖的、父亲般的拥抱，这完全在他意料之外。他注视着李安的眼睛，对他说："其实，我们早已在彼此的电影中见过面了。"而后聊到了两人拍片经验的共通性："我时常把自己当成是他们的裁缝师；当我拍片时，我会跟演员讨论一些我甚至不曾跟老婆说过的事——如果这么做对工作有意义的话。"会谈结束前柏格曼告诉李安，希望自己能活到李安下一部电影放映的时候。他还说：《冰风暴》是一部大师级的巨作（李达翰，2007）。

结束放映会活动之后，李安和两个儿子骑着脚踏车到海边欣赏落日。看见岛上的景色和浩瀚的大海，他感觉有一种巨大的宽容力，让人产生出解脱的感觉。李安突然明白为何柏格曼会被这个地方所吸引，并决定终老于此。李安有所顿悟："我想跟柏格曼一样，少拍一些电影"；"工作很重要，但并非只为了最后的胜负成败"（李达翰，2007）。

大约一个月后柏格曼在法罗岛平静地辞世了。虽然自己父亲与专业父亲先后离开世间，感动的是他们分别给了李安不同的支持与祝福，李安获得力量与勇气，继续走下去。李安传承了父亲的传统中华文化，有使命地融合与吸收西方或现代的文化优点，重新赋予意义。另一方面，李安接续柏格曼的精神，为电影艺术的高标准持续实验与实践，也将继续探究生命与人性的深度。他也将持续建构各种好看的叙事，透过故事的世界，疗愈自己，也疗愈众生。

当然李安生命故事的创作尚未完毕，不过我将先停笔了。《胡士托风波》以及目前筹拍中的《少年 Pi 的奇幻漂流》被我放在下一阶段，我揣测李安开始进入后现代的精神与叙事阶段。不过《少年 Pi 的奇幻漂流》尚未完成，作品及相关报导数据尚不充足，进行中的历史也还未凝固，是否真有这样的作用与意涵其实还待观察。不过就本文所欲探讨的几段转化发展历程已经足够了，因此就先暂且停笔此处。

四、叙事后的反思与讨论

从前面李安的生命历史里，可以看到反复出现的相近主题，一个是他"与主流、传统体制之关系"，包括主流体制以及价值观要求，在他的故事中呈现多样的面对形式。另一个是他不同的时期还是浮现不同的内在议题与危机，并都尝试转化。与外在主流、传统体制之关系以及个人内在议题与危机之综合效应，也形塑出李安个人的生涯策略及实践之道。

表 1　李安生命阶段与生命主题整理表

时间与阶段	重要事件	与主流、传统体制之关系	内在议题及个人状态	生涯策略及实践之道
快乐童年 1954—64	1954 屏东潮州出生 10 岁从花师附小转至台南公园国小	附小特殊的美式开放体制使李自由发展	展现表演的兴趣与天分	不受拘束地发展
压抑岁月 1964—73	读台南一中时，父任校长 18 岁联考落榜 19 岁第二次联考落榜，专科考上国立艺专影剧科	受日式本省文化冲击；受打骂填鸭教育体制之压抑 课业成绩低落、联考关卡失利	自尊低落，内缩压抑	顺服主流、压抑自己

续表

时间与阶段	重要事件	与主流、传统体制之关系	内在议题及个人状态	生涯策略及实践之道
专业出路 1973—84	1973 就读国立艺专影剧科导演组 1979 就读伊利诺大学戏剧系 1980 就读纽约大学电影研究所 1984 毕业作品《分界线》获纽约大学影展最佳影片及最佳导演奖	多数同学只想转学 父失望，期待李出国留学（未来到大学教书） 边缘的艺术领域土壤；国外的距离提供李自由发展、建立专业的空间	找到兴趣：戏剧是自己生命的舞台与力量 投入学习专业的技能与意识	远离主流：跑到边缘领域、从异地文化吸取养分、建立专业 折中：依主流逻辑期望，获资源至国外发展专业及自我
六年蛰伏 1985—90	准备返台，但被经纪公司说服留美发展，而后六年企划炼狱及待业	知名经纪公司给予进美国电影圈的梦 无业，但妻在经济、心理上支持 剧本计划皆未落实，逐渐失望，但无转业计划 有机会参加"台湾新闻局"剧本甄选比赛	专业基本功的练习精进 磨炼心性与容忍力 受到配偶支持不走传统生涯路径的力量	不走台湾成就逻辑生涯，尝试美国电影圈发展，但无机会 撑与熬：持续坚持不撤退 转进：取得当地政府的资源来实现
父亲三部曲 1990—94	《推手》获"台湾新闻局""最佳优良电影剧本"奖 1991《推手》完成 1993《喜宴》完成，首度获得金熊奖 1994《饮食男女》完成	拿当地政府补助金拍电影 《推手》票房佳，获金马奖 《喜宴》票房爆发，获金熊奖（国际） 确认台湾大众院线；欧美艺术电影路线	碰触中国父系社会面对现代化、西化的质变、失功能与坚持，觉察、弱化及处理内在"父亲形象"	取得台湾政府资源来实现 小成本而有效率地执行，并且做出成绩 走国际竞赛路线 开拓欧美电影市场
西片三部曲 1994—99	1995《理性与感性》完成，获金熊奖、金球奖、英国影艺学院最佳影片 1997《冰风暴》完成 1999《与魔鬼共骑》完成	接拍《大联盟》电影，影片规模扩大，薪水足以养家 因《理性与感性》表现成为国际知名导演 《冰风暴》票房不佳，但同业评价佳 《与魔鬼共骑》票房、影评皆不佳	开始探究及了解西方文化、美国资本主义等历史发展之变迁与动力	尝试西方主流电影，但偏艺术类 选择西方文化根源、时代变迁转折为题材，并探讨共通的人性面

续表

时间与阶段	重要事件	与主流、传统体制之关系	内在议题及个人状态	生涯策略及实践之道
中西合璧 1999—2001	2000《卧虎藏龙》完成 2001《卧虎藏龙》获奥斯卡"最佳外语片"奖	以中西文化融合为特色,进军好来坞市场以最高竞赛奥斯卡为目标	实现童年梦想,将通俗武侠片改造为儒雅、文艺风格 逐渐进入中年危机,面对社会制约VS.心生等二元对立性自由;死亡VS.重生等二元对立	巧妙融合东西文化,并以此特殊性推销给主流市场 计划性宣传造势,竞逐金像奖
中年危机与转化 2002—07	2002 郎雄过世,返台颁发郎雄的金马奖"终身成就奖" 2003《绿巨人浩克》完成 2004 父亲因心肌梗死过世,返台治丧 2005《断背山》完成,获奥斯卡"最佳导演"奖 2006 会见柏格曼,约一个月后柏格曼过世 2007《色,戒》完成	接拍好莱坞主流娱乐大戏,尝试加入影像实验、人性元素,但票房、影评皆失利 压力大到不想拍片,选拍边缘冷门题材(同志牛仔),反而在票房、影评、奖项上反应极佳 《色,戒》张爱玲小说及床戏变成关注焦点	中年危机明显浮现,走过顶峰感,主流期待之压力,内外交迫之感受 透过拍戏接触自身阴影面,包括愤怒、爱欲、社会规约、无秩序、死亡等等,父子议题再现,与现实及专业父亲交会,并得到鼓励、祝福。面对父亲们的死亡	进入主流中心,企图创新融合,但不成功 退到边缘,保持放松及自己的兴趣 回到东方文化根源找题材及力量 通过与专业认同楷模对话学习,决定增加自主性及自由度
进入后现代精神 2008—目前	2009《胡士托风波》完成 拍摄《少年Pi的奇幻漂流》进行中	媒体保持对李知名度的基本关注	回去寻找单纯的爱、希望的乌托邦可能关于自我、兽性、神、真实之探问与对话	更放松及返璞归真 尝试多元的叙事与视角

(一) 与主流或传统体制之关系

从李安的生命叙说与阶段来看,一个显著的生命主题是"与主流、传统体制之关系",而且在其生命历程中有逐渐转变与发展。这边所指的主流、传统体制是多层次与多元的,它可以从父亲所代表的传统文化或父权体制的教育者或代理人,到更宏观的教育体制、中原文化、社会主流价值体系等。另外,多元主流体制包括传统中原文化、日式本省文化、美国好莱坞娱乐市场、台湾影艺娱乐圈生态等等。在李安生命中特别的是,他并非只面对单一主流、传统体制,并与之持续周旋,他会面对多重的主流体制,而且也不见得是面对面碰撞的姿态,他有时侧身,有时解构,甚至有时会挟 B 主流的力量去影响 A 主流。

可以看到面对主流、传统体制之关系而发展出的生涯策略与实践之道是李安非常重要与复杂的发展历程与议题。从他进入台湾主流的填鸭教育体制开始(10 岁至大学联考),他并无力抵抗主流体制,只好"顺从压抑";但他又无法真正达到主流的标准与要求(成绩),在极度内缩与压抑下他难以发展也不快乐。但其实很隐微的,未被言明的,我解读李安内在似乎有种蛮强的"消极抵抗"的力量,这种力量让他在面对主流要求的学习或工作任务时,会进入一种不专注与失能的状态,通常他会称之为"不灵光"。所以包括面对主流教育体制课业要求的不灵光,待业六年,碰到其他就业机会或工作的不灵光;但这却似乎都变成为一种隐讳而柔性的坚持,也是这股力量带领李安逐渐朝向自己认同的理想与方向。

到了进入艺专、出国留学阶段,变成"保持距离,成长休养"的方式,远离父亲、远离主流价值系统提供了李安充足的空间,使他得以实现专业及自我成长,所以他是自在悠游,并充满学习动力的,只有偶尔再碰触到父亲时才浮现出矛盾性。另外,在拍完《绿巨人浩克》后的挫败感,而后选择议题冷门的《断背山》也可视为是"保持距离,成长休养"的方式。

而后让李安能够脱离六年蛰伏期的其实是"借用资源,朝向自己兴趣"。最明显的是"父亲三部曲"的前二部电影,都是拿"台湾新闻局"的奖助金才得以拍成,当然李安也能够写出很好的剧本,赢得奖项,才取得这些资源。而从《喜宴》以后,李安就开发出欧美国际市场潜能(艺术院线),除了逐渐建立其导演的知名度,也为自己导演工作挣得更多自主权。相似的是从《喜宴》以后,李安也走国际影展竞赛的策略,一方面建立知名度,一方面为市场宣传。而在接连获国际奖项的情况下,李安提高了知名度与声誉,这也让后续寻觅资金投资拍摄计划变得容易。另外,像亚洲观众对《卧虎藏龙》的非传统武侠形态也不是马上能接受,但奥斯卡的光环说服了亚洲观众可以改变自己固定的眼光。换言之"借用资源,朝向自己兴趣"要能持续奏效,另一面也必须靠打出口碑,提升影响力,不论通过票房或者得奖,才能换取更多资源,这也是李安的导演生涯得以维系与发展的重要策略。

如果说前项是李安与典型艺术型导演之区别,那李安持续"接触或进入主流,尝试解构转化"的意图与策略便是他与典型通俗片导演的差异之处,因为通俗片导演对主流论述或大叙事是进行复制或再生产而非解构。李安从"父亲三部曲"开始解构"父亲形象",从"西片三部曲"去碰触与剖析西方文化转折与发展的动力,甚至到《绿巨人浩克》还是尝试碰触美国社会集体潜意识的暴力面,解析父子冲突的情结根源。当然对主流的解构并不一定成功,但那还是李安相当根本的关怀,如他所言"就不是用好坏、绝对或者输赢去做行为标准,或者用一个很简化、符号性的东西去凝聚力量。有那种力量,我就要想办法把它打散,把它解构掉。人家以为是怎么样,我就要把它解掉。其实事情更复杂,有各种视角"(苏育琪,2008b)。而解构主流论述或叙事的目的,是为了相互沟通与了解,也为了达到自己所认定之"艺术工作"。就如李安曾说:"大家检讨、了解、沟通。彼此了解,就不会那么剑拔弩张,而且真诚啊。因为凝聚力量的后面,有很大的虚假,你要把很多的feeling放在一边,去达到那个公约数,那很多都是做假的。艺术是追求真的东西,真的东西就是很复杂"(苏育琪,2008b)。

在《卧虎藏龙》之后,李安提到对他而言,回头寻找传统文化的根源及力量的重要性。甚至,在他面对内在危机或转化关口时,传统文化的力量还是某种疗愈因子,如同"想不过去的时候,真的碰到很困难的时候,你总要逃到一个地方去,让你从最基本的东西去思索,然后慢慢走出来。对我而言,那个东西永远是中国的东西,"李安说(苏育琪,2008b)。从李安的生命叙说中可以看到,面对主流体制的关系与应对,其实可以有多重而复杂的可能性,而不仅仅是只有"对抗 VS. 顺从"的二元选项。

对照相关理论来看,马西娅(Marcia,1980)延伸埃里克森的"认同与角色混淆"的青少年阶段,进一步将青少年细分成四种自我认同状态,以其是否呈现"通过或出现危机"及"承诺"的关系来区分,包括迷失型认同、早闭型认同、未定型认同、定向型认同等四种类型(江南发,1991)。

若更根本地思考为何有些人不会出现认同危机,有些人却会?如同早闭型认同的青年,通常是听从长辈们的规划,而且乐于接受,或者没有特定长辈的指导,但自然遵循一般社会的价值期待。换句话说,没有认同危机者接受了一般社会价值系统的观点与意见,而出现危机者却对一般社会价值观产生怀疑或持不同意见;或者说,前者的主流体系与价值观社会化或内化良好,所以自然顺从与接受,但后者则相反,是对主流体系与价值观产生怀疑或批判。

埃里克森(Erikson,1958/1989)曾借用詹姆士(William James)的说法来区分这两种人,他称"只出生一次"(once born)的人是"很容易就溶入时代的意识形态之中的人,他们在这个意识形态塑造下的过去或未来与现在科技下的日常工作之间并没有什么不协调的地方";另一群人是詹姆士所谓的"患病的灵魂"或"分裂的自我",他们面对一个"成长的危机"(growth – crisis)或一个关口(a critical period),必须寻求一种"再生"(second birth)。但从李安的生命叙事来回应,或许重点并不在于"对抗 VS. 顺从主流"或"顺应社会 VS. 作自己"的二元分类,因为面对主流价值体系可能有更多重或复杂的因应策略。另外,或许更重要的是面对生命发展危机或关口时,如何转化或超越它?接着我们便进入对此的讨论。

(二) 生命发展危机及其转化

从李安的生命历程中,我约略可以找出三个生命发展的危机或关口,包括一般理论所提出的"认同危机"以及"中年危机"(即埃里克森所称"生殖力危机",crisis of generativity),还有比较特别的"六年蛰伏期"等。

首先,李安的"认同危机"(Erikson, 1958/1989)或者"成年早期转换"(Levinson, 1978)约略在高中、联考、重考阶段,时间上和理论所说接近,但过程似乎不太一样。李安对于自己的生命方向与重心的确有困惑,但他面对的更大的压力或危机似乎来自联考体制,他虽不喜欢、不同意却又逃不掉。另一方面他也无法在这体制标准下,取得好的表现,因此造成他的压抑与低自尊。但他似乎没有出现所谓的悬荡或空档期(moratorium),或许在教育联考体制的强大压迫下,他无法逃逸,更难以流浪。最后此阶段危机的终结与通过居然带有某种运气或机遇性,重考联考还是没上,专科却考上艺专,而影剧也正好是他的兴趣。但回看更早期的故事,其实李安一直有表演或电影的兴趣,在高中一次跟父亲的对谈也表明想当"导演"。换言之,青年李安其实知道自己的兴趣,只是无力与主流教育及价值体制对抗。所以联考与重考的过程不知是他真的考试知识与能力不足,或者是潜意识的消极抵抗(那真是个大赌注)。总之对主流价值而言,他"失败"了;对自身发展而言,他"幸运"地找到有兴趣的路了。

而后的危机,是李安生命中非常鲜明的"六年蛰伏期"。"六年蛰伏期"看来不太符合埃里克森(Erikson, 1958/1989)提出的"亲密危机",反而比较像是莱文森(Levinson, 1978)的"三十转换"(the age thirty transition)。莱文森在其男性的生命周期理论中提出于 28 至 33 岁间有一"三十转换"期,过渡于成年早期前段与成年早期后段之间。他亦指出不是所有人在这阶段都有鲜明的危机感，有些像是调整而非彻底的变革。但典型的发展危机是对自己目前生活结构难以容忍，而且似乎很难形成更好的生活，因此生活感受到威胁，对未来丧失希望。乍看相关描述似乎吻合，但思考后也发现李安的生命也不太像典型的"三十转换"。主要是莱文森（Levinson，1978）所提"三十转换"主要是建立在成年早期已经尝试、探索与建立生活与生涯的情况下，特别是专业或工作生涯，于是迈向30岁时，对于生命的样貌或生活结构已经可以渐渐具体落实，于是才有前述现实境况与理想之差距问题。但李安的"六年蛰伏期"其实是生涯发展略延宕的状态下，至30岁才开始寻求入行（硕士拍片应该算实习）。而六年的时间反倒成为入行考验与磨炼的一个关卡，包括专业磨炼，他如何从剧本发展落实到项目得以启动，以及考验自己能否坚持的心志与韧性，包括家庭的支持容忍等。反倒这个阶段有比较明显的空档期，只是埃里克森（Erikson，1958/1989）并未指出其他阶段或危机是否有可能也会有空档期。

使用"穿越"概念应有助于此处诠释与讨论。穿越仪式（rites of passage）主要是人类学研究发现传统部落或社会为了协助个人通过各种生命历程的不同"关口"所举行的仪式（李亦园，2004）。一般穿越历程或仪式可以区分作三个段落，分别为分离（separation）、中介状态（liminality）、再整合（reintegration）等阶段（何翠萍，1992；Turner，1980；Stein，1981）。穿越历程如同"羽化成蝶"，必须进入特殊的中介状态，这个临界过渡、暧昧不明或空白的时期如同结蛹般退到另一个世界或空间。可以说中介状态其实如同埃里克森所提的空档期，李安"六年蛰伏期"确实过渡于学生与就业状态之间，身份与未来生涯也是暧昧不明，应该是接近的。再整合阶段或许可以视为此时期的终止点，亦即李安剧本公告获得新闻局奖项，并且返台受奖，与国内艺文、导演前辈们同聚，获得接纳、教导与祝福，进而决定带着新闻局奖助金开拍电影。经过穿越历程，李安也通过了"六年蛰伏期"关口。

李安的"中年危机"可能在《卧虎藏龙》拍完至《色，戒》完成之间。

比较明显的是生命走过顶峰之感、《绿巨人浩克》拍完后筋疲力尽及内外交迫感，约略状态描述是接近埃里克森（Erikson，1958/1989）的"生殖力危机"或者莱文森（Levinson，1978）所说的"中年转换"。特别的是李安在这个阶段"父子议题"再度浮现。如同埃里克森（Erikson，1970/2010）指出"生殖力危机"背后之根源为代际情结（generational complex），从过往的俄狄浦斯情结（Oedipus Complex）再到自己成为"人父"，如何能够在精神、价值、专业上再传递给下一代。在李安的生命历程中确实可以看到他面对自己父亲、专业父亲的日渐凋零，以及交会接触，重建了与"父亲"的关系。另一方面，他透过电影叙说的中介空间，来碰触自己身上以及社会文化集体的阴影面，同时也回头寻找中国传统文化的根源力量。最后，李安获得自己父亲及柏格曼的祝福，也更确定地成为"父亲"了——一个带有某些传统文化根源、柏格曼精神，却又建构出不同的价值与做法的"父亲"。整个来说，这样"中年危机"的转化历程实在不容易，但转化之后又有力量或生产力往后面的生命旅程前进。

从几段李安的生命危机转化历程来看，并与埃里克森及莱文森的发展阶段论来比较，可以发现皆有可呼应之处，但却不完全相符。从埃里克森（Erikson，1958/1989）书中可以发现其阶段理论是坐落在社会文化脉络的基石上。因为同一社会文化的多数群体具有相同的生命常轨，才会出现一致的阶段与危机。因此李安生命发展与前述二理论的差异，有可能是社会文化脉络的差异。例如杨康临、洪瑞斌（2008）的研究也发现台湾大学生的生涯发展多数并未出现埃里克森（Erikson，1958/1989）的典型认同危机，要不就是没有典型的空档期或自主性抵抗，要不就是严重延宕，吻合的属少数。另外，不论在埃里克森（Erikson，1958/1989）还是莱文森（Levinson，1978）的著作中都可以看到，其实不是所有群体都会出现或经过某危机。如此说明不同群体因其生活脉络或文化价值差异，可能有不同的发展路径或轨道，而非阶段论所采的单一常模轨道假设。尤其是进入后现代或后工业社会的境况，人的生涯或生命形态更是多元、复杂、片段的。唯一确定的是当我们用叙事描绘个体转化发展过程时，大约接近"穿越历程"架构，但更细致的脉络包括：危机原因、发生时点、症状的显性/隐性、演变过程、协助资源等，都还是可能各有差异。

五、尾声

（一）从个人转化到社会革新之道

原初书写本文的出发点其实是极个人化的，尝试诚实面对自己的中年危机发展议题（虽然很多心理学家做过类似的事，却不明说）。在此过程中进入李安的生命故事里，然后返身而出，再透过其故事进行反思，也获得很多学习与顿悟。

我想我的确是弄清楚了一些事。我的中年危机当然是有"理想 VS. 现实"的拉扯；但我更发现我的中年危机情绪，经常跟"父亲"角色扮演的挫败与无能感有关，不论是家庭的或是专业父亲。我常常在面对儿女或学生时莫名愤怒以及指导过度（或不足），也发现学生慢慢会对我戒慎恐惧或保持距离，也常为找不到共同兴趣的传人而感觉很失落。除此之外，我发现我的危机状态也会因伴侣关系有时不协调，以及感觉缺乏同行伙伴而更加深问题。每当我状态不好时，就会自己面对很深的孤独感，感觉知音难求，孑然一身。另外，我面对权威形象人物时，依然会在顺从内缩以及愤怒对抗间游走，在反复的情结中摆荡。

一方面从李安故事中发现，与主流体制与权威的关系，其实有多重的策略与关系可以尝试，而且主流体制与权威本身也是多元并存的，不再存在唯一而至高无上的权威或体制。另外也发现，现在"成为父亲"的议题是先前认同问题的延续，也是我中年危机的重要课题。相同的是，我得再次面对"弑父

VS. 认同"之辩证与超越，再次传承文化积淀的良善价值精神，去除传统文化的劣质成分，重新取得历史与集体的力量。自然"成为什么样的父亲"还是一个不容易的问题，我也将持续发展与学习。但李安故事给我的启示，约略关键点在于"碰触自身内在深层阴影面"，以及与某些"好父亲"形象或 role model 遭逢与联结，应该都可以取得继续走下去的力量与勇气吧！

本文初衷虽然在于面对个人议题，但在整个写作与探究的过程至接近尾声之时，对于埃里克森的工作和我的工作之近似性却渐渐清晰起来。因为写作过程中，我不断参看埃里克森的《青年路德》、《甘地的真理——好战的非暴力起源》等书。通过心理传记研究，埃里克森想要透过路德以及甘地探寻他们取得内在力量的方法，了解他们如何透过内在力量的获得，发出自己的声音或进行某种实践，进而影响一个时代或一个世界。并且埃里克森将研究路德以及甘地的途径与方法不断与弗洛伊德的精神分析法作比较。

例如埃里克森（Erikson, 1958/1989）提到"路德向自己祷词的基础挑战时，他并不知道自己会发现一个新神学的基本原理。弗洛伊德冒险地向内省分析挑战时，他也不知道自己会发现一个新心理学的基本原则。这两人都企图将内省的方法运用到人类冲突的重心上，以增加人类内心自由的幅度"。可以说弗洛伊德、路德都找到一种方式来倾听内在声音，并且发出自己声音，不论是精神分析或祈祷的方式。而这些方法，某种程度上又协助那个时代的人们面对主流权威压抑的解放。

另一方面，中年甘地为了实践自己生命的真理，从印度传统文化中淬炼了一个概念——"Satyagraha"（Satya 意指"真理"，agraha 则是"行动实践或力量"，意思是"真理的力量"（施康强译，1995）。且甘地吸取了印度文化的"禁欲"、"不杀生"及母性文化的精神，锻造出"非暴力与不合作运动"，一个完美的行动策略或器具，也是强过所有武器的一种力量（Erikson, 1970/2010）。埃里克森（Erikson, 1970/2010）认为"非暴力抵抗"是一种双向转变的方式，让充满恨意之人克制他的自私的恨，通过学着将对手当做"人"去爱，就会更包容性地去面对对手，最后促使他重新获得自己潜在的信任和爱的能力。他甚至强调这个过程"重点并不怎么在于获得权力，而在于治疗某种令人不可忍受的内在状况"。

埃里克森（Erikson，1958/1989）认为精神分析有可能在治疗自我的过程中也协助治疗历史过程中某些既有的问题或缺陷。精神分析可以说是，"这样的历史化显示出一个过程，人们经由这个过程概括过去，为的是交付给、或者是屈服于对将来的判断：一种调适的过程。"精神分析也相当于"在我们极为重要的良心和我们的怒气二者之间进行非暴力调停的一种方法，并以此推动我们的道德本质和我们的'动物'本质进入相互尊重的和解"。总而言之，"非暴力抵抗"必须透过某种内在治疗才能得到强大的力量，"精神分析"也可以视为协助内在道德权威以及原始本我间的非暴力调解的一种方法，二者如同一体之两面。而弗洛伊德、甘地则同样建立了自身的"真理"以及实践真理的工具，并且努力用其工具调解内在或外在权威的力量冲突。进一步可以总结说，对埃里克森而言，弗洛伊德、路德、甘地的相似之处是他们都致力于面对自身危机或议题，并且找到转化之道。

至于我对李安生命的整理工作，则发现李安有一套叙事或艺术的疗愈理论，他经常透过进入与产出戏剧在疗愈或转化自己，我认为这接近一种"叙事或建构的中界理论"。而且理论的重点在于"互为主体性"（inter-subjectivity）与"文本交织性"（inter-textality），透过这两点才得以让不同文本与主体之间相互遭逢、勾动、呼应、感通。而艺术或叙事的建构品总是中界或是"之间的世界"，它存在不同主体之间，也是在幻想与现实、自我与社会之间，它是意义的容器，也成为治疗或转化的平台。简单来说，李安创作艺术的疗愈理论与后现代的叙事治疗方法几乎是相通的。

对照来看，埃里克森工作所挖掘出的宝藏，包括倾听内在声音、清晰发出自己声音，找到自己真理、朝向真理的工具等都转化疗愈了个人危机。而且，当这些个人问题与解决之道，透过关系与团体的媒介影响扩及其他人时，不但治疗了一群相似的历史社会处境者，也促使历史社会有了变革。而我则发现，面对个人矛盾与问题，可透过书写自己的故事、借助他人生命故事的反思，解构主流叙事，找到自己故事中的意义与出路，转化为疗愈个人危机的方法。同样，当这些个人问题与解决之道，透过故事文本或影像的传播媒介扩散影响其他人时，不但治疗了一群相似的历史社会处境者，也可能促使历史社会产生变革。换言之，透过与"路德、甘地—埃里克森"以及"李安—洪瑞斌"之间的交互平行参看，我确实看见类似与共通的联结点，只是似乎从"精神分析现代版"有点进化到"叙说取向后现代版"。

而在埃里克森的工作里一直存在一个关键点，一个人如何能由面对自身困扰，却转而改革集体或社会历史的问题。就如同埃里克森（Erikson, 1958/1989）分析路德的例子，认为他"似乎一度是一个饱经围困的年轻人，他经验到的冲突与困扰是一个复杂的病症。在奥古斯丁修会明智的长上适时的帮助下，他找到了一个精神解决法。这个解决填补了历史在西方基督教世界许多人身上造成的政治与心理上的真空。这个巧合，如果再加上路德个人特殊禀赋的布署，就造成了历史性的'伟大'"。

于是埃里克森在《青年路德》中最后清楚提出"世代间的新陈代谢"（metabolism）观点：

> 每一个人类的生命都是在某一进化时期及某一传统层次中开始，这时代与传统带给他生长环境之模式与能力之资源，同时也容纳了人对社会过程的贡献。传统为人准备及综合了生活方式，但由于传统的本质，每一生活方式也不断在瓦解没落。我们可以说，传统"塑造"个人，为他的驱力找"出路"，但社会过程并不是为了驯服个人才来塑造他，它塑造世代

是为了世代能回过头来塑造并创新社会过程。因此，社会不能仅仅压抑或升华驱力，它也必须支持每个人的自我功能，就是自我须把本能的能源转换成行动模式、个性与风格——也就是说，自我会形成具有整合核心（a core of integrity）的认同感，它来自传统，但却对传统也有贡献。个人追求的是自我综合的最适状态（an optimum ego synthesis）；而社会与文化奋斗的是社会新陈代谢的最适状态。① （Erikson，1958/1989：302-303）

如果"父亲"象征传统文化、体制及权威，那父与子的冲突、情结也恰巧变成这段描述的个体微观发展历程，于是个体发展开始与社会历史进化相互扣连与共振。因此，个体面对自身的议题与危机，尝试进行转化与穿越，却有可能带来整个社会或时代的革新与进化。透过"弑父 VS. 认同"的辩证与超越带来的生产或创造性，我们致力于在传统的接续中革新，在进化求变中传承。因而历史断裂的失落与伤痕得以疗愈，个体与社会也得以发展前进。可以看出这样的理论带有一个基本假设，它预设了"变动"较"稳定"状态更接近世界的样貌，当然这一点是比较接近后现代主义的观点。

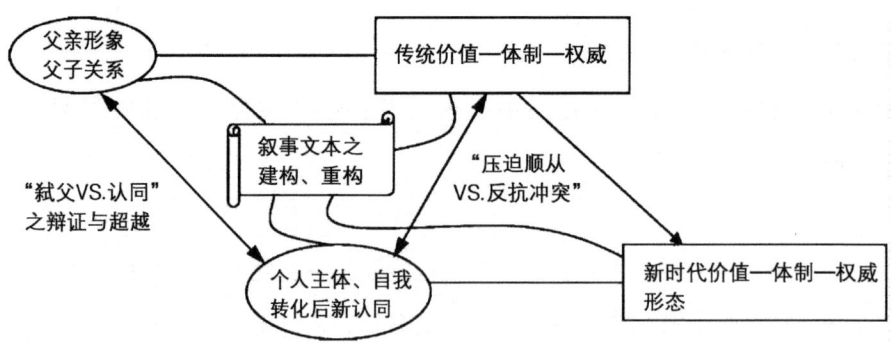

① 本段笔者有对中文译稿稍作润饰，以求通顺。

(二)一起向大海进军吧！

埃里克森（Erikson，1970/2010）在《甘地的真理——好战的非暴力起源》的最后一章为"尾声：向大海进军"，意指甘地从内在及文化而凝聚的力量，以及发展试炼而成的行动策略器具已经完备，并且对殖民政府的革命行动开始声势惊人之时，埃里克森的研究工作也告终。"向大海进军"是指1930年英国政府开征"食盐税"，禁止民众私自制造与交易盐，这影响到印度多数贫困的民众，此刻甘地"真理的力量"运动发起了一次"食盐行军"。甘地及其讲经所的成员70余人，自讲经所出发走向丹第的海边，总共走了200多英里，24天。移动的过程中他们透过祈祷、纺纱、写日记等共同规则来团结彼此。沿途的村庄都张灯结彩欢迎他们，甘地也发布拒缴税金的呼吁。所经之处约有300位村长宣布辞职，许多村民跟着加入行军队伍，抵达海边时已聚集了几千人。接着经过一夜的祈祷，甘地作出象征意义强大的行动，他向大海俯下身掬起一把冲积而成的海盐。面向众人高举向天，宣告印度人民有权享用海盐。然后数千名非暴力运动的参与者也追随着甘地的行动。而后，包括甘地在内超过5万人被捕，而警察也对群众进行残酷的暴力攻击（Clement，1989/1995；Erikson，1970/2010）。但是，群众已经被唤醒、凝聚，反抗之火已经点燃、燎原。

在故事中，取"盐"当然有着抵抗食盐税体制的意义，但其实"盐"在很多文化中都有特别的意涵，像是"净化"、"避邪"、"防腐"的象征意涵。对我而言，这故事也提供了极佳的隐喻与意象，召唤着我们继续投入转化，并朝社会改变一起前进。就像是甘地故事召埃里克森，埃里克森的书召唤了我和其他读者；李安生命召唤了我，我的论文有可能召唤其他读者。

埃里克森（Erikson，1970/2010）曾透过进入、理解与学习甘地的生命，进行了某种历史传承与进化的工作。如他书中所说:"当我开始写这本书的时候,我不曾预想要从真理、自我受难、非暴力的角度重新发现精神分析。但现在我已经这么做了……而且是因为我感觉甘地的真理和现代心理学的洞见之间有契合。那种真理和这些洞见,是这个世纪前半叶留给后来者的遗产。……但是,当我们更有意识地进行历史化时,我们也担负起了某些传统的重担。"同样地当我在进出李安的生命时、参照与理解 Erikson 的研究工作时,我似乎也渐渐传承了某些精神与力量,并希望也能促进一部分社会的改变。

但是隐约之间,我觉得还有更重要的感觉。在我们五个男人与五段生命某种方式的相互交织、参看、对话之际,在电光火石间有时会突然出现感通与联结感,在那个片刻,似乎能让我感觉不孤单。我其实不确定我的孤独感究竟是童年失落抑或是存在孤独,我只知道生命深层的孤独感总是特别吸引我。像是柏格曼选择不出席坎城影展所颁的最高荣誉特别奖,他提供了一段影片在颁奖典礼上播放,画面中单独出现他的背影,背对摄影机,面对着法罗岛的大海,仿佛进入悠远的沉思。就在瞬间,会场也陷入一片寂静。柏格曼旁白道:"已经没有人可以跟我讨论剧本了;甚至,在电影完成时也是这样。只有沉默"(李达翰,2007)。不知幸运的是李安还是柏格曼,如此孤独敏感的灵魂,还是有一个难得机会得以相互交会、接触甚至传承。

我想我开始能理解李安所说的:"温柔的片刻,可以照亮一个人的生命全部。"李安用这来形容他与柏格曼见面时的拥抱,以及《断背山》里恩尼斯与杰克再邂逅的拥抱(李达翰,2007)。但我觉得这也可以形容不同生命间以及文本间对话、阅读所带来的遭逢、交融、感通与联结。除了陪伴与接纳之外,我觉得看见与理解生命(包括他者及自己的)也是一种可贵的温柔。

> 我或许是脆弱敏感的灵魂
> 但我也是不断再生之人

当我诚实回到自己的挣扎，倾听内在的声音

再生之旅就此展开

当我们将再生之旅化为故事

会流交融入大海

大海容纳、承载了我们

我们也感通、接引了彼此

我们在不同时空中走向内在超越的道路

穿越核心的山洞，却可能走出不同的世界

历史的前进、社会的革新居然变成可能

我们也就成为变革代理人

不论你从什么道路走向海边

向大海进军吧！

因为我们都是不断再生之人

掬起一把海水

提炼结晶成为地上的盐

净化之后凝结而出的力量

召唤大海的潮浪

潮浪中有你我的声音、意象与情节

过去相互会通的是集体潜意识的洋流

如今变换成文本交织连结的意义之海

让我们一起向大海进军吧！

不知觉间，历史之轮又向前转动了一寸

2012 年 4 月 12 日于华冈大孝馆

参考文献

曹志雄（制作人）、陈鲁豫（主持人）（2008年11月28日）. 鲁豫有约，十年一觉电影梦：李安. 香港：凤凰卫视.

陈丽玲（企划）、苏育琪（采访）（2008）. 李安：勇敢面对自己. 天下影音. http://video.cw.com.tw/pages/public/movie/player/ty_player.jspx?id=40288ae71addaf66011ade11b88001f7（上线日期：2008年7月1日，在线检索于2012年3月3日）.

丁兴祥、赖诚斌（2001）. 心理传记学的开展与应用：典范与方法. 应用心理研究，2001（12），77—106.

何翠萍（1992）. 比较象征学大师——特纳. 见黄应贵主编. 见证与诠释：当代人类学家. 台北：正中书局.

洪瑞斌（2002）. 艾瑞克森——自我追寻的实践家. 张老师月刊，294，102—109.

洪瑞斌（2005）. 寻觅噤声的画眉：对"男性失业者"的理解与重构. 博士学位论文，辅仁大学心理学系. 新北.

江南发（1991）. 青少年自我统合与教育. 高雄：复文图书出版社.

李达翰（2007）. 一山走过又一山——李安·色戒·断背山. 台北：如果出版社.

李亦园（2004）. 宗教与神话. 桂林：广西师范大学出版社.

苏育琪（2008a）. 真诚的心感动世界——电影导演李安. 天下杂志，400. http://www.cw.com.tw/article/index：.jsp?page=1&id=35017（在线检索于2011年2月11日）.

苏育琪（2008b）. 李安答客问——成长就是对自己的诚实. 天下杂志，400. http://www.cw.com.tw/article/index：.jsp?id=35016（在线检索于2011年2月11日）.

温怀智（制作人）、蔡康永（主持人）（2003）. 真情指数——李安专访. 台湾：联意制作股份有限公司.

杨康临、洪瑞斌（2008）. 家庭与大学生生涯发展之互动关系及其社会化影响机制. 辅仁大学补助整合型研究计划期末成果报告. 辅仁大学. 新北.

张靓蓓（2002）. 十年一觉电影梦. 台北：时报文化出版企业股份有限公司.

张靓蓓（2003）. 梦想的定格：十位跃上世界影坛的华人导演. 台北：新自然主义股份

有限公司.

张靓蓓 (2007): 李安成功模式. 非凡新闻 e 周刊, 87, 46—57.

Clement, C. (1989/1995). 甘地: 神圣的骡子 (施康强译). 台北: 时报文化出版企业股份有限公司.

Erikson, E. H. (1958/1989). 青年路德 (康绿岛译). 台北: 远流出版公司.

Erikson, E. H. (1970/2010). 甘地的真理: 好战的非暴力起源 (吕文江, 田嵩燕译). 北京: 中央编译出版社.

Polanyi, M. (1958/2004). 个人知识 (许泽民译). 台北: 商周出版社.

Karpiak, I. E. (2008). *At Midlife: Crossing a Threshold of Change, Challenge, and Creativity*. Paper presented at National Chengchi University on 2008 International Conference on Creativity Education, Taipei.

Levinson, D. J. (1978). *The Seasons of a Man's Life*. New York: Ballantine Books.

Marcia, J. E. (1980). Identity in Adolescence. In J. Adelson (Ed.), *Handbook of Adolescent Psychology* (159 – 187). New York: Wiley.

McAdams, D. P. & Ochberg, R. L. (1988). *Psychobiography and Life Narratives*. Durham and London: Duke University Press.

Stein, J. O. (1981). *A Study of Change During the Midlife Transition in Men and Women with Special Attention to the Intrapsychic Dimension*. Ann Arbor, Michigan: Northwestern University, University Microfilms International, Doctoral dissertation.

Marching to the Sea: Reflections on the Ways of Transformation of Adult Men Through Ang Lee's Life Narrative

Jui-ping Hung

(Department of Counseling Psychology, Chinese Culture University, Taibei, 11114)

/ Abstract /

For personal inner motivation and needs, I start to go into and construct the life narrative of Director Ang Lee, which I guess is to find ways of transformation for my midlife crisis. I attempt to construct Ang Lee's life narrative and to interpret his life theme. Furthermore, with those materials, I discuss that how some adult men face crises or barriers and then transform them in the development process. In addition, I have Ang Lee's life story dialogue and reflect on Erikson's development theory and "passage" frame. Finally, this study finds that in the development patterns of some kind of regeneration and transformation in male adults lives, they not only gain the new identification and testing practices but also resolve their own crisis and get growing through the dialectics and transcendence of the traditional authorities or mainstream institutions. These individuals face their own crisis, and in the process of social dialogue and collective systems, their narrative voices or actions of practices will be an opportunity for them to facilitate social and cultural innovations.

/ Keywords /

Ang Lee, life narrative, psychobiography, adult men, transformation, process of passage

鲁迅：在屈辱与侮蔑中抗争的灵魂

凌辉*

（湖南师范大学心理学系，长沙，410081）

/ 摘　要 /

　　自鲁迅去世几十年来，鲁迅被反复解读和建构，并一步步地被模式化和意识形态化，甚至被神化。在许多中国人眼中，鲁迅几乎仅是一个符号或象征。本文通过对鲁迅生命中的重大事件及早期成长环境的分析，从心理传记学的角度对鲁迅进行一次尝试性的解读。鲁迅的创作，大部分带有自叙传性质。在鲁迅的许多代表性的小说中，主人公都有着他自身的影子，如《孔乙己》、《在酒楼上》、《孤独者》、《弟兄》、《祝福》等等。因此，直接阅读鲁迅创作（特别是小说创作）是理解鲁迅的一条有效途径。

---

*　凌辉，E-mail: linghui1969@163.com

而在鲁迅众多的作品中，一再重复的一个场景让人无法不留下深刻的印象，那就是被看、被盯视，或者说被"围观"的恐惧而羞辱的情景。鲁迅何以如此不厌其烦地描写"被看"的场景？为何对"被看"如此耿耿于怀？揭开鲁迅作品中看/被看模式这一原型情景的深层奥秘的，是鲁迅自己一系列切身的"被看"的屈辱体验，而这一体验最早可追溯至其早年的一段特殊经历："我有四年多，曾经常常——几乎是每天，出入于质铺和药店里，年纪可是忘却了，总之是药店的柜台正和我一样高，质铺的是比我高一倍，我从一倍高的柜台外送上衣服或首饰去，在侮蔑里接了钱，再到一样高的柜台上给我久病的父亲去买药"（《呐喊·自序》）。百味杂陈的"侮蔑"的目光，让年幼的鲁迅难以承受。自此，在鲁迅的心灵深处种下了抗拒"被看"的种子。鲁迅日后对自尊的敏感（比如对"幻灯片事件"的反应），对被屈辱与被践踏者的同情，对高高在上的"正人君子"的厌恶和反感，对卑怯的国民性的鞭策，对"超人"的呼唤，都与其自身被屈辱的深刻体验有关，或者说，是一颗饱受屈辱的心灵对于自尊威胁的防御和补偿。

/ 关键词 /

鲁迅，自卑，耻辱，看客

鲁迅：在屈辱与侮蔑中抗争的灵魂

谈论鲁迅是困难的，甚至阅读鲁迅也很艰难。鲁迅过于丰富、渊博，他的文字艰深甚至晦涩，而且有时刻意伪饰，让人真假莫辨。鲁迅生存于新与旧、传统与现代之间。他是同代人中最具现代意识的先觉者，同时又根植于几千年的传统之中，与自己所反叛的一切有着千丝万缕的联系。然而，最大的困难还不是这些。自鲁迅去世几十年来，一方面，鲁迅被反复解读和建构。关于鲁迅的回忆文字和研究论著汗牛充栋，有崇拜的，有诋毁的，有歌颂的，有漫骂的，有怀念的，有利用的。各人站在自己的立场来解读他。就在一代代人的解读和阐释中，鲁迅被扭曲和变形，呈现出多样而歧义的面貌。另一方面，由于特殊的政治历史的原因，鲁迅曾经被严重地模式化和意识形态化，甚至被神化。曾经在许多中国人眼中，鲁迅几乎仅是一个符号或象征。直到20世纪80年代以后，鲁迅才逐渐回归其自身。人们不再将鲁迅视做"现代中国的圣人"，也不再将他当做符号或旗帜使用，而是试图带着欣赏的趣味和理解的愿望从多方位接近他。尽管如此，"还原鲁迅"仍然是困难的。在这一过程中，心理学理应贡献其特有的作用，然而很遗憾，对这样中国20世纪最重要的一位作家，几乎还没有人尝试从心理学的角度去理解他。人们或许是因为鲁迅过于复杂难解而望而却步，或许是受到方法学的局限——毕竟，中国大陆的心理学研究是紧随西方之后，以所谓客观、科学主义为主流的。而事实上，像鲁迅这样一个博大深邃而又极其独特的人物是正适合于采用心理传记学的方法来研究的——鲁迅具备作为心理传记学研究对象的各种要素：丰富、独特、广为人知而又从未得到中肯的理解。

我自己最初接触鲁迅作品还是在中学的时候，语文课本中节选的一些鲁迅作品如《祥林嫂》、《狂人日记》、《社戏》、《从百草园到三味书屋》等等，似懂非懂。据当时的老师们说，鲁迅是中国现代最伟大的文学家和思想家，他的每一篇文章都有着深刻而重大的意义。可是，对这么一位"最伟大的文学家和思想家"的作品我却基本上读不懂，这不免让人沮丧和焦虑。所以，上大学的时候，我凭借图书馆丰富的藏书开始大量阅读鲁迅作品，而同时也慢慢地获得一些个人的理解和感悟——不同于中学课本的引导和语文老师的分析。比如，鲁迅为何弃医从文？"标准"的解释是，因为鲁迅深感医学只能疗治人的病弱的身体，文学才能改造人愚昧而卑怯的灵魂。这样的解释似乎也与鲁迅自己的说法相吻合——在"幻灯片事件"之后，

> 我便觉得医学并非一件紧要事，凡是愚弱的国民，即使体格如何健全，如何茁壮，也只能做毫无意义的示众的材料和看客，病死多少是不必以为不幸的。所以我们的第一要着，是在改变他们的精神，而善于改变精神的是，我那时以为当然要推文艺，于是想提倡文艺了。（《呐喊·自序》）

而鲁迅挚友许寿裳的一段回忆则使得这一"标准"解释更加深入人心。据许氏回忆，鲁迅从仙台回到东京，见到许寿裳，两人有这样一段对话：

> "我退学了。"他对我说。
> "为什么？"我听了出惊问道，"你不是学得正有兴趣么？为什么要中断……"
> "是的，"他踌躇了一下，终于说，"我决计要学文艺了。中国的呆子，坏呆子，岂是医学所能治疗的么？"（许寿裳，1999）

然而，真的就这么简单吗？一次偶然的事件，就完全改变了鲁迅的人生规划和职业生涯？要知道在此之前，鲁迅对自己选择医学是有着深思熟虑和美满的预期的——"我的梦很美满，预备卒业回来，救治像我父亲似的被误的病人的疾苦，战争时候便去当军医，一面又促进了国人对于维新的信仰"（《呐

喊·自序》)。"幻灯片事件"除了让鲁迅震撼和愤怒于国人的愚昧和麻木，是否对他还具有某种个人的意义？是否触动了他心灵深处隐秘的一角，带给他某种难言的个人性的切肤之痛？

又比如《藤野先生》一文，常规的解释是，鲁迅在日本仙台学医期间，有感于藤野先生的素朴和友善，以及对一个来自贫弱中国的孤独学子的爱护和关心，因而心怀感戴。感戴当然是无可否认的，然而，相较于鲁迅其他作品的冷峻和偏于阴暗的基调，《藤野先生》真是罕见的温情！特别是文章结尾处：

> 他所改正的讲义，我曾经订成三厚本，收藏着的，将作为永久的纪念。不幸七年前迁居的时候，中途毁坏了一口书箱，失去半箱书，恰巧这讲义也遗失在内了。责成运送局去找寻，寂无回信。只有他的照相至今还挂在我北京寓所的东墙上，书桌对面……(《藤野先生》)

多么饱满浓郁的感情！不能说这仅是一位学生对于关照过自己的老师的通常意义上的感戴。在仙台的日子里，这位黑瘦的藤野先生对于鲁迅究竟有着怎样的意义？

要解开诸如此类的疑问，还得回到鲁迅的文本本身。在中国现代作家中，鲁迅是少有的为自己写作，并且花大量笔墨写作自己的人，这一点已为鲁迅的读者以及研究者们所公认。鲁迅的创作，大部分带有自叙传性质，在鲁迅的许多代表性的小说中，分明可以看到作者自己的身影，如《孔乙己》、《在酒楼上》、《端午节》、《孤独者》、《弟兄》、《祝福》等等（周作人，1997b)。

> 我在年轻时候也曾经做过许多梦，后来大半忘却了，但自己也并不以为可惜。所谓回忆者，虽说可以使人欢欣，有时也不免使人寂寞，使精神的丝缕还牵着已逝的寂寞的时光，又有什么意味呢，而我偏苦于不能全忘

却,这不能全忘的一部分,到现在便成了《呐喊》的来由。(《呐喊·自序》)

这一段自述明白地说明,年轻时代的"梦"构成了《呐喊》(以及其他小说)的创作冲动和素材。鲁迅曾翻译并高度评价厨川白村的《苦闷的象征》,认为该书对于文艺"多有独到的见地和深切的会心",可见鲁迅是深知"生命力受了压抑而生的苦闷懊恼乃是文艺的根柢"的。那么,这些年轻时候的"梦"究竟隐藏着怎样的"苦闷懊恼"以至于纠缠鲁迅一生,令他不得不写到生命的最后一刻?

如果我们愿意相信,鲁迅的作品(小说)是弗洛伊德所谓"梦的显意"(manifest content),就让我们从作品出发,进入其"梦的隐意"(latent content)吧。

一、看与被看——一种"鲁迅式"叙事模式

从第一篇小说《狂人日记》开始,鲁迅便使用了一种极具特色的叙事模式——"看/被看"模式。《狂人日记》一开场便与"被看"有关:

> 今天晚上,很好的月光。
> 我不见他,已是三十多年;今天见了,精神分外爽快。才知道以前的三十多年,全是发昏;然而须十分小心。不然,那赵家的狗,何以看我两眼呢?

随后,几乎每一节都有与"看"相关的描写。在这篇短短的小说中与"看"相关的词如"眼"、"眼色"、"眼光"等前后出现20多次,而"我"始

终是被看的对象。略举数例如下。

第二节:"早上小心出门,赵贵翁的眼色便怪……但是小孩子呢?那时候,他们还没有出世,何以今天也睁着怪眼睛……"

第三节:"最奇怪的是昨天街上的那个女人,打他儿子,嘴里说道,'老子呀!我要咬你几口才出气!'他眼睛却看着我。"

第四节:"我大哥引了一个老头子,慢慢走来;他满眼凶光,怕我看出,只是低头向着地,从眼镜横边暗暗看我。"

第七节:"有一种东西,叫'海乙那'的,眼光和样子都很难看……前天赵家的狗,看我几眼,可见他也同谋,早已接洽。"

第八节:"所以连小孩子,也都恶狠狠的看我。"

第九节:"自己想吃人,又怕被别人吃了,都用着疑心极深的眼光,面面相觑。"(《狂人日记》)

据《狂人日记》小序,"狂人"所患盖"迫害狂",即"被害妄想",其核心症状是害怕"被吃"。而作为这"被吃"的具象的便是"被看"。

《狂人日记》是鲁迅小说创作的第一篇,"从此以后,便一发而不可收"。(《呐喊·自序》)而鲁迅关于"看/被看"的描写也是"一发而不可收",以至于在其作品中,充斥着盯视、围观、示众的场景,从《呐喊》、《彷徨》到《故事新编》,构成一个"示众"系列。

鲁迅的唯一一部中篇小说《阿Q正传》,实际上就是一个关于"围观"的故事:围观阿Q头上的癞疮疤,围观打架,围观杀人,围观"革命",直到以围观阿Q的游街而告终。而故事主人公阿Q就是从看别人被砍头到自己在围观中被枪毙,走完了一生。

"你们可看见过杀头么?"阿Q说,"咳,好看。杀革命党。咳,好看好看……"

阿Q被抬上了一辆没有篷的车,几个短衣人物也和他同坐在一处。这车立刻走动了,前面是一班背着洋炮的兵们和团丁,两旁是许多张着嘴的看客……

车子不住的前行,阿Q在喝采声中,轮转眼睛去看吴妈,似乎伊一向并没有见他,却只是出神的看着兵们背上的洋炮。

阿Q于是再看那些喝采的人们。

这回他又看见从来没有见过的更可怕的眼睛了,又钝又锋利,不但已经咀嚼了他的话,并且还要咀嚼他皮肉以外的东西,永是不远不近的跟他走。

这些眼睛们似乎连成一气,已经在那里咬他的灵魂。(《阿Q正传》)

多么恐怖阴森的"眼睛们",多么让人窒息的"被看"和"被鉴赏",简直是一场噩梦。在鲁迅的小说中有一篇十分奇特的作品——《示众》。这篇小说没有故事情节,没有人物性格和内心描写,没有抒情和推理,通篇只有一个画面——看和被看。

"热的包子咧!刚出屉的……。"故事从一个卖包子的十一二岁的胖孩子的叫喊声开始,然而立刻,"像用力掷在墙上而反拨过来的皮球一般,他忽然飞在马路的那边了。"因为,他发现了"看"的目标——在电杆旁,和他对面,站定了两个人:巡警和巡警绳牵着的白背心的男人。

刹时间,也就围满了大半圈的看客。待到增加了秃头的老头子之后,空缺已经不多,而立刻又被一个赤膊的红鼻子胖大汉补满了。(《示众》)

故事的主人公就是这样一群无主名、无个性、无聊赖的看客,茫然地围观着"巡警"和"白背心",而同时又作为看者和被看者互相"鉴赏"着:

> 秃头站在白背心的略略正对面,弯了腰,去研究背心上的文字……
> 胖孩子却看见那白背心正研究着这发亮的秃头,他也便跟着去研究,就只见满头光油油的,耳朵左近还有一片灰白色的头发,此外也不见得有怎样新奇。(《示众》)

这篇小说之所以令人难忘并且深思,是因为鲁迅通过有意省略人物、情节等故事要素而创造了一个几乎是"形而上"的"原型情景"——"人"不是作为"看客"存在,就是"被人看"。从这个意义上可以说,鲁迅其他"看客"小说都是对"人"的这种存在状况的具象化的解说。

由于这种被看、被"鉴赏"、被围观的场景在鲁迅小说中是如此普遍,几乎随处可见,所以,但凡读过鲁迅小说的人,大约都会对此有些印象。事实上,这一现象在鲁迅研究界也早已受到关注,有人称之为鲁迅的"看客情结"。据有人统计,在鲁迅小说集《呐喊》和《彷徨》所收的25篇小说中有13篇描写了"看客",而直接或间接抨击"看客"的杂文至少有20篇,在致许寿裳、郑振铎、许广平等人的信件中也常常涉及这一话题(王志蔚,2009)。在鲁迅笔下,与其他形象相比,"看客"形象出现频率最高,占篇幅最多,在小说、杂文、散文、演讲以及通信中无不可以看到"看客"的身影。而且,在鲁迅整个创作生涯中,自始至终都对"看客"难以释怀。有论者甚至认为,鲁迅对"看客"的书写已经达到强迫症的程度(索良柱,2008)。倾注如此之多的激情,花费如此之多的篇幅,长时间集中、反复、多侧面地描写同一类型的形象,这一现象被认为不仅在鲁迅是值得深究的事,在中国文学史,乃至世界文学史上,也是一个罕见的特例(赵黎明,2000)。可惜,许多人虽然意识到这一问题，却没有找到通向答案的正确方向。大部分研究者仍然停留在启蒙的立场，认为鲁迅仅是在借"看客"形象揭露国人的劣根性。显然，这不过是重复鲁迅自己的观点而已：之所以提倡文艺，之所以不厌其烦地书写"看客"形象，是为了改变"只能做毫无意义的示众的材料和看客"的国民的精神。

从深层心理学的立场来分析的话，同一类文学形象在一个作家，特别是像鲁迅这样具有思想家气度的作家笔下反复出现，绝不可能是偶然的巧合，必定反映了作者自己的生活经验和人生感悟，必定有某种独特的生活际遇和情感积淀作为其深层基础。否则，鲁迅不会如此不厌其烦地反复描写"被看"的场景，不会对"被看"如此耿耿于怀。

二、童年：从小康而坠入困顿

鲁迅在俄文译本《阿 Q 正传》序及著者自叙传略中有几句简单的话：

> 在我幼小时候，家里还有四五十亩水田，并不很愁生计。但到我十三岁时，我家忽而遭了一场很大的变故，几乎什么也没有了；我寄住在一个亲戚家，有时还被称为乞食者。我于是决心回家，而我的父亲又生了重病，约有三年多，死去了。

简短的几句话，包含着对鲁迅后来人生抉择和文学创作有着重大影响的几件大事。1881 年 9 月 25 日，鲁迅出生在浙江省绍兴府会稽县（今绍兴市）东昌坊口新台门周家。在绍兴城内，周家算是一门望族。一个小小的细节足以将周家与别的普通人家区别开来：居住在周家台门内的每一个家族成员，晚上外出都要提着大灯笼，淡黄色的灯光映出灯壳上三个醒目的大字"汝南周"——唤起人们对一个古老显赫家族的朦胧神秘的联想（钱理群，1990）。祖父周福清（字介孚）中过进士，点过翰林，其时正做着京官。父亲周用吉（字伯宜）也是读书人，虽然考取秀才之后，乡试屡试未中，但在当地人眼中，周家已是正宗的书香门第、仕宦之家（朱正，王得后，2004）。在鲁迅后来的小说《阿Q正传》中，每逢遭人欺负或与人口角的时候，阿Q总喜欢说："我们先前——比你阔的多啦！"或许也带有一点作者"自况"的意味亦未可知吧。当然，这是后话。当时家里尚有着四五十亩水田和少许店铺门面，不愁生计。总之，鲁迅就出生在这样一个衣食无忧、受人尊敬的家庭，无忧无虑地过着他的"少爷"生活。

读《从百草园到三味书屋》、《社戏》等文，便可知道，幼年时的鲁迅过着怎样优裕、快乐而备受宠爱的生活。

> 不必说碧绿的菜畦，光滑的石井栏，高大的皂荚树，紫红的桑葚；也不必说鸣蝉在树叶里长吟，肥胖的黄蜂伏在菜花上，轻捷的叫天子（云雀）忽然从草间直窜向云霄里去了。单是周围的短短的泥墙根一带，就有无限趣味。
>
> 冬天的百草园比较的无味；雪一下，可就两样了。拍雪人（将自己的全形印在雪上）和塑雪罗汉需要人们鉴赏，这是荒园，人迹罕至，所以不相宜，只好来捕鸟。扫开一块雪，露出地面，用一枝短棒支起一面大的竹筛来，下面撒些秕谷，棒上系一条长绳，人远远地牵着，看鸟雀下来啄食，走到竹筛底下的时候，将绳子一拉，便罩住了。（《从百草园到三味书屋》）

> 和我一同玩的是许多小朋友，因为有了远客，他们也都从父母那里得了减少工作的许可，伴我来游戏。

> 我们每天的事情大概是掘蚯蚓,掘来穿在铜丝做的小钩上,伏在河沿上去钓虾。(《社戏》)

因鲁迅的到来,连村里劳动人家的孩子也被父母"放假"来陪他玩耍,这样的礼遇显然不仅仅因为他是"远客",周家的门第之尊恐怕是更主要的原因。其实,鲁迅是很清楚自己的优越地位的,正因此,他才会在外婆家任性和"耍赖"——

> 至于我在那里所第一盼望的,却在到赵庄去看戏……不料这一年真可惜,在早上就叫不到船。平桥村只有一只早出晚归的航船是大船,决没有留用的道理。其余的都是小船,不合用;央人到邻村去问,也没有,早都给别人定下了……总之,是完了。
>
> 这一天我不钓虾,东西也少吃。母亲很为难,没有法子想。到晚饭时候,外祖母也终于觉察了,并且说我应当不高兴,他们太怠慢,是待客的礼数里从来所没有的。(《社戏》)

此时的鲁迅正是一个高高在上的"少爷",要么被人仰视,要么俯视他人。

然而,在鲁迅 13 岁的时候,"天突然坍了"(王晓明,2001)。祖父因科场舞弊案(科举考试时替亲友行贿主考官)入狱,关在杭州的大牢里"斩监候"(即今之"死刑缓期执行")。为了保住祖父性命,每年到了秋决的时候,家里总得花一大笔钱去四处设法。待到祖父七年之后出狱回家,家里那点财产也就"几乎什么也没有了"。

而对少年鲁迅来说,最直接最强烈的感受还在于世人的快速"变脸"。正

如周作人后来所回忆的:"人情势利,亲戚本家的嘴脸都显现出来了。"(周作人,1997c)

首先是避难。祖父案发,在差役们"捉拿犯官周福清"的喊叫声中,周家乱成一团。张皇失措中,鲁迅和周作人两兄弟被悄悄送到外婆家,跟随两个舅舅寄住了一段时间。与往日来外婆家迥然不同的是,不但得不到礼遇和优待,反而受尽奚落。避难的生活并不怎么愉快,甚至还"很受到些刺激",间或还被人称做"讨饭的",也即是乞丐(周作人,1997c)。外祖父曾中过举人,因此外祖家想必也是有相当地位的人家。看到昔日辉煌显耀的亲家如今遭殃败落,虽不至于落井下石,但态度上不再那么恭敬,甚至偶尔给点脸色,说些闲话大约是可能的吧。可是对于一个正处于敏感年龄的 13 岁的少年,这却是难以承受的。头一次如此近距离地遭人白眼,从高高在上的少爷,陡然沦为"乞食者",巨大的落差将给鲁迅的心灵造成何等剧烈的创伤——更何况这创伤是来自昔日可以撒娇任性的亲戚和舅舅们!

可以说,这次避难的经历使鲁迅精神上完成了一次转换——从"看者"(俯视他人)到"被看者"(被人俯视)的转换。也是在这里,鲁迅第一次深切感受到"被看"的屈辱——被人当做破落户子弟、讨饭的、乞丐、"逃犯"而审视、轻慢、烦厌,往日的尊严和体面在这些目光之下被一扫而光。乡人们的冷眼,亲戚们的轻侮,寄人篱下、看人脸色的生活,自卑和屈辱就在这样的土壤里悄然生长,而同时也在心灵深处种下了抗拒"被看"的种子。

后来,鲁迅在《呐喊·自序》中说:"有谁从小康人家而坠入困顿的么,我以为在这途路中,大概可以看见世人的真面目。"这感慨是沉痛而悲愤的。

三、无法逃脱的"被看"的耻辱

自家庭变故以后,鲁迅便一直处于"被看"的屈辱之中。

结束寄人篱下的避难生活回到家里，祖父已入狱，而父亲又一病不起，昔日的望族似乎已到了穷途末路。在中国，一家之事，尤其是不幸之事，往往成为众人的谈资。周家的败落在小小的绍兴城内不能不说是一件大事，街头巷尾的"看客"们向周家射来一道道或惋惜或轻蔑的目光，其间或许还交杂着一丝丝幸灾乐祸。周家子弟走在街上，无恶意或有恶意的闲人们的交头接耳、指指点点如影随形，使人艰于呼吸视听，无所遁逃。

鲁迅是长子和长孙，祖父入狱，父亲病倒之后，整个家庭的重担便过早地落到了他的肩上。一个十三四岁的少年，突然被命运委以成人的重任，压抑住心中因家庭不幸带来的痛苦和忧伤，为生计奔波街头，为父亲的病穿梭于当铺与药店之间。一路上遇到的是人们讥笑、嘲讽、轻蔑、"鉴赏"的目光：

我有四年多，曾经常常，———几乎是每天，出入于质铺和药店里，年纪可是忘却了，总之是药店的柜台正和我一样高，质铺的是比我高一倍，我从一倍高的柜台外送上衣服或首饰去，在侮蔑里接了钱，再到一样高的柜台上给我久病的父亲去买药（《呐喊·自序》）。

可以想见，少年鲁迅的心情是沉郁而悲凉的。在众人"侮蔑"的目光之下，他被当做"示众"的材料，他的痛苦和不幸被"看客"们鉴赏和玩味，或者被嘲笑和戏弄。这与鲁迅后来创作的祥林嫂和孔乙己的情形何其相似——

……男人听到这里，往往敛起笑容，没趣的走了开去；女人们却不独宽恕了她似的，脸上立刻改换了鄙薄的神气，还要陪出许多眼泪来。有些老女人没有在街头听到她的话，便特意寻来，要听她这一段悲惨的故事。直到她说到呜咽，她们也就一齐流下那停在眼角上的眼泪，叹息一番，满足的去了，一面还纷纷的评论着。（《祝福》）

> 孔乙己一到店，所有喝酒的人便都看着他笑，有的叫道，"孔乙己，你脸上又添上新伤疤了！"他不回答，对柜里说，"温两碗酒，要一碟茴香豆。"便排出九文大钱。他们又故意的高声嚷道，"你一定又偷了人家的东西了！"孔乙己睁大眼睛说，"你怎么这样凭空污人清白……""什么清白？我前天亲眼见你偷了何家的书，吊着打。"……引得众人都哄笑起来：店内外充满了快活的空气。（《孔乙己》）

还有来自家族内部的"侮蔑"的目光。父亲"终于日重一日的亡故"之后，祖父还在狱中。作为祖父这一房（大家族中的一分支）的长男，15岁的鲁迅不得不肩负起房族代表的责任。在一次家族会议中，为了房产之争，一位叔祖父强迫鲁迅在一个侵占鲁迅这一房利益的决议上签字，声色俱厉，逼得鲁迅当众大哭（朱正，王得后，2004）。一个幼年失怙的15岁的孩子，面对着众多的家族长辈们居高临下的威严的目光，无助地大哭，这情景是凄凉的。而更坏的是，还有一位叔祖母（鲁迅作品《琐记》中的"衍太太"）散布流言，说鲁迅偷了母亲的首饰去卖钱（周作人，1997c）：

> 大约此后不到一月，就听到一种流言，说我已经偷了家里的东西去变卖了，这实在使我觉得有如掉在冷水里。……那时太年青，一遇流言，便连自己也仿佛觉得真是犯了罪，怕遇见人们的眼睛，怕受到母亲的爱抚。（《朝花夕拾·琐记》）

在台门之外，遇到的是路人们侮蔑和嘲笑的目光；在台门之内，族人们投来的又是怀疑和提防的眼神。自卑、耻辱、冤枉、委屈，百味杂陈，以至于"怕遇见人们的眼睛"，连母亲的爱抚的目光都难以承受了。

这两次被本家长辈欺负和污蔑的经历在鲁迅心理上留下的创伤之深，可以从后来的两件事约略推知。

一是鲁迅曾在其小说《孤独者》中借主人公魏连殳之口说了这样一段话："我父亲死去之后，因为夺我屋子，要我在笔据上画花押，我大哭着的时候，他们也是这样热心地围着使劲来劝我……"这简直就是作者当年亲身经历的摹写。而这篇小说作于 1925 年，已经是事隔近 30 年了。

二是后来鲁迅在北京与陈源笔战时，顾颉刚向陈源献计，说鲁迅的《中国小说史略》为抄袭日本人盐谷温氏之作。抄袭即剽窃即"偷"，这让鲁迅非常愤怒。也许，"抄袭"的流言让鲁迅再次"有如掉在冷水里"了吧。虽然鲁迅很容易就可以证明自己的清白，而且事实上这流言也没有发生多大效力，但是鲁迅对此事终生都难以释怀。鲁迅一生与顾颉刚不共戴天，无论顾氏如何试图修复，鲁迅都不给任何机会（周令飞，赵瑜，2011）。而且一有机会便在作品中对顾氏予以影射和讥讽，如《故事新编·理水》中说话口吃，"把鼻尖胀得通红"的学者。

于是，走罢！"S 城（即绍兴）人的脸早经看熟，如此而已，连心肝也似乎有些了然。总得寻别一类人们去，去寻为 S 城人所诟病的人们，无论其为畜生或魔鬼"（《朝花夕拾·琐记》）。

终于，"我要到 N（指南京）进 K 学堂（指矿路学堂）去了，仿佛是想走异路，逃异地，去寻求别样的人们。"（《呐喊·自序》）

为了逃避 S 城人恶毒的"眼睛"，18 岁的鲁迅离乡背井，前往南京。这是鲁迅第一次远行，心情是沉重而复杂的，并不像后来的人们所想象的那么义无反顾。往南京的途中鲁迅写过一则《戛剑生杂记》，可以作为当时心情的写照：

行人于斜日将堕之时，暝色逼人，四顾满目非故乡之人，细聆满耳皆异乡之语，一念及家乡万里，老亲弱弟必时时相语，谓今当至某处矣，此时真觉柔肠欲断,涕不可仰。故予有句云:日暮客愁集,烟深人语喧。皆所身历,非托诸空言也。

鲁迅于1898年4月底离家,5月7日到南京,先进了江南水师学堂,半年后改入矿路学堂。毕业后即被派往日本去留学。距离S城似乎是越来越远了,然而被看、被鉴赏的厄运和耻辱却不那么容易摆脱。

初到南京,进的是江南水师学堂,遇到的头一件尴尬事便是改名。水师学堂是清政府为建设海军而办的学校,学生须着军服。进这样的学校读书在当时的社会上是要被看不起的,以为跟当兵无异。所以,读书人觉得不值得使用自己的真名,随便改一个充数。当时鲁迅有一位远房叔祖在水师学堂当监督,便也依惯例给鲁迅改名"树人"(鲁迅原名豫才,周作人,1997a)。不敢或不屑使用真名字,而要临时改名,可见鲁迅当时对自己的选择其实是无自信的,对前途更是茫然。放假回家时,周家台门里的人见了,更是充满鄙夷的神色。周家虽已败落,却还端着旧日大家族的架子,固守着"好男不当兵,好铁不打钉"的陈旧观念。当兵,那该是多么没有出息的事啊!族人们的眼神里满是讽刺和轻蔑。待到后来从南京矿路学堂毕业,被派往日本留学时,更被族人们视为异端。鲁迅去日本之前,去到各房告别时,有人惊奇,有人惋惜,有人鄙视,甚至有一位族叔父几乎动手打他。

总之,鲁迅"走异路,逃异地",却并没有逃出S城人鄙视、侮蔑的"眼睛"。

走得再远一些,又如何呢?

来到东京,"家乡万里",S城人的眼神是暂时看不到了,然而,奇形怪状、成群结队的"清国留学生"却使他心中长期积淀的"被看"焦虑再次被唤醒,甚至唤醒得更为彻底。因为,身在异国,鲁迅的身份意识变了,已不仅是一个衰落家族的贫穷子弟,而且是一个腐朽衰颓的没落帝国的子民,头上拖着的那根滑稽的长辫便是这一身份的象征。客观地说,鲁迅并不在"富士山"

们的队伍中,他到日本不久就剪去了辫子。但是,同为弱国子民的身份使他为这些"清国留学生"的丑态感到无地自容。作为其中的一员,他既惶恐、焦虑于自己被"看"、被"鉴赏"的厄运难逃,又在想象中代他人"被看",代他人羞愧,同时还一面想象着日本人看到这群"怪物"时的好奇、鉴赏、嘲讽、鄙夷的表情。从精神病理学的角度,鲁迅的这种状况应属于"被看恐惧症",或者类似于创伤后应激障碍(post-traumatic stress disorder,PTSD),对创伤性的情境和线索极其敏感,高度警觉。而且,鲁迅也正巧采用了与这一障碍相一致的应对策略——回避。

"到别的地方去看看,如何呢?"他再次想要"走异路,逃异地"了。于是,鲁迅从东京往仙台,成为了仙台医学专门学校的第一位中国学生。

四、回到"幻灯片事件"

到现在为止,鲁迅一直在"逃",从绍兴到南京,到东京,再到仙台,一路奔逃,为了躲避那些熟悉的让人恐惧、羞辱、自卑的审视、鉴赏和侮蔑的眼睛。万万没有料到的是,在仅有一名中国学生的仙台的课堂上,鲁迅竟"有幸"会见了"久违的许多中国人"——

> 一个绑在中间,许多站在左右,一样是强壮的体格,而显出麻木的神情。据解说,则绑着的是替俄国做了军事上的侦探,正要被日军砍下头颅来示众,而围着的便是来赏鉴这示众的盛举的人们。(《呐喊·自序》)

这就是著名的"幻灯片事件"。这一事件对鲁迅的刺激是极严重的。幻灯片中示众与围观的情景不但唤醒了鲁迅深压在记忆中的羞辱体验,使其积淀已久的"被看"的创伤重新变得鲜活起来;而且,作为现场唯一的一个中国人,鲁迅不得不在"同学们的拍手和喝采"声中默默承受作为"只能做毫无意义的示众的材料和看客"的弱国子民的耻辱和悲哀；更严重的是，彼时彼刻，鲁迅面临着无可逃避的"被看"的现实危险。当他的日本同学们停止喝彩，将眼光从幻灯片收回，自然会意识到身边正坐着一个"中国人"——与幻灯片中一样的中国人。这对鲁迅来说是极为难堪而且无法接受的。这些年来，鲁迅"走异路，逃异地"，不正是因为"早经看熟"这样的中国人的脸，要与这样的中国人划清界限吗？从东京跑到仙台，不正是因为东京有着成群结队的"清国留学生"而自己深感羞与为伍吗？而现在，通过一张幻灯片，中国人不但闯入了他的视野和大脑，而且提醒他一个可怕的事实——你就是一个中国人。自卑、羞辱、难堪、焦虑、愤怒、无奈……难以想象此时坐在教室里的鲁迅是怎样的心情。他的自卑和耻辱是双重的，作为一个受尽白眼的破落户子弟，同时作为一个弱国的子民。

幻灯片事件之前，还有一件事值得一提，即所谓"漏题事件"。这件事长期以来被人忽视或没有受到应有的重视。在仙台的第一学年结束，考试成绩公布出来，鲁迅位列中等，平均分数65.5分，在全年级142中列第68名。可是这个成绩引起了一些日本学生的妒忌。他们不相信鲁迅能考得这样的成绩，疑心是藤野先生透露了题目。他们放出流言，借故检查鲁迅的笔记，还写匿名信骂他（朱正，2007）。这使鲁迅非常悲愤："中国是弱国，所以中国人当然是低能儿，分数在六十分以上，便不是自己的能力了；也无怪他们疑惑。"（《藤野先生》）

据周作人在《鲁迅的青年时代·东京与仙台》中所说，藤野先生乃是一位古道可风的人物，绝不至于泄露题目给鲁迅。而且事实上藤野先生授课的《解剖学》，鲁迅的考分最低，仅得59.3分（周作人，1997c）。但是，鲁迅在仙台的一年半的日子里，藤野先生确实给了他许多的关照和爱护。关于这些鲁迅在《藤野先生》一文中说得非常详细。在当时的空气里，当周围的一些日本同学对鲁迅抱以蔑视、怀疑和敌意的目光的时候,藤野先生始终如一地关心他,悉心辅导他的学业,对他抱着诚恳的期望,并且对中国的文化怀着极大的尊敬。这对一个曾经饱受侮蔑和精神摧残的青年的确是难得的一丝慰藉,对他岌岌可危的微弱的自尊更是一种珍贵的支持。在这个意义上,说藤野先生对当时的鲁迅有着精神支柱的意义也是不为过的。只有理解了这一点,才能理解鲁迅何以对藤野先生终身饱含深情,满怀敬意。

"漏题事件"与鲁迅在随后发生的"幻灯片事件"中的反应也是密切关联的。"漏题事件"为"幻灯片事件"中鲁迅强烈的"被看焦虑"提供了充分的事实依据。如果说鲁迅为东京的"清国留学生"的丑态感到难为情还带有相当的想象的成分,是因为他对"被看"过于敏感的话,那么这一次他可是真切地"被看"了,而且是被一群对他的身世和经历毫无所知的日本人"看"了。这一次的"被看"与他的家族的败落无关,与他的"乞食者"、破落户子弟的身份无关,而仅仅因为他是一个"中国人"。正是因为这一次切实的被看经历,当鲁迅在幻灯片中见到久违的中国人时,立即预感到了自己的"在劫难逃"——拍手和欢呼的日本学生们不会放过他,他将作为一名与幻灯片中一样的中国人当场被看,被示众。

五、反抗被看

"幻灯片事件"使鲁迅陷入绝境,再无逃路。如果说通过"走异路,逃异地"可以在某种程度上逃脱 S 城人的蔑视和鉴赏,作为一个弱国子民却无论有辫子还是无辫子,在东京或是在仙台,永远都将被人"瞩目",被人"喝彩"。于是鲁迅拿起了笔,向"看客"们宣战。鲁迅一生反复地、执著地、甚至是强迫性地描写"看客",描写"看与被看"的场景,一方面固然是为了启蒙,为了警醒和改造国人;另一方面更重要的是为了反抗和自我疗治——通过自己的笔,将"看客"们暴露在阳光下,将"看客"们拉出来"示众"。鲁迅著名的散文《复仇》直接针对看客,向看客们发出致命的"复仇":

> 他们俩裸着全身,捏着利刃,对立于广漠的旷野之上。
>
> 他们俩将要拥抱,将要杀戮……
>
> 路人们从四面奔来,密密层层地,如槐蚕爬上墙壁,如马蚁要扛鲞头……而且拼命地伸长颈子,要赏鉴这拥抱或杀戮。他们已经豫觉着事后的自己的舌上的汗或血的鲜味。
>
> 然而他们俩对立着,在广漠的旷野之上,裸着全身,捏着利刃,然而也不拥抱,也不杀戮,而且也不见有拥抱或杀戮之意。
>
> 他们俩这样地至于永久,圆活的身体,已将干枯,然而毫不见有拥抱或杀戮之意。
>
> 路人们于是乎无聊;觉得有无聊钻进他们的毛孔,觉得有无聊从他们自己的心中由毛孔钻出,爬满旷野,又钻进别人的毛孔中。他们于是觉得喉舌干燥,脖子也乏了;终至于面面相觑,慢慢走散;甚而至于居然觉得干枯到失了生趣。(《野草·复仇》)

这是"鲁迅式"的复仇,看似黑色幽默,实际上包含着鲁迅深刻的思考:看客与被看者是相辅相成的,看客之所以喜欢围观,喜欢看,部分的也是因为被看者的密切"配合"。被看者"将要拥抱,将要杀戮",所以看客们"从四面奔来"。如果被看者果真"拥抱"或者"杀戮",便给了看客们赏鉴和满足的机会。但是,被看者"也不拥抱,也不杀戮,而且也不见有拥抱或杀戮之意",并且"这样地至于永久",那么看客们便将无聊、干枯并且失了生趣。

这是鲁迅的自省和反抗。自家庭变故以来,之所以屡被围观,难逃"被看"的厄运,是否也与自己的"配合"有关呢?在看客们的侮蔑的目光下,自己所表现出来的难堪、退缩、自卑、羞愧，是否给了看客们积极的鼓励，让他们尝到了"事后的自己的舌上的汗或血的鲜味"？因此，曝光（描写）这些嗜血的看客们，将他们定格在广漠的旷野，审视他们，并且决不给他们赏鉴和满足的任何机会，这是鲁迅自我拯救之道。只有这样，才能驱散心中自卑和耻辱的暗影，抬起头来，奋然而前行。

六、小结

鲁迅是中国近现代史上最深刻、最复杂的思想家和文学家，对今天的鲁迅研究者和读者来说，鲁迅是一个"谜"。他的一生充满了矛盾与惶惑，他的精神结构中充满了悖论：他否定了希望，但也否定了绝望；他相信历史的进步，又相信历史的"轮回"；他献身于民族的解放，又诅咒这样的民族的灭亡（汪晖，2000）；作为一位伟大的思想人物，却热衷于尼采式的超人、拜伦式的英雄、施蒂纳式的唯一者；主张"为人生"和"改造国民性"的文学，却充满了"安特莱夫式"的阴冷和对于现实世界的决绝（汪晖，2000）。总之，鲁迅是一个悖论式的人物，有着悖论式的思想，对鲁迅的分析无法找到某种"统一性"，也不要试图对鲁迅作出某种"合理的"、逻辑一贯的解释。

面对这样一个博大深邃、充满悖论的巨人，仁者见仁，智者见智是在所难免的。于是，有人以鲁迅为虚无，有人以鲁迅为绝望；有人看到鲁迅的热情似火，有人看到他的孤独阴暗；有人看到他的偏执多疑，有人看到他的幽默风趣；有人甚至大声疾呼：鲁迅是谁？（陈丹青，2011）

本文无意也无力对鲁迅作出某种统一的、"逻辑一贯"的解释，仅是有意罗列串联其童年及青少年时期的若干悬念性的事件，以期为鲁迅成年后的某些行为，包括文学创作提供一些同情的理解。挂一漏万，在所难免，权当抛砖引玉吧。

参考文献

陈丹青（2011）．笑谈大先生．桂林：广西师范大学出版社．

鲁迅（1973）．鲁迅全集（第十三卷）．北京：人民文学出版社．

鲁迅（1991）．呐喊·自序．见钱理群、王得后（编）．鲁迅小说全编．杭州：浙江文艺出版社．

鲁迅（1991）．阿Q正传．见钱理群、王得后（编）．鲁迅小说全编．杭州：浙江文艺出版社．

鲁迅（1991）．朝花夕拾·琐记．见钱理群、王得后（编）．鲁迅散文全编．杭州：浙江文艺出版社．

鲁迅（1991）．从百草园到三味书屋．见钱理群、王得后（编）．鲁迅散文全编．杭州：浙江文艺出版社．

鲁迅（1991）．复仇．见钱理群、王得后（编）．鲁迅散文全编．杭州：浙江文艺出版社．

鲁迅（1991）．孔乙己．见钱理群、王得后（编）．鲁迅小说全编．杭州：浙江文艺出版社．

鲁迅（1991）．狂人日记．见钱理群、王得后（编）．鲁迅小说全编．杭州：浙江文艺出版社．

鲁迅（1991）．社戏．见钱理群、王得后（编）．鲁迅散文全编．杭州：浙江文艺出版社．

鲁迅（1991）．藤野先生．见钱理群、王得后（编）．鲁迅散文全编．杭州：浙江文艺出版社．

鲁迅（1991）．祝福．见钱理群、王得后（编）．鲁迅小说全编．杭州：浙江文艺出版社．

钱理群（1990）．周作人传．北京：北京十月文艺出版社．

索良柱（2008）．重释鲁迅所经历的幻灯片事件．文学教育，(2)，111—116．

汪晖（2000）．反抗绝望——鲁迅及其文学世界．石家庄：河北教育出版社．

王晓明（2001）．无法直面的人生——鲁迅传．上海：上海文艺出版社．

王志蔚（2009）．鲁迅的"看客"情结探源．江南大学学报（人文社会科学版），(2)，

93—98.

许寿裳（1999）. 我所认识的鲁迅. 见鲁迅博物馆、鲁迅研究室、鲁迅研究月刊（选编）. 鲁迅回忆录（上册）. 北京：北京出版社.

赵黎明（2000）. 鲁迅的反"看客"思想探微——兼及鲁迅作品的正读问题. 广西大学学报（哲学社会科学版），（6），63—68.

周令飞、赵瑜（2011）. 鲁迅影像故事. 北京：人民文学出版社.

周作人（1997a）. 鲁迅的故家. 见止庵（编）. 关于鲁迅. 乌鲁木齐：新疆人民出版社.

周作人（1997b）. 鲁迅小说里的人物. 见止庵（编）. 关于鲁迅. 乌鲁木齐：新疆人民出版社.

周作人（1997c）. 鲁迅的青年时代. 见止庵（编）. 关于鲁迅. 乌鲁木齐：新疆人民出版社.

朱正（2007）. 一个人的呐喊——鲁迅1881—1936. 北京：北京出版社出版集团、北京十月文艺出版社.

朱正、王得后（2004）. 鲁迅图传. 广州：广东教育出版社.

Lu Xun: A Soul Preoccupied by Inferiority and Humiliation

Hui Ling

(Department of Psychology, Hunan Normal University, Changsha, 410081)

／ Abstract ／

Over decades after his death, Lu Xun was interpreted and constructed repeatedly. He was patternized and ideologized gradually, and was even idolized. In the eyes of most Chinese, Lu Xun is almost just a sign or a symbol. In this paper, from the perspective of psychobiography, a tentative interpretation of Lu Xun was provided by analyzing the major events in Lu Xun's life and his early growth environment. Most of the works of Lu Xun are autobiographical. In his representative novels, such as *K' ung I-chi*, *Reunion in a Restaurant*, *Misanthrope*, *Brothers*, and *Benediction*, the heroes have Lu Xun's own image. Therefore, it is an effective way to interpret Lu Xun by analyzing his creations, especially his novels. The scenes of being seen and gazed and having the fear of being crowded or humiliated were repeated in many of his works, which were impressive. Why did Lu Xun take the trouble to describe the scene of being seen? Why was he so preoccupied with the plot of being seen? It was Lu Xun's own set of humiliation experience of being seen that revealed the secret of the Seeing and Being Seen Complex in the works of Lu Xun. The experience can be traced back to a special experience in his early years.

"For more than four years I used to go, almost daily, to a pawnbroker's and to a medicine shop. I cannot remember how old I was then; but the counter in the medicine shop was the same height as me, and that in the pawnbroker's twice my height. I used to hand clothes and trinkets up to the counter twice my height, take the money proffered with contempt, then go to the counter the same height as me to buy medicine for my father who had long been ill." (From Preface to: *Call to Arms*, Translated by Yang Hsien-yi and Gladys Yang)

The contemptuous eyes with all kinds of feelings made the young Lu Xun hard to bear. Since then, the seed of refusal to be seen had been planted in his mind. All these latter behaviors were related to the humiliation experience, such as the sensibility to self-esteem (i. e. responses to Slides Show Incident), the sympathy to the people being humiliated and trampled, the disgust to the arrogant "gentleman", the criticism to despicable national character and the call of "the superman". In other words, it is a kind of defense and compensation of the humiliation and inferiority soul for self-esteem threats.

／ Key words ／

Lu Xun, inferiority, humiliation, onlooker

太虚大师：近代佛教人本主义的先驱

薛荣祥* 丁兴祥

（龙华科技大学通识教育中心，台湾桃园，33306）
（辅仁大学心理学系，台湾新北，24025）

/ 摘 要 /

太虚大师是中国近代人间佛教的开创者，他的人间佛教理念与行动，对于两岸佛教的发展产生了深远的影响。同时它的人间佛教运动也为中国传统的山林佛教形式注入了发展的生机，并且为北传佛教在整个佛教体系中，找到一个有力的立足点。

心理传记学是结合了心理学和传记研究的同盟，本研究透过心理传记研究法，尝试了解这位佛教人本主义者的生命经验如何影响他的宗教观点。透过对于太虚大师早期生命叙事文本的阅读，发现清末民初强调变革的时代变局，以及大乘佛教隐含的入世观点，促使他从关注内在神

---

* 薛荣祥，E-mail: jshsueh@mail.lhu.edu.tw

圣性转向对社会的关注。

而荣格（Carl G. Jung）从性格类型研究中所提炼的内外向人格倾向，以及他将这种倾向的差异用在东方宗教与基督宗教的讨论，也对于理解太虚大师宗教转向的历程以及他所面对的宗教主题，提供了一个适当的参照架构。

／关键词／

太虚大师，人本主义，人间佛教，荣格，性格类型

一、前言

如实正观世间集者。则不生世间无见。

如实正观世间灭。则不生世间有见。

迦旃延。如来离于二边。说于中道。

——《杂阿含经》

太虚大师（1890—1947）是近代中国佛教最重要的改革先驱，他处在清末民初的变动时代中，针对传统中国佛教的僧院制度、佛教教理以及佛教与社会的关系，提出了各种改革的主张，并且多方努力实践。从今天台湾佛教团体的发展模式和宗教主张中，可以看到他深远的影响。他的佛教事业在当时虽然未能开花结果，但是正如同他所说的，"后起的人应知我的弱点及弱点的由来而自矫自勉，勿徒盼望我而苛责我，则我对于佛教的理论和启导，或犹不失其相当作用，以我的失败为来者的成功之母。"现在我们看到台湾佛教的发展乃至未来佛教在中国再出发的可能性，都无法不回溯到他在60多年前的努力。

太虚大师：近代佛教人本主义的先驱

有关太虚大师的事迹和他的佛教事业，自从1947年他圆寂之后由印顺法师等人编辑了《太虚大师全集》以及《太虚大师年谱》之后，已经有过很多的探讨（洪金莲，1995；邓子美，2002；罗同兵，2003；白满德2008；释怡藏，2008）。本文则是讨论他如何从一个传统的僧人过渡到成为一位宗教人本主义者的过程，包括他为何出家为僧，如何在佛教的文化氛围下学习成长，并且在经历了外在环境的冲击之后，逐渐地转化他的佛学观点，最后为现代中国佛教开启了一条面对现实世界的新道路。

我选择太虚大师作为我的心理传记研究主题，起因于近几年来我对佛教信仰的疑惑与追寻，试图透过这一项研究解决我在佛教场域看到的一些无法理解的现象。通过近30年来的佛教经验，我一直在信仰与断续的宗教研究中前进，透过佛教主题的研究，来强化自己对信仰的理解。

由于接触藏传佛教的原因，我的硕士学位论文书写了《西藏民族自决问题的研究》（薛荣祥，1990），其后陆续有了一些有关藏传佛教信仰的调查，进入辅仁大学心理系就读前后，我开始有一些研究取向的改变，透过访谈开始进入宗教心理的范围，《藏传佛教信徒的宗教叙说》（薛荣祥，2005）是这个研讨会的第一届活动中发表的旧作了。

这篇以心理传记研究方法来进行的太虚大师研究，是想要透过个案研究来深化对宗教心理的尝试。

太虚大师传记的丰富性，以及传主作为一个华人僧侣的身份，他的宗教经验、判教观点吸引了我进入他的世界。特别是他几回转折的过程，让我看到一位华人僧侣以他坚韧的生命力，不断地在社会环境和佛教经典之中作出折冲与诠释，最终为自己和为中国的佛教开启了一场新的宴飨。他对大乘佛教的诠释，让我看到了佛教除了回归于原始佛教的解脱精神以及藏传佛教兼具理性与信仰的丰富样貌外，另一条极具人间味道的佛教道路，这种人文主义的佛教主张，不只是佛教朝向世界的新方向，也启发了我自己的信仰定位。

心理传记学的研究是一种心理学与传记学的联盟（Elms，1994），在太虚大师的心理传记研究中，我特别受益于荣格（Jung）的心理学主张。一开始是因为荣格对于佛教的禅宗、密教以及净土宗的观想有一些讨论和研究，吸引我对于分析心理学的阅读。在阅读荣格作品的过程中，他所强调的心理真实观点（Jung，1984）帮助我进入太虚大师的研究，因为我想要以一个同理的观点进入传主的世界，这样的做法让我能够保持在一个佛教徒的态度上前进，而不至于因为批判性的观点导致内在的焦虑和矛盾。同时荣格从性格研究上所发展出来的二元性观点，也成为本文解释太虚大师生命发展历程的架构，此岸与彼岸这种二元观点的讨论，就是从他的二元观点中得到启发而来的。他所认定的东方宗教与西方宗教的内向性和外向性（Jung，1994）则对于本文处理人间佛教的发展方向，提供了一个心理动力观点的支持。

二、不安的童年生活

早期太虚大师（乳名淦森，俗名张沛林）的家庭生活处在极为困顿的情况，他的父亲本来就是招赘到张家的水泥工，在他两岁时即因病去世；5岁时母亲也改嫁了，从此他就依了外祖母生活，并和他开设私塾的二舅从学。他那父母双亡而仰赖外祖母与舅舅生活的困境，构成他动荡不安生活的一个基础。

然而正如阿德勒（Adler）所说的，一个正常人处在这样的困境之下，仍然会努力地想为自己的人生寻找一条出路（Adler，1958）。这位具有很强记忆力的少年，为什么他在早期会舍弃现实的生活而逐渐地朝向一个他自己后来认为是具有虚幻性的宗教世界呢？

他在《太虚自传》中说："我生为乡镇贫子，幼时孤苦羞怯，身弱多病，毫无一点异禀可称述。"然而他的外祖母在这样的条件之下，仍然处心积虑地想要为他在现实世界中找到一个安身的位置，只是这样的努力几度遭遇挫折，最终太虚决定走向自己早年虚幻想象的道路。

他13岁那一年（1902年）由外婆安排到镇上百货商店当学徒，结果这一次努力却因体弱发了疟疾而被辞退回家。

14岁那一年（1903年）他外婆见他有一些文思，所以希望他能走上科举功名的道路，不过这个期望在返回父亲故里争田产、支持读书的希望失败后再度落空了。

当这两条现实世界的道路都遭遇挫折，标志着加之于他的现实世界太过于艰难，也许正因为这些从小到青少年时期所面临的挫折，他觉得此岸太过于艰辛了，或许也是他自己的体弱因素，无法对工作产生胜任的感受，因此当他在15岁（1904年）再度到镇上百货商店当学徒之时，终于不耐这些繁琐的事务，走向他充满想象的出家之途。

三、彼岸——虚幻的超越想象

为什么在这里把太虚的出家称为"虚幻的超越想象"呢？弗洛伊德在《一个幻觉的未来》中说："宗教是一种幻觉，是人类最古老、最强烈、最迫切的愿望的满足"。（Freud, 1927）证之于太虚大师自己的说法，他早年出家的心理动力，确实和弗洛伊德所说的幻觉与愿望的满足十分的相近。因为在他的自传上说16岁到曾经随外祖母游历的小九华寻求出家，在这个寻求出家的想象中，他主要的动力是来自于过去对于出家生活那种神仙般清闲的想象。

> 我不欢喜学习店中商务，尤怠于作繁琐家事，竟连小九归的算盘也无心练熟。但念及外婆的老境不佳，也不敢再回去增加她的忧愁，所以忍耐着混了一年多；而不时憧憬着普陀山出家人的清闲快乐，逍遥自在。乃私

自储蓄着盘缠钱,作为到普陀山去出家的准备。(释太虚,1945:12)

如果我们分析张沛林出家的原因,除了他9岁起跟随着外祖母到安徽九华山、浙江普陀山进香,并且朝拜邻近的各大佛刹,因而在他的意识或说八识田中,放进了对于寺庙生活的欣慕之情,寺庙生活也在他对于学徒生活厌倦、科举之途无望之际,成了他寻求人生出路的一个选项。

同时对于他因为欣慕出家人的清闲快乐、逍遥自在,而放弃了在百货行学徒生活的动机,除了他在早年所经历的佛家所言爱别离、病苦以及求不得的诸种痛苦,引发他厌离此岸的动机之外,我们也可以把这件事情从精神分析愿望满足的观点来看待。

从健康与体能的状况来看,张沛林从"5岁起,常患四日两头发的疟疾,一年发起来往往缠绵数月,因此又时病夜遗",直到8岁时跟随他二舅到外面的教馆读书那一年,因为营养较佳,身体才慢慢有了改善。到他13岁时,到长安镇上沈震泰百货商店做学徒,却又旧疾复发,"过了年,我因瘖疾时发——这些病到出家后二年始全好——,店中辞退出时,由外婆来领到庵中养息,温读四书,学习作文"(释太虚,1945:8—19)。从他时患疟疾直到当学徒都没有好的情况来说,张沛林之所以欣慕出家人清闲的生活,可以说有了一个很清楚的解释,那就是他的身体状况实际上很直接地影响到他的生涯抉择,他无法耐受当学徒时既要帮忙家务又要学习商务那样繁琐的生活样态,相对的想象中清闲快乐的出家生活因而成为他的人生出路。

寻求出家的生活除了是一种满足张沛林身体需要的愿望之外,宗教生活的想象同时也如荣格所说是一种集体潜意识的需求,宗教象征可以给出人生的意义(Jung, 1964),它提供了人类心灵生活的所需,同时也避免一个人的枯竭。对于一个在现实生活中遭遇到这么多挫败的青少年来说,神仙故事中的想象无疑提供了他一条心灵的出路,给他的生活中注入了一泓活水,而在现实的经验中，他所看到的寺院生活，和这些神仙故事形成了联结，因此就在这样的想象之中寻求生活的归宿。

在他早年的经历中，除了和外祖母参拜寺院的见识之外，流传于民间的宝卷、章回小说和神仙故事对他的影响，也是吸引他出家的关键因素。他在自传中提到跟随外祖母朝香的经历，这些经历无疑地在他的八识田中种下了很深的种子，"船中每日作朝暮课诵及念佛三炷香，我在此时即随同念熟了各种常诵的经咒。暇时听一二老僧与外婆讲讲一路的古迹，及菩萨、罗汉、神仙的逸闻轶事，甚觉优游快乐。"（释太虚，1945：9）

在谈到他外祖母一度希望他能参加科举考取功名时，他提到所听闻阅读的小说宝卷等等，其实也多少带有一些仙佛神异的内容，特别是他从外祖母那边听到的香山、刘香宝卷这些民俗化的佛教衍化经文（李世瑜，2007）更增加了他的宗教想象。

> 我前听过讲三字经等，亦听外婆讲香山、刘香等宝卷，及忠孝节烈若苏武牧羊、昭君出塞、孟姜女、赵五娘等传奇故事；在洲全镇上茶肆，又听过柳树春、白蛇传、双珠凤、文武香球等说书；于震泰店友们所看的粉妆楼、三门街、绿牡丹、万年青、七剑十三侠、包公案、彭公案、施公案等小说，也看了不少。（释太虚1945：11）

四、存在于彼岸之下的阴影

虽然说寻求出家这件事对张沛林来说是试图为他的人生找到出路，然而佛教关于彼岸的说法最初是一种离开轮回的超越思想，后来逐渐转化为轮回与涅槃不二的看法，这样的说法除了凸显菩萨道不舍众生的大悲心观点之外，最基本的问题还在于人类毕竟是寓居于世的状态,各种与世间并存的关系其实很难视而不见,即使由于对他方的期望而想要丢掉此世的一切,所要抛弃的世间也会如同荣格所说的阴影一般,无法真正地被弃绝掉。

张沛林的出家过程就浮现出了两重阴影,虽然出家对他自己来说是找到了另一条生路,不过俗世的伦理责任依然牵挂在他内心深处,他在自传中说出自己走出家这条路时存在的心理障碍,抛弃年逾六旬的外婆与衰惫的小娘舅母子俩,后来结果的可悲,至今想起来心有余疚!(释太虚,1945:12)

虽然他的目标是出家,然而这个出家的想法同样也是一种美好生活的极端想象,并非是对于人间苦难反思后的觉醒,因此在他的自传里出现了这样的插曲,当他人已经离开了长安镇,在前往出家的途中却仍然有一段牵扯不清的遭遇,一个家庭的吸引力和到上海读书的机会出现在他眼前,当他想要去追随时却又瞬间消失,这也同样在诉说着世间可爱之处对他来说同样具有吸引力。

> 公司的经理见我为一个衣服楚楚的少年,孑然孤身买票往上海,颇生研问。我以逃亡,未实告姓名里居,但微露要转到普陀山出家的意思。经理妻听了深怜坚阻,告以她们住家上海,暂在嘉兴留居数日,可带我同他的女儿到上海同入学堂读书。她的女儿那时也立在一旁,与我年纪不相上下,长的老练,容貌妍丽,亦笑容可掬的随着她母亲劝留。我的心里一时踌躇莫决,惘惘然含糊在公司中住下。经理夫妇只此一女儿,甚乐我谈笑相聚,并常常同出街上或城外游览。起初我犹腼腆忸怩,数日混熟了,不再羞怯,见者多啧啧称美,女亦忻然不忤,如此经过了二十几天,经理妻突因要事率女回沪,我遂不再留连,仍实行我去普陀山的计划。(释太虚,1945:13)

五、彼岸想象的破灭与转化

在经历了寻求出家过程中一段二十多天差点到上海读书的插曲，以及想要到普陀山却上错船到嘉兴的因缘之后，他终于在平望登岸而在当地的小九华寺随着监院士达法师出家了。而他在小九华寺等待剃度时候所看到的章回小说如《济公传》等，相较于他之前所阅读的更加具有宗教色彩，想必加深了他对宗教生活的神异想象。

> 师当即允许收留剃度，乃在师房中暂为寄住。见有济公传、醉菩提、西游记、封神榜、三国志等书可看，并见有万宝全书一部，尤奉为可以学习神通的秘宝，遂益加安心一意地守着做小沙弥。我往来灵岩山和浒墅乡下，极优游自适，常以练习万宝全书中若隐身法等为事。练得没有效验，闹出了不少笑话。（释太虚，1945：14）

15岁的小沙弥想要求得神通以超脱过去不如意的生活，或是想要追求神仙的境界，这些基本上都是建立在章回小说的知识上的想象，在几经练习无效之后，这一段奇异的幻想终于破灭了，摆在这位太虚沙弥面前的是另外一段不同于他原来想象的佛教生活。

这些想象的内容随着他进入佛教的体制之中而有了一些改变，他在听经闻法之后开始辨识了仙佛的差异，但是舍弃了对神仙生活的神异想象并没有让他放弃对于宗教超越性质的追求。

虽然修炼神通的企图失败了，但是他在宗教生活中却并非一无所获，他在现实生活中所缺少的照顾与肯定，反倒在僧侣的生活中得到了一些补偿，这些后续的发展同时加深了他对于佛教的认同，隐约地也为他在佛教方面的发展打下了一些良好的基础。

他原本身体不好，在进入僧团之后得到其师公奘年法师的照顾，来年也就好了，这对于当时已经假报年纪而受戒的太虚法师来讲，可以说是一个很重要的重新开始。

> 奘老道心甚好，又极其忠厚谦和，待我尤极慈爱。见我有疟疾等病，携我至镇海城就医吃药，医了一二月，身渐健康，始陪我往天童寺求戒。……冬天，奘老朝峨眉山回甬，买了好些滋补的参药来给我吃，我多年的疾病全愈了，色身也更加发育长成，获臻健康。（释太虚，1945：14）

他在僧团里的表现，也因为他从小时候特别具有的记忆力而受到肯定与重视，因此而得到了特别的照顾与提携，这些都是他过去所无法想象到的。这些幸运的遭遇，对于他原本想象的神仙般生活以及修行神通的期望破灭，起了修补的作用，原本是一个幻想的破灭，反倒造就了一个新认同的开始。

> 因为我在戒堂中，对于课诵唱念早经听熟，要背诵的毗尼日用及沙弥、四分、梵网戒本，以及各种问答，我以强记力特别高，都背诵应答如流。有一次演习问答，答得完全的，只有我一人，所以戒和尚及教授、开堂与道阶尊证，都深切注意我为非常的法器。将出堂前去拜辞的时候，了余教授极加夸奖，而八指头陀尤以唐玄奘的资质许我，嘱奘老加意维护，并作书介绍我到水月法师处读经学习文字。……我从此乃在永丰禅院依止水月法师读经。次年十七岁，即将法华经读诵得滚瓜烂熟，水月法师也特别器重我，让我住在内库房，给我极安闲的方便。（释太虚，1945：15—16）

出家之后的太虚将他的认同从对神仙生活与神通的追求移转到佛教知识体系之中,在经书教理和各种禅宗语录及训练中,太虚转换地追求他青少年时建立的憧憬。佛教的体系十分庞大,当时太虚所接触到的江浙地区的佛教,乃是结合经教与禅宗的传统,这个传统对他后来的判教有很深远的影响,不过最初在读经之后,他把重点放在仍然带着几分神秘色彩的禅宗参学上面。

院中经书以语录等类为多,我随便翻阅,指月录、高僧传、凤洲纲鉴,尤所喜看。看不懂的也随时问问,及将禅录中话头默自参究。……我因经义而及禅录,时有些领悟与怀疑交战胸中,是夏闻天童讲法华经,遂向水月法师请假入天童禅堂,并听讲经。(释太虚,1945:16—17)

曾住禅堂参禅,要得开悟的心很切,一方读楞严经,一方看语录及高僧传等。第三年又听讲了楞严经,对于天台教观已有大体的了解。并旁研及贤首五教仪、相宗八要等。而参究话头的闷葫芦,仍挂在心上。(释太虚,1940:346)

在出家的前三年,禅宗的开悟成为他的另一个憧憬,我想这与禅宗语录里面所讲究的"直指人心,见性成佛"有关。"成仙与成佛"同样都是建立在想要跳脱凡人生活的动力,也可以说同样都是建立在对于现实生活不满足的基础上。他将原先追求神仙生活的想象,转换成追求禅宗的开悟。

天童寺禅堂自中国宋代以来就极负盛名,日本曹洞宗创始人道元禅师即是在此获得天童如净禅师的指导而归国弘法的(道元,2003)。太虚在天童禅堂的生活少有可谈的,就是一些禅堂的学习罢了。

以学教的关系,进天童寺禅堂中住,并学习了住禅堂的禅和子团体生活,坐香、跑香以及吃放参、敲叫香、当值、出坡等等;也时常听到和尚及班首讲开示,而八指和尚所讲的开示,每甚精警。偶然在狭路相遇,亦曾提示话头以促令起疑参究。(释太虚,1945:18)

印顺法师在他当时的资料中找到了一张他自提照片中的字句,颇有令人玩味之处,内容是"你!你!我认得你!你就是你。你自题。"(释印顺)。对于这一张照片自题,如果我们把它放在禅宗的脉络来看,那是一项关于疑情的书写,另一方面以太虚当时所经历的生命经验来看,恰巧可以把它当做自我认同的提问,他刚脱离了一项关于神仙式佛教的虚幻想象,很快地又进入佛教中有所谓教外别传的禅宗开悟的想象之中,在这个急速变动的生命过程中,关于我是谁的自我认同问题在这个时候出现,虽然是一个禅宗式的提问,却同时也触及他生命发展的重要主题。

六、神圣经验的转化

然则禅堂上的修行并没有让他真正达到开悟的目标,反倒是他19岁那年在汶溪西方寺阅读藏经,阅读《大般若经》让他得到的神妙的宗教经验。由于最初任意的阅读经典显然没有很大的帮助,因此当一位同修的法师建议他从《大般若经》第一卷开始看起,太虚也就欣然接受了。

从此乃规定就目力所能及,端身摄心看去。依次日尽一二函,积月余大般若经垂尽,身心渐渐凝定。一日,阅经次,忽然失却身心世界,泯然空寂中灵光湛湛,无数尘刹焕然烟现如凌空影像,明照无边。座经数小时如弹指顷,历好多日身心犹在轻清安悦中。数日间,阅尽所余般若部,旋取阅华严经,恍然皆自心中现量境界。(释太虚,1945:21)

太虚的宗教经验不只是一种超越日常感官的体验，更重要的同时也是一种对于经典的验证。他对于《般若经》与《华严经》的理解如同在阅藏时读到"一切法不可得，乃至有一法过于涅槃者，亦不可得"所经验到的"刹那空觉中，没有我和万物的世界对待。一转瞬间明见世界万物都在无边的大空觉中，而都是没有实体的影子一般"。这样的宗教经验很清楚地相对应。一切法不可得，《般若经》的经文体验让他失却了身心世界，而明见无实体的世界万物都在大空觉中，也和他后来阅读《华严经》所见识到的华严刹海描述相对应，这是太虚大师初期宗教的体验，或许我们可以这样说，这样的体验让他见证了空有并存的神妙经验，也让他理解了佛教经文所说内容的可验证性，从此之后经典的内容对他来说，不再是抽象的哲理，而是一些可以体验的知识了。

对他来说，这场神圣的经验正是他赋予佛教神圣定位的真正开端，也奠定了他后来弘扬佛教事业的基础，他认为这个经验是足以让他朝向一个神圣之路的基础，而这样的路径，正是传统佛教僧人众所努力的目标，那是一种超越凡俗的、在佛教观点来说是超凡入圣的道路，只不过这条道路有着神秘主义以及保守主义的色彩。

但是现在大家所知道的太虚并不是以这样的神秘主义为大家所理解，他后来选择的人生佛教，可以说是对于这种神秘主义或是超越凡俗修行的修正。由于他人生的境遇，他一方面依赖于自己的宗教体悟来作为安立自己的生命之途，另一方面则透过对佛教经验以及经典的诠释，带着佛教走向世间。

他在"我的宗教经验"中说明他对当时的宗教经验的潜能作了一个评价，同时我们也可以理解，这次宗教体验其实带给他十足的信心，禅宗所谓即心即佛，在他的自述中也可以看到这样的自信。

在读般若经的参禅心中，证得实相无相不立文字之正法眼藏，始超脱一切而实现天上天下唯我独尊之意志。故观一沙一草一虫一人以至全个之宇宙，直觉其皆有灵妙神化之无量德相，交遍无碍，全个的人生宇宙遂皆在怡然安乐的情感中；不惟信佛，且自信是佛矣。（释太虚，1928：235）

我现在想起来，当时如从这种定慧心继续下去，三乘的圣果是可以成就的。循我出家修学的路线以前进，至于阅藏经而有契乎般若、华严，已造于超俗入真的阶段，由是而精纯不已，殆可通神彻妙，由长养圣胎以优游圣域，而缘会所趋乃有大不然者。（释太虚，1928：23）

不同于1905年离开长安镇想要到普陀山出家的张沛林，当时他的宗教心灵是一种逃避式的想象，虽然离苦得乐是一般人正常向往的心态，但我们也在那里看到了精神分析所谓对于幻觉未来的想象。

太虚在1908年秋天所经历的第一次宗教经验，无论是失去身心世界，与整个宇宙交融无碍，失去时间感或是整个宇宙都在怡然安乐的情感中，这些体验都更适合于用人本心理学高峰经验的观点来解释和相互印证（Maslow, 1989）。从正向的观点来看，高峰经验的吸引力让他常常想要重新回到经验之中，而另一方面让他更有表达力，甚至于更加具有创造力。如果我们从天台宗的判教观点来说，他也是在一个开悟的体悟之中，这个让他得以向宗教体验继续前进的经验，称之为名字即佛（释宏海，2008）。

然而太虚对于他自己的宗教体验所作的诠释仍然具有一定的保守性，如同马斯洛（Maslow）认为这种存有之知有一个主要的危机，那就是不行动，他特别讨论了佛教中辟支佛与菩萨的差别，他说辟支佛只为自己求得光明而不管他人。回观太虚的自述文本中，对于这种倾向倒也表露出可惜的态度，他所说的"循我出家修学的路线以前进，至于阅藏经而有契乎般若、华严，已造于超俗入真的阶段，由是而精纯不已，殆可通神彻妙，由长养圣胎以优游圣域"，正是这种对于存有经验的眷念以及无所行动的倾向，这也是佛教传统中对于修行的保守性解释。

关于这种宗教经验的保守主义，荣格也从集体潜意识的观点提出他的看法："本能只能满足个人与大自然融为一体的需要，而且本能也不太会与时俱进，一个受到潜意识支配的个人会倾向于保守主义"（Wilhelm and Jung, 1962）。他的观点着眼于这种集体潜意识对意识的同化作用，会使得个人受到很大影响而不自知，同时也会有一种自大或自卑的情况产生。证之于太虚对于自己宗教经验的狂喜状态以及他所产生的自信，这样的看法可以说是在佛教强调止观之外，对于人性探索的另一层洞见。

然而就像他出家三年突然开悟的偶然性，另一个反向的偶然却也在那时候悄然出现，引导他走向了与传统佛教截然不同的道路。

七、朝向人本主义的个体化历程

这样一个中国传统佛教的修行僧人，透过参禅以及天台止观的修行，最后透过阅读《大般若经》而得到了自身与世界无实虚幻的体会，本想安分地在寺庙中做传承佛教的工作，或是安住在他自己的宗教体会中，但是当时大社会环境的变动以及佛教教理的诠释却让他走到了另一条道路上去（Pittman D. A.，2008）。

他产生宗教体悟这一年已经是 1908 年，这是中国传统帝制即将崩解的前夕，维新变法已然失败，然而保皇党仍然持续地到处活动着。另一方面，中国革命同盟会于三年前也就是 1905 年在日本成立了。此时一位非僧非俗的革命党人华山将太虚从佛教传统封闭的神圣圈子里召唤到变动的世俗环境中，用他自己的话说，这是一个回真趋俗的转变。

他的转变可以从两个方向来讨论，一个是思想的转向，另一个是他的实践行动。思想的转向最初指的是他在佛教的神圣之学之外，另外接受了当时政治上的改革思想，这两股思潮的辩证关系，后来成为太虚大师一生不断抉择与诠发的重心，也是他重新理解佛教的一条路径。

然而要从深厚的佛教传统中走出来，对于一个佛教僧侣来说本来就不是一件容易的事，更何况太虚当时已经尝过了宗教神秘经验的法味，佛教教义对他来说不只是文字的知识，也是印烙在身体的知识，要在这两重集体潜意识的笼罩之下，走出佛教的内向性格，看到外在的世界，的确要经过很大的冲突和努力。这个情况正如荣格所说的"既然个体化是不可避免的心理需求，我们可以看到在集体支配下要养大这株脆弱的'个体化'植物，需要多么特别的关心及照料，不然它就会窒息而死"（Jung, 1953）。

> 华山法师，他那时就在杭州办僧学校，暂来藏经阁休息。大家说起我的神慧，他与我谈到科学的天文、地理与物理、化学等常识；并携示天演论、康有为大同书、谭嗣同仁学、章太炎文集、梁启超饮冰室等书要我看。
>
> 我起初不信，因为我读过的书，只是中国古来的经史诗文与佛教经籍。当时与他辩论了十几天，积数十万言。后来觉他颇有道理，对于谭嗣同的仁学，尤极为钦佩。由此转变生起了以佛法救世救人救国救民的悲愿心。
>
> 当时，以为就可凭自所得的佛法，再充实些新知识，便能救世。（释太虚，1940a：346）

然而他的思想最终有了转变的原因，除了受到改革派康有为、梁启超的想法的启发之外，我认为最重要的还是从他的佛学脉络中深刻的反省得来的。他在自传中提到谭嗣同的《仁学》，又在《我的佛教运动改进略史》里面特别提到章太炎的著作，谭和章两人同时具有儒佛背景和观点，应当是对他改变想法起最重要作用的两个决定性人物。

相较于思想受到冲击所产生的跳跃性改变,他的行动就比较有脉络可循,辛亥革命之后对于寺产的征收使得当时僧人的生存环境遭遇到切身的威胁,这项威胁一方面使他有切身的感受,另一方面,也让他随着当时宗教与政治环境的改变,慢慢地参与了佛教组织的变革,逐渐成为改造中国佛教的一股力量。

> 其实,从当时佛教环境趋势上说来,也不得不发生这种思想。因为在光绪的庚子年后,有所谓变法维新的新政,国家对于一切都实行改革,尤以办学校为急进;教育当局往往藉经费无出为名,不特占庙宇作校址,且有提僧产充经费的举动。
>
> 这种占僧寺、提僧产、逐僧人的趋势,曾为一般教育家热烈地进行着;故当时章太炎先生有告佛子书之作,一方面叫僧众们认清时代,快些起来自己办学;一方面劝告士大夫们,不应该有这种不当的妄举,应该对佛教加以发扬。(释太虚,1940b:76)

在那样的时代背景之下,他首先参加了寄禅的宁波僧教育会,这是清朝政府因为各寺庙为了自保而投靠日本僧团之后,允许各寺庙自办学校,保护佛教的一个新措施。后来他又参加了江苏省僧教育会。1909年,进入了南京的只园精舍就读半年,这里的环境对于他的视野扩张一定有其作用。1910年他协同栖云到广州组织僧教育会,因为言语隔阂未能成功,但是却在广州筹组佛学精舍,开讲并著述《教观诠要》及《佛教史略》,这是他的著作之始。当年秋天,他担任了广州双溪寺的住持,直到来年"三·二九"黄花岗起义之后才因避难隐退。

民国成立,又燃起了他的雄心壮志,他到南京筹组佛教协进会,因为金山寺的接管纠纷让他的革命名声褒贬不一地传开了,1913年他又在宁波筹组佛教弘誓会，同年 3 月他又发起维持佛教同盟会，但此一活动未获支持。及至中华佛教总会成立，他担任佛教月刊总编辑，但因经费问题 9 月就辞职了。直到 1914 年 10 月他自谓在国内及国际政局皆令人失望之际，厌倦俗务，到普陀山进行闭关了。

但是从另外一个角度来看，他是因为与传统的佛教脱节，想要建立新的佛教典范，却因为缺乏足够的支持而失败，在失去了前进的动力之下，在几经徘徊之际他只能选择退居反思这条道路（江灿腾，1989）。

八、企图融合两岸的努力

在经历了初期的佛教改革运动以及革命风潮的洗礼之后，太虚在大环境不佳以及自己的目标无法达成的情况之下进行闭关活动。但是相较于最早的阅藏闭关，他的作息呈现了他对于人生志业的新想法，已经不再局限在宗教经文与修持方式之中了，他努力地想要将佛教思想与现代文明作一个融贯，同时作为一个佛教僧人，他也试图将佛教的修持和经文教理的关系作一个澄清。在这段时间中，他逐渐发展出他对于佛教修持的定见，并且在此一基础上诠释经文的内涵。他的尝试可以从他闭关前准备的各种书籍以及他的每日作息看出来。

> 有信心居士赠了我一部频伽藏，并至沪购买了当时所有严又陵所译各书，及心理学、论理学、伦理学、哲学等译著，新出的民国经世文编、章氏丛书、饮冰室全集、辞源等，二十八子及韩愈、柳宗元、苏轼、王安石、王阳明、顾亭林、黄梨洲、龚定盦、曾国藩等全集，又定了东方杂志、教育杂志等定期刊物，冯汲蒙居士并赠与十三经批注及二十四史、宋元明儒学案等木板书，加以原有的陶潜、李太白、杜甫、陈白沙等各种诗文集及佛书。我八月间到普陀的时候，箱笼携带了十余件，不知者以闭关

为何要用这许多东西,其实,我只是预备要看的经书而已。

我规定早起坐禅、礼佛,午阅佛典,下午写作看书报,并观各种新旧学书,夜礼佛毕,坐禅寂息,大致亦不甚紊此秩序,故住了两年多也不曾有何大病及深感不快处。(释太虚,1945:39—40)

虽然他准备了这么多新旧学说资料入关房,不过他的整个基础仍然是在佛教,这个阶段中他所作的融合佛法与世间学说的尝试,仍然是一个开始,他的基本看法依旧是认为在佛法的基础上充实新知,便能够救世,宗教与世俗之间依然是在不同的两个世界中。

他对什么是佛教的定见,由于这个阶段修持的体会,他在此时提出了根本的看法。基本上他从此一阶段开始,就确认了中国本位的佛教观点,相较于其他佛教徒对于印度佛教和西藏佛教的推崇,他的主张是别有特色的,并且是深植在他自己的宗教体会之中的。1914年冬天,他透过温习西方寺的宗教体悟,经验到了"心空际断,心再觉而渐现身器"的历程,他认为此历程和《大乘起信论》以及《楞严经》的道理相符合,从此之后便在此"净裸明觉"建立他的佛教理论根本,这一点也是他论述佛教神圣性时的着力之处,他的后起者印顺导师在这个方面和他的观点有着显著的差异。

尤于会合台、贤、禅的起信、楞严著述,加以融通抉择。

是冬、每夜坐禅,专提昔在西方寺阅藏时悟境作体空观,渐能成片。一夜,在闻前寺开大静的一声钟下,忽然心断。心再觉,则音光明圆无际,从泯无内外能所中,渐现能所、内外、远近、久暂,回复根身座舍的原状,则心断后已坐过一长夜,心再觉系再闻前寺之晨钟矣。心空际断,心再觉而渐现身器,符起信、楞严所说。乃从楞严提唐以后的中国佛学纲要,而楞严摄论即成于此时。从兹有一净裸明觉的重心为本,迥不同以前

但是空明幻影矣。(释太虚,1945:44—45)

关于他悟入明觉心境的说法,虽然印顺法师对此存有怀疑,认为是他为了反对当世以楞严为伪经的说法,而为之方便证成(释印顺,1973),不过太虚以明觉心建立中国佛教主体论述的观点却从未有改变,因为这是他宗教修行的根本,也是他后来很多论述的基础。

九、真俗交彻的宗教领悟

然而在这个明觉心的基础之上,他在自传中又出现了有关于唯识思想和修行的另外一层关注,这个转向具有两重更深的意义。

首先是太虚为什么要研究唯识思想呢?

印顺法师引用《相宗新旧两译不同论书后》,认为"整僧之在律,而摄化学者世间须以法相",民国初年唯识思想透过杨仁山、章太炎的提倡,以及欧阳竟无、梁漱溟等的发扬,成为知识分子寻求文化出路的路径(江灿腾,1989),因此太虚把唯识的研究当成摄化世间的工具。

然则这样顺从世间趋势的工具性想法,却造就了另一段神人的体会,成为他洞彻真俗的因缘。太虚在 1907 年 19 岁时所体会到的空灵幻化,如果我们把它放在打破了一般人的知觉状态,进入一个灵性的体会,或称之为超个人的状态(Ken Wilber, 1996)。

把 1914 年闭关的明觉心的确认设想为大心(Mind)的唯一存在,那么 1915 年他对唯识学的体验,应当是从这种超个人的体会中,重新看到了世间万有的存在,在神圣性中看见了万事万物的条理分明,从胜义谛和世俗谛的观点来说,他在胜义之中看到了世俗谛。

民四夏间起，则聚精会神于楞伽、深密、瑜伽、摄大乘、成唯识，尤以慈恩的法苑义林章与唯识述记用功最多，于此将及二年之久。民五，曾于阅述记至释"假智诠不得自相"一章，朗然玄悟，宴会诸法虽言自相，真觉无量情器，一一尘根识法，皆别别彻见始终条理，精微严密，森然秩然，有万非昔悟的空灵幻化，及从不觉而觉心渐现身器堪及者。从此后，真不离俗，俗皆彻真，就我所表现于理论的风格，为之一变，亦可按察。（释太虚，1945：45）

十、一个佛法与人间互动的新阶段

这两段宗教的体会可当做他闭关之后重新出发的立足点，不同于他在1908年徘徊于修行与人间改造的分歧，从此之后，他能以佛教的观点来评论一切世间所见，并且积极地要在人间建立新的佛教样貌。

他在1917年出关之后，在上海吸引了一些在家居士建立了觉社，开始一个新阶段的佛法传扬工作，该社团以"出版专著，编发丛刊，演讲佛学，实习修行"为宗旨，并且于当年出版了他在闭关期间所著的《楞严摄论》以及《道学论衡》，后一本著作其实包含了《哲学正观》、《教育新见》、《订天演宗》、《破神执论》、《译着略辨》、《佛法导论》等六篇作品。

他在《楞严摄论》中说："本经于震旦佛法，得大通量（吾别有论，尝谓震旦佛法，纯一佛乘，历代宏建，不出八宗：曰少林、曰庐山、曰南山、曰开元、曰天台、曰清凉、曰慈恩、曰嘉祥，约其行相别之，则禅、净、律、密、教是也。然一部中兼该禅、净、律、密教五，而又各各专重，各各圆极，观之诸流通部既未概见，寻之一大藏教盖亦希有；故唯本经最得通量。虽谓震旦所宏宗教，皆信解本经、证入本经者可也），未尝有一宗取为主经，未尝有一宗贬为权教，应量发明平等普入，观之不妨互异。"（释太虚，1915：1531）他对于楞严的体会是他作为一个宗教人士的生活根基，但他另外有一层对于唯识的认识，在这样的状况之下，他对于大乘佛教有了根本的认同，从而提倡八宗平等融通性的大乘佛教观点。

他本着佛教为根本的世界观，在面对各种世间学问及其他宗教时，也提出了一些特有的观点，这些观点出现在《道学论衡》之中，这本书收录了他在闭关期间关心外在世界的一些观点，也显示了他在内外向心灵动力的平衡。

书中的佛法导论对于出家人所面对的中国当时的困局，提出了大乘佛教慈悲济世的观点，这些观点表现了爱国情操与佛法互不相违的兼容性，这和传统佛教的风貌有极为明显的差异。

> 是故沙门既悟我我所空，尤当持诸幻有乃至血肉骨髓，作法施财施无畏施，供养国家，利济社会。奋大勇猛，运常精进，国群有益罔不趋兴，先之劳之，无或稍懈，备世之急，脱民于险，此其一也。……今救护中华民国，即是救护大地人类。然非振导国中人人靡不尚行爱国利群，无以救护中华民国，则沙门之当勇施国民哀拯世人益不容已，此其二也。（释太虚，1915b：88）

他的作品如《教育新见》及《哲学正观》等，如同印顺法师在《太虚大师年谱》中所说：

> 大率以佛理论衡世学及世学之涉及佛法者，折其偏邪，诱摄世学者以向佛宗。如以圆觉经之四相以论哲学之优降，以十二缘起格量天演，以唯识论荀子等。

教育新见，立"相对的个人主义"，以"养成人人皆为自由人，使就其各个人之相对者（对个人、对家庭、对社会、对国家、对世界），化合之而能经营其自由业"为教育鹄的，揭示"大同世界圆满生活之教育"，最能表现大师融合社会主义与佛法，由人类一般而阶进大乘之思想。（释印顺，1982）

十一、从佛教走向人间实践的过渡空间

中国当时的变革气氛对于太虚的思想转换无疑产生很大的影响，但是即使太虚想要积极地进行入世的事业，他再怎么说也是一个佛教僧侣，只能在自己的位置上前进。如何在传统教理中找到契合改革的信仰与思想，成为他在佛教改革上一个关键点，他从传统佛教中所学到的教理和修行现在都用不上了，弥勒信仰的经典教理成为他积极入世过程中找到的一个过渡空间。

民国十三年太虚编著了《慈宗三要》并且为此作序，以弥勒信仰的教理行果作为佛教徒在人间实践以至于未来往生的规范。他作这样的抉择一方面是因为这三种经论皆可以联结到与弥勒菩萨的关系，这有助于建立信仰的一致性，如下所说：

> 远稽干竺，仰慈氏之德风；迩征大唐，续慈恩之芳焰：归宗有在，故曰慈宗。三要者：谓瑜之真实义品，及菩萨戒本，与观弥勒上生兜率经也。义品、戒本，慈氏之说，经则释尊谈慈氏者，故皆宗在慈氏，如次为慈宗境行果之三要也。（释太虚，1924：766）

而更重要的是取《瑜伽师地论真实义品》作为义理的依据，与他在1915年闭关修学所见之真不离俗、俗皆彻真这种真俗交彻的义理是相通的，透过这

种离开断见与常见的宗教观点,他所主张的佛教才能够在不离修行的方向下进行人间的改革,而不只是一种在丛林中修行的宗教而已。

除了在教理上找到最终的依据,对于佛教徒的行持他也同样以从《瑜伽师地论真实义品》中所撷取的瑜伽菩萨戒本作为最终的依据。这一本四种重戒四十三种轻戒的菩萨戒本,相对于其他菩萨戒本,把重点放在如何作积极趋向善行,和一般的摄律仪止恶的内容作了比较清楚的区隔。因此太虚在《志行自述》内说他自己"志在整理僧会,行在瑜伽菩萨戒本",正是因为戒本的条文正合于他积极入世的精神,可以作为实践人间佛教的行为基础,而且正因为积极任事必定会招致七众戒多少的违犯,所以他特别重视此一戒本的弘扬,因为这里面第八条之后的轻戒,代表的就是为了实践菩萨道所必须付出的代价,这也是佛教要走入世界之中必然会面对的问题,所以他将此一戒本列为终身奉持实践的圭臬。

> 第八不应与声闻共学少事少业少希望住戒,而当如法多事多业多希望求行;第九乃至十六,于杀盗淫身三及妄语等口四之性罪少分现行,兼及废黜暴恶之增上位一帝王宰官一等,则汤武吊伐,周孔刑政,乃至今之政治阶级等革命,其至当合情理处,亦无不包括在中矣。二十之不自雪谤及去招谤之故,二十一之应打骂者不打骂,以至不安慰他人之愁恼等,皆纯乎饶益有情之行,而以不如是行为犯戒者也。
>
> 必能践行此菩萨戒,乃足以整兴佛教之僧会。必整兴佛教之僧会,此菩萨戒之精神乃实现。(释太虚,1924b:186)

最后讨论的一个问题是为什么太虚要选取《观弥勒上生兜率天经》作为这个阶段的根本经典呢?而且他自己也有很长的一段时间念诵弥勒经典,他所创办的武昌佛学院,晚诵也都念诵《观弥勒上生经》以及弥勒菩萨名号,回向未来往生兜率天弥勒内院。

在理性的论典以及戒律之外,将弥勒净土的信仰加在一起,建立起一套名为"慈宗—修行"的体系,有助于他的追随者形成一致的宗教认同。

而回向往生兜率的另一层意义在于,菩萨道的行持是以不急求成佛为其精神,这也表示修行这样的法门基本上现世是看不到三乘的圣果,那么对于太虚以及他的徒众来说,他们走在一条艰苦的菩萨道路上,因此回向未来能够往生到与弥勒菩萨的净土,就成了持续努力向前过程中的安慰了,否则这么理性的社会改革道路,如何能让自己的情感得到慰藉呢?因此我们可以看到,最终太虚圆寂之时,他的徒弟也是为他念诵弥勒菩萨名号,回向他往生兜率净土(释续明,1997)。

十二、结语

透过《慈宗三要》所建立的教理、行持以及信仰的依据,太虚终于为内向型(Jung, 1961)的佛教彻底打开了一条通往外在世界的道路。真实义品真俗交错的中道观点,让他原来体会的明觉之心,能够清楚地看到世间的缘起相,这也是在性格上从直观朝向感官的平衡,然而在太虚大师的转换中,最难以发现的是理性与情感的平衡,他有着很明显的理性特质,除了对于佛教革命失败的叹息之外,很少在论述中看到情感的表露;瑜伽菩萨戒本的积极任事精神,为他以一个佛教徒的身份积极参与社会,提供了另一种方式的行为准则,这些文本对当代佛教徒的知与行来说,都具有很深刻的启发性。只有当佛教徒在内在体悟之外愿意打开通往外在世界之路,才有可能真正关切世界所发生的一切事物:在直观的宗教感受之外,更精细地透过对感官世界的认识,甚至于在理性思维之外,发展更多的情感同理,人本主义的精神才能够彰显出来。

结合了弥勒信仰中行者命终往生兜率天弥勒内院，听闻弥勒菩萨说法，未来弥勒于此世界成佛之时，共同降生于此广度有情众生，菩萨道的行持因为这种新的象征的建立，而有了更为长远的意义。太虚经过了这一过渡的阶段，终于再度积极将自己投向中国社会的舞台，从佛教会到佛学院的成立，乃至出国弘法、到最后企图组织政党，都重新诠释了佛教的知行之道，同时也是他平衡了宗教的内外向以及直观与感官功能所衍生的结果。

参考文献

道元（2003）. 正法眼藏（何燕生译）. 北京：宗教文化出版社.

邓子美（2002）. 太虚大师全传. 台北：慧明文化公司.

丁兴祥、倪鸣香编（2008）. 生命史与心理传记：接续与开展. 台北：五南图书出版股份有限公司.

李世瑜（2007）. 宝卷论集. 台北：兰台出版社.

罗同兵（2003）. 太虚大师对中国佛教现代化的抉择. 成都：巴蜀书社.

洪金莲（1999）. 太虚大师——佛教现代化之研究. 台北：法鼓文化出版社.

江灿腾（1989）. 人间净土的追寻. 台北：稻乡出版社.

薛荣祥（1990）. 西藏民族自决问题之研究. 硕士学位论文，政治大学三民主义研究所，台北.

薛荣祥（2005）. 藏传佛教信徒的宗教叙说. 第一届生命叙说与关怀学术研讨会. 龙华科技大学，桃园.

释宏海（2008）. 从我的宗教经验看太虚大师的修证. 见释怡藏等（编）. 潮音永辉. 北京：宗教文化出版社.

释太虚（1915a）. 太佛顶首楞严经摄论. 见释印顺（编，1950）. 太虚大师全集（第七编）. 善导寺. 台北.

释太虚（1915b）. 佛法导言. 见释印顺（编，1950）. 太虚大师全集（第一编）. 善导寺. 台北.

释太虚（1924a）. 慈宗三要序. 见释印顺（编，1950）. 太虚大师全集（第十九编）. 善导寺. 台北.

释太虚（1924b）. 志行自述. 见释印顺（编，1950）. 太虚大师全集（第九编）. 善导寺. 台北.

释太虚（1928）. 我的学佛经过与宣传佛学. 见释印顺（编，1950）. 太虚大师全集（第十三编）. 善导寺. 台北.

释太虚（1940a）. 我的宗教经验. 见释印顺（编，1950）. 太虚大师全集（第十三编）.

善导寺. 台北.

释太虚（1940b）. 我的佛教运动改进略史. 见释印顺（编，1950）. 太虚大师全集（第十九编）. 善导寺. 台北.

释太虚（1945）. 太虚自传. 见释印顺（编，1950）. 太虚大师全集（第十九编）. 善导寺. 台北.

释印顺（1973）. 太虚大师年谱. 台北：正闻出版社.

释印顺（编，1950）. 太虚大师全集. 善导寺. 台北.

释续明（1997）. 续明法师遗著. 续明法师遗著编辑委员会. 台北.

Adler（1958/2003）. 生命对你意味着什么（颜文君译）. 台北：华成出版社.

Erikson. E.（1958/1999）. 青年路德（康绿岛译）. 台北：远流出版公司.

Freud. S.（1927/2000）. 一个幻觉的未来. 见 Freud. S.. 论文明（徐洋译）. 北京：国际文化出版公司.

Fromm. E.（1959/2006）. 精神分析与宗教（孙向尘译）. 上海：上海人民出版社.

Hannah. B.（1976/1998）. 荣格的工作与生活——传记体回忆录（李亦雄译）. 北京：东方出版社.

Jung. C. G.（1961/1997）. 荣格自传——回忆，梦与省思（刘国彬等译）. 台北：张老师文化事业股份有限公司.

Jung. C. G.（1964/1999）. 人及其象征（龚卓军译）. 台北：立绪文化事业公司.

Jung. C. G.（1961/1994）. 东洋冥想的心理学（杨儒宾译）. 台北：商鼎出版社.

Maslow. A. H.（1962/1989）. 自我实现与人格成熟（刘千美译）. 台北：光启出版社.

Pittman. D. A.（2001/2008）. 太虚：人生佛教的追寻与实现（郑清荣译）. 台北：法鼓文化出版社.

Runyan. W. M（1982/2002）. 生命史与心理传记学（丁兴祥等译）. 台北：远流出版公司.

Wilber. K.（1996/2005）. 万法简史（廖世德译）. 台北：心灵工坊.

Elms. A. C.（1994）. *Uncovering Lives*：*The Uneasy Alliance of Biography and Psychology*. New York：Oxford University Press.

Erikson. E. (1969). *Gandhis Truth – On the Origins of Militant Nonviolence.* New York: W. W. Norton & Company.

Erikson. E. (1975). *Life History and the Historical Moment.* New York: W. W. Norton & Company.

Jung. C. G. (1953/1972). *Two Essays on Analytical Psychology* (R. F. C. Hull Tran.). Princeton, N. J. : Princeton University Press.

Jung C. G. (1984). *Moder Man in Search of Soul.* London: ARK Daperbacks.

Wilhelm. R & Jung. C. G. (1962). *The Secret of the Golden Flower, A Chinese obok of Life.* London: Routledge & K. Paul.

Master Taixu—A Pioneer Humanistic Buddhist in Modern China

Jung-hsiang Hsueh   Shing-shiang Ting

(General Education Center, Lunghwa University of Science and Technology, Taoyuan, 33306)

(Department of Psychology, FuJen Catholic University, Xinbei, 24025)

／ Abstract ／

Master Taixu is the founder of modern engaged Buddhism in China. His concept and actions of engaged Buddhism have made great impact on Cross-Strait Buddhism. In addition, the engaged Buddhism movement has refreshed the Chinese traditional Buddhism and found a strong niche for the northern Buddhism.

Psychobiography combines psychology and biography. This article adopts this approach to examine how the life experiences of Master Taixu, a Buddhist and a humanistic practitioner, influence his religious perspective. By studying his early life stories, we found that the strong emphasis on reforming the Chinese society in the early 20th century and the love and compassion perspective in Mahayana tradition intrigued Master Taixu from concerning internal holiness to the external world.

Carl Jung proposed a personality typology of introvert/extrovert and applied it to discuss the differences between oriental and Christian religions. This typology and discussion provide a framework to describe the process of Master Taixu's modification of his religious perspective and caring issues.

／ Key words ／

Master Taixu, humanism, engaged Buddhism, Carl Jung, typology of personality

那些年，我们在上海圣约翰：
一群老校友的忆说

陈祥美[*]

（圣约翰科技大学通识教育中心，台湾新北，25135）

/ 摘 要 /

上海圣约翰大学（1879—1952）是中国较早成立的教会大学，也是保有洋名的教会大学。除秉持西方教会办学的精神外，由于地处上海，更融合了中西文化的交流，强调几近全英文的教学环境，在中国培育了诸多外交、商业领域的专业人才。创校130余年后的现在，仅存的校友皆已垂垂老矣。回望一生，校友无不缅怀当年在上海圣约翰校园的生活以及学校教育的影响。每两年的全球校友年会更吸引着他们从世界不同的地区奔来，

---

[*] 陈祥美，E-mail: hmchen@mail.sju.edu.tw

分享着自己的人生经历，回溯共同的生命记忆，还有念念不忘的复校计划。

是什么样的精神让这一群老校友愿意拖着老迈的身躯千里迢迢地赶赴聚会？是什么样的种子埋藏在年少、青春的岁月，让母校的教育得以深切地滋养？我们希望藉由上海圣约翰校史的记述、校友的回忆录、校友访谈的叙说资料等，来捕捉上海圣约翰的风华。

校友们回忆母校的英语环境、校训、住宿及社团生活等涵化出的学谊、联谊、友谊等精神，纷纷在各自领域中发展并具有杰出的表现。他们感恩母校的教育，却因母校的消失不再，心有悬念地企图延续并再现过去的圣约翰精神，积极参与校友会活动，捐助金钱以求复校并作为滋长圣约翰的新生代而努力。这也是2003年"新埔"更名为"圣约翰"的契机，老校友们的意志终使圣约翰精神从19世纪跨越到21世纪，成为上海圣约翰过渡到淡水圣约翰的美丽传说。

／关键词／

上海，圣约翰大学，教会大学

一、前言

1988年以来上海圣约翰的校友开始组织，约每两年于世界各地举办全球校友会活动。目前于全球共有27个分会，这些尚存的校友皆八九十岁以上，甚至是百岁以上的人瑞。通过积极参与校友会活动，他们回顾在上海圣约翰的生活、教育及其影响，甚至念念不忘复校计划。

若将一个学校的兴衰当做是一个生命体，它会有什么样的故事发展？学校的生命史如同一个生命从生到死的过程中一连串的事件与经验，以及和这些事件互相影响的一连串个人状态与情境遭遇（Runyan，1982）。这样的故事是否也存在着心理传记中的悬念性议题（Schultz，2005），而这个生命体又有着什么样的悬念（core enchantment）和作为一个生命史值得进一步理解的经验与叙说？

校史类似人物传记，记录着一些校务发展历程中的重大事件，如同我们知晓人物的大事年表一般，捕捉出关于时、地、人、事、为何等相关讯息的梗概，帮助我们进行初步的理解。对于一些历史的关键事件（critical events）也可就不同版本的说法得出相互映照或补充的观点。上海圣约翰大学有着自己刊行的校史，也不乏研究单位出版的教会大学史（徐以骅，2009；徐以骅、韩信昌，2003；熊月之、周武，2006），以及研究单位陆续出版的口述历史（中央研究院近代史研究所，2000）、校友回忆录形式的书籍（周有光，2008；沈鉴治，2011；华严，2011），也有一些各地校友会内部发行的"约友通讯"形式的简单回忆文章。校友的回忆录常常补足一般校史中所欠缺的生气与细腻，甚至是个人主观的感受与想法。即使一个学校生命史的完整故事从未曾被记录过，也不会再有（Runyan，1982），但校友的回忆录将更能补足并编织出更周全的校史（徐以骅，2009）。此外，校友的口述历史也是一种抢救活史料、与时间赛跑的工作，若未能及时访问，这些值得访问的校友，可能卧病或魂归道山（沈怀玉，2007）。

熊月之、周武（2006）认为中国之有大学，自教会大学始。中国之有教会大学，则自圣约翰大学始。① 上海圣约翰大学创设于 1879 年，圣约翰大学也是中国唯一以洋名命名的教会大学。② 其发展大约可简略分作：（1）书院阶段（1879—1906）：从创办到初具规模，进而成为大学规格，在美国注册；（2）发展阶段（1906—1929）：升格大学后到 50 周年，不断壮大，盛极一时；（3）动荡阶段（1929—1952）：守成多于创新，从动荡到结束等三个阶段（徐以骅、韩信昌，2003），各阶段中另有一些指标性的转变时期

---

① 圣约翰大学（Saint John's University）于 1879 年创设，是美国圣公会在上海创办的著名大学，曾被喻为"东方的哈佛"、"外交人才养成所"。圣约翰大学是西方教会在华开办最早、历史最悠久的教会学校之一（徐以骅，韩信昌，2003：125）；也是教会在华办学时间最长的一所学校。一般认为，在华最早的教会大学是齐鲁大学（前身为 1864 年蒙养学堂，发展成山东文会馆，1882 年增设正斋大学部，后于 1917 年发展并定名为齐鲁大学），圣约翰书院于 1892 年设正馆（大学部）次之，而圣约翰的历史可追溯到 1865 年的培雅书院。笔者以为熊月之、周武（2006）的说法在于校名的稳定性。若就通过权威机构认可，岭南大学 1893 年通过美国纽约州大学评议会注册，为中国第一所教会大学，东吴大学 1900 年在田纳西州取得立案为第二；圣约翰则是在 1905 年底在华盛顿哥伦比亚特区注册，为教会大学中第三个正式在美国取得大学资格的院校（徐以骅，2009：75）。圣约翰大学为美国圣公会（American Episcopal Mission）所创建，前身为圣约翰书院（Saint John's College），圣约翰校址位于沪西苏州河的转弯处，校园三面环河。办学初期设西学、国学和神学三门，采用官话和上海方言授课。1888 年起，卜舫济牧师（F. L. Hawks Pott）出任校长，提议强化英语教学，并将英语列为最重要的学科，逐渐使英语成为圣约翰的教学语言。1892 年添设正馆，正式教授大学课程，为书院迈向大学的第一步。初步形成文理科为主，医科、神学科及预科兼设的教学格局。1905 年圣约翰书院依照美国哥伦比亚大学条例改组为完全大学，并于 1906 年在美国华盛顿州注册之后正式升格为圣约翰大学，有文学、理学、医学、神学院及附属预科学校，成为美国政府认可的在华教会学校，各科毕业生得授与美国大学毕业同等之学位。1913 年增设大学院（研究所），招收硕士研究生，形塑出预科、本科、大学院三级学制。1936 年开始招收女生，并发展出文、理、工、医、农 5 个学院 16 个系的综合性教会大学，是当时上海乃至全中国最优秀的大学之一。1941 年卜舫济告老回美国休假，辞去校长职务，担任名誉校长，由教务长沈嗣良继任，成为首任中国籍校长。卜舫济掌校历 52 年，对圣约翰大学的发展有极为重大的影响，其一生贡献于教会教育。沈嗣良掌校期间，适太平洋战争开启，为能维持校务运作，任汪伪政府相关职务，抗战胜利后，被以"汉奸"惩处入狱三年，后由校政委员会执行校务。1946 年底涂羽卿接任校长，1948 年国共内战，学潮不断，涂校长引咎辞职，副校长卜其吉代理相关职务，由于局势动荡，半年后卜其吉也辞职返美，校务委员会推派理学院院长赵修鸿代理校长处理一切。1949 年 5 月上海易手，8 月由杨宽麟、潘世兹、倪葆春三人组成校政委员会，杨宽麟任校政委员会主任代行校长职务。1951 年校友荣毅仁出任董事会主席，因应新时代的转变，1952 年全国高等院校调整，所有教会学校停办，圣约翰大学各系院划归、并入各校，正式画上句点（熊月之、周武，2006）。

② 创校时原"一度想以据传来过中国的使徒多马命名，后属意在异教世界宣道颇力的使徒约翰"（徐以骅、韩信昌，2003：8）。

(徐以骅，2009）。由于创办较早，开风气之先，圣约翰大学在我国近代高等教育史上具有其开拓性的影响，如举办第一个学校运动会，设立第一个校友会组织，设立第一个研究生院（大学院），开设国内最早的心理学、新闻学以及工商管理学等课程，以及首先用英语作为教学语言等（徐以骅，2009）。

2011年起，作为继承上海圣约翰大学办学精神的台湾圣约翰科技大学，开始对老校友们进行访谈，希望能了解并拼凑出上海圣约翰精神的核心价值及其影响。本文将藉由上海圣约翰校史的记述、校友的回忆录、校友访谈的叙说资料等，来捕捉上海圣约翰的教育及其影响。

二、校园生活的回忆

校园建筑、师生互动常常是校友重要的回忆，睹物思情，进入校园触见实景或照片都可以勾唤出校友的生命故事，清楚地回溯当年在校的生活经验。下文将重点描述校友回忆的主要建筑物。此外，住宿与社团经验也是令人印象深刻的，老校长卜舫济治校达半世纪之久，对于学校的发展及师生互动更是不可忽视的。

（一）校园建筑及其回忆

作家华严在《智慧的灯》这本小说中，一开始提到"春风，吹拂着上海市一所最高学府的钟楼。这栋楼高高耸入空中，好像这学校的首脑"（华严，1980：7）[1] 她所描述的就是上海圣约翰大学。校园有其雄伟、壮丽、风华的

---

[1] 华严，原名严停云，1944年入圣约翰大学就读，曾就读化学系、教育系、外文系，后以中文系毕业，《智慧的灯》系其在1961年以母校上海圣约翰大学为脚本所创作的第一本长篇小说。

历史与骄傲，多年来培植无数英才，造福人群。其中也刻画着校园生活："我们这蚂蚁样，熙来攘往在钟楼底下的年轻的一群。我们挺着胸，昂着首，挟着一寸来厚的书本，肆无忌惮地谈着天，说着地，活跃在这偌大校园的每一个角落里。"（华严，1980：7）这里描绘的钟楼就是上海圣约翰大学校园的主要建筑——"怀施堂"（S. Y. Hall），是 1894 年所建造的中国式的教学楼，因纪念创校的施约瑟主教①而命名，其设计保留中国传统建筑特点，两层砖木结构，红砖清水墙面，屋顶配有传统的蝴蝶瓦，"口"字形平面布局，墙身为连续的西式圆拱外廊构图，屋顶四角皆为曲线形（徐以骅、韩信昌，2003），正面有一塔楼，设有钟楼，这是上海圣约翰校园的标志性建筑（周有光，2008），建筑设计风格融合中国与西方的元素，蔚为风范，为中国教会大学最早的"中西合璧"建筑样式（徐以骅、韩信昌，2003；徐以骅，2009）。怀施堂钟声悠扬悦耳，清晨唤醒住读学子的奋起，白天督促学生们勤学，晚间也抚慰着学生入眠。在校园中有"朝夕陪伴着我们（学生）的铿锵钟声"（华严，2011：461），早期，钟楼的定时声响更肩负起梵王渡附近居民生活的起居作息。

礼拜堂（Pro-Cathedral）或是小教堂，是 1884 年由美国纽约克拉克逊（the Clarkson Family）家族捐助兴建的一所教堂，后经改建，成为礼拜堂（座堂）兼圣公会教堂②。位居大草地上小小的礼拜堂，肃穆典雅，洋溢着基督宗教气息，让有基督信仰的学生宁静并课间进行祷告，"领悟神的灵命和沟通"

---

① 施约瑟 (Samuel Issac Joseph Schereschewsky) 为犹太人，1831 年生于立陶宛，有语言天赋，精通二十多种语言，为美国圣公会传教士，1859 年到中国上海，1879 年任圣公会上海天主教，将原辖管的培雅书院 (Baird Hall) 和度恩书院 (Duane Hall) 合并，在上海梵王渡购地办圣约翰书院，为圣约翰大学创始人及首任校长。英文 S. Y. Hall 是圣约翰校友对母校建筑的主要记忆之一，它取自施约瑟 Schereschewsky 的第一个字母和最后一个字母。90 年代初，怀施堂改称"韬奋楼"，以纪念 1919 年考入圣约翰大学，主修西洋文学，辅修教育，1921 年毕业后担任报社记者、出版家（创立生活书店，即三联书店前身之一）的校友邹恩润（1895—1944），笔名韬奋，取意"韬光养晦"和"奋斗"。以此奖励新闻出版行业的优秀编辑。
② 1980 年，该哥特式的教堂被拆除后改建为华东政法大学图书馆。改建之前，礼拜堂为圣约翰最悠久的校园建筑。

("中央"研究院近现代史研究所，2000b：55)①；"信教的学生可以到教堂里面忏悔、思考、静思，对学生的心灵有很大的帮助"②，少数的教会学校有其特色的教堂建筑，常常成为外界对其校园的主体印象。

大樟树（camphor tree）是圣约翰校园最重要的象征之一③，是"校园里的一个标志"④，它是校友访谈所提及对于校园回忆时立即与最为重要的描述，他们怀念着"那棵陪伴着我们度过晨昏的大樟树"（华严，2011：461），校友高涛不禁赞叹："camphor tree 面积大得不得了！上面全部是浓浓的叶子，下面的树根离地大概一尺半，很长很长，上面大概可以坐一二十个人，晒不到太阳、淋不到雨，很多人都选到那边去见个面、讲几句话"⑤。校友们在这棵大樟树下拥有许多的回忆，"这棵树很可惜已经死掉了"⑥；虽然时至今日"它早已消失了踪影，但它将与永恒不变的'光与真理'，永远深植我们的内心！"（华严，2011：461）即便大樟树不在，樟树的记忆却早已深植于校友心中，并传递了圣约翰精神。

（二）住宿与社团生活

1903 年圣约翰大学用教会及校友捐款兴建"思颜堂"（Yen Hall），以纪

---

① 李承基校友，1940 年经济系毕业。
② 圣约翰大学的课程早上排有四堂课，第一、三节下课休息 5 分钟；第二节下课到第三节中间有 20 分钟，这 20 分钟许多同学可以从容地用来行政处室办事情，或在大樟树那边与同学会面聊天，或是有信仰的人到小教堂作祷告，2011 年 9 月 1 日，台湾分会校友高涛访谈。
③ 大樟树约在 20 世纪 50 年代末因苏州河泛滥，根部部腐烂，1962 年因无法救治而被砍伐 (徐以骅，2009)。
④ 2011 年 10 月 14 日，北加州分会校友沈鉴治访谈。
⑤ 2011 年 9 月 1 日，台湾分会校友高涛访谈。
⑥ 2011 年 9 月 1 日，台湾分会校友高涛访谈。

念中国籍牧师颜永京①，这是教会学校少数以中国人为名的建筑。思颜堂为砖木结构，中西合璧式建筑（熊月之、周武，2006）。校友回忆寄宿的日子：思颜堂"高三层，呈U字形，大礼堂、食堂和六十间住房"（"中央"研究院近代史研究院，2000b：71），西侧三层楼主要作为男生宿舍，房间有"床、壁橱、椅和书桌，设备十分简朴"（"中央"研究院近代史研究所，2000b：71），东侧二楼是个具有可容纳六百人的大礼堂，又名校友堂（Alumni Hall）。1913年，孙中山曾在此向学生发表演说。后来学校有许多考试和集会也在此举行，由于考试时的肃穆紧张气氛，因此，学生们又为其增加了一个名号"考试堂"一楼为办公室，"楼下后座另有一个小食堂，由绰号大胖子主理……大胖子烹饪有术，……人人对他有好感"（"中央"研究院近代史研究所，2000b：72）②，在"这里留下我四年岁月的美好痕迹，至今历历在目，难以忘怀"（"中央"研究院近代史研究所，2000b：71）。许多同学毕业后都甚为怀念，会再回来光顾。在思颜堂住读的同学（住宿生）对于宿舍生活的回忆总是深刻的。

学生们如果不是"在同一个宿舍，否则即使同系也不一定认识，因为大家都有各自的小圈子"（沈鉴治，2011：140）。其他的课外活动丰富多彩、学生组织也十分多（徐以骅，2009）；林语堂说："我大一入选为《回声》Echo杂志的编辑委员"（林语堂，1980：23），尤其是，学生会人才济济，相当活跃（"中央"研究院近代史研究所，2000b：55—56），同一个社团或是透过社团活动的参与，常常能产生更深厚的交情。如校友李承基回忆刚进大一时与当

---

① 颜永京（Yen Youngkiung），祖籍山东，1838年生于上海，1861年毕业于俄亥俄（Ohio）州建阳学院（Kenyon College）。他曾将美国学者海文（Joseph Haven）的《心灵学》（Mental Philosophy: Including the Intellect, Sensibilities, and Will.）译成中文，此被公认为近代以来第一本介绍西方心理学的中文译作，并早在1882年将psychology以《心学》的翻译成为最早的心理学学科汉译名词。见阎书昌（2011），《中国近代心理学史上的丁韪良及其〈性学举隅〉》。《心理学报》（北京），43卷，1期，101—110。

② 圣约翰的食堂Canteen，又名小厨房，见沈鉴治，2011：146。

时大四的荣毅仁学长分别担任卜舫济校长主持的团契"读经员",更增后来的人际与事业互动("中央"研究院近代史研究所,2000b:93)。此外,圣约翰团契为学生宗教活动的总会,在校从事基督信仰的事工与相关活动;对外代表学校参与校外宗教会议,或相关基督教大学的联系活动。学校要求"学生读《圣经》、上教堂、做早祷、做礼拜"①,每星期在大礼堂例行集体崇拜,全校师生齐集读经("中央"研究院近代史研究所,2000b:55—56)。虽然学生普遍具有浓厚的教会背景,但仍有不少非教徒的学生,入读教会学校却被家人严告"不许吃(信)教"(同济大学土木工程学院地下建筑与工程系,2008:31)。

住宿之外,其他走读(通学)的同学则从上海各地搭乘电车或校车,通过兆丰公园进入圣约翰校园。校友沈鉴治回忆通学搭乘校车的情景:

> 圣约翰大学有两条校车路线,其中的S线的起点在霞飞路吕班路口,永业大楼是第二站,……校车是由美军剩余物资大型吉普车改的,从车尾上车,两边有座位,中间则是站位,……校车在兆丰公园(今中山公园)后面经梵皇渡路到校门口的一段是不平坦的泥土碎石路,颠簸不堪,站着的女同学们被挤来挤去,往往会因为车身颠簸而倒在男同学身上,但大家似乎不以为忤,因为那是没有办法的事。(沈鉴治,2011:133)

校车上,常挤满人,年轻害羞的学弟会让坐给学长姊(华严,2011)。虽说这些规律的上学交通日复一日,却也是校园生活重要的部分,事隔多年,至今校友回忆起来也是极其生动的。相较而言,结婚后才去念圣约翰的吴舜文,她的走读经验就显得来去匆匆,未多参与同学的社交活动,遇有考试,偶尔去图书馆,否则总是尽早回家(温曼英,1993)。

---

① 《顾维钧回忆录》,页64。转引自徐以骅,2009:197。

(三) 老校长卜舫济

卜舫济，1888年出任圣约翰大学校长，迄于1941年因年迈退休返美休假，主掌校政约52年，可说是对圣约翰的影响最大的人物。颜惠庆认为卜舫济充满热忱与毅力，毕生尽瘁教育，对圣约翰的历史擘化新时代。他描述卜舫济"除在课堂授课，和在教坛说教之外，对于学生一切，发生由衷的兴趣，每届星期六晚，轮流邀约各班学生，到他的单身住宅欢叙，并教给他们一些有意义的美国户内游艺"（颜惠庆，1989：10）。施肇基说卜校长"矩步规行，俨然一中国绅士。其人态度严肃而诚挚，办事认真不苟"①；为了便于发展教会事业，他竭力使自己外表中国化，"头戴平顶圆形瓜皮帽，顶尖嵌着一粒宝石结子，脚上套着方头寿字鞋，身上穿着长袍马褂，脑后还拖着一条编结整齐的发辫"（熊月之，周武，2006：16）。

林语堂称卜舫济"是一个有条不紊的人"（林语堂，1980：25—25），"治事极具条理"（徐以骅，2009：20），他更是影响俞大维"从电机科系转向人文学科的关键"②，令学生难忘的是他"每天早上大聚会之后，一定会在校园巡视一周"（林语堂，1980：25）；后期的学生多昵称卜舫济校长为"老卜"（old Pott），以表示亲切（"中央"研究院近代史研究所，2000b：64）。卜舫济校长喜欢蓝色，学生受其召见或训勉时常会接获他的蓝色字条，称做"老卜的蓝请柬"。他是"虔诚的基督徒和热心的教育家，笃行端正，一丝不苟"；"从来不参加私人聚会，绝不接受学生礼物，但是对学生向教会的奉献却多多益善，来者不拒"；"耿介个性，公事公办的精神，常引起许多人的不满和非

---

① 见《施肇基早年回忆录》，台北传记文学出版社1967年版，页15—18。转引自徐以骅，2009：1940：194。
② "我随着校长Dr. Pott念哲学史，他对我的影响很大，是使我从电机科系转向人文学科的关键。"（李元平，1993：7）

议"("中央"研究院近代史研究所 b,2000:69)。卜舫济主掌校政长达52年,圣约翰大学的教学秩序和校园生活相对其他学校有其稳定性,并为学生提供相较安定的学习环境,这跟卜校长一人主持并能连贯校政的运作有相当大的关联(徐以骅、韩信昌,2003)。然而,因"五卅惨案"引起的"六三事件",进而部分师生出走,成立光华大学、学校"立案风波"却也让其遭受非议及辱骂。

1925年上海"五卅惨案",学生于6月3日声援罢工,学校当局(卜舫济校长)与学生代表发生强烈的意见冲突,因而毁辱中国国旗,遭到中国师生的严重抗议。学校为阻止学生参加声援反日本帝国主义活动而宣布停课,一些中国老师和学生愤而离校,在华侨及社会的支持下另组光华大学。① 周有光回忆道:"我在圣约翰大学只读了两年,遇到'五卅惨案'。1925年,上海有一个日本工厂,老板把一个工人打死了,这个工人叫顾正红。"上海商业界领先抗议,波及整个上海、江苏,后来扩及全国城市,反对帝国主义。"'五卅惨案'在全国闹得非常厉害,上海是中心,学生都罢课,要出去游行反对日本帝国主义。我们是教会学校,就跟学生发生矛盾。"所有学校的学生都大规模地进行游行,圣约翰学生也不例外,但是当时卜舫济校长对学生说:"你们在校内开会都可以,不要出去。"② 学生们坚持要出去参与游行,跟学校(校长)有所争执。这就是当时圣约翰大学出现的"离校事件"或称"六三事件","中国学生和中国老师排了队,拿了铺盖离开学校"。③ 当年成为了大新闻,师

---

① 圣约翰大学孟宪承等17名教职员及553名学生出走,其中曾经当过财政部副部长的张寿镛毅然辞职离校,自组光华大学,为第一任校长,并亲自执教。办学主要仍亦依照圣约翰大学的方法,教师以英语授课。聘请张东荪任文学院长,钱基博任中国文学系主任,罗隆基任政治系主任,廖世承任教育系主任,潘光旦任社会系主任,均为当时著名的学者,其中如徐志摩当时即为北大教授及光华大学教授。抗战期间光华大学校园曾遭日军严重炮轰,战后经营困难。1952年高校调整并入华东师范大学,孟宪承即为校长(周有光,2008;高亚鸣,2010)。
② 见《光华大学》(周有光,2008)。
③ 见《光华大学》(周有光,2008)。

生出走大半，严重地到影响学校的经营。为此，卜校长返回美国进行募款。

"立案风波"则开启于1929年，国民政府颁布大学组织法与大学规程，要求教会大学立案（金以林，2000），圣约翰迟迟未向中华民国政府注册。① 关于立案的问题，卜舫济有着不同态度的转变，初时对于立案的态度与教会一致，均认为不应丧失教会的教育自主权，之后了解到不立案对学校的发展与校友将带来消极的影响，并将影响到校友毕业后的公职出路及其募款意愿。甚至，后来卜舫济见了当时的教育部长蒋梦麟之后②，遂向教会条陈学校未来的发展"选项"是存与废的选择，因而积极面对，并声明"我个人得出结论，尽管有这样那样的问题，立案总比关掉学校要好"（徐以骅、韩信昌，2003：32）。此一公开，却导致教会指责其制造分裂，破坏教会在立案问题上的一致立场，虽然卜舫济一人反对，圣公教会仍然通过反对立案的决议，认为"对于宗教课程及仪式明加限制而暗用间接宣传方法，此非教会所愿"（徐以骅，2009：41）。关于立案与否，也有学生表示并不在乎，只是把圣约翰当做是出国留学前的跳板，锻炼好英文底子；有人仰着家族企业体的需求或商业的实务也不放在眼里，但是仍有一些人愿意进入政府机关做事情，没有立案意味着毕业生的文凭不被认可，自然关系着学生的权益与考虑（"中央"研究院近代史研究所，2000a：12）。因此，"立案风波"对于学生基本权益的耗损在于教会为了坚持传教立场而牺牲了学生权益。1941年卜舫济回美休假，并因年老辞去校长职务，担任名誉校长。然而，学校立案仍未有答案，由于抗战的局势发展，一直到1947年10月年才由涂羽卿校长正式向国民政府注册立案（金以林，2000），致使圣约翰大学有一段时间成了非法的学校，部分校友仅能自我

---

① 教会大学第一个立案的是金陵大学。之后沪江、燕京、东吴、岭南等校亦纷纷立案（金以林，2000），1932年6月30日以后，圣约翰成为一所在中国非法开办的教会大学（徐以骅，2009：41）。

② 1930年5月上旬，卜舫济、刘鸿生、伍德三人赴南京与国民党教育部长蒋梦麟商讨立案问题，了解政府决心关闭不立案学校。见徐以骅、韩信昌，2003：33。

调侃曾经念过"野鸡大学"。

卜舫济在教育上采了"政教分离"的立场与态度，虽希望学生能够谨守本分，在校园学习，然而忽略了中国学生在政治社会文化脉络中无可分离、无法不受影响这一事实，这更非是作为一个"外国人"所能感知的处境，故而他在民族主义上做了错误的决定，在"六三事件"及"立案风波"上承受了非议及骂名。1946年底，82岁高龄的卜舫济返回上海，他说："这儿是我的家，我要永远在这里。"1947年3月，卜舫济死于上海宏恩医院（徐以骅，2009；徐以骅，韩信昌，2003）。

三、圣约翰的特色发展

圣约翰大学的特色发展，简单地说有英语教学、体育活动以及通识精神的培育。另外，作为私立的教会学校，尤其位居上海，有着"贵族学校"的自豪与刻板印象。

（一）以英文作为教学语言

1896年起英语成为圣约翰的教学语言（熊月之、周武，2006：11）。当时，除中国文学外，一律以英语授课，学生英文程度，有相当水平。1912年进入圣约翰学习、1916年毕业的林语堂回忆："我很幸运能进圣约翰大学，那时圣约翰大学是公认学英文最好的地方。……毕业生顾维钧、施肇基……都曾任驻美大使"（林语堂，1980：23—24），英文的训练能够提供良好的政府官场能力。① 除此之外，教育与工商仍是圣约翰毕业生的主要出路。② 关于英文，林语堂曾不假辞色地提出批评："就英文而论，圣约翰这个大学似乎是为上海培养造就洋行买办的"（林语堂，1980：24）；虽然，英文训练有其优势，但却显露出中文训练的不扎实。对于中文的学习，顾维钧认为早期"和其他教会学校一样，中文课在课程中所占的地位极不重要"③。林语堂就更不客气地说道："上教会学校，把国文忽略了。结果是中文弄得仅仅半通。圣约翰大学的毕业生大都如此。"（林语堂，1980：26）但是"学生还是强烈要求改革中文教学"④。这样的情形，直到1930年之后才有所改善。林语堂在圣约翰大学奠定了"两脚踏东西文化"的融合经验⑤，全英语的教学在中国的大学抑或教会大学中可说是圣约翰大学最大的特色。可惜的是，长久以来，圣约翰大学并未能培养出国学深厚、学贯中西，或能够"一心评宇宙文章"的学术巨擘，成为憾事。

周有光回忆："校园语言用英语，一进学校，有如到了外国，布告都用英文"（熊月之、周武，2006：239），对此会计师潘序伦也是一样地印象深刻，"同学相互交谈用英语，教师讲课更不用说"⑥；张仲礼感念圣约翰的英语教育

---

① 据1926年中华基督教教会调查，圣约翰毕业生不仅在教育及商业领域中取得成功，所有在华教会大学157名在政府部门工作的毕业生中，圣约翰毕业生占了43名，约总数的27.4%；其中部级官员7名，局级官员6名，外交官员6名，铁路官员14名，校友在各领域记录之优良远胜过其他教会大学。另外，在1933年英文《密勒氏评论报》中，《中国名人录》（第四版）里收入960人，其中620人列有本国学历，201人（32.5%）曾在教会学校求学。其中曾在圣约翰求学者有61人，居所有教会与非教会学校之冠；居次的是有留美预备学校之称的清华大学只有44人（徐以骅、韩信昌，2003：95、97）。
② 1931年圣约翰毕业生从事工商业占全体30%，远超过在华教会大学8%的平均数。1930年以后，圣约翰主修经济的学生约占四分之一到三分之一，1949年这一年经济系的毕业生103人，占全体303人约30%，见《海上梵王渡——圣约翰大学》，页96~97。可见进入圣约翰的学生及其后来在工商业界的发展趋势。
③ 《顾维钧回忆录》，页64。转引自徐以骅，2009：197。
④ 《顾维钧回忆录》，页64。转引自徐以骅，2009：197。
⑤ 林语堂（1980）"有不为斋"自题对联。
⑥ 潘序伦：《我在约大——从旁听生到正式生》。引自徐以骅，2009：211。

提供后续专业学习的重要基础，他说："圣约翰的英文学习和训练，给我出国和留学带来很大的方便，可以直接进入专业学习阶段。"（熊月之、周武，2006：240）圣约翰大学校友的英文优势，使其不仅在继续深造学习上奠定了良好的基础，毕业后也能藉由英文优势谋得体面的工作及相对的高薪。尤其是多所美国知名大学都承认圣约翰大学的学位和文凭，并给予免试直升研究生的优待，故毕业生多前往美国继续深造（熊月之，周武，2006）。

（二）体育活动

将体育教育引入大学校园，圣约翰可说领风气之先，早在19世纪80年代中期就已引进兵操并将之列为必修课。1890年举办第一次的校内运动会，也是中国学校的第一次。此后，棒球、板球、篮球、田径、网球、足球、击剑、羽毛球等等，圣约翰都率先引进（熊月之、周武，2006）。

校友回忆学校的生活，总以为体育活动是一大特色。校内的体育设施完善，这里还诞生了中国历史上的第一支足球队。林语堂在《八十自叙》中回忆在圣约翰大学的体育活动，他说："我学打网球，参加足球校队，还是学校划船队的队长哩"；在"优美的环境里度过愉快的时光"，学打棒球，练投"上切球和下切（坠）球"，骄傲的是"我写下一英里赛跑的全校纪录，又参加远东运动会"；他特别强调"如果说圣约翰大学给了我什么，那就是健康的肺"（林语堂，1980：25）。沈嗣良担任副校长时（曾历任体育部主任）亲自募款带领学生参加1932年及1936年于美国和德国举办的奥运会，并为圣约翰大学打响名号（徐以骅，韩信昌，2003）。圣约翰校友周诒春治校清华时，规定下午四点到五点时间"强迫运动"不无受到圣约翰强调体育活动的影响。[①]

[①] 见百度百科"周诒春"词条，访问时间：2011年4月18日。

(三) 通识教育与精神的强调

卜舫济掌校半世纪,他以"生命之丰富"和"性格之培养"作为大学的最高使命,并坚持此"大学理念"(熊月之、周武,2006:6)。他在《约翰声》撰文指出:"生命之丰富者,意为教育所以助人创世,学校所以教人为人,绝非徒为谋生而设。教育应当以道德上之价值为其总枢。人类之兴趣愈多,则胸襟愈广,生命之博大无涯,渊深无极。"(熊月之、周武,2006:9)他并不认同"职业教育论者"的主张,他说:"如果减少其他兴趣,而使其专注于一种,以求实用,其用固甚小,而人之生命且为之减窄,不学之人如蛙在井,以为世界如是已耳。学则其眼光之大小,随所学之程度而转移。"(熊月之、周武,2006:9)他建议广泛学习人文及科学,"果熟习历史、地理、文学及种种科学,则其心目中之宇宙愈广,而其生命亦愈大"(熊月之、周武,2006:9),他也提出了职业论的担忧,认为"从事于一部之学、职业之说,只会缩小生命之兴趣"(熊月之、周武,2006:9)。藉以倡议丰富学生之生命内涵。

关于性格之培养,卜舫济认为:"学校就是一个小小的宇宙。学生居于其中,务使发达其天性,高尚其人格。人与人之关系,及社会上之自觉,均应勉导之。"(熊月之、周武,2006:10)他进而提出圣约翰大学教育之宗旨,"在于造就学生为完全国民,使之以国利民服为前提,以克己自治为本领"(熊月之、周武,2006:10)。依此学生"其意志必高,其识见必广"(熊月之、周武,2006:10)。

圣约翰大学非常重视通识教育(熊月之,周武,2006),《约翰声》的一篇评论提到,"本校之宗旨,在使学生有广博之自由教育,先使学生对于英文文学,有彻底之研究。然后授以科学,使之明了真理,以增进人类之幸福"

(熊月之、周武，2006：12）。在课程设置与管理方面，采取文理贯通、交叉的模式，照顾到文科生与理科生客观的基本差异，注意提高文科生的理科程度以及理科生的文科程度。特意在文科中设置一些理科课程，同样地在理科中设置一些文科课程，并且鼓励学生跨学科兼修，藉以帮助学生建立知识的基本结构，增进学生的人文素养与关怀。校友陈耀生回忆圣约翰大学的教育，认为学校"强调品德教育，重视通识教育，以及对人全面的教育，除了知识要广泛之外，品德要好，落实德、智、体、美四育，就是现在所说的通识教育"①。他进一步提到，"我念化学（系），记得那时候选了法文、德文、还有心理学，也选了许多我自己喜欢的横跨求知（通识）的课程。这对我后来的就业、工作都有很大的帮助。"② 当年学校的通识教育与精神，虽然也被认为对于就业没有直接的帮助而受到批评，但是校友陈耀生的说法，却证明自己除了在专业、英文的优势下，品德教育与通识教育有其潜在、重要的影响。

（四）贵族学校的自豪与刻板印象

圣约翰大学素有贵族大学之称（沈鉴治，2011），学生大多为政商名流的后代或是富家子弟（"中央"研究院近代史研究所，2000b：88），他们常常是父子相继（如施肇基父子），兄弟联袂（如宋子文、宋子良）。他们之中有广泛的社会关系可以攀援，且家中有足够的经济奥援可以出国深造，即使长期以来，圣约翰并未向中华民国政府立案，但是像孔祥熙、孙科、吴铁城等政府官员仍乐意把子女送至圣约翰读书（徐以骅，韩信昌，2003）。这些人之中"不少同学的确常在家中开派对，在校园中双双对对"（沈鉴治，2011：134）。他们"在课余之暇"去"老地方"（南京路的国际饭店十四楼西餐厅），"摆龙

---

① 2011 年 8 月 30 日，台湾分会校友陈耀生访谈。
② 2011 年 8 月 30 日，台湾分会校友陈耀生访谈。

门阵,听新潮音乐"("中央"研究院近代史研究所,2000b:257),周六下午在校园等着各式各样的名牌轿车回家团聚;里面"有些同学几乎从祖父辈起就是圣约翰毕业的;有些则是有名的工商业巨子的后代"。(沈鉴治,2011:140)部分企业的接班人带着家族期待前来"通晓英文,熟悉欧美情况,具备世界知识"("中央"研究院近代史研究所,2000b:44),以期能应付未来。上海火柴大王刘鸿生、无锡荣家的荣毅仁、新新百货少东李承基等人都是著名企业的继承者,这些同窗或校友情谊,更累积了他们后来在商场上的人脉资源。

学费昂贵的问题①,非一般家庭能够负担,沈鉴治说:"圣约翰大学很好,但是学费太贵。"(沈鉴治,2011:12)顾应昌在其访谈记录中回忆当年其父亲因经济条件不允许,未能进入圣约翰就读,待家境好些时,叔叔顾维钧才能进入圣约翰学习("中央"研究院近代史研究所,2000a:3)。林语堂回忆当年月收20银元的父亲,含泪变卖了祖产让哥哥林玉霖去念圣约翰;后来又向友人借了100个冤(袁)大头,才让林语堂得以成行(林太乙,1989);1923年考入圣约翰大学的汉语拼音之父、目前106岁的人瑞周有光回忆:"圣约翰大学(学费)贵得不得了,一个学期就要两百多块银元。"② 当时的200银元,远超过一个上海计时女工两年的工资③。这对一般市井小民则是一笔为数巨大的负担。然而,较高的收费标准吸纳了上海的富裕阶层,也使学校获得后续发展的物质基础,满足有钱人家的需求并提供了重要学习成本与物质条件(熊月之、周武,2006),这些需求包括有品质的衣食住行,以及精英阶层的人际圈。部分因经济变迁而进入富裕阶层的人,也透过私立的贵族学校,为其子女

---

① 初办学时期,"信教学生免费,非教徒缴纳学费",见《施肇基早年回忆录》,台北传记文学出版社1967年版,页15—18。转引自徐以骅,2009:194。
② 《光华大学》,见周有光,2008(上)。
③ 郁达夫的《春风沉醉的晚上》,叙述1923年一个落魄文人和贫苦女工的故事。书中描述一个从苏州到上海烟厂工作的女孩,这个女孩在烟厂的工资每小时3分钱。若每天工作10个小时,每月工作30天,月工资9块钱。而吃饭约4块钱一个月,房租大概3块钱一个月,每月只能剩余两块钱。

进入上流社会作准备（米尔斯，1956/1994）。沈鉴治特别提到，实际上圣约翰大学"学生们并非都来自富豪之家"（沈鉴治，2011：134），以他自身为例，反映出父母对于子女的教育重视及期许，在其自述中说："我出身小康家庭，父母为我提供了教育，得以在著名大学毕业"（沈鉴治，2011：自序）。不过"很多学生来读大学（圣约翰），是为了结交有钱有势的朋友"（林太乙，1989：17）；林语堂自知且感叹地说："我是山地孩子，一辈子是山地孩子，与上海那些花花公子纸醉金迷的生活无关"（林太乙，1989：18）。现今高龄94岁的校友庄汉江特别提到"social mobility"（社会流动），他说："一个穷人在社会里，每一年慢慢、慢慢地升阶，（好不容易）到更高的一个位阶，也绝对不超过 ten percent（10%）的！当年这种社会的阶级观念好重啊，要突破这个阶级非常困难"①。庄汉江强调当时的中国社会"穷人就是穷，永远在穷圈子里，有钱人就是有钱，要突破（社会阶层）非常困难，这个是一个社会性的问题"。② 正因为如此，父母费尽心思，为子女提供最好的教育环境，期待下一代向上"阶级流动"的机会，骨子里仍是中国科举制度下"书中自有黄金屋"的传统思维。

华严也在其《回梦约园》中回忆圣约翰大学的学生生活。1947年，二月八日（星期六）日记写道："年度学费四十万，杂费十万"（华严，2011：190）③；二月十日："申请助学金的人排了一长列……今年助学金特别难申

---

① 2011年9月23日，台湾分会校友庄汉江访谈。
② 2011年9月23日，台湾分会校友庄汉江访谈。
③ 法币，是1935年起由国民政府发行的法定货币。法币的发行，结束了中国使用接近500年的银本位币制。法币后来因大量发行引发恶性通胀，在1948年由金圆券取代。关于上海的通货膨胀，约略描述，100元法币1937年可以买2头黄牛，到抗日战争结束后的1945年只能买2个鸡蛋，1946年只能买1/6块固本肥皂，1947年只可买1只煤球，1948年8月19日只能买0.002416两大米（每斤16两），1949年5月只能买1粒米的2.45‰。见贺水金，1999：67—71。1946—1949年圣约翰的学费，1946年2月为7.5万法币，较各大学的平均值高两倍半，不包括实验费等他项，学生发起减费运动后协商为4.5万法币。1947年8月额度为160万法币，分两期缴纳，尚有其他收费项。1949年1月额度为96元金圆券，分三期缴纳（徐以骅，2009：57）。

请",无法申请到补助者"只有一个方法,到会计处,到校长室,请求延迟缴学费";二月十一日:"在会计处缴了学费,便到交谊厅去注册,遇见好几个苦着脸的同学,大家都是这么痛苦"(华严,2011:192)。一些经济状况负荷较大的学生,则想办法向学校申贷。圣约翰大学设有助学金及学费贷款制度,这种制度实开我国教育的先例("中央"研究院近代研究所,2000b:65),较高学费的同时,诸多的奖、贷学金及减免制度实施,化解了学校经营与学生双方的困难(熊月之、周武,2006)。仍有一些学生,家庭倾力投资以求栽培的情况下,进入圣约翰就读,他们实非"贵"族学生,他们也是穿着朴素,作风正派。校友沈鉴治回忆:"大表姊……在圣约翰大学主修教育……但她非常朴素,不但从不烫头发,而且不施脂粉,总是穿一件蓝布旗袍或者一条朴素的裙子。"(沈鉴治,2011:108)到了自己念圣约翰时"仍旧常常穿那件肩膀上有一个补丁的上装上学,并没有感到什么不妥"(沈鉴治,2011:134)。这样的心声,说明圣约翰学生确实并非都出自豪门。然而,外界对于圣约翰大学贵族学校的印象是否真的反映出其独特性来,沈鉴治回忆说:"我毕业后到香港,遇见上海人,他问我:'你是圣约翰的?'我说:'你怎么知道?'他说:'看你穿衣服就知道!'"① 董蔚君也回应了此说:"圣约翰的人穿着有其品味,会注意搭配颜色"②。简单地说,圣约翰的人会穿衣服,"不一定很讲究,很整齐就是"③。服饰、外貌、气质也成了捕捉特定群体刻板印象的依据。

四、风云际会:抗战时期与抗战后的政治、社会冲击与影响

上海,1842 年开埠,其后发展与繁荣,成为中国及世界的主要城市,圣

---

① 2011 年 10 月 14 日,北加州分会校友沈鉴治访谈。
② 2011 年 10 月 14 日,北京分校友董蔚君访谈。
③ 2011 年 10 月 14 日,北加州分会校友沈鉴治访谈。

约翰大学在上海也与城市迈向现代工商都会的发展息息相关。尤其是上海处在东西文化冲击与融合的枢纽,圣约翰大学也承受着其所带来的文化冲击经验。校友认为"上海华洋杂处"①、"中西文化的融合(也是圣约翰的特点)"②,使得"中、英文两个文化,能应付变迁快速的世界"③。这使圣约翰校友不仅具备外语能力的优势,与西方文化相处的实际生活经验,也是其后来能够成为熟悉世界趋势、进入上层社会的重要基础。

动乱的中国,上海租界成为中国人逃避战祸的天堂("中央"研究院近代研究所,2000b:27)。徐以骅、韩信昌(2003)认为整体而言,上海圣约翰与其他学校相比,除了短暂时间④,不管在中国内战中或是对日抗战时期,圣约翰自建校后,并未有长期的停顿或颠簸,特别是抗战期间的八年仍能维持开办。校友陈奇禄回忆前往上海就读的机缘说:"主要是 St. John's 学习的稳定"⑤。对大多数现存的校友而言,圣约翰大学的学习生涯为其一生重要的生命经验与回忆,校友们经历这些大时代的动荡,从抗战、国共内战到政权更替,这些都夹藏于其大学或是更早的学生经验里。下文仅针对抗战时期、抗战后的社会政治脉络及圣约翰的校园生活大致描绘,以作为部分校友的共同记忆。

(一) 抗战时期的政治冲击与影响

一些原计划前往各地知名大学就读的学生,因着抗战大环境的变化,改变其原来的决定,"But the Japanese had already occupied Beijing, and my mother

---

① 2011 年 10 月 14 日,北加州分会校友沈鉴治访谈。
② 2011 年 10 月 14 日,北加州分会校友沈鉴治访谈。
③ 2011 年 10 月 13 日,美东分会校友凌节生治访谈。
④ 指 1927 年北伐军波及上海、学校停办期间,在校外租屋上课,称为"丁卯学社";另 1937 年对日抗战时暂迁大陆商场,共两个短暂时间。
⑤ 2011 年 9 月 18 日,台湾分会校友陈奇禄访谈。

decided that I should go to St. John's University."① 另有些人因着圣约翰大学未得教育部立案,原想念其他学校,也因着中日开战,为了选择冲击与影响最少的学校,选读或转学到圣约翰就读。

1937年上海"八·一三"对日抗战爆发后,上海受到日本的严重空袭轰炸,日军从空中不断地用机枪扫射民宅,"子弹从我们家中的屋顶穿过去,我差一点被击中,如今回想起来还是心有余悸"("中央"研究院近代史研究所,2000a:12—13)。圣约翰大学校区接近战火,后被日军占领,一度将学校迁往公共租界南京路的慈淑大楼(大陆商场),并与沪江大学、东吴大学、之江大学、金陵女子文理学院等筹组上海联合基督教大学。战火停止后,1940年迁回原址上课。校友顾韦澄芬回忆与先生顾应昌当年在大陆商场的相识:"St. John's occupied 3 or 4 levels, and some other university occupied some lower levels." "We happened to sit next to each other in a European history class." "my future husband who sat next to me"。② 日军全面侵华,全国各大学的学生跟着政府流亡到西南,生活及学习变动甚巨,在上海的圣约翰大学相对稳定地持续运作,许多学生也流向圣约翰大学。1938年第一个女毕业生岑德美也是当时从燕京大学转学到圣约翰的学生之一。1941年,太平洋战争爆发后,圣约翰成为"孤岛"上海仅存的一所完整的教会大学,学生人数一再创下新高,大学部学生达1700余人,连同附中和圣玛利女校,近2500人。抗战期间,圣约翰全体人数从1937年的568人增至1945年的3554人(徐以骅、韩信昌,2003),大环境的影响效果远远抵过立案风波的冲击。

---

① 见"中央"研究院近代史研究所,2000a,176。《顾韦澄芬小传》。顾应昌校友为1940年经济系毕业,顾维钧之侄,与韦澄芬校友(1941年英文系毕业)为夫妻。
② 见"中央"研究院近代史研究所,2000a: 177,《顾韦澄芬小传》。

(二) 抗战胜利后，国共内战对校园的社会、政治冲击与影响

学生们在校学习，生活相较单纯，然而社会、政治与经济的变化，却是所有人都无可避免的。校友李承基回忆抗战时期上海的经济与金融的变化，他提到：

> 上海沦陷的八年中，市面流通过三种纸币，日本军票、国民政府的法币、汪精卫政府的中储票。日本军票任何人不能拒绝使用，但数量少，不受欢迎，日军亦未严格执行，上海市面通货以法币、黄金、港币或美钞等较流行的外币为主。1941年12月太平洋战争爆发后，开始有彻底的变化。1942年2月2日，汪伪政权在南京成立，极力控制财政和税收，设立"中央储备银行"，发行"中储票"，取代法币，2元国民政府的法币兑换1元的中储票。然而，1945年抗战胜利后，国民政府却决定1元法币兑换200的中储票，致使沦陷区的百姓一夜之间倾家荡产。（"中央"研究院近代研究所，2000b：192—194）

抗战胜利后上海的通货膨胀持续发展（恶化）。大环境的变化，更增学生的经济负荷，并直接冲击民生问题以及学子的基本需求。华严1947年八月十四日（星期四）的日记："手表坏了，钢笔尖也开了叉，这两件我的无时无刻不倚仗着它们的瑰宝发生了问题，到街坊去了一趟，修表需要七万元，有一枝叫 victor 的钢笔需要十二万，唉，且等待天空落下来一朵云彩吧！"（华严，2011：368）漫天喊涨的民生物资，迫使学生们有着无法拒绝的无奈。许多上海市民，开始生活在政治与经济的不安状态中。

除了经济的变化，学生也无法逃脱整个大环境，校园里也不乏职业学生

（国民党特务）以及中共的地下党员，他们主要透过校园活动来扩张影响力，学生的人际互动也深受影响。华严（2011）回忆当年在学校，男友加入共产党，自己却被误以为入了三民主义青年团，最后，只能万分痛苦地分手。校友沈鉴治描述1947年的政治与社会处境，他说："自从胜利以后，国民政府和共产党总是谈谈打打，期间美国虽然派出特使马歇尔从中斡旋，但是内战却仍旧难以避免，大约在一九四七年之前，国民政府还占了上风，召开国民大会，制定宪法，选举了蒋介石为总统，接着国共就谈判破裂而正式打起内战来了，此时上海主要马路两旁的电线杆上都以油漆涂上"拔毛宰猪救中国"的标语，大家都知道拔毛就是拔掉毛泽东，宰猪就是杀掉朱德，也明白国共已经决裂了。到了一九四七年的下半年，共产党在军事上开始占上风，对人心的影响很大。我们在上海所感到的是通货膨胀和物价飞涨，而各地都发生了学生运动，主要是反饥饿游行。当然像我这种只知道埋头读书的学生觉得反饥饿游行很有道理，还曾经去参加过，并且在南京路上遇到警察的马队和消防队用水枪冲散。"（沈鉴治，2011）各地普遍性政治氛围以及经济恶化、学潮、游行等，无法不冲击到梵王渡的圣约翰大学。沈鉴治继续提到：

> 那年秋天，还发生了一次罢课，校园里闹哄哄地，我和一些同学觉得这只是少数同学闹事，都躲在图书馆里，避免被波及。到了一九四八年初更不得了，在一月份冬季毕业典礼上，学生会代表到台上去演讲，说政府迫害同济大学的学生，一时场面混乱。此后我听说这几次学生运动都是共产党暗中策动的，觉得很害怕，便更加专心躲在图书馆里读书，有空就打桥牌和看电影，但是我却并不觉得相熟的同学中有什么共产党，直到多年后才知道政治系的同学，也是学生会会长的汤兴伯，原来真的是共产党。（沈鉴治，2011：142）

国民党在军事方面,节节败退,政府冀望能在上海整顿金融秩序,特派蒋经国到上海"打老虎"。可惜半年之后,却悄悄地离开了上海……

一九四八年,国民政府在内战中愈来愈处于下风,而通货膨胀更一发不可收拾,那年暑假未完,政府忽然发表币制改革,发行金圆券,下令所有的百姓必须在规定时间内把法币以三百万对一兑换金圆券,同时不许任何人持有黄金和包括美钞在内的一切外币,违法的要坐牢甚至枪决,而且还派蒋经国担任特派员,负责捉拿违法者。那个年代由于通货膨胀,一般人为了保值,大都把毕生储蓄换成黄金和美钞,现在政府说百姓不准持有这些保值的东西,那还了得!因此这个新闻如同晴天霹雳一样,顿时人心惶惶,不知道该怎么办。但是,老百姓还是好欺负的,听说蒋经国有权要枪毙谁就枪毙谁,个个都十分害怕,大家除了乖乖地服从,没有别的选择。于是不久之后,中国银行门前出现人群排队,原来是市民们赶着去把黄金美钞等兑换成金圆券。……谁知道,等大家争先恐后排队把全部黄金美钞都换成金圆券以后不久,物价又狂涨了,各种店铺中的货物被人抢购一空,物价一日数变,有些店铺不接受金圆券,但是政府马上下令谁不接受金圆券就要枪毙,于是有些店铺便索性关门停止营业,但是政府见到这种情况,又下令不许商家无故停止营业,违者要受到严惩,于是更加人心惶惶。(沈鉴治,2011:143—144)

国共内战持续紧张,蒋介石及国民党方面开始准备撤至台湾,圣约翰的学生也跟着家庭的决定,选择是继续待在上海还是离开到香港或台湾。金融问题则持续恶化。

到了一九四九年,上海的情况已经相当混乱,随着金圆券的急速贬值，大家不要纸币，只要银元了。大街小巷出现了许多手持一迭银元的黑市兑换贩子，他们把银元在手中弄得叮叮当当以招揽客人作交易。这些银元上有民国初年时的大总统袁世凯的头像，所以又称袁大头。它们的行情一日数变，趋势是不断上涨，反映了金圆券的不断贬值。但是使用银元是违法的，而一切商业交易还是要用金圆券，于是大家都带着袁大头，在要付钱时才在街边兑换钞票……金圆券贬值的另一个怪现象是人们用麻袋装了钞票去买东西，而店员只是点一下有多少捆钞票就算数了。但是不久就弊端丛生，于是银行就发行一种叫拨款单的单据，凭单可以把一笔数目拨入收款人的银行账户。事实上人们就用拨款单作货币，在身上带了许多拨款单去买东西，这种拨款单以金圆券计算，于是也跟着贬值，一时大面额的拨款单满天飞，大家叫它们"八卦丹"，后来金圆券愈来愈不值钱，甚至即使马路上有"八卦丹"①，连乞丐都懒得去捡了。（沈鉴治，2011：146）

对于当时的政治局势与氛围，老百姓总是议论纷纷，这些"国事"无法不渗透到学生的耳里。

在国民政府统治上海最后的日子里，市区常常听到炮声，人们天天在谈论着各种消息，有人说国民党除了尽量把黄金美钞运出去之外，还逮捕了许多有共产党嫌疑的人；有人说共产党在苏北进行土地改革，杀死了许多地主，所以他们如果攻入上海，凡是有产业的上海人都会被杀死；有人说国民党政府的军队只要看见人民解放军就都弃械投降，所以长江天险一定守不住；也有人说，南京政府已经逃去了武汉，下一步就是逃去重庆；有人说许多消息都是共产党在造谣，当然也有人说，谣言都是国民党特务

---

① 上海人以方言将拨款单读作"八卦丹"。见"中央"研究院近代史研究所，2000b：114。

散布的，总之是一片混乱，而一般市民则莫知所以。其实大家此时已经把蒋介石政府唾弃，一般人的想法是共产党即使可怕，情况再坏也坏不过国民党的统治了，所以反而在期待着局势快些变化，总比天天生活在悬念中好。（沈鉴治，2011：147）

国共内战的结局，蒋介石丢掉了大陆江山，上海也在最后阶段为共产党所解放。"终于，在一九四九年五月下旬的一天，炮声忽然停顿了，街道上车辆稀少，上海一片寂静，大家心里都明白，一定是国民党的军队撤退了，而共产党的军队大概就会来了。"（沈鉴治，2011：148）校友指出大局势的转变对1949年毕业的学生和1950年毕业的学生来说，意味着不同的宿命。①

整体而言，1937—1945年，抗战时期，圣约翰大学虽受波及而短暂停课，但比较稳定地提供学习的环境，使校务能得天独厚地持续发展，学生能够继续上学；1945年抗战胜利以后，国共内战，爆发学潮，地下党在校园活动，直到国民党败退台湾，大环境的不稳定毫不保留地直接冲击圣约翰，校长沈嗣良入狱、涂羽卿则因学潮辞职，转由校政委员会代理校务，校务运作无不因大环境的动荡而摇摇欲坠。

五、圣约翰精神与复校心愿

1950年12月，圣约翰大学宣布与美国圣公会脱离关系。在1952年全国高校院系调整中，中国政府模仿苏联的教育政策，大量削减综合大学，改办专门学院，原有的教会学校多数被拆解，圣约翰大学亦被拆散并入其他多所高校。其中文、理学院主要并入华东师范大学和复旦大学（如英文系、新闻系），工学院的建筑系则并入同济大学，圣约翰医学院与震旦大学医学院、同德医学院

---

① 见圣约翰大学史料电子丛书，《圣约翰大学的最后岁月（1948—1952）》。

合并成立上海第二医学院（后改名为上海第二医科大学，2005 年改为上海交通大学医学院）。至于圣约翰大学原校址则提供给新成立的华东政法大学。校友回忆当年学校解散，离开上海到香港的过程："1952 年夏天圣约翰停办！我偷偷地离开上海，一上火车，发现一两百 St. John's 人也都偷偷地走，St. John's 有很多广东人，上海有一区全是广东人，很多都念圣约翰，那边的学生一口上海话，一口广东话"①。校友们来不及听见校方、师长给予的祝福或临别赠言，后来在政治局势的更迭下，内地的校友们辛苦走过"文革"时期"帝国主义黑学校"的爱恨交织；海外的校友则带着圣约翰的尊荣缅怀母校并在各自的领域发光、发热。许多校友引用"圣约翰情结"、"圣约翰效应"、"圣约翰精神"等不同的名词，藉以描述圣约翰的历史荣光以及校友对于母校的热情，进而关切复校活动，其实都在指涉来自圣约翰的核心价值与精神的影响。②

（一）圣约翰的核心价值与精神

在圣约翰大学校友心目中，圣约翰的精神永远是鲜活的，并未曾消失，这些对母校的深情长谊，已然汇聚成一种历久弥笃的情结（熊月之、周武，2006），校友们所感受到母校教育的影响，更可谓是一种圣约翰精神的具体展现（徐以骅，2009），某些校友谓之为圣约翰效应（St. John's Effect）。③

校友们所感念与追寻的"圣约翰精神"究竟是什么？这是一种"说也说不清的认同感"④。圣约翰对于校友的影响体现在各个层面，其中融合性地诠释与实践中西校训最被强调，英文校训"Light & Truth"（光与真理），是一种

---

① 2011 年 9 月 1 日，台湾分会校友高涛访谈。
② 见圣约翰大学史料电子丛书，《圣约翰现象精神校歌》。校友丁光训认为校歌已将圣约翰精神 (Johannean Spirit) 凝聚其中。
③ 见圣约翰大学史料丛书，《圣约翰效应》。
④ 2011 年 10 月 14 日，北加州分会校友沈鉴治访谈。

"真理知识的追寻,照耀他人与服务的精神"①;中文校训来自论语:"学而不思则罔,思而不学则殆。"严倬云特别提到:"在圣约翰的日子,影响了我一生的行事为人,我牢牢记着圣约翰的校训'学而不思则罔,思而不学则殆'。"② 有人认为这就是"中西价值与文化的融汇"。此外,像"3F—Fraternity, Fellowship, Friendship"(学谊、联谊、友谊)等精神的涵化也常被认为是圣约翰精神的重要指标,藉以落实于"知识学习的探究与分享、校园生活的参与及联系、情感友谊的经营与维持"③。

关于校友的各自表述,徐以骅(2009)综合起来认为圣约翰精神可从几个点加以理解:(1)绅士风度及淑女风范,诸如秩序、守时、洁净、勤学等礼仪及德性的养成教育,其为一种历久不衰又难以名状的气质;(2)"3F精神",特别是校友会所体现的圣约翰传统,维系着学校与校友的精神枢纽,并倡议母校精神;(3)"三自品格",即自修、自立、自治的品格养成,作为持续与终身学习的价值与展现;(4)社会服务,培养对国家、社会服务的教育期许,也是作为圣约翰精神的最高体现。我们看见这些校友们对于母校强烈的向心力与凝聚力,并且延伸至圣约翰中学、圣玛利亚女校以及部分约园子弟。2011年笔者访谈部分上海圣约翰大学校友,确实观察并见识这些校友后续自主学习并在职场上不可忽视的成就、涵养与高尚气质,多以英文偶夹杂中文式的交谈、健康等,他们的聚首及活动也让人称羡。

这些堪称经济富裕、健康的校友,对母校精神惦念,直觉地认同前述核心价值与精神引导出的生活价值,进而商讨复校,从起心动念进一步化做生命实践。

---

① 2011年9月1日,台湾分会校友高涛访谈。
② 见徐以骅,2009,题字。
③ 2012年4月13日作者与圣约翰科技大学校牧的谈话。

（二）复校的悬念

关于上海复校可能性的试探与请益，校友们透过各种管道付出了很大的努力。20 世纪 80 年代末，上海有人知道后曾表态反对①。因此"一口把圣约翰复校的可能堵死了"②。上海校友们仍想办法以圣约翰或 St. John's 谐音"申江"③ 办理一些英语补习学校。然而就现实而言，上海原地复校虽是所有校友的愿望，但也是最不容易的。其困难除了包括一般其他教会大学的复校困难（教会大学是帝国主义以教育的形式"从事精神侵略方面的活动"等定调，现有华东政法大学既有校舍、校产、资金、设备、人才等资源的重新分配，除了既得利益与切身利益之外，更增其复杂性与阻碍）之外，恐怕尚有校产归属的问题（黎望复，2006）。

20 世纪 90 年代末期，中国各大学兴起扩大的风气，华东政法大学也风闻要搬离原址另建大学城，有圣约翰校友想趁机买下原址④，或是另寻他址复校。纵使庞大的经费预算已有眉目，但上海复校的计划，终归是"万事俱备只欠东风"（沈鉴治，2011）。

上海原地复校遇阻，无法继续前行，其他海外的校友们只能为筹得的款项另寻用途。当时大批港人移民温哥华，经校友会协商，2000 年在加拿大不列颠哥伦比亚大学支持下于该校设立专为研究生而设的圣约翰学院（St. John's College），设备与师资全部则由校方提供。有的校友认为：这是自从 1988 年决定复校以来"一个初步与具体的成绩"（沈鉴治，2011：567）。诚然虽母校不

---

① 见上海圣约翰大学史料电子丛书，《阿门从中国远逝的教会大学》。
② 见上海圣约翰大学史料电子丛书，《阿门从中国远逝的教会大学》。
③ 上海古名申城；吴淞江即为苏州河；黄浦江又名申江。现上海已有"申江大学"。校友们仍想以"申江 或是"约友"为名，尝试作为上海复校的可能性。见上海圣约翰大学史料电子丛书，《阿门从中 国远逝的教会大学》；沈鉴治，2011：563。
④ 见上海圣约翰大学史料电子丛书，《阿门从中国远逝的教会大学》。

能在中国大地上重现,但这已是复校的第一步,故这所学院得到不少校友支持;圣约翰学院也以"光与真理"及"学而不思则罔,思而不学则殆"作为校训。但部分校友却心有遗憾,感慨地说:"虽然那里用了圣约翰的名字和校训,但毕竟只是一栋宿舍楼而已,并不是一所真正的大学。"① 除了并非一个完整的教育机构外,非上海、非华人地区的"复校形式"仍然是校友心中未能释怀的心事。

1967年台湾的圣约翰大学校友,为了延续圣约翰大学的办学理念与精神,原计划以"圣约翰大学"在台湾复校,唯当时"教育部"暂不开放新设大学,仅开放专科学校的设置。为配合当时经济发展之需要及政府教育政策之要求,故结合圣玛利亚女校的校友,成立"新埔工业专科学校",英文校名则为St. John's and St. Mary's Institute of Technology。1993年奉准改名为"新埔工商专科学校",1999年改制为"新埔技术学院",2003年奉"教育部"核定更名为"圣约翰技术学院"②。2005年升格并核准改名为"圣约翰科技大学",英文为St. John's University,未来将以恢复"圣约翰大学"为努力争取之最终目标。2004年第六届校友联谊大会以热烈掌声通过了认可台湾"圣约翰技术学院"为圣约翰大学继承者的决议。然而,"不管台湾将来走向如何,圣约翰大学总

---

① 见上海圣约翰大学史料电子丛书,《阿门从中国远逝的教会大学》。
② "新埔"于2003年10月10日正式更名为"圣约翰技术学院"。校长杨敦和说:"正名相当艰辛,不只向外要找教育部争取,向内还要争取并说服入学、毕业都是'新埔人'的校友同意更名。"推动正名之初,许多1970年代以后的校友,已经不清楚复校始末,认同自己是"新埔人",并认为"学校又不是办得不好,出去的校友表现也不错,怎么突然要改名?"学校一再说明原委,并由新埔校友出席上海圣约翰校友会,才了解并认识上海圣约翰大学过去在中国大陆的影响力,慢慢接受更名的想法。然而,许多老校友等不及新埔正名,香港校友会联合美加校友会,在温哥华英属哥伦比亚大学内设置"圣约翰学院",作为东方文化研究中心,这种动力也让反对正名的校友印象深刻,化解反对意见。一些老校友更期许未来能够恢复全科(综合)大学,对于"科技"性质的工科大学,总觉得不尽如人意。见上海圣约翰大学史料电子丛书,《老校友向心力新埔人折服》。此外,"新埔"是比较单纯的在地地名,"圣约翰"则代表着这所学校的历史文化传统,以及教会办学的精神,尤其是对于学生人格的陶冶,以及灵性层次的关怀与照顾。

算可以在一个说汉语的地方复校了，这对我们校友来说是一个安慰"①。一位从美国多次返回台湾参加校庆活动的老校友这么说。

然而，关于复校的实质意义，若以当年圣约翰的声誉、传统而论，不管是加拿大的圣约翰学院或是台湾的圣约翰科技大学，抑或是未来在上海即使能以"神形兼备"全方位的标准完成复校目标，都将无法再现圣约翰昔日的辉煌；更何况当年圣约翰的办学与模式也非一成不变，历经了多年的转型与重新定位，其地位也不是一蹴可及的。校友们对于"学校不再"与"复校"的失落心情，是否能转换为接受一种生命的再生形式与实质展现？现实上，校友们若能把"后圣约翰"的教育机构视为圣约翰精神的传承而加以支持，实为一种近乎情理的选择（徐以骅，2009）。

新埔正名圣约翰后，上海老校友纷纷捐助，如建筑师沈祖海、容永道、何兆丰、欧德强等人陆续指定捐赠校务基金，以拓展圣约翰科技大学的办学。

六、结语

首先，作为近代中国教会大学之一的上海圣约翰，与其他教会大学的创设历程、发展、变迁有着普同性的经验，也有着学校特色发展（英语教学、体育活动、通识教育等）以及在抗战时期上海租界区独特的发展际遇。中国的教会大学，曾经因教育功能与宗教功能甚至政治功能无法清楚区隔，长久以来被视为帝国主义殖民的文化侵略行为。然而，在中西文化交流史上，不可避免的，教会大学作为基督教文化与西方文明的载体，处于东方文化环境与氛围里，除其在地化经验反映出中国国情与社会需求的调整与适应之外，教会办学也是西方观察中国的一个窗口（章开沅，2003）。台湾在50年代和60年代早

---

① 见上海圣约翰大学史料电子丛书，《阿门从中国远逝的教会大学》。

期创办的私立大学，如东吴、东海以及辅仁的复校等，延续着教会在华教育事业的优良传统，教会大学也一直深受好评。

其次，大时代逃难的颠沛流离与受苦的经验可能是这一代人的"未尽事宜"（unfinished business），对于生命空隙的回忆，益发滋长老校友们对于母校的感恩与思念。这些圣约翰校友知书达理、富裕健康，长达八九十年的岁月中，历经战争、动乱，人类历史上变化最遽的年代，他们能够将其社会资本保持得相当完好，从这些校友身上可获见证，教育投资永远是值得的。教育投资在人的身上，虽不能说百分之百可以获得回报，却是最能够保值与增值的资产。"富不过三代，惟书香可以传家"，知识可以改变与创造价值，并且改变生活的方式。

校友们普遍对于母校的"情结"抑或是"复校情结"究竟为何？对于老校友而言，回归"圣约翰"是对"复校"的执著和怀旧的精神，"复校运动"是一群过去的学子寻根，在不忘本及饮水思源的传统价值下，跟随着时代意义的转化以寻回青春岁月与认同的生命历程（life course）。找寻认同本身是一个艰辛的历程，此历程正是自我认同的重要指标。在"尘归尘，土归土"之前，这群故人的心思，依旧在带着悬念找回他们心中的"圣约翰"。

新埔作为一个"有机体"而言，校名改回圣约翰则是"正名运动"，一如学校自身寻回自己的根源，找回自己的母亲与认同，这是一个认同的运动过程；同时也是台湾圣公会与台湾校友会催生"圣约翰在台复校"以来的历史性、发展性课题。这并非与哪个地区、哪个教育机构"正统"的论述之争，而是新埔工专传承并延续着上海圣约翰的办学精神与教育理念，她从来就不是一所新学校，新埔就是圣约翰。

此外，老新埔人的踌躇与矛盾，是向前走或是向后走？是向左走还是向右走？新埔成为历史，成为旧的，圣约翰倒又成为了新的。究竟孰新？孰旧？都是也都不是，是旧也是新。老新埔人毕竟在台湾生存了长达40年的时光，到底有多少老新埔人对圣约翰校史熟稔且认同？抑或这是一种陌生互斥的概念？是重返圣约翰的历史荣光吗？还是一种深沉的失落？在我们关心老圣约翰校友的同时，是否也需要反思这群老新埔人，他们如何重新自我认识和定位呢？唯一可以预知的是：校友们总希望看见自己的母校有更好的发展。

参考文献

曹舒丽安（1973）．我的外祖父颜永京牧师．见颜惠庆．颜惠庆自传（姚崧龄译，291—296）．台北：传记文学出版社．

高亚鸣（2010）．周有光传．南京：江苏人民出版社．

贺水金（1999）．论国民党政府恶性通货膨胀的特征与成因．上海经济研究，1999（6），67—71．

华严（1980）．智慧的灯．台北：跃升文化事业有限公司．

华严（2011）．回梦约园：揭开《智慧的灯》的面纱．台北：跃升文化事业有限公司．

金以林（2000）．南京国民政府发展大学教育述论．见中国社会科学院近代史研究所（编）．中国社会科学院近代史研究所青年学术论坛（297—333）．北京：社会科学文献出版社．

黎望复（2006）．推动索偿运动在大陆实行——财产权是最重要的人权．北京之春，153，22—26．

李元平（1993）：俞大维传．台北：台湾日报社．

林太乙（1989）：林语堂传．台北：联经出版公司．

林语堂（1980）．八十自叙．台北：远景出版事业公司．

米尔斯（C. Wright Mills, 1956/1994）．权力菁英（王逸舟译）．台北：桂冠出版社．

沈怀玉（2007）．口述历史实务谈．见当代上海研究所．口述历史的理论与实务：来自海峡两岸的探讨．上海：上海人民出版社．

沈鉴治（2011）．君子以经纶——沈鉴治回忆录．香港：三联书店．

同济大学土木工程学院地下建筑与工程系（编，2008）．百龄问清．上海：同济大学出版社．

温曼英（1993）．吴舜文传．台北：天下文化书坊．

谢洪赉（1973）．颜永京先生事略．见颜惠庆．颜惠庆自传（姚崧龄译，297—300）．台北：传记文学出版社．

熊月之、周武（主编，2006）．圣约翰大学史．上海：上海人民出版社．

徐以骅（主编，2009）．上海圣约翰大学（1879—1952）．上海：上海人民出版社．

徐以骅、韩信昌（2003）．海上梵王渡——圣约翰大学．石家庄：河北教育出版社．

阎书昌（2011）．中国近代心理学史上的丁韪良及其《性学举隅》．心理学报，43（1），101—110．

颜惠庆（1989）．颜惠庆自传．台北：传记文学出版社．

章开沅（2003）．总序．见章开沅（主编）．徐以骅、韩信昌．海上梵王渡——圣约翰大学．石家庄：河北教育出版社．

"中央"研究院近代史研究所（2000a）．顾应昌先生访问记录（刘素芬、庄树华访问，向明珠、陈怡如记录）．"中央"研究院近代史研究所．台北．

"中央"研究院近代史研究所（2000b）．李承基先生访问记录（黎志刚访问、记录，陈绛校阅）．"中央"研究院近代史研究所．台北．

周有光（2008）．周有光百岁口述（周有光口述，李怀宇撰）．桂林：广西师范大学出版社．

Runyan, W. M. (1982). *Life Histories and Psychobiography: Explorations in Theory and Method.* New York, Oxford University Press.

Schultz, W. T. (2005). *Handbook of Psychobiography.* Oxford University Press.

Those Years in Shanghai St. John's: Reflections of a Group of Alumni

Hsiang-mei Chen

(General Education Center, St. John's University, Xinbei, 25135)

/ Abstract /

St. John's University (1879 – 1952) was among the early church universities established in China, which retained a western church name. It upholds the spirit of a western church school located in Shanghai with more integration of cultural communication. Meanwhile, it emphasizes English – only teaching environments in China, which helps nurture a lot of diplomatic and commercial professionals in the respective fields. As the church university was founded 130 years ago, its remaining alumni have become senile. Looking back on their life experiences, the alumni would recall their campus life and school education at St. John's in Shanghai. Every other year, its alumni worldwide would travel from different regions of the world to share their own life experience, to reflect on their common life memories, and to discuss their new campus plan.

What attracts these senile alumni to travel all the way to St. John's? What kind of seeds buried in their youth has nurtured what they have learned in the alma mater? We hope that through the account of St. John's school history, the memoirs of alumni, alumni interviews, and narrative information, we could recapture the elegance of St. John's in Shanghai.

Alumni's recalling their life in the alma mater, the English – speaking environment, the spirit of university's motto, accommodation and community life, acculturation, fraternity, fellowship, friendship and so on, have in their specific way of development. Each of them has outstanding performances. To express their gratitude to their alma mater, they attempt to continue and reproduce St. John's spirit of the past. They participate in Alumni Association activities actively, and donate money to build a new campus for the rising generation at St. John's. That is the reason why "Hsinpu" Institute of Technology was renamed "St. John's" in 2003. The alumni who eventually pass the spirit of St. John's from the 19th century to the 21st century also make the legend of transferring the tradition at Shanghai's St. John's to that at Tamsui.

╱ **Keywords** ╱

Shanghai, St. John's University, Church University

在书写之中：台湾客家女诗人王春秋的认同之路

李文玫*

(龙华科技大学通识教育中心，台湾桃园，33306)

/ 摘 要 /

王春秋，是出生于苗栗县狮潭乡的客家人。1999 年开始用母语写诗，2007 年在赖玉枝老师的鼓励之下，将诗作集结成《转屋，春秋》一书。春秋的诗作极具淳朴的客家味，读来亲切而熟悉，书写的内容主要是对家乡的记忆与情感、与自身生命的转变。本篇论文以《转屋，春秋》一书中的诗作以及 2010 年 7 月 5 日的口述访谈文本为主要的研究资料，针对春秋这一路走来的生命认同历程进行书写；同时也希望打破过去对于客家女性单一而片面的"勤劳节俭"刻版印象，真实呈现出生活中客家女性透过书写自身而走向生命认同之路的一面。

---

* 李文玫 E-mail: winniel@mail.lhu.edu.tw

作为一个生活中的女人、客家人，以及透过身体来书写的诗人，她是如何看待自身以及自己别具风格的诗作？而在书写的过程中，春秋如何在诗作中表达生命的困境与成长？她惊喜地发现，在诗的文字之中涵容着自身的生命密码；而在不断梳理生命的历程中，更厘清了自己在社会文化与政治经济脉络下的生命处境——"农妇的女儿"；书写成为朝向生命认同与自身存有的路径，春秋得以透过这样的书写而"回我自己的家"，同时得以与外在世界和他者"互为主体"。

／关键词／

客家女性，认同，书写，互为主体

一、台湾客家女性"在地"样貌的展现

台湾客家女性的样貌并非只有刻版印象中的"勤劳节俭"而已。从历史社会文化的论述脉络来看（如图1），1933年大陆历史学者罗香林以谱牒的研究方式所出版的《客家研究导论》一书，其论述脉络源自于对外族不好的印象以及土客冲突，为了帮客家人正名——"来自中原的正统血统"而写了这本书，书中的客家女性成为客家人的特色之一，因此将客家女性神圣化与全能化，具有特殊的历史定位与意义。时空挪至40余年后的1978年，台湾民俗学者陈运栋所著的《客家人》一书的出版，是立基于出版社想出版有关客家人的书籍而作的积极推动，书中除了引用外国人类学者的论述之外，还提出了客家女性"四头四尾"的妇工能耐，而这样的"四头四尾"的确反映出当时台湾客家社会对于客家女性的要求与评价标准。

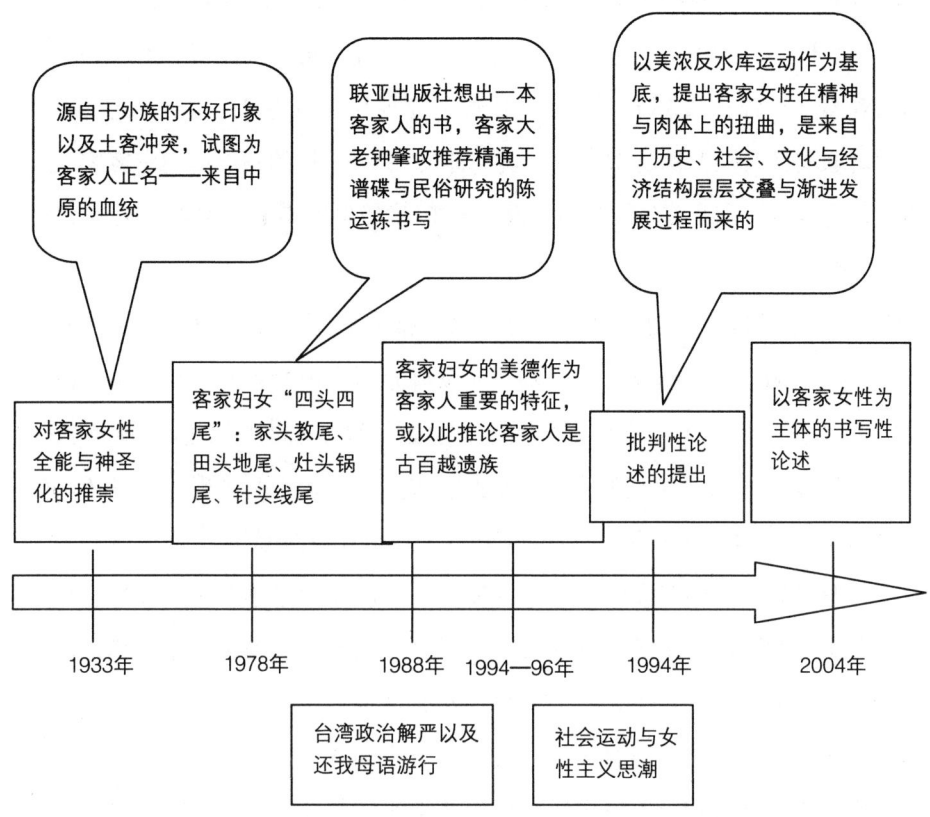

图1　客家女性论述的历史社会文化脉络与发展（引自李文玫，2011：256）

一直到十年后（1988年），因为台湾的政治解严，在各地蕴藏已久的声音不断以社会运动的方式浮上街头，客家族群也发动了"还我母语运动"，发动上万的客家人走上台北街头，争取客家话的发声机会，也因此陆续创办了客家杂志、宝岛客家电台以及客家电视台。而在不断发声的同时，1994年至1996年间出版了数本关于客家的专著，有的试图从客家女性的劳动特质推论客家人源于古百越遗族（房学嘉，1996）；有的试图从开启两性平等对待先河的美名，来推动"台湾独立"的政治立场（江运贵，1996）；有的试图从性别与文化视角切入客家女性研究，却没有办法清晰地站在客家女性的主体性立场上来进行论述（李泳集，1996）；有的从国外学者的角度来看客家女性的"东方美德"与"贞女情操"（高木桂藏，1994）；也有的从女性民俗学者的角度来进行客家民俗文化的田野观察（刘锦云，1995）。无论其论述的立场与视角为何，这些论述都离不开对于客家女性劳动美德的叙述与赞美，即便在1988年的发声运动中客家人试图树立其主体性，但是客家女性的主体性依旧被压制在劳动美德的光环下而无法发声。

1994年随着反水库运动而出版了《重返美浓》一书，在台湾女性主义及后现代思潮的影响下，钟永丰、钟秀梅以及夏晓娟对客家妇女的劳动论述提出批判性的看法，试图呼吁在历史、社会文化与经济处境下的客家妇女能够看清楚被压迫的事实，并找寻解放的道路。从此，多元的声音不断出现，但是依旧盛行着客家女性"勤劳节俭"的刻板印象，让客家女性的认同产生很大的混淆，似乎不具备勤劳节俭的特质就不是客家女性，这样的论述对客家女性来说又形成一股无形的压迫。直到2001年花莲师范学院的李竹君创作了第一篇以客家女性为叙述主体的硕士学位论文以及2004年张典婉出版了《台湾客家女性》，才逐渐让客家女性的主体性论述不断出现，并且丰沛其多元而真实的内涵。

王春秋作为一个20世纪50年代出生于苗栗客家庄的客家女性，虽然只是高职毕业，但是却透过不断书写与整理自身生命的过程而走一条回家的路。对我来说，不仅她的诗特别亲切而熟悉，她所呈现出的在地生活样貌也很特别，是客家女性主体性的展现。春秋，15岁国中毕业后，离开客家庄到台北都会区打拼，过着半工半读的生活，从此定居在台北。结婚后一直是职业妇女，并没有从事客家诗的创作，在因缘际会中认识贵人赖玉枝老师，老师鼓励着她书写自身的生命花园，就此种下春秋书写客家诗的种子。1999年春秋开始进行客家诗的创作，以极为地道的客家话书写着家乡风情，书写着自身的转变；2007年在阿枝老师的鼓励下将诗作集结成书，以"转屋，春秋"之名出版，由于诗的质地具有非常纯朴的客家味，因此赖玉枝称她为"台湾第一名的客家女诗人"（赖玉枝，2007：4—6）。

和其他客家女诗人相较，春秋的诗自成一格，没有学院诗人的华丽辞藻，也没有深奥难懂的意境书写，有的是朴实而地道的风格，读来亲切而熟悉。同时描写极为细致而深刻，在阅读时，常常会随着她的细致书写而开启感官的享受与生命的理解。在书写的内容上则包括：自我身体与心情的书写（如：《哭》、《想要》、《心情》、《落叶》、《留头拿毛》……）、故乡的情感与记忆（如：《𠊎记得个河霸》、《桶柑》、《桂竹笋》、《转屋》……）、写景抒情（如：《早春》、《花》、《转秋》、《入冬》……）、手足关系与情感的爬梳（如：《二哥》、《大哥》……）、母女关系的重新看见（如：《转妹家》、《转屋》、《𠊎个阿姆》、《阿姆个味绪》……）、朋友之情（如：《写信仔》、《给芳莹》、《阿惠美佬𠊎》……）、生命困境的面对与成长（如：《心情》、《成长》、《分自家开一蕊新个花》……）等。

相较于其他客家女诗人的书写，王春秋的诗作有其独特性。郑雅怡（2007）则以"前卫性"的视角，来探究客家妇女诗人在诗话中展现弱势者突破、颠覆现有体制的宰制，追寻自家的独立自主，这是一篇尝试用客家话作为学术语言的论文书写，读来需要花费一些力气。她认为在杜潘芳格、利玉芳以及张芳慈的诗作中，呈现出"对殖民体制 thung 现实社会 ke 反省 thung 批判"、"亲情，乡土，变迁，族群记忆 thung 台湾客家认同"以及"妇女自觉 thung 身体，情感 ke 解放"等面向上，是一篇很有女性主义批判性质的文章。关于客语诗中的女性书写与女性形象研究，林樱蕙（2004a）整理出在诗作中呈现出传统客家女性的形象有："勤俭、劳动"的形象，"聪慧、文思敏捷"的形象，"严苛标准下懒惰"的形象，以及"大地之母"的母亲形象；徐碧霞（2005）又更细致地将台湾战后客语诗中的女性书写归纳为："劳动勤俭的现实生活"，如农妇、阿姆、洗衫妇、开垦者、小贩等；"浪漫柔美的青春",如:《娘》、《细妹个情》、《花囤女》、《薪臼》等;"对土地的认同与情感",包括:倡导母语、知识分子的责任、对台湾的情感;以及"生命体悟与自我追寻"等四大议题。和这些客家女诗人以及关于女性书写的诗作相较,王春秋走的是属于自我认同与生命整理的路径。

笔者在2010年针对六位客家女诗人的歌诗进行探究时,发现最早出版客家诗集《天光日》的张芳慈[1]是以女性主体意识以及旅行中的情欲流动为主要的关怀;华语诗写得早,大胆书写女性身体情欲的利玉芳[2],在书写客家诗时,却呈现出温馨怀旧的风格;全力投入客家文学创作的多产作家江昀[3],则在作品中展现浓浓乡愁与自我疗愈的渴望;是歌手、也是画家的客家女诗人罗思容[4],虽然没有把作品集结出书,但是她以唱咏的方式呈现客家语言与客家

---

[1] 张芳慈,1964年出生于台中东势,客家话是大埔腔。芳慈的创作很早,1981年17岁就读新竹师专时就已经开始创作,先后发表童诗、散文、短篇小说、现代诗。1986年加入笠诗社。1991、1992年两次获得吴浊流新诗佳作奖,1993年由笠诗社自费出版诗集《越轨》,1999年女书店出版《红色漩涡》,并以"诗"获得象征本土文学最高荣誉的吴浊流新诗正奖。2005年出版客语诗集《天光日》,以客、华对照的版本出现,其在单篇发表时,都以客语型态发表,结集成书时则采对照方式,《天光日》是台湾客家女诗人将诗作集结成书的第一部著作。

[2] 利玉芳,1952年出生于屏东内埔乡牛埔下庄,高雄高商毕业,初中就学的时代,即以"绿莎"的笔名发表过散文,利玉芳的华语诗写得早,常常与台湾最重要的客家女诗人前辈杜潘芳格相提并论。她的华语诗大胆书写女性身体情欲,呈现一种豪放的风格。为女鲸诗社、笠诗社同仁,台湾笔会成员。1978年出版第一本散文集《心香瓣瓣》,并著有诗集《活的滋味》、《淡饮洛神花茶的早晨》、《向日葵》。曾获吴浊流新诗首奖、陈秀喜诗奖等。利玉芳的诗作极多,但是至今并未出版客语诗集,其客语诗作散见在诗刊以及所出版的诗集中,2010年由彭瑞金主编的《台湾诗人选集·50利玉芳集》也搜录了部分客语诗作。

[3] 江昀,本名江秀凤,另一个笔名为江岚,1958年出生于苗栗的铜锣湾山上,父亲以烧火炭为生,母亲则是以种茶为主,与"山"相依为命的意象是江昀很重要的生命记忆。2001年出版华语诗集《逗点》,2005年以本名江秀凤出版台华对照散文集《薰衣草姑娘》,在这本散文集中书写很多母亲过世之后的悲伤与思念之情。之后,就开始全力投入客家文学的创作,2007年及2008年分别出版客语诗画集《诗画家乡》以及客华对照散文集《阿婆个菜园》。2010年再度出版客语游子诗集《曾文溪个歌声》100首,是这几位客家女诗人中,出版最多客语诗集与散文的作家。另外,也曾经得奖无数,包括:台湾文学创作奖、南瀛文学奖以及客语文学奖等。

[4] 罗思容,是位客家女诗人、画家及歌手,2007年出了首张的客语专辑《每日》,以具穿透力的嗓音掳获听众的心,来年以四十来岁的高龄入围金曲奖之最佳潜力新人奖。诗人父亲罗浪在2002年应苗栗县政府之邀出版诗集,思容因为帮父亲整理诗集的机缘,而开启了客家诗的书写以及客家歌曲的唱咏。虽然截至目前她并未将自己的作品集结成册,但是已有上百首的客家诗。

音乐的美，诗作中有一种与天地自然共生共在的生命情感；而年轻一代的客家女诗人罗秀玲①在其诗集《相思落一地泥》中有一种年轻世代的童真絮语和爱恋情怀（李文玫，2010）。至于王春秋则是透过书写来走一条自我认同与文化认同之路，接下来则要呈现春秋如何透过诗作来走这样的认同之路。

在这篇文章中，我会试着引用法国女性主义者埃莱娜·西苏（Hélène Cixous）所提出的"阴性书写"②来与之对话，而在此我必须先说明两者的差异，以及可以从哪些观点来进行相互的串联与对话。一个是台湾在地的客家女人，并非学院出身的女诗人，是一个地地道道的生活实践者，中年之后，在生活的书写中把自己的诗集结，自行出版《转屋，春秋》一书，也是她目前仅有的一本诗集；另一个是著名的法国女性主义者，是个才华洋溢的多产作家，创作了40余本书及百篇专文，包括小说、戏剧、哲学、女性论述与批评理论。即便两者之间具有如此大的差异，但是对于"书写"的强调却串联了彼此，而我作为一位阅读者，同时也是一位书写者，通过理解与书写的过程，让春秋的书写和生命经验与西苏所强调的阴性书写作了一些共通性的对话。

而就像西苏（Hélène C., 1975）所极力强调的："妇女必须参加写作，必须写自己，必须写妇女。……妇女必须把自己写进文本——就像通过自己的奋斗嵌入世界和历史一样"，春秋做的正是把自己写进文本，文本不仅仅传递着作者所要表达的意涵与认同的历程，同时透过文字的出版，春秋也通过自己的奋斗嵌入世界和历史之中。

---

① 罗秀玲，屏东万峦人，是位年轻一代的客家女诗人，《相思落一地泥》诗集于2010年3月出版，算是很早就开始书写客家诗的女诗人。秀玲的求学时代就已经有黄恒秋等人的客家诗集可以阅读，因此早早就开启了客家诗的书写。目前担任客语老师，讲得一口地道又好听的客家话。诗作曾经获奖无数，在《相思落一地泥》中除了诗之外，还有客语散文与小说，都是她的生活经验的书写与改编，写得极为深刻而动人。

② 阴性书写或译成女性书写，其实在西苏的文章中并未以此来命名，是译作为了方便说明西苏所强调的"妇女必须参加写作，必须写自己，必须写妇女"的主张而创作了这一说法。

二、生活中的女人、客家人、诗人

> 生活成为由我身体起源的文本。
> 历史、情感、力量、时间、工作、欲望铭刻在我体内。
>
> （西苏之语，见萧嫣嫣，1996：59）

> 食到感情个饭，连到感情个菜，该餐饭时当饱，
> 就恁仰开始练习佬自家个感情、自家个感动、自家个生活，
> 用偃自家个方式写出来（这年偃四十岁）。
>
> （王春秋，2007：212）

（一）生活中身体感官的触动："只是因为去吃了一顿很好吃的饭"

春秋的第一首诗作，让我印象深刻。读起来是这般纯朴而直接，看的人总是非常轻易地就被引动到诗的意境与画面中。

老头摆的味道

黄梨炒木耳

黄梨炒木耳放兜仔姜丝

有一息仔酸黏、酸黏

厚厚个木耳、咬起来脆脆益好食

崖意像看到两三十年前

一群带笠麻、适田肚项

割禾、莳田、打砻磄 汗流脉落个耕田人
𠊎意像看到灶头顶
滚等个咸菜猪肉汤、毋都鸭仔汤
桌顶有炒咸花个番豆
过仔鸡卵兼菜脯丝
适中央一盘尖尖个鸡盘
鱼脯仔也爆到益大盘
又看到鸡盘唇项
有一盘𠊎尽好个黄梨炒木耳
故所
𠊎尽爱做喜功个暗哺

今个
𠊎企到屋檐面前
看到奈都生草个田
𠊎也系想等
𠊎尽好个黄梨炒木耳

(王春秋,2008:14—15)

  生命的记忆是要在自己的身体处在某种愿意开放的状态时才会真实地呈现,春秋的这首诗从"味觉"开始,那是一种生命中最原初的感觉,带着这样原初的感觉,引领着观众从视觉、味觉进入到深层的回忆与乡愁。我自己在读的时候,都觉得口中不断有着黄梨酸黏酸黏的味道,一直分泌着唾液,好像我也正在享用这道"黄梨炒木耳"。透过身体味觉感的引动,时空一转,进入到二三十年前的客家村庄农忙的情景——"割禾、莳田、打砻磄 汗流脉落个耕田人",十几岁离家的春秋对这样农忙的情景是印象极为深刻的,而除了农忙的情景之外,忙完之后的"做喜功",是春秋的最爱,那是农忙时节辛劳的自我犒赏与相互庆祝,因为桌上丰盛的菜肴总是会伴随着族人的欢乐氛围,印刻在身体的记忆中。然而,在回忆与享受之余,"今个"的时空再一转,回到现今荒草覆盖的田地中,在无奈与感慨中,"黄梨炒木耳"的味道依旧深深烙印在身体里、在心灵深处,那是永远的生命记忆;同时也象征着生命的味道也总是酸酸甜甜的。

然而,令人好奇的是,高中毕业就开始进入职场工作的春秋,其实并没有习惯使用文字来作为生命纪录与情感表达的方式,那究竟是什么样的机缘让她开启了身体的感官,并同时可以透过客家诗的书写来表达自身?

> 我去写这个只是因为去吃了一顿很好吃的饭,去北埔那边"老头摆"个店,这个"老头摆"是有两个意思,我去吃的那家店,他的店名就安到"老头摆"。然后去那边吃,就点了一个菜安到黄梨炒木耳,因为那道菜很久没吃到,吃了就觉得忽然想起来,就有一个回想,就突然觉得,真的头摆我们做田个下,莳田割茅挲草阿那些画面,做点心、该秧仔、做紧工的那些画面,全部都会一幕一幕地跑出来这样,是真的是这样。①

春秋开始写客家诗的机缘是这般简单而生活化:"只是因为去吃了一顿很好吃的饭"。看起来是再普通不过的机缘,饭其实每个人每天在吃,究竟一个人要在怎样的一种身体与心理的状态下,可以单纯地"只是因为"吃了一顿很好吃的饭,而开启了生命的记忆?那年,1999 年,年近 40 岁的春秋因为生命的困境有机会开始走出家庭,上了阿枝老师的妈妈成长课程,也参与了欢喜

---

① 王春秋访谈逐字稿,2010 年。

扮戏团①第一出客家戏剧《我们在这里》② 的培训课程，慢慢体会除了家庭与工作之外"不一样的生活"。在阿枝老师的鼓励下，春秋开始了客家诗的书写。

（二）"我也不知道那叫写诗"

然而，在这个过程中什么叫做"诗"？照着自己的意思随性写出来的东西要称之为"诗"，对书读不多的春秋来说，却是一段漫长的自我肯认历程：

> 那我写的时候，我只是想把那个时候的心情写出来而已，我也不知道那叫写诗，我写了以后拿给老师看，老师就说你那就是诗，所以我才知道我写的叫做诗。……因为我不是读很多书的人，我想象中的诗要像余光中那种才叫诗，我这只是乱写这样，所以也是弄很久，就是说要肯定我写的就是诗，我写的格式跟人家不太一样，但是不能肯定自己啊，要搞很久，我的方式就是这样，我用我的方式写我的东西。③

我自己在看这一段的时候，也觉得好难过，我想问，是什么东西把人压迫成这样？要肯认自己都这么难！"教育"与"外在世俗的评价"在这里是关键点。一种随性地照自己意思写出来的东西，却要拿某种外在的"诗学"或是"美学"角度来审视与衡量，在"是"与"不是"之间、在"有"读很多书与"没有"读很多书之间把人分类而且隔离开来，隔离开来的距离很难跨越，

---

① 欢喜扮戏团是由导演彭雅玲于1995年所创立的口述历史剧团，将口述历史转换成舞台形式演出，第一出客家剧是台湾告白 (六):《我们在这里》，春秋透过阿枝老师的介绍积极参与这出戏的培训与下乡巡回演出。
② 《我们在这里》是欢喜扮戏团的第一出客家剧，内容是在讲一群迁移至都会区的客家女性如何在都会区隐性地生活，以及如何怀念原乡，并且大声地说出《我们在这里》。
③ 王春秋访谈逐字稿，2010年。

说得学术一点这就叫做"阶层"。但是，在这边我不想用"阶层"来与春秋的语言进行对话，那太抽象了。

回到春秋的话语中——"所以我才知道我写的叫做诗啊"，透过权威的象征——"老师"的肯定，作为生命主体的春秋"才知道"自己写的是诗。在春秋原先的想象中，"诗"被建构为"读很多书"、"教育"、"余光中"的等号，这并不是生命主体最原初的生命经验或是想象，而是在教育体制中学习、建构而来的。当"诗"被建构成为一种读很多书、有教育的意涵，并以这样的姿态出现时，那么相对于高教育者的"一般人"所写出来的东西，似乎就无法登上"诗的殿堂"，这是一种标签式与隔离式的建构。这样强烈的自觉正呼应着法国女性主义者西苏对妇女写作强力呼吁的：

> 那你为什么不写呢？写吧！写作是属于你的，你是属于你的，你的身体是属于你的，接受它吧。我知道你为什么没有写。因为写作对于你来说一下子太高深太伟大，这种事是留给那些伟大人物的，也就是留给"伟大的男人"的。（Hélène C. 1999：89）

面对这样的压迫，其实春秋是不知该如何，但是春秋的老师试图打破这样的界线，并重新在春秋身上建构一种保有"'山上的纯朴客家人的情愫与生活'的直接讲述的'纯朴'美"（赖玉枝，2007：5），以对抗一般人眼中读书人、知识分子所呈现出来的诗的"美学"，我很喜欢阿枝老师在春秋这本诗集中所写的序，她认为"春秋的客家诗蕴藏着客家话本身的客家味道"，的确是这样，读春秋的诗可以非常轻易地进入她所描写的情境中，而且有一种说不出来的客家味在其中。

当阿枝老师称她为"台湾第一名的客家女诗人"时，这种外在的肯定似乎没有办法很快地进到春秋的自我认定中，要经历了不断书写并且集结出书的漫长历程，才能肯认"我的方式就是这样，我用我的方式写我的东西"。这般原初的渴望与书写，却要透过不断与外在社会文化的形塑样貌对话，以及与内在心理世界不断对话，才得以原原本本地真实呈现在他人眼前。

（三）生活中的诗人

从 1999 年写客家诗开始，春秋陆陆续续将诗作发表于客家相关杂志中。2006 年客家女诗人张芳慈欲推荐春秋参加吴浊流文学奖①的比赛，然而春秋在与阿枝老师讨论之后，觉得自己没有厚实的底子，也不是从学院出来的，再加上得奖对于春秋书写的初衷——"要走回家的路"，并没有实质的帮助，在这样的多方考虑之下，春秋婉拒了芳慈的推荐，但是也因为这样的机缘，她写下了《介绍自家》这首诗作：

    介绍自家
  讲到爱介绍自家佬作品
  心肝就江江激激……
  俚知个系心底肚
  惊人笑自家写个诗
  佬人无共样
  干转头来又想
  各侨滋养个土地无共样！
  生活个光景、环境也无共样！

---

① 原为"台湾文艺杂志社"创办人吴浊流 1964 年成立的台湾文学奖。1969 年吴浊流捐款退休金 10 万元成立吴浊流文学奖基金会，以基金利息提供奖金，将其改名为"吴浊流文学奖"。其宗旨在于鼓励青年作家进行文学创作，推动台湾文学。

开个心花仰会共样?

阿枝先生识讲：

系一个人写诗个人?

也系一个诗人?

佢期待自家

系一个

适生活肚

卡认识自家

有自主性

有主体性

晓得尊重

晓得关怀

这种有现代性

个

生活中个

诗人

（王春秋，2008：193—194）

在《介绍自家》的诗作中，一开始春秋依旧挣扎于自己诗作的格式与他人的不同，但是换个角度思考，每个人的成长环境不同，所受到的生命滋养亦不相同，因此"差异"的存在有其必然性；再加上阿枝老师的鼓励，春秋最终可以认定自己是一个具有"现代性"的"生活中个诗人"。诚如赖玉枝（2007）所言："现代诗人，是拥有某一种态度，对人性的关怀，生活上的实践和态度"，我相信春秋在写诗与生命整理的过程中的确是朝着这个方向前行的。

三、"我们的/自己的密码"——在书写的房间中

> 何谓"自己的房间"？最粗浅最直接的定义，
> 就是女人要有一个属于自己的空间，
> 这个房间可以上锁，锁上之后谁都不可以进来，
> 当然这个实体的"自己的房间"，
> 更可以延伸成为心灵的空间、思考的空间、创作的空间
>
> （张小虹，2011：28）。

结婚之后的春秋，受限于生活经济与角色规范的期待，努力穿梭在家庭与工作职场中，却疏忽了去创造自己的空间。说是"疏忽"倒也不尽然，而是在过往的生命经验中所习得的角色规范与生命样态使然。在有机会走出家庭之后，春秋撑开了生命的自我空间，透过"丹堤"、"请假"、"文字密码"以及"自行出版"让自己的生命有所不同。

（一）都会生活中"丹堤"所提供的个人空间开展

这次我和春秋的访谈，她二话不说地就约在丹堤咖啡，我原本以为那就只是离她家近，又可以安静聊聊的空间，没想到"咖啡店"的时空中蕴含着春秋生命的重新开启：

> 我对丹堤有一个感情，我第一次去找阿枝老师的时候，她说我们去咖啡店坐坐吧，我心里在想：咖啡店不是很贵吗？……可是我那个时候我没进过咖啡店，我就说，在那样的环境里面一个家庭主妇一个职业妇女，就

有两个地方嘛，一个就是家里，一个就是工作的地方，没有其他就是两个点，在台北的两个角落……就是两个点这样子冲来冲去，没有其他，连一杯咖啡35块都不知道……我觉得一个女人，进入家庭里面，就是锁在两个地方，赚钱，无就转屋，就这两只所在，就把人磨到没有其他，真的是这样。①

从进入婚姻生活中之后，春秋觉得自己"就是锁在两个地方嘛"，不是家庭就是工作，"锁"在这里具有特殊的象征意涵，当一个人被锁住时，表示她被外在的规约或是体制束缚住了，被关在里面无所遁逃。而这里所指涉的外在规约或是体制很清楚的是指：婚姻制度对于女性的捆绑与枷锁，在努力赚钱和家庭劳务之中，"就把人磨到没有其他"了，那是一种生命与心理的贫乏与枯竭感，就像是工业社会中的"机器"一般，每天就这般重复着，当人如机器时，再加上当时的婚姻困境，让春秋处在一种"为何而活"的生命状态中。

作为主体性的生命总是会在困境中试着寻找出路的，出来上课并参加客家戏剧的演出就是一种生命出路的可能性。第一次与贵人——阿枝老师的相遇就在"丹堤"咖啡厅。都会地区的咖啡厅有一种独特的样貌，虽然你和别人在空间上是靠近的，但是又可以自成一个完整的心理空间，可以把自己隔离开来，完全不受限于他人。春秋发现除了自己"连一杯咖啡35块都不知道"之外，周遭一些相同处境的朋友们也是如此，因此，她也会在生活中邀约着朋友们到咖啡厅聚聚，除了开拓视野之外，同时也为相同处境的女人们创造一个暂时的自我空间。

这让我想到另外一位客家女性——梅子②，将近70岁的梅子是我在欢喜扮戏团认识的朋友，很能说故事，在我听了她说"我那时候差一点逃婚"以及

---

① 王春秋访谈逐字稿，2010年。
② 梅子是我在进行博士学位论文时访谈的客家女性之一。

"我的故事说个三天三夜也说不完"之后,邀约她接受我的访谈,她竟然说:"好啊,那我们去喝咖啡。"被一个和自己妈妈同年的客家女人邀请去喝咖啡,我其实讶异了好久,后来也才知道,作为阿婆的梅子,因为和儿子媳妇同住,其实并没有属于自己的房间,和一群婆婆妈妈们出去玩乐以及约在咖啡厅吃饭聊八卦,才可以创造属于女人们的生活空间。

(二)婚姻关系中的"请假"

除了"丹堤"的生活空间开展之外,女性处在婚姻与家庭生活中,如何可以撑开自我的空间?"请假"是一种可能的方式:

> 像现在比较知道说,婚姻里面、生活里面,工作可以请假,夫妻生活可以请假,就是什么关系里面可以请假,这个去学了一二十年以后才知道的。①

"请假"是一种关系空间的暂时转变。锁在婚姻生活中的女人,因着角色的规范与期许,必须在生活中多所承担,甚至必须牺牲自我。关系中的"请假"需要学习,而且需要勇气,就如春秋所言是学了一二十年之后,才能真正理解与身体力行。

(三)诗作为一种文字"密码"的涵容处

除了实质生活空间的开展之外,心灵的空间、思考的空间和创作的空间也是创造"自己房间"的方式。春秋在写诗的过程当中,发现诗可以成为一种

---

① 王春秋访谈逐字稿,2010年。

"文字密码"：

> 也是写了这个以后我就发现说，原来写文字这种东西，我可以不用管别人懂不懂，就是我自己懂就好了，然后我自己知道我在说什么，也有可能会有少数的人知道，可是那就是我们的密码，这也是非常有趣的。①

诗的文字特性与书写风格可以承载着生命的秘密，或者作为相互之间的某种密码，这是让春秋很享受在其中的。作为"我们的密码"，指向了朋友之间的情谊与某些不想向外明说的秘密，却可以透过诗这样的简短文字来蕴藏并且传递，即便不懂客家话的朋友，透过春秋的诗与咏唱，也可以懂得其中的意涵。而"自己的密码"，则指向了生命中的创痛，当这种痛必须用某种方式来表达与宣泄时，诗的譬喻性与隐藏性提供了最佳的方式，像是"蜞蚒仔"，除了指涉蟑螂在日常生活中的令人厌恶之外，同时也是生命创伤的出口。

在创作中所撑出的文字密码空间，与张小虹（2011：28）在理解伍尔芙（Virginia Woolf）的名著《自己的房间》时所下的定义是相互呼应的："何谓'自己的房间'？最粗浅最直接的定义，就是女人要有一个属于自己的空间，这个房间可以上锁，锁上之后谁都不可以进来，当然这个实体的'自己的房间'，更可以延伸成为心灵的空间、思考的空间、创作的空间。"我想，透过都会生活中咖啡厅的个人空间开展、生活关系中"请假"的可能性，以及诗的创作空间，春秋正在创造属于自身的多元空间；除此之外，这本诗集最大的突破在于春秋选择"自行出版"。

---

① 王春秋访谈逐字稿，2010 年。

（四）"自行出版"的选择与意涵

> 写吧，不要让任何人、任何事阻止你，不要让男人、让愚笨的资本主义机器阻止你，它的出版机构是些狡诈的、趋炎附势的戒律的传声筒，而那些戒律则是由与我们作对并欺压我们的经济制度所宣布。也不要让你自己阻止自己。（HéLène C. 1999：89）

春秋这本诗集是自行出版的，当然这和阿枝老师有关。① 在找出版社时，出版社建议春秋的诗作和画作都要有一些删改，但是春秋有一个清楚的想法："我希望里面都是摆我的"，就在这样的信念与阿枝老师以及一些朋友的支持协助下，花了一年多的时间终于完成了自行出版这件事。包括编排方式和一般书籍的不同，春秋都有其坚持的信念以及意义的赋予，比如以直式的方式呈现诗作（而非一般横式书写的方式），春秋觉得："恁样读个感觉，我觉得好像那个宽度不会被挤，这样子往下那种感觉会无限延展，你再看下面要写什么都觉得好像无限的延展。"当生活或是生命具有"无限延展"的空间时，那是多么的自由。

而诗的分类是以年度来区分，并不是以类别来进行区分，这也是独特之处："那就用年来区隔，就找到一个用年的方式，然后还是用我自己的画，画里面我也尽量用那个年度我自己画的东西来相互配合，有些是会跟内容有关系。"以年度作为区隔的方式，除了具有历程记载的意涵之外，同时还具有时间上无限延展的意味。如此，这本诗集的目录编排具有了时间的延展性，每一首诗作的安排则象征着生命空间的延展性。

---

① 赖玉枝所著的《三八阿枝》和《女战士之旅》都是自行出版的书籍。

四、"摄不到"——社会处境中的自我/文化认同

当我问春秋,在这本诗集中最喜欢或是印象最深刻的有哪几首?她马上告诉我:"其实我自己也是喜欢,也是很痛心的一首就是《摄不到》。"

    摄不到
  车仔欲过路唇
  远远看到
  一群白鹤仔
  适田肚项
  适割禾机欲过各个唇项
  一下仔飞起来
  一下仔又飞起来
  睡到贴贴个禾仔
  偓看到个系一
  睡到贴贴个禾仔
  偓看到个系一
  鸟仔抢食
  分割禾机惊到飞起来个虫仔
  摄相机,一张张仔摄
  摄到鸟仔,仰般等食
  仰般飞
  摄到鸟仔适贴贴个禾仔项
  摄到鸟仔适勾头分风吹到贴贴个禾仔项

禾田唇项个阿婆

戴等笠麻

细细声仔紧讲

没法哦,没法喊

天作个爱仰般讲

你看哪一

芽爆到恁长

吾心肝一下就像

撐面帕共样

原来

𠊎摄不到

作田人个痛心

𠊎摄不到作田人个辛苦

𠊎摄不到……

𠊎摄不到……

（王春秋,2008：138—140）

这一首是春秋 2004 年的诗作,在诗作的后面她这么记载着当时的心情：

2004 年 7 月 9 日,和朋友开着车从狮潭,到鸣凤国小（头屋乡）再到石观音。那是三十多年前小学远足的路径,一时兴起,想从苗栗的公馆回家,一路上慢慢开着车,看着沿途的风景,真是好看。忽然在马路边,有一群白鹭鸶在田边随着割稻机的前进飞舞着,好壮观,我赶紧停下车来拿起手边的照相机,到田埂边拍照。迎面来了一位戴着斗笠的老太太,问我是农会的人吗？我回答不是，我只是路过，看到收割，看到鸟，觉得很漂亮，停下来拍照。老太太说稻子倒下去，你看芽都长那么长，随手翻开长芽的稻子给我看，你还说漂亮？我一时愣在那里，不知要怎样才好，老太太又说：天做的，也是没办法的事，我轻声地应着，天做的，也是没办法的事。（王春秋，2007：140）

这首诗反映着心情上的转折，从外在有距离观看美景的欣赏者角度，享受着大自然的美好风光，在优美的山景中，稻田、白鹭鸶、割稻机，看似一副收成的欢乐景象，然而，"禾田唇项个阿婆"的出现却把春秋从纯粹欣赏的角度，拉回到现实的生活层面，即便在当下是"愣在那里"与"轻声地应着"，然而却触动了生命中更深沉的痛，就如同"搏面帕共样"，心是绞在那边的，有了这样与阿婆的共通感受，才能更深一层地在"原来"的转折中，看到做田人普遍有的痛心与辛苦，可是却也同时反映了"俚摄不到……俚摄不到……"的无能为力与无奈：

> 那一直到现在，我都还觉得，因为我是农家子孙嘛，就是农民没被照顾的这个部分，我一直都觉得没有改变多少，那个情境就是我觉得弱势没被照顾，我觉得这个部分没有改变多少，所以这个部分是我觉得心很痛的地方，好像我们也不能干嘛，不能做什么，所以讲到这个部分心会很痛。①

从自身的处境与状态中（我是农民子孙），可以联结到有相同处境的人——农民的弱势没被照顾。虽然有着"好像我们也不能干嘛，不能做什么"的无奈，但是诚如阿枝老师所说的，春秋从自我的框限走出来了（赖玉枝，

---

① 王春秋访谈逐字稿，2010 年。

2007），她看见了如邓津（Denzin，1989）所说的：个人的苦恼其实都是社会性的。她也联结上了儿时努力工作却吃不饱的记忆：

> 我从小就觉得很奇怪，我家人每一个人**都煞煞都做到会死，当认真恁样做事**，可是我家竟然连饭都吃不到吃不饱……然后一年里面，因为耕作的稻米大概只能够吃半年，大概有半年的时间是要等待……我家没有人偷懒，可是我们没办法，这到底问题出在哪里？就是一直很疑惑的地方，等我大了我就知道了，政策的问题嘛，可是我们能怎么样？一直到现在，只有切身之痛啊！①

然而，令人难过的是，连结了有共同处境的人、理解了这样的苦恼其实是"政策的问题嘛"，但是作为这样社会处境中的个人可以做些什么？诚如诗作中"偓摄不到……偓摄不到……"的无奈般，春秋深刻的感觉是："可是我们能怎么样？一直一直到现在，只有切身之痛阿！"当个人把这样的"痛"摆放在身体的记忆中，那么生命的流畅度是否依旧？

这的确是一首很痛心的诗。其实这首诗也反映了某种生命或是社会的样貌，我们常常会被看似美好的外表所蒙骗，而忘记了更深一层可能蕴含的真实，唯有在用力一击的敲醒中，人才会突然有所觉察。我觉得这首诗隐喻着春秋的文化认同历程。最初"就是说以前，我连承认我是客家人都不敢"，结婚之后认同先生的福佬文化，甚至对美国文化也有很多的推崇，那是一种如风景般的美丽与向往，像是山景、稻田、白鹭鸶般地吸引着人去靠近；只是要在碰到了生命的困境之后，年近40岁，才有机会走出家庭，接近自己生命的真实，像是"禾田唇项个阿婆"的出现，非得逼着你看见赤裸裸的自身，不论是生命的枯竭或是生活的贫乏，都是自己真实的样貌；也得要经历这样辛苦的历程

---

① 王春秋访谈逐字稿，2010年。

才能了然于生命的"原来"。

这样的生命历程好像非得让自己看见,自身的文化认同是如何在政治经济的历史文化皱褶中被压缩推挤,而形成一种自我否认与文化否认的样态。在进行文化认同的过程中,春秋清楚地经历到政治经济与社会的不公平对待,在她国中毕业之后,跟随姐姐的脚步到台北来工作,透过介绍进入公家机关当工友,可是工作没多久,春秋就被调离单位了,原因是她"只会讲客家话跟国语"。这和她小时候的家庭经验很像,很认真地工作却没有得到相对应的社会性报酬,这让她很清楚地看见客家人在当时社会情境中的位置:

> 所以我就觉得很奇怪,我很认真工作,可是我是被嫌弃的那个人,我不是因为我的工作不利,所以我要怎么样?就表示说我对于我的语言彻底排斥。……那你那个时候,那整个公家机关里面还是**外省人占多数,下来就福佬人,客人系**没位置的,到任何机关都这样。那我碰到那个也是,**佢系客家人**,他也不会来跟我讲客家话,他也不承认他是客家人。①

在政治经济与社会文化的挤压下,作为弱势族群中的个体只能被迫发展出"彻底排斥"自身母语以及"不承认"自身文化的生存策略,这是可悲的。

但是诚如邓津(Denzin,1989)所言,个人的苦恼其实是社会性的议题;赖诚斌、丁兴祥(2002)更清楚地指出:自我是置身于历史、社会文化脉络中;而奥古斯廷纳斯和沃克(Augoustinos & Walker,1995:98—99)也主张:"所有的认同,所有的自我建构形式,都是社会的";个人镶嵌在社会文化环境中,生活中透过代间传承及与他人共享的态度、价值、信念及行为的文化因素是不可忽略的(Bluner,1987;Denzin,1989;Minami,2000;McAdams,2006)。也就是说,个人的生命镶嵌在历史、社会文化脉络中,因此,生命不

---

① 王春秋访谈逐字稿,2010年。

仅仅是个人的，也是社会文化的。

在都会区生存的客家人成为"隐性族群"，也具有集体性、共通性与社会文化性，这样隐性族群的发声也非得要等到台湾社会进入解严时期的下一年——1988年，才能出现客家族群的第一次"还我母语"万人大游行。而在20世纪70年代进入台北都会区求生存的春秋，在外省人居多的公家机关中，"只会讲客家话跟国语"变成被排挤的原因，在如此挤压中，个人的自身样貌与身份认同也会随之扭曲，得要透过层层的拨解，才能一一找回生命的认同，春秋正是经历着这样的历程。

五、"转屋，春秋"——我书故我在

（一）以"春秋"之名

这本诗集的名称——《春秋，转屋》具有许多意涵，除了"春秋"是自己的名字之外，也隐含了：

> 其实"春秋"这个（词）对我来讲有很多的意义，不是只有春秋而已，因为刚好我的名字有一个春秋，那其实春秋也是另外一种说法，许多的寒暑叫春秋，很多的过程也叫春秋，讲到味道就会变成很多的酸甜苦辣，其实味道里面不是只有酸甜苦辣而已，还有很多你想象不到的味道，在我们的生命历程里不是这样的吗？其实就是这样。①

在此，"春秋"具有三重意涵。一是作为个人姓名的标记，这是属于春秋所专有的；二则是许多的寒暑，意味着在四季流转的过程中岁月的痕迹；三则

---

① 王春秋访谈逐字稿，2010年。

是许多的过程,尤其指向了生命历程中的酸甜苦辣,以及许多意想不到的经历与过程,必须去面对与承担。

(二)在时序中的生命转化历程

春秋这本诗集除了书名有其特殊意涵之外,诗作的编排也有其特殊性——依照创作的时间来排序,因此在目录上呈现的是"1999"至"2006"。如果创作的时序能够呈现创作者心境的转化历程,那么作为读者的我们,可以在这样的时序呈现上读到什么?我试图以生命转化历程的角度来选择几首诗作作为该年的代表性诗作,来说明这样的转化历程。

诚如前面所言,1999 年《老头摆的味道》成为身体书写的启动,同时也让生命开始有所不同,从现今的状态联结到过往的真实,这样的联结开启了生命的连续性,让曾经断裂的生命有了缝补的可能。

2000 年的书写已经有一种活在当下的样貌,同时透过自身生命与他者的生命有所联结,如《悼斯文个斗士——魏廷朝先生》,以及在德国演出客家戏时所书写的《巫婆塔》、《光景》;而女性生命欲望的表达,透过《想爱》中的"㑀想爱"亦清晰可见。对于一个习惯于付出的传统客家女性而言,就像巫秀淇(1997)所形容的——"我知道春秋是一位习于观察别人的需要,善于照顾别人,自己少吃一点没关系、自己少用一点也没关系的人",在这样的社会文化驯化中,通常女性对于自身的欲望是压抑而隐藏,能够透过文字说出自身的"想要",不仅是很大的突破,同时也是女性主体性的表达。虽然在诗作中可以读出春秋有所不同,但是生命的恐惧与担忧以及起起伏伏在《夜路》与《长夜》中却也表露无遗,不论是《夜路》或是《长夜》都象征着生命还在漫漫黑夜中,挣扎奋斗着等待天明。

2001 年则开始出现了生命的亮光,在《走醒》的春天意象以及《落叶》

的新芽期待中，生命的希望与春天已然浮现；只是被困住的生命在《寻》的被捆绑与奋力挣扎中，试图寻找生命/问题的源头，却陷落在"紧奋紧恒、紧恒紧奋"（愈想挣扎绑得愈紧，绑得愈紧愈想挣扎）的徒劳无功与恶性循环中。

2002年的《转屋（一）》是个重要的契机与转折点，在父母与兄弟姊妹的爱与支持中，透过外在"转来起屋"的实体象征，转向了自身回家的真正意涵。从2002年至2004年的三篇"转屋"来看春秋的心境转变，2003年的《转屋（二）》写的是在生命历程中要寻找自身所必须经历的心情与形式——像太阳般温暖，又有着矛盾、模糊、纠葛与冲突般的痛苦，在反身观看之后，却又如此这般容易，因为回家的路就在你自身。2004年的《转屋（三）》则有不同的描写："台三线，大湖到三湾路段，一直都觉得很美丽，弯曲的山路蜿蜒在山川之间，秋冬在雾中仿佛置身在图画里，春夏、桐花山色、蝉鸣鸟叫，每每回家，一路上的心情悸动，都深深震撼着我，我知道我的家乡在狮潭，狮潭有我的家"。虽然这是沿路风景的描写，但是在经历外在实体的象征——"起屋"以及面对与整理了内在生命的挣扎与痛苦之后，生命有更多的空间让自身可以看见生命本然的美好。

2004年除了"转屋（三）"之外，还有不少诗作都有一种新的领悟与连结，像是前面所提到的《摄不到》，那是对自身作为农妇女儿的重新联结；《蹉》则是和客家母语联结的呐喊——"我不要连不起来"；在《Tomoto炒蛋》中重新与母亲身上的馊水味相连。很多时候生命的重新联结需要有某种机缘和体验才会发生，很具觉察性的春秋在这一年有很多的重新看见与生命联结。

"联结"成为一种生命的甬道，透过这样深刻的联结与领悟，在2005年的诗作中则有明显的开展性，像是《挺门》中以"门"作为开展的象征，门开了，自己就可以开始朝向"自身生命个旅行"；而连续三首的《匡个阿姆》、《阿姆个味绪》、《 偓个妈妈》则是可以与生命中的母亲意象正面相视，不再是逃离或是视而不见；《自由自在》则是享受在爱与温暖中。而在《挺门》之后，2006年的最后一首《分自家开一蕊新个花》则是在深刻地理解自我的独特性，自我肯认生命中创作的养分，不断地自我观照，进与他者有相互信任、尊重与关怀，这是作为生命主体的春秋所走出的一条新的生命路径。

整体来看，从1999年身体感官的触动开始，春秋的生命有了不一样的开启，虽然依旧陷落在生命的恐惧与担忧中，但是透过书写，有机会重新面对自身，并且在文字中表达了属于女性的生命欲望。到了2002年，在与过往生命的联结中，开启了生命的甬道，让作为书写主体的春秋，有机会重新看见在社会文化处境下的自身与他者的真实样貌，在一次又一次的"转屋"回观中，生命愈来愈清晰。她终究可以在2005年的《挺门》中开启了生命之门，不仅走向自身的生命旅程，同时也开展了与外在世界（他者）的互为主体之旅。接下来将针对《转屋》中的蜕变，以及《分自家开一蕊新个花》的主体性开展作说明。

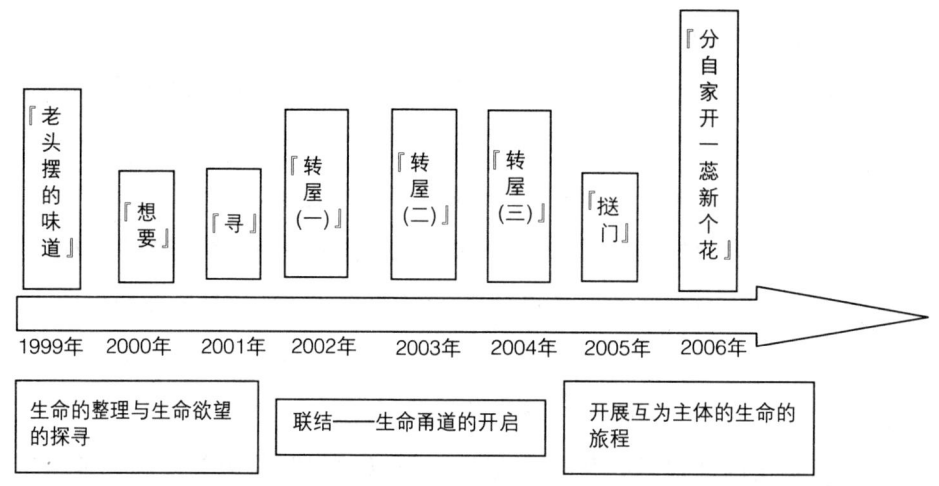

(三) 转屋——"回我自己的家"

在春秋成长的地方——狮潭的老家，有一栋房子是春秋三姊妹在结婚之后，经过父亲与兄弟姊妹的同意之后盖的，一楼是大姊家，二楼是二姊家，三楼就是小妹春秋的家。为此，春秋有意识地书写出《转屋（一）》这首诗：

转屋（一）
吾爸还在时
识讲
系吾子女　就作得
转来——起屋
姊妹仔问佢
有影无？
正式仔系无？
刻到一个
四四角角个印仔
揾到红红个印色
细心　细意
攒到同意书顶项
一排　高高低低
屋仔起适
爸爸讲个
系吾子女都作得转来
起屋个所在——老屋迹

拿户籍簿仔　　迁户籍

　　该人讲：

　　妹仔转来起屋仔！

　　就系你喔？！

　　吾姆讲：

　　店仔人讲佢带坏带样

　　分妹仔转来起屋

　　吾哥讲：姐妹仔大家共样

　　这下

　　厓转屋

　　常透转屋

　　转——

　　老屋迹个新屋

（王春秋，2008：80—81）

　　这是春秋 2002 年的作品，我自己在看的时候就很羡慕，一位嫁出去的客家女性，可以在自己出生与成长的土地上盖自己的房子，那是一种很强的认同与归属感。当然，可以这么做需要有强而有力的家族支持与资源：

　　其实这个是，在我们狮潭乡，即使到现在我们知道的，我们那个村没有人像我们一样女儿回家盖房子的，到目前还没有。其实这个我是有意识写的，其实这是一个，说我们回家去就是有一个突破啦，就是有一个突破，但是也是要很谢谢我的家人，比如说我爸爸我妈妈我哥哥他们，无论如何他们还是愿意的，对不对，这个很重要。

面对这样的"突破",春秋是满心感谢家人的支持。因为这在乡下客家庄狮潭乡是一种创举,在一个算是保守而传统的客家庄,春秋的爸妈势必受到街坊邻居不少的压力——"带坏带样",而这个时候爸爸的坚持"系吾子女就作得转来——起屋",以及哥哥的支持"姐妹仔大家共样"就变得非常重要。除了感谢家人之外,回老家起屋,对一个结了婚的客家女性来讲,更是意义深远:

> 所以我这里面有一个就是,我回家,𠊎转老屋迹个新屋,所以不是回我妈家,不是回我哥他们家,回我家,回我自己的家。……所以对我来讲或者是对现在的女人,尤其是嫁了人的女人,有时候你要回家,从嫁出去就系泼出去的水这种文化概念,那女人要回娘家的困难,到我可以回到家,有一方之地,不用多大,可是我有落脚处,这个是对我来讲有多大的重要。

"转屋",走一条回家的路。"屋"是一种归属与认同的象征,离了家的女人就像泼出去的水,一去不回,在文化意涵上,当水慢慢蒸发的同时,结了婚的女人似乎就必须和娘家切断紧密的联结,因此,可以"转——老屋迹个新屋",不只对女人来说有个归属之地,而且可以大声说,回娘家不是"回我妈家,不是回我哥他们家,回我家,回我自己的家",这是多么自我荣耀之事。而对客家文化来说,这也是一种突破与冲击,就是说在客家文化的"老屋"中,是有可能盖出"新屋"来的。

(四)在书写中的主体性追寻

语言(文字)是一种个人情感与生命的承载,早期社会学的符号互动论,就非常强调符号作为沟通以及人认识世界的重要媒介；而后现代思潮中，更强调语言、主体与权力的重要性，弗里德曼与库姆斯（Freedman & Combs，2000）指出人们认识的世界是以语言分享的世界，而自我则是经由语言而有的社会建构。自我的真实呈现，就是一种主体性的建构，人处在社会文化的情境脉络中，个人的主体性就是在这样的历史社会文化脉络中所建构出来的（赖诚斌、丁兴祥，2002）。

人处在这样的社会文化脉络中，透过语言符号外显自身的主体性，并与他人沟通，进行相互的理解。诗歌是一种诗与运思的对话，深层展现出人类思想的内涵与主体性，海德格尔（Heidegger, 1959）认为语言最切近于人的本质，那么透过诗所展现出来的正是人认识世界与认识自我的意涵。

春秋透过书写来认识自身，同时展现生命的困境与开展的历程，这也正是她所肯认的现代诗人所要具备的主体性与社会关怀性。我很喜欢翁开诚（2002）对于主体性的诠释：

> 主体性（subjectivity），以我目前的理解，简而言之，就是对追求自由（或解放）的觉悟或努力。要觉悟，因为事实上我们常不自觉自己不自由、逃避自由与需要自由。要努力，因为要在真实生活脉络中实践出来，而且这实践尝试（是）辛苦的、分裂冲突的、曲折的、反复的。（翁开诚，2002：19）

面对自我生命的整理与主体性的追寻，春秋从1999年走出家庭开始有所觉悟，觉悟是不断发生的历程，每一篇诗作的书写都是一种生命的觉悟与开启，然而觉悟之后，生命就不再有困境了吗？不是的，生命的困境是会不断浮现的，就像在访谈进行之时，其实春秋是处在生命的低潮状态，面对原生家庭亲人的接二连三过世。因此，当我问及现今如何回看这整个历程，春秋除了笑笑地自我肯认："我要讲真的话吗？我不知道我那么厉害！"之外，进入的正是一种反复的、曲折的、分裂冲突的、尝试辛苦的实践历程：

> 其实做完了我也不是真的那么清楚自己做了些什么，那我自己回看，其实这里面有很多都是梳理我个人的情感，那这个部分当我自己认养我自己，有很大的帮忙，而且人到了一个，其实我不是一个，就是我现在目前是蛮低潮的状态，常常会不知道自己做过什么事，这是一个真的，有一个实体的东西给我看到，然后老师就会说，这个你已经做过了，可是你不认得，然后就帮我拉回来说，你看你做过这个。

诗集的出版成为一种实体，提醒着作为生命主体的春秋这一路走来的历程，或许艰辛，或许不顺遂，或许未来的日子依旧充满挑战，但是追寻生命主体性的坚持依旧存在。在此，以这本诗集的最后一首《分自家开一蕊新个花》作为主体性追寻以及生命存有的象征意涵，希望所有的人都可以开一蕊新个花：

分自家开一蕊新个花

生命就像系一条河坝
跨等生命个河坝行
就会看到生命花园肚
各形各样各色
无供样光景个角色花
趣味个系
这兜花肚个味绪
益多元、益无共样

也益多共质性

毋过恩毋识、毋知又毋晓问

悋到

花开就好

这摆

适挺门开始

轻轻仔挺开心门

来鼻、来看

自家花命花园个花香

来了解——理解

自家花园个独一性

来认识——认同

分内肚项有活力个自家

滋养、创作、分……

讲自家心肚个话

讲自家心肚个情

讲自家心肚个心肚

輼輼提醒——转来独自家

也练习互相信任、尊重、关怀

这兜

系𠊎想爱开个新花

系𠊎尽想爱开个

一蕊新个花

（王春秋，2008：198—199）

参考文献

陈运栋（1978）．客家人．台北：联亚出版社．

房学嘉（1996/2002）．客家源流探奥．台北：武陵出版社．

高木桂藏（2001）．由客家了解亚洲．台北：品冠出版社．

高宗熹（1992）．客家人——东方的犹太人．台北：武陵出版社．

江运贵（1996）．客家与台湾（徐汉斌译）．台北：常民文化出版社．

赖诚斌、丁兴祥（2002）．历史及社会文化脉络中个人主体性之建构：以沈从文的坚持为例．应用心理研究，16，173—214．

赖玉枝（2007）．台湾第一名的客家女诗人．见王春秋．转屋，春秋（4—8），作者自行印制．

李文玫（2010）．客家女性情欲流动之探究：以九〇年代客家女诗人的歌诗为例．行政院客委会专题研究结案报告．

李文玫（2011）．离散、回乡与重新诞生：三位客家女性的相遇与构连．博士学位论文，辅仁大学心理所，台湾新北．

李泳集（1996）．性别与文化：客家妇女研究的新视野．广州：广东人民出版社．

李竹君（2001）．客家农村女性的劳动经验与美德．硕士学位论文，花莲师院多元文化教育研究所，台湾花莲．

林樱蕙（2004a）．现代客语诗中的客家女性形象研究．台北师院语文集刊，9，103—127．

林樱蕙（2004b）．现代客语诗之表现形式研究．硕士学位论文，国立台北师范学院台湾文学研究所，台北．

刘锦云（1995）．客家民俗文化漫谈．台北：武陵出版社．

罗香林（1933）．客家研究导论．兴宁初版（1975，台北：古亭；1992，台北：南天再版）．

美浓爱乡协进会编（1994）．重返美浓．台中：晨星出版社．

王春秋（2007）：转屋，春秋．作者自行印制．

翁开诚（2002）．主编序言——主体性的探究与实践．应用心理研究，16，19—21．

巫秀淇（2007）．活得像自己！活得是自己！．见王春秋．转屋，春秋（209—210）．

萧嫣嫣（1996）．我书故我在——论西苏的阴性书写．中外文学，24，56—68．

徐碧霞（2005）．台湾战后客语诗研究．硕士学位论文，成功大学台湾文学研究所，台南．

张典婉（2004）．台湾客家女性．台北：玉山社．

郑雅怡（2007）．客家妇女诗人 A-ma-fa 书写 ke 前卫性：用杜潘芳格、利玉芳 thung 张芳慈 ke 诗做中心．发表于台中医学大学台湾文学系学术研讨会．

Denzin, N. K.（1999）．解释性互动论（张君玫译）．台北：弘智文化．

Heidegger, M.（1959/2004）．在通向语言的途中（孙周兴译）．北京：商务印书馆．

Hélène C.（1975/1999）．美杜莎的笑声（黄晓红译）．见顾燕翎、郑至慧（编）．女性主义经典（87—97）．台北：女书文化事业有限公司．

Woolf, V.（2011）女性书写的逃逸路线：自己的房间（张小虹导读）．台北：大块文化出版社．

Augoustinos, M & Walker, I.（1995）．*Social Cognition: An Intergrated Introduction.* London: Sage Publications Inc. .

Bluner, J.（1987）．Life as Narrative. *Social Research*, 54（1），11-32.

Denzin, N. K.（1988）．*Interpretive Biography.* Newbury park and London and New Delhi: Sage Publications, Inc. .

Markus, H. R. & Kitayama, S.（1991）．Culture and the Self: Implications for Cognition, Emotion, and Motivation. *Psychological Review*, 98（2），224-253.

McAdams, D. P.（2006）．*The Redemptive Self: Stories Americans Live By.* New York: Oxford University Press.

Minami, M.（2000）．The Relationship between Narrative Identity and Culture. *Narritive Inquiry*, 10（1），75-80.

Writing: The Identity Story of the Hakka Taiwanese Chun-qiu Wang

Wen-mei Li

(General Education Center, Lunghwa University of Science and Technology, Taoyuan, 33306)

／Abstract／

Chun-qiu Wang was born in Shihtan, Miaoli. In 1999, she started to write poems with her mother tongue. She published the book *Return Home, Chun-qiu* with the encouragement of Yu-zhi Lai in 2007. Chun-qiu's poems are very simple with the taste of Hakka in a cordial and familiar style. The main contents of her writing are the memory and emotion of her hometown, and the changes in her lifetime. The research data are the poems from the book *Return Home, Chun-qiu*, and oral interview data collected on July 5, 2010. The main purposes of this study are to understand Chun-qiu's writing process, to challenge Hakka women's "industrious" stereotypes, and to show Hakka women's life figure by means of writing.

As a woman, Hakka, and a poet, how did Chun-qiu reflect herself and her own unique style of poetry? In the process of writing, how did she express the plight and growth of life? To her surprise, Chun-qiu found out that the poems were her own code of life. In constantly examining her course of life, she also clarified the socio-cultural, political, and economic situation of being "a peasant's daughter". Writing is like a path to understand her own identity and the meaning of life. Thus, Chun-qiu can return home through writing.

／Keywords／

Hakka woman, identity, writing, intersubjectivity

觉醒与争权的社会行动：另类学校家长教育选择权意识生发样貌之个案研究

王雅惠　倪鸣香[*]

(台南新楼幼儿园，台南，70144)

(政治大学幼儿教育研究所，台北，11605)

/ 摘　要 /

2002年宜兰慈心华德福公办民营实验小学的设置，在创校者、教师、家长与宜兰县政府教育局各方力量的投入下，使"Waldorf教育方案"能由幼儿园教育向上延伸进行小学阶段的实验教育。这次争取公办民营的创校奋斗史的源头，实可推至1999年草创期的五位家长，他们让自己的子女先行以寄读学籍留在幼儿园，接受小学阶段实验

---

[*] 王雅惠，E-mail:yahuiwang2007@yahoo.com.tw；倪鸣香，E-mail:nimings@gamail.com

教育。该行动不仅体现了民主社会中家长教育选择权的行使，也开启了日后华德福教育社群，推动争取公部门教育资源与筹措基金成立人智学基金会的办学社会行动。

本研究从生命史观出发，选用叙述访谈法采集当年参与办学行动之五位家长中核心推动者之口述传记，以探究其教育选择权意识之形塑历程，即作为华德福学校之家长，其在何种生命经验的促发下选择将孩子送至另类学校就读。借助德国社会学者舒彻（Fritz Schütze）叙述结构解析方案，理解该口述传记叙述内涵的意义，在揭露生命主体"迈向开展生命实践之路"的意象上，阐述家长教育选择权之意识生发的样貌。在父子两代传承的视域中，揭示出社会教育体制的转化，实有赖社会教育成员对存有政治意识形态运作的觉察，回归专业伦理价值理性典范的探究。而此一涉入教育改革行动中开拓出的另类教育实践场域，无疑乃是生命学习及增权赋能的社会学习平台。

/ 关键词 /

口述传记研究，叙述访谈，另类学校，华德福教育，家长教育选择权

一、绪论

1987年台湾政治解严后，民间陆续发动"大学教育改革运动"、"中小学教育改革运动"、"教师权利运动"、"四·一〇教育改造运动"等革新教育运

动，意欲挣脱威权体制。而在这波教育改革运动中，1990年由人本教育文教基金会创设之森林小学，可谓是台湾另类教育实验学校之先驱。接续1994年，毛毛虫儿童哲学基金会内九所家庭启动创办之毛毛虫学苑①，则写下台湾"父母办学"的社会纪录。之后，许多对教育有热诚与理想者亦接续纷纷投入，成就了现今另类教育多元的样貌，台湾当前的另类学校还包括有苗栗县全人中学、新竹县雅歌实验小学②、宜兰县慈心华德福实验学校等等。③ 这些另类学校的创设，皆促使"民间兴学"与"践行教育选择权"在台湾教育场域得以发声，也使得教育多元化与自由化的人文期待，能转化为一股推动台湾教育民主化的社会力。

2002年宜兰慈心华德福公办民营实验小学的创设，使得台湾"Waldorf教育方案"能由幼儿园阶段向上延伸进入小学阶段的实验教育。而该校与人文小学以台湾第一批公办民营小学之名设置，不仅鼓舞台湾教育的民主化，整个创校及争取公办民营的奋斗史，亦体现民主社会中家长教育选择权的行使，开启了日后华德福教育社群推动争取公部门教育资源与筹措基金成立人智学基金会的办学社会行动。该故事的源头起于1999年，透过发想者的邀约行动，当年有五位毕业生家长勇敢地投入发展华德福小学阶段教育的冒险行动，他们以寄读学籍方式，响应其反主流教育的意念，让其子女留在托儿所追寻让他们向往的华德福教育。这一小步，终成为华德福教育方案在宜兰县扎根的动能，也成为日后向县府进行游说争取公部门教育资源的盘石。

---

① 后更名为"种子亲子实验学苑"。
② 孙德珍教授于1997年创办雅歌实验小学，2002年成立雅歌文教基金会，同年新竹县政府委托雅歌文教基金会于大坪国小办理试验计划。
③ 台湾另类教育学会2011年出版之《中华民国100年——另类学校札记》中收纳有16所另类学校之简介。

二、另类、差异与多元选择——另类学校与家长教育选择权

> 具解放性位格的教育工作者,是转化型的存有,而不是只会适应的存有。
>
> 弗莱雷(P. Freire),《心的教育学》(pedagogy of the Heart)

梳理另类学校在台湾教育的发展脉络与演进过程,反映出台湾教育体制在政治解严后,人民企求参与教育事务,主动争取回归人民主体的教育权。而强调人权与教育形态及选择机会趋向多元化的诉求,亦是"国家教育权"转移向"国民教育权"的改革历程。薛晓华(1995:142/300)从国家社会教育发展之角度,剖析20世纪90年代人本教育文教基金会创办森林小学之行动动机,其归纳出下列两个重点:一、基于教育自由化的理念,实践体制外的另一种选择的教育;二、家长教育选择权理念的酝酿,重视家长对教育的参与,并认为家长有让其小孩不接受国家公办教育的权利,以及为子女选择教育形态的权利。接续人本教育基金会的发声,创办毛毛虫学苑的家长们也提出"台湾的教育需要不同选择的可能"的想法。当民间发出台湾教育需要不同选择的呼声时,实意谓主流学校教育急需跳脱台湾教育形态趋于一元化的结构性问题,而政府教育当局则应正视提供人民多元教育形态选择的需求。翟海源(1993:2—3)评析从国民政府迁台后,1966年至1993年期间教育部施政报告中的台湾教育问题,发现在这27年间有些教育问题是不断重复的,而其中"台湾教育的威权性格"则被列为第一大问题。台湾教育的威权性格无疑会反应在各种教育事务的规划管制中,从教育的外部事项到内部事项,"国家"机关皆拥有一定程度排他性质的主导权,私人兴学受到严格限制(周志宏,1999:120—121)。根据1979年颁布的"国民教育法"第四条第一项"国民教

育以由政府办理为原则"及"私立学校法之规定"①，私人兴办国民教育成为例外的、补充的性质，也因此在政策上长期限制私立中小学之设立，即使私人有意愿设校兴学，且符合设校标准之规定，也会因政策考虑不予许可。此种政策性的数量管制，使私立中小学只占台湾中小学总数的1.2%及0.9%左右（教育部，1996：29）。台湾中小学教育虽存在公立、私立二种形态，但从中小学公立、私立比例可见，台湾国民教育仍明显是由公办教育所垄断，且其提供之学校教育仍难跳脱升学与管理主义思维。诚如黄武雄（1996：245—246）在《台湾教育的现实分析与因应政策》一文中所提出，台湾中小学教育的主要问题为升学主义与管理主义，教师的教学自主性因为统一教材、统一进度、统一考试及统一评分而丧失。

政府对教育的控制规划及教育形态趋于一元化的现象，在20世纪80年代中期至1990年代中期的十年间，随着民间的教育改革呼声与运动陆续发生，人民企求在教育事务上拥有自主的权利，而渐开启走向多元选择的可能。然而，在教育法制未制定与修改前，1990年至1999年期间所创立的另类学校，在缺乏适用法规的处境下，并不受地方政府的支持，屡屡面临停止办学的危机。这样的困境直至1999年国民教育法及教育基本法之修订与颁布②，赋予地方将国民教育委托私人办理之权限，民间有心办学之士才有法令依据得以办学，另类学校才正式获得官方承认的可能性。在法令未开放私人兴学时期，民间有心实践理想教育之士以体制外办学来冲击僵化的教育体制，使政府无法忽视民间兴学的呼声，且另类学校不同于传统学校的教育理念及办学模式（私立、公办民营），让人民有多元教育形态可供选择，在此层面上家长教育选择

---

① 1974年颁布之私立学校，其第二条规定："各级、各类学校，除师范学校、特定学校由政府办理，国民教育以由政府办理为原则外，均得由私人申请设定。"
② 1999年2月颁布修订之国民教育法，其第四条增列"鼓励私人兴学"及第三款"前项国民小学及国民中学，得委由私人办理，其办法由直辖市或市政府定之"；1999年6月《教育基本法》第七条"人民有依据教育目的兴学之自由"及其第二款"政府为鼓励私人兴学，得将公立学校委托私人办理；其办法由该主管教育行政机关定之"。

权才有行使的可能，亦即家长依子女之性向、兴趣与需求，为其选择学校与教育内容。

从国民教育阶段"民间兴学"的社会力层面而言，家长若能在多元教育形态的教育体制中行使教育选择权，则可彰显威权体制松动后公民社会成形的样态。公民社会的来临，会是一群有自治能力的人，能有机会自发地组织起来，以表达公众价值诉求和主导公共事务的处理取向（顾忠华，1997：87）。家长从选择子女教育的私领域权利扩展至催生一所另类学校的诞生，可说是一种赋权的历程。当父母积极主动地参与自己孩子学习目标的发展，为了孩子的学校教育而互动，他们将权利赋予了自己，也赋予了自己的孩子与教师（冯朝霖，2001：40）。家长们选择体制外学校作为子女教育方案的同时，不仅行使了其家长教育选择权，也意味着他们选择何种"人类图像"来看待孩子以及孩子的教育。家长们对教育的选择可代表一种发声，是基于对现有体制内教育不满的发声，在这过程中他们更清楚自己能为子女改变哪些教育的元素，能建构怎样的学校教育图像，他们不再被动地接受现实的安排，而是主动地超越所处之生活处境与位置并创造多元的样态。

林佩蓉（2011：73—74）等以台北市自主学习实验计划之家长为研究对象，以生命史观探究家长教育选择权意识，即探究另类教育方案中的家长，基于何种生命经验反思，选择让自己的子女脱离主流体制学校，进入另类教育实验方案。研究者从家长回顾自身以往受教育经验入手，解析生命口述传记叙述数据，阐述既存教育体制如何限制人自我完成的烙印结构，而选择体制外教育的行动，实植根于这些家长对自身受制于体制教育生命经验的反动。该诠释性的研究，描摹了一个另类学校家长教育选择权意识形成的初始图像，他们在生命辩证中萌发出社会性的批判意识，因觉醒（conscientization）①而促发争取选择权利的行动，重视成长中个体的自我完成性。本研究对象所参与之另类教育方案不同于在地的台北市自主学习课程实验计划，该教育方案移植自德国的华德福教育，初次要在台湾实践，那参与其中之家长如何而来的勇气？尤其是其愿意在升学主义尚未消退的社会体制结构下，让其子女接受此反主流"不考试"的另类教育实验，并积极参与建校的艰辛历程，实值得我们进一步深究。若能从行使家长教育选择权主体之生命经验中，采撷其家长教育选择权之意识生发的历程，将可透析家长主动参与另类学校创建及争取家长教育选择权背后的生命性动能，包括个体如何赋予家长教育选择权独特的内容与意义。

三、研究方法

基于口述传记或书写传记中蕴藏着生命经验运转的内涵，这样的传记性素材，它不仅能提供研究者理解生命个体在社会互动脉络中所建构的自我存在意义的可能性，同时在时间流的牵引下，也能成为研究者观察社会历史事件意义生发建构的平台（倪鸣香，2004：25）。本研究选择生命口述传记研究取向，即选择以个体生命经验发展为视点的社会历史演化脉络观，来探究家长教育选择权意识如何形成。具体而言，本研究以叙述访谈法进行宜兰慈心华德福小学创校家长教育选择经验历程数据的采集。

（一）研究对象的选取

由于慈心华德福小学五位创校家长中的一位，于小学部成立一年后迁居台

---

① 此概念引用自弗莱雷"conscientization"概念，是指受压迫者能够去觉察社会上、政治上及经济上的矛盾，进而采取行动，反抗现实中的压迫性因素（Freire, 1993: 17）。

中，失去联络，因此本研究仅访谈后来其子女仍持续就读慈心华德福小学的四位家长。并且鉴于每个家庭为子女选择受教之学校，不一定皆由父母亲双方共同作决策，有些仅由一方决定，采访是以主要"决定者"为对象，依此内涵作为理解与重构历史面貌的依据。

经由访谈后所建构的资料，明显发现怡然爸爸（毅行）是其中关键性的推动者，为了让构想实践，其搭起了当时相关人之间的桥梁。一方面说服并支持慈心托儿所所长；另一方面则充当起邀集家长参与的媒介。甚至于后期，在寻觅校址与争取公办民营的过程中，亦积极参与和市政府的协商，为公办民营办学计划书执笔。基于其身为促发该建校行动的核心角色，本研究即以怡然爸爸为焦点个案，探究其选择华德福教育作为其子女学校教育方案，及参与慈心华德福小学创校动能之核心内涵与意义。

（二）资料的搜集

本研究采用主要用于传记研究脉络的"叙述访谈法"（narrative interview）进行研究对象口述传记数据的采集。该访谈法在德语语系之人文社会科学研究中已相当普及（Kohli & Robert, 1984；Kruger & Maroztzki, 1994），其不同于引导式的访谈，报导主体可以免于问与答访谈形式的局限，畅谈其个人主观的生命经验。此一即兴叙说本身，不仅开启了另一种进入个人经验世界的可能性，也开启了理解个人意义世界内结构逻辑的路径（Flick, 1999：115 – 116）。

叙述访谈的进行分有三个阶段：第一阶段为主叙述，访谈者的任务在于透过"具能量的叙述问题"启始问句，以开启报导人启动自身生命故事之叙述。在报导人叙述期间，访谈者仅扮演顷听者的角色，不打断或是介入叙述者的叙说，也不对报导人叙述的内容提出主观评价。"为什么你会把孩子送到以华德福教育为主的学校？然后是不是请你从你个人的成长经验开始谈起，然后谈到说送小孩进慈心托儿所跟后来参与小学部公办民营的整个过程。"这是本研究的启始问句,该主叙述在传主说"……大概是一个这样的状况啦……有没有你可以提的哪一些线索或说哪一些部分我再来补充"(797－798)① 的结语中结束,而进入第二阶段访谈者的回问。

第二阶段的回问,访谈者的任务在于企图引导报导人,使其叙述的潜力继续扩充,在话语断裂、没提到生命历程中某段时期的部分、不清楚、不能明白、有矛盾或抽象模糊的地方进行回问。而该回问部分的内容仍要奠基于主叙述内容的延展。访谈者可将最后细节化的叙述片段再从其记忆中唤出,透过问题的探问,叙述者也将能再次有意识地去回忆与澄清在主叙述阶段有所跳跃或模糊的事件过程及其对事件可能的评价。例如在本研究中,在倾听毅行叙述过程后,研究者对其中学期间的休学及自学的生命经验片段想再知道更多,遂予回问:"你说宜中念了三个月就休学了,你那时候有读了一些书,可以就此部分再多谈谈吗?"另外,对于家长能团结支持慈心教育,想再进一步了解,即回问"能不能讲一下,因为你刚刚说这些家长都很紧密,是什么力量使你们如此紧密?"

第三阶段为平衡整理阶段,此阶段主要着重在促进报导人对自我生命历程或某特定阶段作一整体的评估,包括对其所叙述之状态、处境进行抽象性说明,亦可询问关于事件现象"为什么"的问题。例如报导人响应了本研究关注的兴趣"为什么会把孩子送到以华德福教育为主的学校",整个访谈历经四个半钟头。

(三) 资料的解析

关于我们要如何理解生命个体在社会文化环境中成长的条件及形式,以及

---

① 此为访谈文本的行号。

个体如何响应社会文化的价值规范，叙述访谈法的创建者舒彻提出两类协助解析叙述访谈文本之工具：（1）理解文本内涵的解读工具，包括叙述基本视框、文本三结构（叙述、描述与评论）及叙述的认知指示器之观察，诸如联结两个事件的表述（如：然后、因为、因此）、时间流程的标记（如：那时候、现在、还、已经、曾经、刚好），或场地讯息等，这些都是协助理解文本的指示器；（2）解析的操作步骤：文本叙述基本视框规范分析、段落内容结构描述、整体形塑、知识分析及个案间对照比较（转引自倪鸣香，2004：27）。本研究参考此一诠释文本的路径，重新建构个体家长教育选择权意识形塑的历程及其践行家长教育选择权的意义。

整体而言，解析步骤依据叙述事件视框的特性分段，先进行文本的内容结构描述。叙述事件视框中会呈现叙述的结构，包含个体在何时、经历何事件，所处之境遇及身历其中对此经验的观感。面对文本中个体所经历的事件，不只是将事件的经过再描述，而会进一步从中发掘个体如何叙述自我的状态，以及如何看待与觉知社会事实，而此自我状态又是在什么样的社会脉落下，呈现出何种个体与社会互动的历程。

在毅行的叙述文本中，叙说者藉由频繁的"感觉"与"觉得"字词，标示其在处境中的感知状态，同时指涉其处境的样态，如国中时期"感觉到一种压力竞争"（123），该压力竞争不仅指涉叙述主体回想国中学校学习生活时所留存的感知，而且也形构了其国中学校学习生活的样貌，藉此我们得以理解个体处在什么样的环境，以及其如何看待此环境。而这些被以"感觉"或"觉得"说出的词句，让叙说者能从陈述事件的发生及经过的言说位置，进入后设的观点去看待事件与"我"的关系，并透过"我觉得"道出"我怎么定位我"，标示出自我的状态。例如："我觉得我不需要去接受这种教育"（386）；"我觉得那明明是自己那种反抗意识的开始"（404 - 405）；"让我感觉到有很多我可以反省自己的成分"（528 - 529）。而该段落完成的结构描述解析工作，使理解的积淀能透析毅行所揭露的自身学校教育及其身为教师之教育观的省思，看见其深刻的省思与其为子女选择华德福教育行动的联结。

透过结构描述此步骤，研究者才能从部分（主体不同阶段自我状态的表述）进入整体生命形式的理解，进行归纳个案整体面貌的抽象化分析。舒彻强调，如果没有前段生命事件与经验的窗口，研究者是不可能对生命承载者所提出之自我理论知识内容有所理解的。他主张关于生命知识的理解与诠释，需奠基于前面几个分析步骤的堆砌。透过这些步骤，描述说明传主生命运转的结构，并诠释其中抽象结构间的关系，进而形塑出生命整体的图景（转引自倪鸣香，2004：27）。通常进入整体形塑解析阶段，研究者需概念化每段落中叙述主体的世界观及自我状态的发展脉络，且再度诠释其间的关联，并整合其中的抽象化概念形塑主体生命运转历程的整体意义。

最后，奠基于前述结构描述内涵与整体形塑意义化的过程，再向下推演进行知识内涵的分析，提出论述。①

四、家长教育选择权意识生发图像——迈向开展生命实践之路

> 当自我完全投入物质中，意谓灵魂的毁灭。当在精神世界里找到自我，意谓自我回归于人。当在人群中保持自我，意谓建构出社会。
>
> （Rudorf Steiner，1968：95）

社会迈向民主化的进程中，毕竟具备社会批判涵养的家长仍属少数，如何

---

① 由于本研究采取个案研究，遂未进行个案间对照比较的步骤。

深刻体认教育体制应回归尊重学习者之主体性，强调要建构符应适性发展的学习环境，为下一代争取教育人权，皆有待集体意识的觉醒（林佩蓉等，2011：89）。接受机构化教育是现代社会体制中每位个体必经的历程，也就形成机构化教育形塑人对教育的定义与意义之合理性，其深刻地影响我们如何看待学校教育与生命陶养间的关系。

> 我觉得学校教育真的对人的影响很大，你知道就是因为他是一个更大环境的。更大环境的就是说因为学校里是很多人组合的，很多同学很多同学，那学校究竟要采取什么样的教育方式，就会深深地影响到这这一这一代的孩子的状况这样子。(318-321)

本研究之个案主角毅行在回顾其投入华德福教育在台湾发展运动的转变历程时，很感慨地道出其深刻体悟了学校教育对人价值信念的影响，亦依此思绪脉络，揭示了自己社会批判意识萌发前，通过学校教育的熏陶而有"大中国主义"意识化的样态（321-471），这些如实的生命经验烙痕，即是其行使家长教育选择权时依据的判准。随着学校教育阶段经验的叙述，叙述主体赋予其不同阶段学校教育存在的意义，展开社会教育体制中学校教育所带来各种适应、冲突、抗衡与协调的图景，也包括其对存在处境的关注（可参考附录一：毅行的生命发展图）。这些内涵无一不影响个体在选择下一代学校教育方案时的意识状态，而该意识状态的建构乃是一种动态生发的历程，它关乎主体如何看待社会结构与个体发展间的互动关系，以及个体与社会他者如何共处的生命意向。其不仅是选择一种学校教育或教育方案的决策历程，对生命存在理想样态的选择，以及与生命中他者的邂逅历程，亦蕴藏其中。以下将本研究个案之家长教育选择权之意识生发动态样貌，分四部曲逐一说明①：

---

① 详细之结构描述内容可参阅王雅惠 2007 年完成之硕士学位论文第 46—77 页。

（一）第一部曲：符应学校教育学习规范

学龄前阶段，年幼的毅行居住于乡下，未进入学前相关的教育机构就学，因此其童年成长的经验很自然地是以"家"为中心，从家庭经验出发建构其自身与世界的互动关系与认识。"于自家自然田野游戏"的嬉戏图像，描绘出其学龄前成长历程的"幸福"样貌。而随着年纪的增长，方才开始进入学校教育机构，接受小学的义务教育。

> 基本上从我小学从国小到国中，我的感觉就是，事实上就是我完全接受教育的内容，他教我什么我都接受。(321－323)

初入小学教育机构中体验团体生活，毅行循序渐进地在以班级群体为参照的成绩能力评比中，发现自己的学习潜能。小学毕业，顺理成章又进入更强调集体性生活的中学教育机构，向外寻求同侪及重要他者的认同成为其迈向青少年阶段的写照。老师之于他是班级中的知识权威，是青年毅行学习的楷模。面对老师高标准的要求，毅行总是力求在课业上有优秀的表现，在同侪群体中亦展现出众的运动及领导能力，成为团体中的佼佼者。

不论是小学或是中学阶段，毅行无疑接受了机构对他的社会化，积极融入群体，获得重要他者及同侪的肯定，自然地符应与接受着学校教育的内容及方式。

（二）第二部曲：抗拒囤积式学校教育结构

国中教育的最后一年，毅行面临接轨高中教育的升学联考，他勤奋阅读记诵学校教科书知识，凭借着尚良好的联考成绩，顺利进入当地第一高中就读。对这位新生而言，在这菁英聚集的高中校园里，充满着压力与竞争，而班级中的师长与同侪在力求考试竞争力的自利氛围下，以提供课后补习教育来拒绝给予学习弱势者的指导。校园学习文化的转变，瓦解了置身其中的学习个体过往对师长同侪的信任。

> 我觉得很大的冲击就是，重新观察观看我曾经所吸收到的这些东西，是在我国中毕业之后上宜中，这里面有一个很大的部分，就是说当我上宜中我对宜中的高中教育，整个学校的状况，我是真的是很不满，那种不满……（364–367）

进入高中教育机构之后，学校中师生互动的上下阶层关系，不平等的互动结构，仅注重知识的灌输而反对提问式的教育，同侪间的防备与竞争，再加上教官威权的体罚行径，皆冲击着毅行原有已建立对学校教育体系的价值，摧毁了他对教育世界中他者的信任。在无法舒缓消解内在强烈冲突感的情况下，终促使学习主体以休学行径，选择离开冲突结构根源的行动，回应威权式学校教育欲加诸"我"的压制与同化。

（三）第三部曲：批判驯化式学校教育

> 事实上离开对我来讲，我个人受教育过程是离开宜中之后，我就离开了党化教育（笑）那种这种机构了。从此之后我就，虽然我读师院的时候那个更可怕的，但是呢，师院对我一点影响都没有。（426–429）

毅行离开学校体制，同时也使自己能隔离于教育机构中的党化教育。虽然

觉醒与争权的社会行动：另类学校家长教育选择权意识生发样貌之个案研究

355

往后的求学生活再也无法稳定，但是当他离开乡下来到其向往的台北大都会，人文荟萃的社会环境提供了毅行开展自我教育的机缘，让他成为自己的导师，"其实从那个时候开始到现在我几乎都是自我教育自己的"（225-226）。书店中的大量阅读，使其对于自身国族的历史认同，能转向以批判的观点透析自身民族文化所存在的弊病，他开始解构学校教科书所传递之大中华文化意识形态，并觉察"国家"所传递的独断党政教育，是如何地透过学校教育将人们培养成失去独立思考判断能力的顺民。此批判意识的萌发，可说是主体政治意识的启蒙，毅行透过大量阅读人文历史书籍展开自学，开始批判驯化式的学校教育，疗愈思想上的创伤。

批判制式教育，渴望自由学习的他，在偏离体制教育之路期间，仍无法接受在军事化管理、集体学习的补习班逗留，为接下来要面对的大学联考来预备。但是选择阅读的自我教育形式，仍可在人文学科领域获得陶养。随着年龄的增长，为了让父母亲安心，毅行还是顺服地进入夜间部的高中就读以获取文凭。毕业后，他参加大学联考，联考分数虽已达上大学的标准，但因和好友协议一同先去履行兵役，而放弃就读大学之路。退伍后，进入社会谋职工作两年后，在谋取稳定工作的考虑下，其最后选择有教职保障的师范院校就读。

对学校教育充满批判的毅行，如何可能处于当时僵化保守的师范教育体制中？"虽然我读师院的时候那个更可怕的，但是呢，师院对我一点影响都没有。嘿……我还记得我在师院，每天来就像个和尚一样走来走去（笑），跟别人几乎没有关系。"（428-430）进入师院的毅行已跨越政治启蒙时期独行的身影，刻意远离反抗意识的论述，学习的兴致已由历史人文转向对哲学与宗教学的探究。师院教育的养成内容并未影响他，其间休学过一年，至小学教育现场代课。师院毕业，取得担任教职的合格证后即进入小学任教。

事实上我知道台湾教育在干什么，所以这也会让我，即使后来我从师院毕业之后去当小学老师，我都是一个很不一样的老师啦。反正我会跟校长说，我会跟每一个校长问他说，你为什么要做这样子，嘿为什么一定要……（414-417）

走过青少年历史认知的风暴期，已为成人的毅行选择回到他所批判的驯化式教育学校场域，他采用知识分子的工作哲学（412）的视域来看待教育改革，热情可能远超过别人的他，希望能持冷静的态度取代社会运动，以"做"（413）的实践行动来改善既有的教育现况。

（四）第四部曲：寻求解放教育

以我个人来讲的话，我都可以很强烈感觉到，这个教育过程形塑生命的那个力量很强……我很难形容说我读这些历史的过程里面，心里面受到多大的创伤。我觉得很多地方我必须透过个人自我教育去改变它，去转化它。所以我会觉得说我们现在教育也是这个部分，也都要再做。就是究竟从什么立场来看这些，看待这些东西，你要不要站在一个这么清楚的自我定位这样子来看。（356-363）

至公立小学教育机构任职成为老师后的毅行，再度陷入学校教育的制式结构与僵化的教师文化冲突中，批判的行径被他者视为异议分子。他结盟革新教育的行动，始终无法如愿。显然的，在未有同事支持的情况下，自我疗愈后的毅行仍无法撼动校园内的种种措施。在担任公立小学老师期间，他结婚生子，有了下一代，使他多了父亲身份的社会角色。然初为人父的毅行，在缺乏对成长中婴幼儿的认识的情况下，其亲子关系陷入危机，面临如何教育与养育下一代生命的大难题。因牵挂家乡年迈双亲，他决定归乡。而此一回乡任教之举，竟开启他教育生命转化的机缘。回到宜兰的乡下，经亲属辗转介绍，毅行认识了慈心华德福托儿所，当时慈心托儿所正值转型实践华德福教育。毅行经由主动参与托儿所工作成员组成的华德福教育读书会，深入理解该异文化世界教育方案的内涵。同时，这也成全他身为父亲角色的期待，"我想要帮他选择那种让他可以很快乐、可以生/可以成长的地方，就像我自己小时候这样"（479－480）。

> 这个教育当然让我感觉到有很多我可以反省自己的成分，非常非常的多，我是因为得到了我也可以知道该怎么看待自己跟新的生命的关系（528－530）

华德福教育的理论源头是人智学（Anthroposophie），其主张以身体、心灵、精神及自我的层面来看待人全面发展的图像。对毅行而言，人智学的存在意味着人类文明传承的新起点，它是一个能解开"生命的奥秘宇宙"（500）、接轨人类精神世界、促进人类发展的核心。对该教育愈是熟悉，毅行愈是能清楚自我的定位，进而了悟亲子间的双关系：

> 不过比较归根究底的部分就是说，我觉得我是在选一个能够让孩子的生命能够释放/就是说释放是大人的本身的心灵它能够解放。在对于教育的想法、对于孩子未来的看待，你能够真的放下来，你才有办法再以比较冷静客观的态度去看看孩子现在的状态是什么。（537－540）

"孩童生命本质能够开展，有赖成人超越自身过往生命的局限"这样的教育观，解放了毅行对子女未来想象的框架，反省自身对下一代所抱持的教育观，方能从"成人的期待"转向回归"孩童本质"的观看。

与人智学及华德福教育的邂逅，带来受创主体生命性的觉醒。在以主体解放为目的之教育思潮的对话中，毅行得以醒觉，意识到自身生命结构中那植根于深层内在的受压迫者的桎梏，仍影响着他和孩童间的互动。醒觉的意识与教育本质的辩证，让追寻历史意义的主体再度跨越生命的藩篱，思索何谓"人的教育"，深刻再体察社会机构化教育之方法或教育内容的适切性、正当性问题及社会结构、教育体制与生命个体发展间的互动关系，皆须回归对人类精神图像的理解，也须重新建构朝向自由教育的思维，以开启成就下一代生命实践之路。

五、觉醒与人性化的社会行动

> 真诚的解放是一种人性化的过程，不是在人的身上储存另一些东西。解放是一种实践，是人们对于他们的世界所采取行动与反省，以进一步转化世界。
>
> （Freire，1970：60）

教育工作涉及生命个体间双向互动的结构与关系，不仅涉及政治性，亦是一伦理性的实践行动，它实际上牵涉到目的与价值。对"孩子为什么接受学校教育"这个问题，不管是为人师或为人父母者，自有其一套论述观点，若能返回自身，审视个人受教经验与所积累形塑而成的教育观，对教育意义再定义与再探究，方才有可能在教育传承路上，避免再压制个体性发展的教育行动。冯朝霖（2006：140）于《希望与参化——Freire 教育美学推衍与补充之尝试》一文中提出教育的工作自始至终都是伦理的志业，现代教育的危机就在于大部分的教育工作者已经丧失对"教育工作之伦理性本质"的觉察。教育专业被窄化为科目教学，科目教学更进一步被化约为知识与技能的传输。家长选择有别于现有教育体制之另类教育方案,并非意味着将体制内教育与体制外教育以何者为实践良善教育的观点相互对立起来。对于成长于威权专制社会文化下的个体而言,机构化学校教育演化至今仍存在着历史性的结构问题。当社会体制中的人们对于教育及教育工作的探究与定位,仍局限于技术理性的探讨,而教育的本质、教育的意义及教师责任等价值理性的思考未受重视,那欲实践教育作为解放的意义与目的实有其困境。

巴西批判教育学者弗莱雷(1970:29)在其《受压迫者教育学》一书中主张教育通往自由之路有两个阶段,首先,人民对其压迫情境要能意识化,并透过批判实践转化现存的生活状态;其次,奠基于前述阶段的实践历程,而可以建立自由开放的文化行动和人性价值。本研究个案毅行的解放觉醒意识乃是经由自觉——抗拒——批判——对话——觉醒——与他者连结——行动实践的动态历程而建构(可参附录二:毅行的家长教育选择权意识形成历程图)。此动态历程彰显的"觉醒"概念,不仅指向能以批判的观点审视社会系统中的宰制及霸权结构,亦是一种寻求与他者对话与反省教育专业伦理价值理性典范的历程。它揭示了社会教育体制的转化有赖于社会教育成员对政治意识形态运作的觉察。对于成长于戒严威权时代之个体而言,本研究个案毅行成长过程中在学校机构内所经历的种种受压迫经验,某种程度钳制着生命个体在社会结构中的正向发展潜能,压迫性教育在其生命中烙下了受压迫者结构,无形中形成个体生命底层与社会认同之间冲突的来源。学校教育并未建立起个体与世界的正向连结,如同伊凡·伊里奇(Ivan Illich)在《非学校化社会》一书中对学校化的教化形式提出批判,认为在学校中,教与学都成了与生活分离的特殊化活动,知识的意义由生活经验变成套装的产品、市场认定的抽象价值。学习者不再从现实情境中学习,而是向套装的知识学习制约反应,学习者视控制为理所当然,渐渐变得无力洞察存在与现实的本质,却把学习隐藏在分类知识的累积与等级之下。如此一来,人将只会在知识工业中异化(转引自薛晓华,

2006：4）。学校教育的结果不是使人更了解真实世界，反而把人从真实世界隔离开。由成长于威权专制社会文化中个体的生命样态，我们理解到具压迫性本质的学校教育如何使具有生命力的能动主体选择疏离社会体制，以出世的生命态度依存于社会一角，让我们更清晰地意识到教育体制与个体生命发展间的互动历程，实充满着政治性、社会控制与意识形态的运作。从批判教育学的角度，学校并非中立的场所，教育场域中的政治化真实地发生作用于个体的生命成长脉络及受教育过程中，并成为烙印于主体生命中及其试图超越的印记，它提示处于民主化进程中的现代公民，仍要警醒，持续致力于避免成为社会既有意识形态和知识的承载者及灌输者，对自我生存于其中的文化和意识形态需保持一种反思批判的距离。李奉儒于《从教育改革的批判谈教师作为实践教育正义的能动者》一文中即主张，对于教育改革自然不能素朴天真地认为只是教育体制的改造、教学技巧的改善或是课程内容的重新组合而已。教育改革需直指权力结构与整个社会势力的意识形态分析（李奉儒，2003：113—150）。在本研究个案的理解中，我们亦看到批判意识的萌发与建构，成为生命主体开启寻求解放教育的途径。其对囤积式及驯化式学校教育的批判意识，与其生命内在企求超越过往社会教育体制压迫的意向，是不可分割并互为表里的。

麦克拉伦（P. McLaren，2003：26）认为批判教育学具有治疗、修补并且改变这个世界的意涵，指出批判教育思维能积极改变世界并追求更人性化社会的希望。此一领悟开启了我们从另一种视角去理解选择体制外教育家长行使教育选择权行动的核心，乃是存在于生命内在深层、企图超越与改变社会教育体制的积极意向。一所"回归儿童本质及生命成长需求"之另类学校，让它存在，即成为生命主体与他者对话、共构有机网络、转化社会教育体制的平台。

参考文献

冯朝霖（2001）．另类教育与全球思考．教育研究月刊，92，33—42．

冯朝霖（2004）．骆驼、狮子与孩童——尼采精神三变说与批判教育学及另类教育学的起源．教育研究双月刊，21，5—13．

冯朝霖（2006）．希望与参化——Freire 教育美学推衍与补充之尝试．见李锦旭、王慧兰（主编）．批判教育学——台湾的探索．台北：心理出版社．

顾忠华（1997）．公民社会与教育改革．教育资料文摘，40（1），86—92．

黄武雄（1996）．台湾教育的重建．台北：远流出版公司．

教育部（编，1996）．积极推动教育改革，开创多元而美好的教育远景．政策说帖．台北：教育出版社．

李奉儒（2003）．从教育改革的批判谈教师作为实践教育正义的能动者．台湾教育社会学研究，3（2），113—150．

林佩蓉、倪鸣香、黄心怡（2011）．家长教育选择权意识之研究：以"台北市自主学习实验计划"家长生命经验为例．另类教育，1（1），67—91．

倪鸣香（2003）．社会变迁中幼师专业角色形成与认同历程之研究（I）．行政院国家科学委员会专题研究计划成果报告（NSC91-2413-H-004-011）．"国立"政治大学幼儿教育研究所，台北．

倪鸣香（2004）．叙述访谈与传记研究．教育研究月刊，118，26—31．

倪鸣香（2004）．童年的蜕变：以生命史观看幼师角色的形成．教育研究集刊，50（4），17—44．

王慧兰（2006）．批判教育学：反压迫的民主教育论述和多元实践．见李锦旭、王慧兰（主编）．批判教育学——台湾的探索．台北：心理出版社．

薛晓华（1995）．八〇年代中期后台湾的民间教育改革运动："国家—社会"的分析．硕士学位论文，台湾师范大学，台北．

薛晓华（2006）．另类教育的理念溯源及其与当代新兴教育思潮的邂逅．见台湾另类教育学会与政治大学教育系联合主办．"另类教育研究"学术研讨会论文，政治大学，台北．

翟海源（1993）. 台湾教育威权的解析. 国家政策（动态分析）双周刊，74，2—3.

周志宏（1999）. 社会权——总论：教育权. 月旦法学，48，127—135.

McLaren, P. (2003). 校园生活——批判教育学导论（萧昭君、陈巨擘译）. 台北：巨流图书公司.

Flick, U. (1999). *Qualitative Forschung.* Hamburg：Rowohlt Taschenbuch Verlag GmbH.

Freire, P. (1993). *Pedagogy of the Oppressed.* New York：Continuum.

Freire, P. (1997). *Pedagogy of the Heart.* New York：Continuum.

Freire, P. (1998). *Pedagogy of Freedom：Ethics, Democracy, and Civic Courage.* Lanham, Boulder. New York , Oxford：Rowman & Littlefield.

Steiner R. (1968). *The Essentials of Education* . London：Rodolf Steiner Press.

觉醒与争权的社会行动：另类学校家长教育选择权意识生发样貌之个案研究

363

附录一：毅行的生命发展图

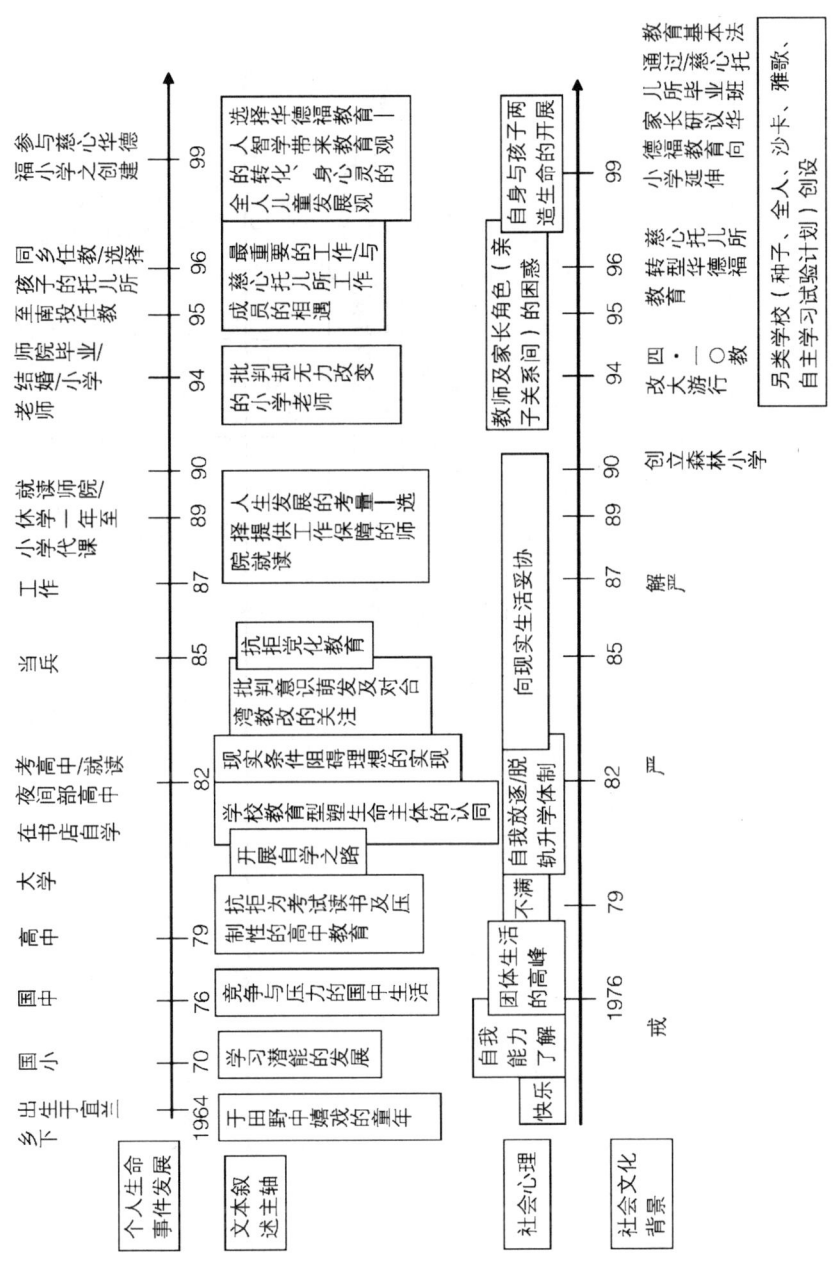

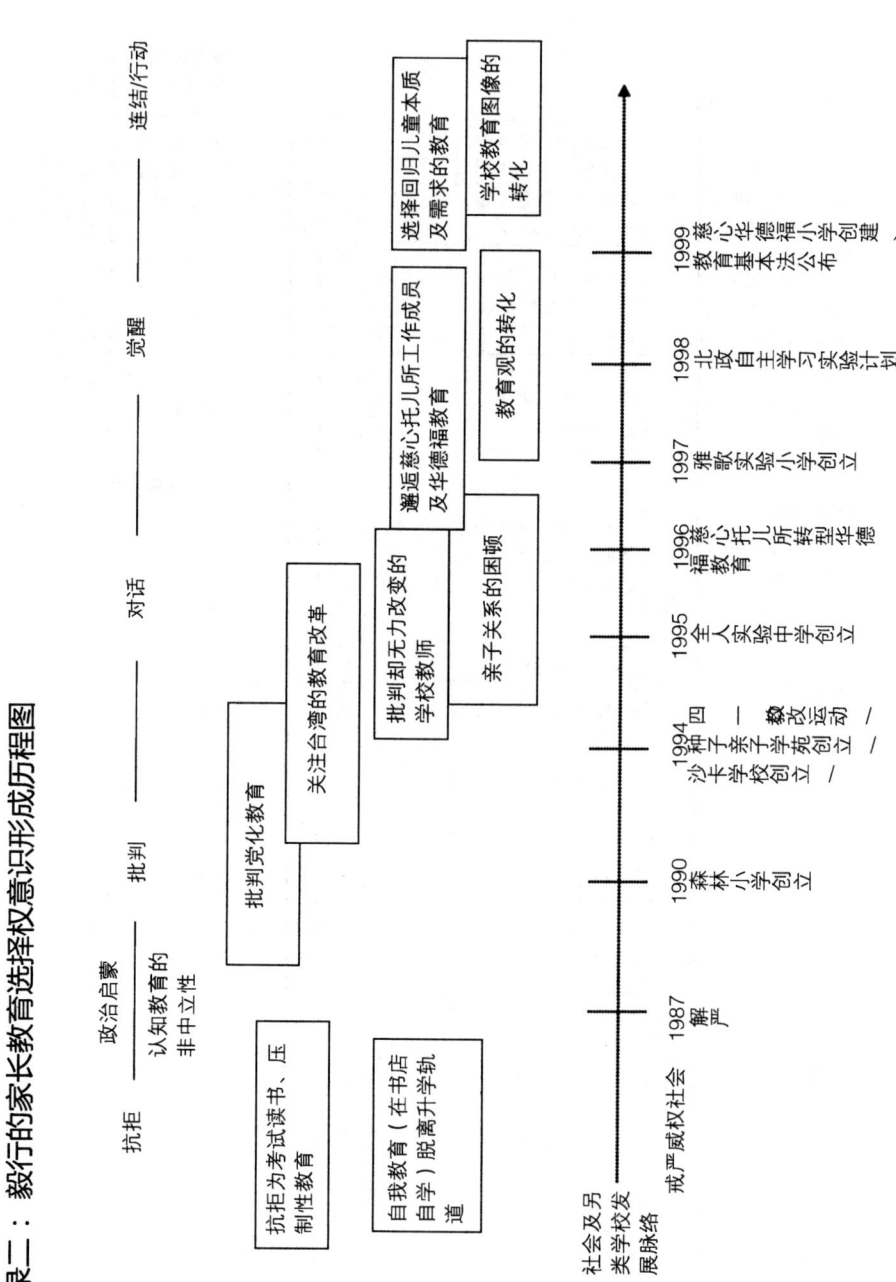

附录二：毅行的家长教育选择权意识形成历程图

The Awakening and the Social Action of Fighting for Rights: A Case Study of the Emergence of School Choice Awareness of an Alternative School Parent

Ya-huei Wang   Ming-shang Ni

(Tainan Sin - Lau Kindergarten, Tainan, 70144) (Graduate Institute of Early Childhood Education , National Chengchi University, Taibei, 11605)

╱ Abstract ╱

Under the integrated efforts of school founder, teachers, parents and the Department of Education of Yilan County Government, Ci-Xin Waldorf School became a private-run public school in 2002 which makes "the Waldorf Educational Project" extend from pre-school education to the elementary school level. The origin of the school founding history to struggle toward the privatization of the public school could be traced back to five parents in the embryonic period of 1999. They enrolled their children in the kindergarten, but implemented the elementary-school-stage experimental education. The action not only embodies the praxis of school choice in a democratic society, but opens a social action for the Waldorf community to strive for educational resources from the public sector and to raise funds to found the Anthroposophical Foundation.

This research is from the perspective of life history and adopts Narrative Interview to collect one of the five school founding parents, oral biography to explore the process of school choice formation. In other words, we are interested in the kinds of life experiences that can trigger parents to send their children to study in an alternative school. The method of narrative structure analysis created by the German sociologist Fritz Schutze is adopted for data analysis which helps us to disclose the meaning of the oral biography as the image of the agent "on the way toward life praxis". Moreover, it elaborates on the emerging process of school choice formation. From the perspective of father/son inheritance, it reveals the transformation of social educational system depending on the social members who notice the function of the existing political ideology in order to return to the exploration of ethical values. The engaging educational reform action opens up a practice field of alternative education which is undoubtedly a social learning platform of life learning and empowerment.

／ Keywords ／

oral biographical research, narrative interview, alternative education, Waldorf education, school choice

媒介创业的行动逻辑之研究：
台湾有线电视系统早期先驱者口述传记研究

张煜麟[*]

（政治大学新闻所，台北，11605）

/ 摘　要 /

本文拟基于经济社会学和创业研究，对新传播科技兴起所引发的媒介创业现象进行考察，尝试说明媒介创业者从事创业行动的行动逻辑，并揭示引发媒介创业行动的社会根源。通过媒介创业者意涵的讨论，本文选取台湾有线电视系统先驱者作为个案对象，尝试透过重构这个群体的媒介创业经验，解析媒介创业历程行动逻辑的内涵。透过诠释性传记研究法的协助，本文以德国社会学者舒彻（Fritz Schütze）所开

---

[*] 张煜麟，E-mail: a9387484@gmail.com

展的口述自传性即兴叙述访谈研究法,作为搜集与分析媒介创业经验的研究方法;通过诠释媒介创业个案所提供的创业经验之叙述文本,重建媒介创业行动逻辑的内涵。最终,经由关键个案之叙述文本的解析,本文推论出,情感关系与华人文化中的义气习性是理解媒介创业行动的关键。

/ 关键词 /

媒介创业,有线电视系统,口述传记法,义气

一、绪论

本文尝试重构媒介创业行动在社会脉络中浮现、转变与发展的历程,探究媒介创业者如何克服媒介创业资源不足的困境,成功创建媒介事业。

近年来,传播领域逐渐浮现与媒介创业相关的研究议题。首先,20世纪90年代末期,随着网络与行动通讯等传播科技的出现,传播研究领域开始探究新兴媒介创业行动的可能性。2002年,《国际媒介管理期刊》即以"媒介与创业"为题,探究电信产业自由化所带来的新兴媒体创业历程。其次,随着新自由主义的兴起,当代媒介工作生态转向注重个体追求卓越成功的价值,强调媒介工作者的自我认同应从"组织人"的观点,转变成"创业者"的想象。这种主张媒介工作者应持有一种如"追求企业成长"般的进取精神,以"事业性自我"(enterprise self)的概念来建构其工作主体性的观点,成为定位当代媒介工作者生涯方向的主流论述(du Gay, 1996; Storey et al., 2005)。

此外,衡诸当代讨论媒介生态如何兴起的论述,或倾向于从技术决定论的角度,将传播科技的出现视为新媒体出现的前提;或倾向从社会建构论的立

场，主张政治制度与社会条件才是决定新媒体是否出现的原因。然，上述两类观点，虽然分别从技术变迁与社会结构的角度，具体地解释了技术、社会情境等面向对于新的媒体生态兴起的影响，却甚少关注媒体产业兴起之初，个体的媒介创业行动如何形塑出媒介产业的形貌。这造成传播学科一直以来缺乏从个体能动性角度来解释新媒体如何生成的论述。

呼应上述关注媒介创业议题的研究潮流，媒介创业者如何经由技术创新与创业行动的方式完成新媒体事业之建构的历程，实是传播研究领域一项值得探究的议题。因此，本文拟将研究聚焦到媒介创业现象上，尝试以媒介创业者的传记经验去解析：导引创业者投入新媒体创业行动的行动逻辑为何；说明新媒介的创业者如何承受技术不确定与市场尚未成形的风险，成为新媒体的媒介创业者；最终，探究这群对于媒介生态既带来创新又带来混乱的媒介创业者，他们个别的媒介创业行动对整体媒体生态的改变具有何种意义。

（一）传播科技媒体的兴起与媒介创业的现象

长期以来，传播媒体的产业发展，深受各类新兴媒体科技兴起与法规管制政策松绑的影响。广播电视科技出现后，影像媒体与电视产业成为主流媒体；有线电视与卫星电视科技的出现，以及法规与管制政策的松绑，带来了多频道节目与有线电视系统产业的萌发。因特网和通讯科技的出现，引发了虚拟社群与数字媒体产业兴起的浪潮，更带来媒介创业行动的可能。

就以近年兴起的网络媒体为例。因特网媒体的兴起，其前身源于美国国防部所发展的 ARPANET（Advanced Research Project Agency Network）计划。1995年，美国政府决定让因特网走向私有化经营；1996年，美国通信法案取消电信事业与有线电视系统跨业经营的限制，遂引发因特网迅速普及全球，2000年间，全球经历了一波网络媒体的热潮。

除了新传播科技的兴起可能引发媒介创业行动外，政治上对于媒体生态管制的解除也常带来集体的媒介创业现象。以台湾为例，1988年，台湾报业媒体因解除报禁管制，出现一波媒介创业的热潮。该年，报社登记总数从解严前的31家增加到122家；1990年底，倍增到211家（赖光临，1991：63—64）。虽然，在这些倍增的报社中，许多报社业者仅登记却未运作，同时，学者在1991年的研究也指出，报禁解除后，既有的《联合报》与《中国时报》仍在当时的报业市场中占有60%以上的占有率；但，报禁解除后，确实带来了多家新创报纸的出现，其中如《首都早报》、《环球日报》、《公论报》等三家报社，分别在1989年于财团的资助下创刊。当然，短暂经营后，三家新创的报社纷纷因财务吃紧，于1990年宣布停刊（赖光临，1991：78—82）。不过，这段报禁解除带来新创报刊在短期内大量出现的台湾报业发展史，说明了法规管制的开放，确实会带来一波集体的创业行动。

此外，再以台湾有线电视系统的发展为例。1993年《有线电视法》通过，将台湾有线电视系统的经营划分为51个经营区，并以1区5家为原则，规范各地区有线电视系统的申设资格。1993年时，登记为有线电视播送系统的业者计有611家；尔后，各地有线电视播送系统经营家数迅速递减；1995年新闻局登记为有线播送系统之业者减为344家；1996年，有线播送系统登记数减为195家；1998年，有线播送系统登记数减为135家；1999年，新闻局核发正式的有线电视系统经营执照后，全台湾有线电视系统为35家，有线播送系统为98家；2000年，全台有线电视系统纷纷取得有线电视系统的经营许可，该年全台有线电视系统有62家，改良收视为主的播送系统为27家。至2010年，全台有63家有线电视系统业者，播送系统仅剩4家。从媒介创业的角度来思考，1993年到1999年间，有线电视系统家数的整并与递减过程，是一段众多有线电视系统创业者在市场整合的过程中成功通过市场考验而生存的过程。

显然，观察过往的媒体发展史，于媒体产业兴起初期，确实存在了媒介创业的阶段，这使我们得以透过对特定媒介创业者的创业经验的解析，提出有关媒介创业历程如何生成的论述。

（二）媒介创业的基本意涵

在诸多媒介创业的现象中，我们需要更为精确地掌握"媒介创业"的概念。就目前可见的媒介创业论述而言，媒介创业的意涵，大体上可被定义为"小型事业或组织的建立与拥有，其行动对媒介市场至少增添一种影响或创新"。而媒介创业研究的研究对象，主要是指小型媒体企业组织的创立者，他们通过掌握媒体技术创新或商品创新的方式，将新的生产要素投入到媒体市场中，并通过市场障碍的考验，建构媒体事业的创业者（Hoag & Seo，2005）。显然，这个定义界定出，媒介创业者是少数能够在新媒体的普及使用前，洞察到媒体市场的先机，并承受传播技术的不确定性的风险，以创新的方式开拓新媒体市场，且能够兼顾媒体事业的经济利益与社会利益的市场先驱者。

进一步，当我们从字源层次来掌握媒介创业这个词汇时，能够看到媒介创业行动，不仅仅是一种开展媒体事业的行动，其在追求利润过程之余，也需兼顾到媒体事业的社会责任的层面。媒介，其英文为 media，此词源于拉丁文 medius，为 medium 的复数型态，字词上具有介于中间（middle）的意涵。雷蒙·威廉斯（Raymond Williams）曾在《关键词：文化与社会的词汇》书中指出媒介这个概念存在了三种不同层次的意义。第一层是词汇原有的普遍意义，即是指"中介机构"或"中间物"的概念；第二层专指技术面向的意义，如称声音、视觉、印刷等不同性质的媒介；第三层则是资本主义的社会中所存在的报纸或广播等事业的统称（Williams，1976）。约翰·费斯克（John Fiske）则在为《传播及文化研究主要概念》书中概括地将媒介/媒体的概念界定为，是一种能够让传播发生的中间动力。更明确地说，它是一种可以延伸传播管道、范围或速度的科技发展（Fiske，1994：176）。

引申这两段文献中有关媒介定义的讨论可见，媒介这个概念除了有媒体事业的意义外，尚有"中介性"、"中间动力"的概念。因此，媒介创业者的意涵，除了与一般产业中的创业行动的性质类似，具有"创业即创新"的意涵之外，更指向一种充分理解媒介在社会中所具有的中介特性，并能掌握新传播科技变迁的可能轨迹，以创新的行动来建构与延续媒体事业的创业行动。

（三）探究媒介创业行动的行动逻辑

如果媒介创业者基本上是一群尝试在传播科技交替之际，或是法规变革之际，期望通过新的媒介事业体的创立，实现创造性之想望的能动者，那么，他们如何跳脱既有之媒体生态的局限，掌握技术与制度等结构变迁之际所溢出的机会，从无到有地建立起媒体事业呢？

当代创业研究的论述，大体上扬弃了从特质论的角度，来解释成功创业者为何能够成功的问题。人格论、心理特质论的观点，显然不足以解释成功媒介创业者的能动性如何生成的问题。相对于心理特质论的主张，社会建构论的观点对于创业机会与创业行动的历程提供了社会面向的解释。然，仅从社会建构面向理解创业行动，也同样忽略了创业精神面向对创业行动的重要。如果不从特质论与社会建构论的角度来探究媒介创业者的能动性，则有何理论框架可以用来分析媒介创业者的能动性呢？法国社会学者布迪厄（Pierre Bourdieu）所提出的实践理论，兼顾社会结构与个体能动的论述架构，是一套适合用于分析媒介创业者之能动性的概念工具。

有别于人格特质论与社会建构论对于创业行动的论述，布迪厄所提出的场域与实践理论，或可作为我们兼顾社会结构与行动面向来分析创业行动的理论框架。场域理论的核心论点，强调行动者日常生活中的实践行动，本质上是行动者透过各类资本的积累与应用，维护或提升其在场域中之地位的行动。社会生活基本上是一种持续地位斗争的行动，每一种场域中均是权力关系与利益冲突的空间，场域中每一行动主体，都具有特定的分量和权力来进行利益竞逐的行动（Bourdieu & Wacquant，1992）。具体来看，实践行动乃是"惯习（Habitus）资本（Capital）"+场域（Field）=实践行动（Practice）的交互关系；每一项实践行动的构成均涉及惯习、资本与场域之间的相互影响（Bourdieu，1984：101）。

这其中，"场域"概念偏向社会空间的意涵，其概念本身既非技术物，也不是一套系统，而是指向一处权力竞争的空间，在此空间中，行动者处在个别的社会位置上，彼此的关系构成一种社会网络，如同经济活动的市场体系般，亦是行动者在此游戏场中竞逐利益（周新富，2005）。而场域中的权力关系会受到经济资本（economic capital）、文化资本（cultural capital）、社会资本（social capital）与象征资本（symbolic capital）等四种不同形式资本关系的影响，不同的资本之间会相互转换构成不同的场域（Bourdieu，1986：252）。至于惯习的概念，则强调行动者所持有的某种固定的行动倾向、生活方式和生存禀性对实践行动的方向的影响（邱天助，2004；高宣扬，2002）。惯习的形成主要来自社会化的机构、社会环境甚或个体生命经验的影响。其中社会化的原因，主要来自家庭、学校、教会等社会化历程的制约，是行动者对其生存的社会客观条件不断调适的产物。最终，惯习构成一种个体潜在的行动逻辑，它是个人在历史经验中累积的沉淀物，并为个体内化为心理结构的持久性系统（Bourdieu，1998）。

基于上述简略的理论描述，我们尝试引入实践理论的观点，将媒介创业行动视为一种实践行动，尝试探究成功的媒介创业者如何在场域的困境中，成功通过创造性行动，谋求事业生存的可能；媒介创业者面对不同场域中的困境，其创业行动背后的行动逻辑为何。这些问题成为我们解析成功的媒介创业者之创业经验的具体问题意识。

（四）在地社会中的媒介创业者：台湾有线电视系统的先驱者

细数台湾有线电视系统的发展过程，有着极为特殊的时空背景，其兴起之初，起源于协助解决电视收视问题的社区共同天线系统；至20世纪70年代末期，俗称"第四台"与"民主台"的有线电视播送系统业者，结合线缆系统与放影机等设备，以播送录像带节目为诉求，在台湾各都会地区人口密集区域随处铺设，继而引发政府部门一连串取缔非法有线电视播送系统的事件；80年代末期，政治解严与媒体管制的开放，促使台湾有线电视系统迅速地脱离早期电器行与"第四台"业者独资经营的形式，转向以财团资本为主的独占市场经营形态。至今，这段横跨40年的台湾有线电视发展史，是台湾社会中一段真正由在地社会中的独立业者所主导的媒介创业史。

社区共同天线业者，一群分布于台湾临海或丘陵等电视讯号收讯不良地区，长期从事收视电波改善与天线系统架设的电器行业者。毫无疑问的，这群社区共同天线业者是创办有线电视系统最早的经营者。实际上，早从1968年或1969年起，台湾的社区共同天线系统，即出现于南投县水里和竹山以及台中县的清水镇和大甲镇等地区。1972年，教育部文化局注意到共同天线系统在地方存在的事实，该年11月中旬，负责掌管广播与电视业务的文化局派员前往南投县内的水里、竹山等地考察社区共同天线业者的现况；而后，文化局草拟《社区共同天线设备设置规则》，再修订为《电视广播增力机、变频机及社区共同天线电视设备设置办法》，由交通部于1973年4月3日公布，正式将社区共同天线系统纳入政府管制。1979年2月28日，新闻局会衔交通部所发布《电视增力机、变频机及社区共同天线电视设备设立办法》，将共同天线系统也纳入广播电视法的管理范围内，台湾各县市单位即定期地进行社区共同天线系统的申设与管制工作，而这群主要来自电器行的社区共同天线系统业者，成为台湾最早投入有线电视系统经营的媒介创业者。

除了社区共同天线系统的出现之外，20世纪70年代后起，广播电视的媒体市场开始出现多频道节目的收视需求。"第四台"现象的出现，可称是民间业者以有限的技术力量，在满足市场需求的获利动机下，所引发的地下媒体创业风潮。这种地方的媒体在当时被视为"地下的"、"非法的"业者，虽屡招政府取缔，却仍迅速地在台湾都会地区蔓延，其后更引发"民主台"的架设风潮。1993年，有线电视法的修订，确定了有线电视系统经营的合法性，也使上述早期社区共同天线业者、"第四台"系统等业者，透过合法化的过程，转型成为台湾的有线电视系统业者。

回顾这段早期有线电视系统的媒介创业历程，可以清楚地看到这是一段承载了复杂的社会脉络的媒介创业历程。因为不论是早期社区共同天线业者或是"第四台"业者，他们基本上皆是通过复杂的技术交流、协作与联盟等行动，来创建有线电视系统这项媒体。因此，这群有线电视系统的早期创业者，实质上代表了一群缺乏专业技术、金融资本等资源的社会底层劳动者，他们被卷入传播科技与社会形态变迁潮流的过程，尝试藉由技术实作行动、社会网络的资源以及争取媒体经营之合法地位的行动，致力于建构媒介事业的可能。于是，这种"从无到有"、"从未知到已知"、"从非法到合法"的媒介创业历程，正是一种介于个体能动与媒体生态之间的创造性经济行动，它成为我们探究媒介创业行动之行动逻辑的重要事实。

二、研究方法

该如何重建媒介创业行动的行动逻辑呢？特别是在依据布迪厄所提出的实践、场域与资本的概念，区分出媒介创业行动的场域后，如何进一步探查媒介创业者在不同场域中所展现的行动逻辑呢？布迪厄的实践理论虽然在概念上将社会结构与能动者纳入实践理论的解释中；然，对于惯习的概念在整个实践行动中的实质内涵，并没有清楚地说明；同时，惯习作为一种协调行动的潜在意义结构而言，其形成此意义结构的过程，也仅限于社会化作用的影响，未考虑文化历史根源对于行动惯习的影响（Lamont, 1992：135）。

考虑到场域理论在研究方法上的层次，其并未对探究行动逻辑的问题提出适切的研究方法。在方法论上，引入诠释性口述传记研究法应是可行的途径。首先，由于诠释性传记研究方法，其具有重建主体历时性行动的特性，这使得此方法在处理社会情境对创业历程的影响，以及揭露创业行动者的主观经验与意义世界的构成等研究议题上，具有极佳的适用性。其次，当代创业行动的研究，也引入生命史与叙说研究等质性研究方法来处理创业历程的复杂性问题；如1980年初，即有社会学者应用传记研究法探究法国面包师傅创业与社会流动等问题（Bertaux & Bertaux-Wiame, 1981）。这些方法论的发展，说明了应用传记研究方法的特性，有助于我们探究媒介创业行动的潜在行动逻辑问题。

"传记分析的焦点，不仅是通过对个体生命历程的再现，来进行意向性（intentionality）的重建，亦关注那些镶嵌于宏观社会结构中的传记性陈述"（Apitzsch & Inowlocki, 2000：61）。此定义说明了传记研究法，不仅仅是一种重构个体意向性的研究法，更是一套能够用于分析社会行动与结构互动的研究方法。传记方法论的开拓者柯利（Martin Kohli, 1981）将传记研究法定义为"一种生命历史的建构，往往是通过个体表述与其当下处境相关之过去生活经验的面向来完成……生命历史并非个体生命历程的所有事件的总和，而是'结构化的自我形象'（structured self-images）"（Kohli, 1981：65）。这也指出了，传记性方法论对于生命故事或传记文本的理解，基本上相信一份生命故事或传记性的文本，它必然是一种同时兼具个体主体面向的经验，以及镶嵌了宏观社会脉络讯息的文本。再者，一份生命故事或传记性文本的构成，其文本中也承载了行动者过往、现在与未来的整体生命经验。一份充分表述后的传记性文本，其并非仅是零散的生命故事的表述，而是一份存在了主体自我形象的行动意向与整体图像的文本。因此，传记研究法基本上是一套分析行动和结构关联的方法论，有助于修补场域理论对于能动者面向关注不足的缺陷，提供研究者得以从历程观来重构媒介创业行动之行动逻辑的可能。

基于上述方法论的立场，本文为理解早期社区共同天线业者的创业经验的内涵，选择以非结构性的叙述访谈法（narrative interview）进行业者口述传记资料的搜集。此方法是一种社会科学领域针对个人生命历程的资料搜集方法，目的在于使个案的报导人得以在研究者所给出的命题范畴内，完整地叙说出个人事件发展及相关的经历浓缩、细节化的即兴叙说。此访谈的进行阶段，主要区分为：一、起始阶段（initiation）：强调以起始问句（a generative narrative question）启动报导人叙说潜能，这期间访谈者只是听众，尽可能不中途打断，在叙述访谈中由叙说者安置其自身的叙述主轴；二、回问阶段（questioning phase）：访谈者要引导报导人的叙述潜能，对于叙述流中断掉没有继续下去的、或为报导人所避去的点，或出现的概括描述处，透过访谈者的回问互动，引发叙述者对叙述过程进行补充性的叙说；三、平衡整理阶段（balancing phase）：此阶段强调报导人的解释能力和抽象化的能力，将叙述者视为他自己的专家或理论家，研究者的回问在促发其描述与理论化的潜能，如针对事件高潮说出生命传记的评论，或针对特定生活阶段作个总结，或对情境、惯性及社会结构背后的理由作进一步的说明（Schutze，1983：284；转引自 Marotzki，1999）。

总的来说，本文尝试以口述传记研究法，考察媒介创业者的行动逻辑，并以台湾有线电视系统的早期业者，作为台湾在地社会的媒介创业行动的经验对象，希望透过这群个案的媒介创业经验的传记经验，探查媒介创业行动的意义结构之内涵。

（一）研究对象与访谈

本文以台湾各地区最早投入当地社区共同天线系统架设的业者，作为研究个案。考虑到个案投入媒介创业行动的时间先后因素，以及个案所从事的媒介创业行动是否符合创新条件等因素，本文以1992年的社区共同天线协会会员名单所记录的129家业者名单为依据，结合田野访谈的数据进行比对后，确认其中21家业者为台湾各地最早投入此行业的业者。2008年4月到9月间，检阅了台湾各地社区共同天线业者联络数据，循着业者之间人际沟通网络的关系，重新对分布于全台各地的14位重要业者①，以"从小到大的成长故事，特别是与共同天线及有线电视有关的故事"作为叙述访谈的起始句，依循叙述访谈的原则进行操作，进行了业者个人的创业经验叙述访谈。最后，在通盘考量了所有业者所提供的创业经验叙说后，本文选择了花莲县南区的"东亚有线电视系统的创业者黄照义"作为研究的主要分析个案。

（二）数据分析方法

口述传记研究法的分析工作，是透过对研究个案的生命史及传记历程进行

---

① 从2008年4月起至8月底间，本研究计完成14位早期小区共同天线业者的访谈。分别是：1. 王派锱，前桃园县市北一电器行及北健有线电视创办人；2. 黄照义，花莲县南区东亚电器行及东亚有线电视创办人；3. 黄芳亮，前高雄市北区"自力电器行"创办人，系统并入庆联有线电视；4. 庄士勋，前台中县大甲镇升裕电业股份有限公司负责人，系统并入台中县西海岸有线电视系统；5. 谢丰泽，原名谢旭发，台北市内湖地区千泰电缆社及富视有线电视创办人；6. 朱水龙，新竹县市振道有线电视创办人；7. 黄瑞诚，前高雄市南区港都有线电视创办人；8. 周顺益，台北县汐止镇永顺电器行创办人，系统并入观天下有线电视系统；9. 陈柏江，原名陈石男，前宜兰县苏澳等地小区共同天线系统创办人，系统并入联禾有线电视；10. 江德利，前苗栗县南区吉元有线电视创办人；11. 蔡宜直，前台中县清水镇美声电器行创办人，系统并入台中县西海岸有线电视系统；12. 杨财胜，前高雄县左营区家明电缆企业社负责人，系统并入庆联有线电视；13. 曾繁藤，前桃园县南区"双郡"有线电视创办人；14. 赖瑞恩，前苗栗县北区信和有线电视创办人。

重构的工作，揭露承载传记主体生命经验的体验与意义的真实。舒尔茨（Schutze，1983：285-288；转引自倪鸣香，2004：27）提出具体的叙述访谈的分析步骤，文本的分析工具有：叙述文本的基本视框（Ramenschaltelemente）、文本构成结构（叙述、背景描述与评论）及叙述文本中的认知指示器（Kognitive Indikation）等工具；在分析历程上可区分为4个步骤：（1）文本叙述基本视框分析：对叙述文本的形式进行分析，尝试排除文本中非叙述性的段落，并区分文本段落；（2）对文本进行结构描述分析（Strukturelle Beschreibung）：目的在于初步掌握行动者于事件历程中所遭遇之历程结构，以重建行动主体的潜在行动逻辑；（3）整体形塑（Biographische Gesamtformung）抽象化分析步骤，尝试将分析层次提高到理论抽象话语概念化层次，分析焦点不再着重于生命历程中的细节描述，尝试透过个人生命故事的整体形构，说明主宰个人从过去到现在的整体行动意义；（4）知识分析（Wissensanalyse）与个案比较（Konstrastive Vergleich）：比较与重建个案整体行动意义的相互关系，以提供理论建构的可能。

总的来说，传记文本的分析工作，目的在于经由诠释工作，将个案的生命经验如何形塑个人的自我以及个人对自身经验所赋予的意义，加以揭露。而在分析的过程中，根据"客体优先性"、"序列性"等原则，以及各种语言工具与分析概念的应用，研究者尝试透过报导人所给的叙述文本，来重构创业行动逻辑的社会根源。

三、个案的传记图像描述与文本的整体形塑

（一）个案的传记描述："东亚有线电视系统"创业者黄照义总经理

黄照义总经理（以下简称黄总经理），1943年出生于花莲县玉里乡，家中

排行为次男；童年时期多协助耕种、烧砖等工作，并于兄长开设的电器行中帮忙。1982年，以"东亚电器行"为名，以玉里镇为范围，申请社区共同天线系统的合法经营资格。1994年，电器行更名为"东亚有线电视"，整合花莲南部多家社区共同天线系统，成为花莲县吉安乡以南9个乡镇最具规模的有线电视系统。1996年，该系统取得有线电视系统筹设许可，为花莲县南区唯一取得有线电视合法经营资格的业者；2000年，系统订户数超过1万；至2012年统计，该系统用户数接近1.3万户，目前仍为花莲县南区9个县市中唯一合法经营的有线电视系统。

黄总经理原籍为苗栗头份客籍人士，族人于日据时期因躲避战乱的缘故，移居花莲县玉里镇偏北山区，名为"三民部落"，从事农业耕种、烧窑制砖与杂货交易等各类农村工作。黄总经理1965年除役退伍，短暂于家乡停留从事电器维修工作后，随即北上台北，报名电器维修的补教课程，学习电器维修技术。1969年，他通过大同电器公司的求职考试，并于在职训练后，同年分派至台北县邻近三重等地电器维修站工作。1970年，他请调到花莲市的大同公司维修站服务。1974年，于大同公司共计服务5年后，他回到玉里镇独资开设电器行，经销及维修"中兴牌"与"大同牌"的电器产品，并以提供卡带式音乐带等拷贝服务，作为电器行的主要经营业务。

1969年到1974年间，黄总经理曾在1971年时因兄长过世，家族企业无人可以延续，向大同公司办理留职停薪，短期承接兄长过世后留下的大光明电器行业务。此时，为了拓展电器业务，他曾经与该行的学徒二人，赴花莲县丰滨乡及台东县长滨乡等地区，架设改善无线电视收讯质量的系统。此段经验不仅成为影响了黄总经理后续从事有线电视媒体创业的关键生命经验，同时，于花莲县丰滨乡所架设的系统，更是台湾有线电视媒体发展史中的关键事件。

从1974年到1982年间，黄总经理所经营的电器行，仍以贩卖电器与提供维修服务为主，该电器行仍未从事架设共同天线系统的业务。至1982年，他在瑞穗乡拜访电器行同业时，因偶尔遇到彰化"菱通电子公司"的业者黄登豹。交谈后，得知"菱通电子"乃生产社区共同天线设备的制造商，同时获悉1979 年，新闻局业已公告了申设共同天线系统业务的登记与许可办法，黄总经理才决定投入社区共同天线系统的经营。1982 年 3 月，黄照义取得社区共同天线系统的登记许可，于玉里镇架设定期收取维修费用的社区共同天线系统。

1982 年间，黄总经理在"凌通电子"、"大通电子"等器材厂商的协助下，于玉里镇架设天线系统之外，还积极与全省各地的业者合作，如与桃园地区"北一电器行"的王派镭合资经由贸易商进口同轴电缆，并与花莲市的"新人企业社"一起进口美国所生产的有线电视系统的头端设备等。此外，黄照义也积极参与共同天线协会的筹备工作，为共同天线协会的发起人之一。

1993 年间，"有线电视法"公布施行，同年，黄总经理于玉里镇所经营之社区共同天线系统已达 4000 户，约占当时玉里镇当地 90%以上的电视家户数。1994 年，黄总经理将电器行更名为"东亚有线电视筹备处"，合并台东县"恩惠"电器行、花莲县瑞穗乡"宏全"电器行、"瑞隆"电器行与花莲光复"宇清"等电器行，积极取得花莲县南区合法有线电视系统经营资格。2000 年，该系统通过查验、审议等程序，取得新闻局核发有限广播电视系统经营许可，正式成为合法上市的有线电视媒体。2010 年，黄总经理将"东亚有线电视"主要股份转卖给 TVBS 为主的集团，结束有线电视媒体的创业历程。

环顾黄总经理整个生命历程，他不仅完整经历了整个有线电视系统从无到有的变迁历程，更在架设花莲县丰滨乡的天线收讯改善系统，申请玉里镇社区共同天线系统的资格，以及设立有线电视媒体的过程中，成为台湾有线电视系统的重要先驱者。因此，黄总经理所自身承载的社区共同天线系统与有线电视媒体的创业经验，确实足以作为本研究之研究问题的主要报导者。有关黄总经理详细的传记事件年表，可参阅表 1 之内容。

表 1　黄照义先生的生命传记历程图

[社会事件脉络]
电视媒体相关的历史事件与法规变迁

编号	事件说明
1	日据时期结束
2	台湾电视公司开播
3	大同公司于 1962 年 2 月正式在证券交易所上市为台湾首批 16 家上市企业之一
4	"中国"电视公司开播
5	台中县清水、大甲附近出现专营社区共同天线的电器行业者
6	中华电视公司开播
7	交通部公布《有线电视增力机、变频机及社区共同天线设置办法》
8	第一次石油危机
9	录像机开放进口
10	新闻局会衔交通部发布《电视增力机、变频机及社区共同天线电视设立办法》
11	第二次石油危机
12	基隆地区出现第一家第四台业者
13	UHF 教育电视台开播
14	行政院成立"行政院建立有线电视系统工作小组"
15	行政院执行"顺风二号"项目扫荡"第四台"业者
16	解严
17	汉城奥运
18	"中华民国"共同天线协会成立
19	《有线电视法》公布施行

年份/岁数：1943/00 — 2010/67

[个人行动脉络]
报导人家族于日据时期从苗栗县头份移居到花莲玉里镇山区，从事农地耕种与经营杂货事业

编号	事件说明
1	出生于花莲县玉里镇三民地区
2	7 岁起就读三民国小，课余协助父亲从事耕种、烧砖与照顾杂货店
3	国小毕业，进入玉里国中就读
4	初中毕业，赴玉里镇协助兄长开设大光明电器行
5	入伍
6	退伍；留玉里从事电器维修；北上台北补习电子与电器相关课程
7	考取大同公司电器维修员资格，分配到台北地区工作；同年结婚
8	从台北转调到大同公司花莲市经销站服务；同年父亲过世，长男于 12 月出生
9	哥哥过世，于大同公司办理留职停薪，承接哥哥过世后留下的大光明电器行
10	与大光明电器行学徒黄坤和，至花莲县丰滨乡与台东县长滨等地架设主天线系统，系统户数约 10 户到 20 户间。同年，将大光明电器行交给退伍的弟弟经营，回大同公司花莲经销站工作
11	从花莲市的大同公司经销站调回到玉里镇的经销站；同年，次子出生
12	于玉里国民路开设东亚电器行
13	离开大同公司。经营东亚电器行，经营项目以电器维修与录音带拷贝等业务为主
14	年中远赴玻利维亚与巴西等国，从事电器维修等相关工作。年底回玉里经营电器行业务
15	1982 年初拜访花莲县瑞穗乡宏全电器行时，得知中设共同天线系统执照等信息；决定以玉里镇为对象，向交通部及新闻局申请共同天线系统架设许可。同年，以每月 100 元维修费，1 年收费 780 元开始经营共同天线系统，第一年约有 800 户
16	向警备总司令部及电信总局申请无线电工作用对讲机
17	忧虑花莲富里地区 UHF 电视转播站完工造成共同天线系统客户流失，拟贩卖 UHF 天线，以弥补损失
18	行文新闻局拟通过共同天线系统传送教育电台之节目
19	因应客户收看股票信息需求，开设立定址解码系统
20	《有线电视法》公布；系统铺满玉里镇，户数约 4000 户
21	合并台东恩惠、花莲玉里大明、花莲瑞穗宏全与瑞隆光复宇清等电器行，成立东亚有线电视筹备处
22	取得有线电视公司筹设许可证
23	取得有线广播电视系统及播送系统营运许可证
24	取得新闻局核发有线广播电视系统营运许可

(二)个案之媒介创业经验文本的结构

黄照义总经理的媒介创业经验的口述传记访谈,完成于 2008 年 4 月 30 日,访谈地点在玉里镇,东亚有线电视公司的办公室。访谈时间约 2 小时,经转录处理,共计 948 行的口述文本。根据叙述访谈的操作程序,将转录的口述稿整理为主叙述、回问及评价三个段落,其中黄总经理在主叙述的叙述内容,经转录后计有 182 行的内容,回问与评价部分则为 183 行到 948 行的内容。口述传记文本的构成状况,可参考图 1 的说明。

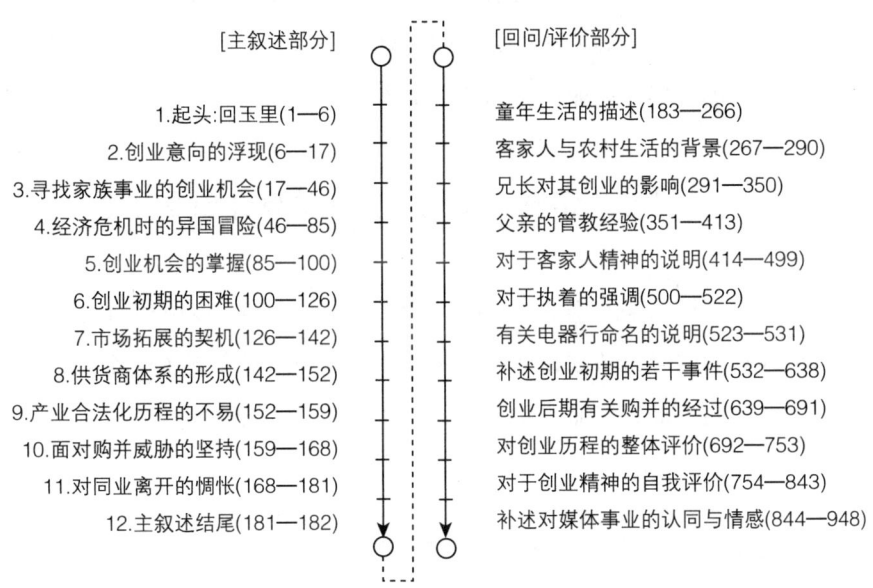

图 1 黄总经理媒介创业经验之口述传记文本结构图

在主叙述共计 182 行的口述文本中,黄总经理从 1965 年退伍离乡北上台北学习电器维修的经验讲起,之后以顺时间轴的方式,依序讲述进入大同公司谋职、独资开设电器行、投入社区共同天线系统创业、转型有线电视媒体等重要媒介创业经验。最后，于主叙述的收尾阶段，对自身经历的媒介创业经验提出了自我的评价。

依据叙述访谈研究法的分析工具，经由理解文本结构的解读工具，如叙述文本视框、文本中的三种基本语用结构（包含叙述、描述与评价），以及叙述文本中的认知指示器、文本的转折语（如然后、因为、其实）、时间系列的标记（如过去、那时候、现在、之后）等语用指示器与语用结构的协助，本文将主叙述部分区分为12个叙述文本视框。进一步，检视黄总经理所提供的182行的主叙述段，这整段叙述已完整涵盖了黄总经理自身的媒介创业经验，足以提供本文理论化媒介创业之行动逻辑的参考。因此，考虑到叙述访谈中的主叙述段落是叙述者经由即兴叙说所给出的完整的生命经验，在兼顾解析叙述文本的总体性与序列性分析等方法论原则的考虑下，本文即以黄总经理所提供的主叙述文本作为解析媒介创业经验的关键文本。

（三）个案形塑："技艺、情感与义气"交融的媒介创业经验

在完成个案主叙述之媒介创业文本的结构描述后①，本文以解析所得到的社会行动与事件框的内涵为基础，推论潜在于黄总经理之媒介创业行动中的行动逻辑。以下，从四个部分来描绘此个案的媒介创业行动的整体样貌。

1. 以"一技之长"实现原乡成家立业的想望

首先，对于20余岁、刚退伍、急于从60年代花莲玉里乡下的艰困生活环境脱困的黄总经理而言，在其职业生涯的起步阶段，他意识到若能习得维修电

---

① 个案主叙述的详细的结构描述部分，读者若有阅读兴趣，可联系笔者参阅。因本文篇幅有限之故，此处从略。

器的技术，顺利于玉里镇上开设一家电器维修行，理应是一项值得追寻的事业梦想。为了实现此梦想，习得足以谋生的维修技术，黄总经理摒弃了传统上于电器行当学徒学技术的做法，他选择离乡北上台北都会，进入补教机构研习电子与电器维修的相关知识，并通过征选，进入大型电器制造商的维修体系工作，作为精进其电器维修技术的最佳途径。

顺利考取大同公司的电器维修员资格，进入该公司的电器维修站工作，无疑是黄总经理为实现以"一技之长回乡就业"想望的关键进展。大型电器制造商所拥有的完整职业技术训练系统，丰富了黄总经理在电器与电缆等不同面向的维修知识，奠定日后他架设线缆系统的基础；同时，涵盖全台湾的电器维修站的体系，更提供了他谋划转调回乡工作的可能。

通过机警地掌握水患救灾的机缘，结识大同公司内部的人事主管，黄总经理巧妙地运用"动之以情"的方式，为自身创造出了转调回花莲地区维修站的机会。至此，他更为接近以一技之长在家乡回馈乡里居民之需求，同时让自身脱离乡下之贫困，谋得足以自足之生计的渴望。此时，玉里原乡居民长期饱受无线电视收讯困难的处境，正使黄总经理在当时得以向邻里乡亲展现其所学的能力，证实其在远赴台北，投身大同公司之后，已然具有以一技之长，具有于原乡成就电器维修事业的能力。

> 我就去我们乡下的这个地方，原住民的地方，就透过公司一些没有人需要的东西，公司给我们支援，我就在我能够做的那方面，我就把那个庄头收不到，当初转播站也不多，所以说那个区域里面根本就不可能收得到，我们就在很高很高的山上给它拖下来山下，从这个开始我体会到这个部分是一个事业。(11－17)①

---

① 编号为引文在口述稿中的行数。

显然的，在所服务的大同公司的默许下，黄总经理运用自身的技术能力，将公司所汰旧的设备，应用于原乡的电视收讯改善系统的架设，有效地解决原乡居民所遇到的收讯问题。而这种主动通过人与人之间的信任，以身边及手可得的设备，结合自身的电器维修技术，解决居民日常生活所遇到的问题的能力，确实是黄总经理之所以能够持续实现创业梦想的关键。同时，这种根基于主体内在身份认同的技术实作行动，亦带来黄总经理萌发出电视收讯系统的架设，是一项可以满足其自身在原乡这个乡野之处，完成创业期望的想望。

于是，回顾黄总经理这整段投入到创办电器行前的职业经验，可以说，在"我们就是乡下人"意向性的导引下，黄总经理努力寻求回到花莲家乡这个生活条件并不丰足的社会环境下，以自身精熟的电器维修技术为基础，寻求开展足以谋生之电器事业的可能。而在架设电视天线收讯改善系统，协助原乡居民解决收讯问题的过程中，他在获取乡里居民肯定其技术能力的回馈中，浮现出以架设线缆系统来扩展电器维修事业的想望。

最终，以自身对原乡生活环境与风土民情的熟悉为基础，利用"一技之长"来满足邻里居民日常生活的电视使用与维修的需求，是黄总经理在走向创业经历的最初意义结构。此段社会行动与事件框的行动逻辑，可参阅图2。

2. 结合情感力量寻求家族事业振衰起弊的可能

当家族事业接连遭受父亲与兄长遽然离世的打击，而无以为继之时，身为家族次子的黄总经理，于仓促中回故乡接手兄长所遗留的电器行，承担起了延续家族事业的责任。此时，在缺乏可资借镜之创业经验的处境下，黄总经理自然地意识到若能够复制过去协助电视收视户解决收讯困难从而获得收视户肯定的经验，藉此引发电视收视户购买电器的需求，便能达到拓展电器行业务的目的。于是，在上述意念的导引下，黄总经理遂于1972年初"主动前往花莲县

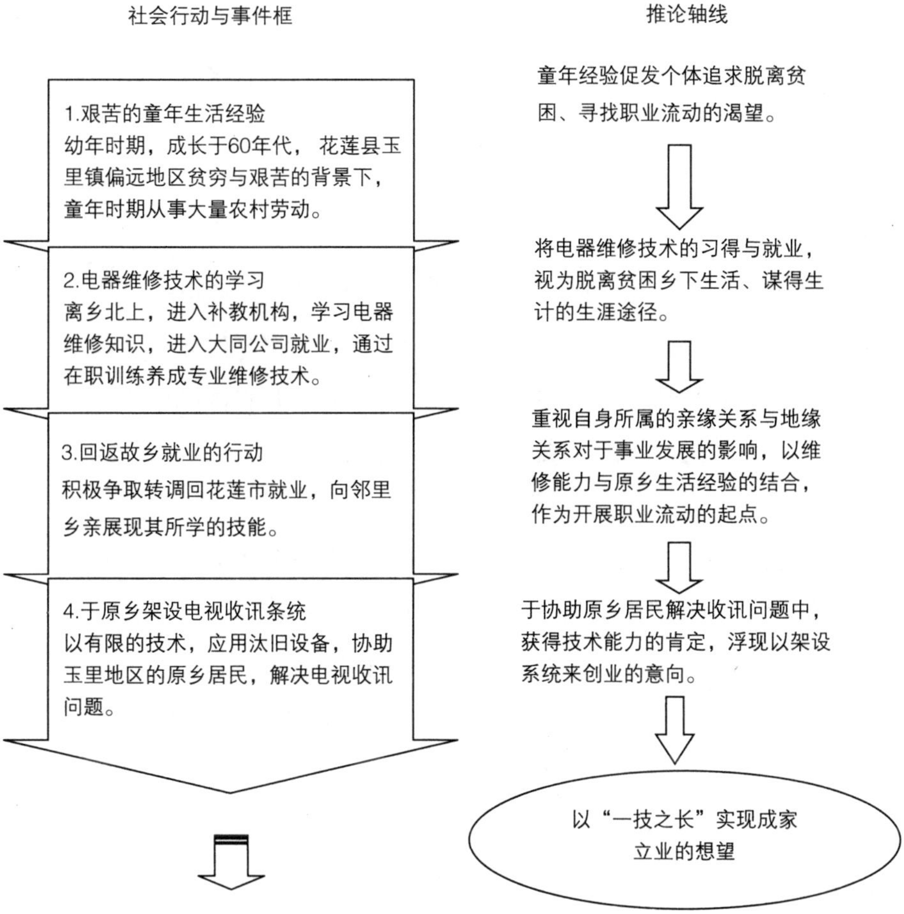

社会行动与事件框	推论轴线
1.艰苦的童年生活经验 幼年时期，成长于60年代，花莲县玉里镇偏远地区贫穷与艰苦的背景下，童年时期从事大量农村劳动。	童年经验促发个体追求脱离贫困、寻找职业流动的渴望。
2.电器维修技术的学习 离乡北上，进入补教机构，学习电器维修知识，进入大同公司就业，通过在职训练养成专业维修技术。	将电器维修技术的习得与就业，视为脱离贫困乡下生活、谋得生计的生涯途径。
3.回返故乡就业的行动 积极争取转调回花莲市就业，向邻里乡亲展现其所学的技能。	重视自身所属的亲缘关系与地缘关系对于事业发展的影响，以维修能力与原乡生活经验的结合，作为开展职业流动的起点。
4.于原乡架设电视收讯条统 以有限的技术，应用汰旧设备，协助玉里地区的原乡居民，解决电视收讯问题。	于协助原乡居民解决收讯问题中，获得技术能力的肯定，浮现以架设系统来创业的意向。

以"一技之长"实现成家立业的想望

图2 媒介创业经验的行动逻辑推论图——以一技之长实现成家立业的想望

丰滨乡等地区"架设改善电视收讯状况的天线系统；而这项于当时引发当地居民热烈回响的举动，今日成了台湾有线电视发展史上的重要史实。

所以说我们在这个丰滨开始，有的时候，那是轰动耶，那是轰动耶那时候我的感觉，很多乡镇，比如说丰滨、中滨，那个海边，他一直要我去帮他们这个忙，因为当然我的感觉说，那在技术上当初差不多容纳三五台十台左右,是没有没有困难的事情。所以我会延伸到长滨,去长滨是我去,我也没有收他们的任何费用。当初我印象我们店里是卖,中兴有卖电视机,我有经销那个电视机,我只不过是我的电视你代我多销几台,那种状况去帮他的忙,后续他们自己去弄这样。(37–45)

从此系统架设完成后当地居民热烈的回响来看,黄总经理确实为丰滨乡解决了这长期以来所遇到的电讯收讯问题,让这处过往难以销售电视机的荒野之地,成功地转为电视机销售的新市场。这项大胆尝试的成功,也再次使黄总经理相信,若能够具有一技之长,则确实是能够凭借其自身的技术,成功地于地方上完成创业的梦想。

随着丰滨乡电视收讯系统的完成,黄总经理拥有架设缆线技术的声誉迅速地在邻近乡野间传布。在多次受邀前往不同地区协助收视户改善收讯问题后,黄总经理对于如何拓展电器行的业务,有了更为深刻的理解。他有别于从经济上的诱因或促销的方式来拓展电器行业务的做法,更灵活地透过"动之以情"的做法,在协助电视收视户改善收视问题的过程中,以一种互惠的情感互动关系,来建立起与电视收视户之间的关系。这种善用民间社会中的情感交换逻辑,来拓展电器业务的做法,成为黄总经理创业初期重要的行动方式。

再者,当黄总经理独立于玉里设立电器行的事业后,面对石油危机所带来的经营困境,他设想南美洲可能存在创立电器维修事业的机会,随即透过亲属关系网络的协助,在1981年时,毅然地前往异乡寻求创业的可能。

当然我基本上我玉里人啦,那时刚刚石油危机的时候,我印象中好像68年还是67年啊,在这段时间,我曾经离开过这个家庭,我把我店里就丢下来,太太看着,我小孩子小朋友就很小,我我到南美洲去,那时候我也很天真呃,那个时候我也是二十几吧,三十多出头,我拿一个三用表我

就走了，我就跑到南美洲，我也认为说可能南美洲能够混得一个天地。(46–52)

在这段"天真"地相信他可以透过自身所拥有的维修技术于异地成就电器维修事业的冒险中，黄总经理辗转地经过了玻利维亚、巴西等地后，最终在巴西获得较为稳定的工作。这期间，透过巴西当地的姨表亲族之人际网络的支持，他得以参与家族成员在巴西当地的电器维修事业的经营。而这些异乡冒险的经过说明了此时黄总经理在以一技之长来获取创业机会的可能之外，也更加灵活地透过存在于亲属网络中的提携与照顾的情感关系，来寻找创业的机会。

总结来说，在1981年底，黄总经理结束了这段异乡实现创业期望的尝试，回返玉里这个创业行动的原点之时，他对于创业行动如何可能的理解，不再仅单纯地认定通过"一技之长"的技术即能够混得创业成功的可能；在1971年到1981年这10年间，多次以架设电视收讯系统来拓展电器行的业务，以及远赴异乡寻求创业机会的冒险行动后，结合存在于日常社会中的人际网铬中的亲情、友情甚或陌生人间的互动之情，以"情感关系"来拓展事业的经营范围，争取创业成功的机会，已然是黄总经理从事创业行动的重要行动逻辑。此段社会行动与事件框的行动逻辑，可参阅图3。

3. 受义气习性驱动成为台湾有线电视系统的先驱者

因为一次同业间偶尔的聚会，黄总经理得以获知申设社区共同天线系统的信息，1982年，他于玉里镇上创办了当地第一家专营社区共同天线系统业务的事业。

不过，在黄总经理投入到社区共同天线系统创业的初期，他显然遭遇到市场消费者对其创业判断是否具有可行性的质疑。然而，纵使在市场不被看好的

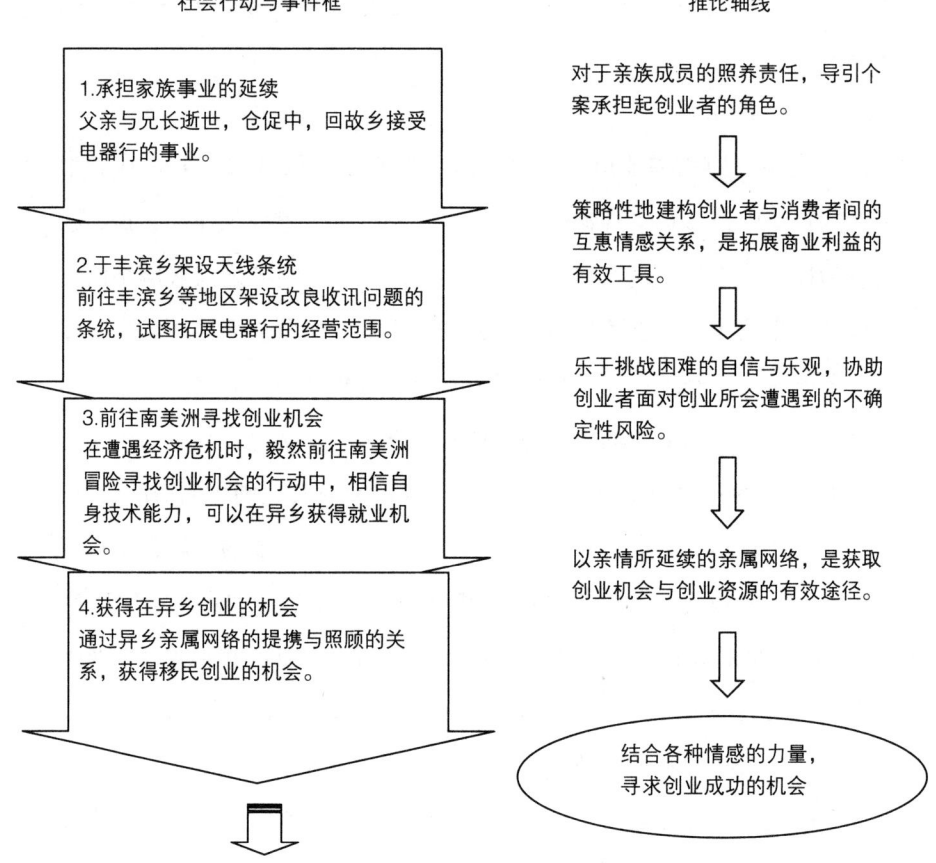

图3 媒介创业经验的行动逻辑推论图——以情感力量寻求家族事业振衰起弊的可能

反应下,他始终相信透过线缆系统能提供收视户较为稳定的电视收讯质量,这应能吸引玉里当地独自架设天线的电视收视户,转接社区共同天线系统。相对于一般电器行在架设线缆系统与改善电视收讯问题上,因为缺乏专业有线电视系统的架设技术,而遭遇到难以扩大线缆系统之经营规模的问题,黄总经理积极透过寻求设备制造商与同业的技术交流,寻求克服技术困难的方式。这种勇于承受风险、勤于技术创新的行动,使得他成功克服创业初期技术能力不足的问题,取得足以支撑事业营运的市场规模。

之后就去找这个拆船线，拆船线用铝线，铝线它就没有温度变化的影响这么大，它影响的层面没有那么大，慢慢这个部分就改善过了，所以说，当初这个行业其实会带来我的转变，很大的。(149–152)

进一步，随着社区共同天线系统铺设范围的扩大与系统收视户的增加，线缆系统也面临到技术难以升级的问题。此时，为了解决温差变化造成的传输质量不稳定的问题，黄总经理透过当时分散于台湾各地的共同天线业者与器材供货商的联系网络，尝试使用来自高雄县废五金工业园区拆船货中的旧铝线，取代原有的铜线来进行社区共同天线系统的铺设。无疑，这些同业间技术交流的行动，提供了解决技术问题的途径。

之后，黄总经理积极地投入媒介创业同业所构筑的人脉网络，并成为同业联系网络中的关键主导者，主动投入同业的组织，扮演起同业间活动的推动者，并掌握技术信息与资源的网络，这些皆是黄总经理克服创业初期资源不足与高风险问题的基本行动策略。此时，作为一位充满线缆系统创业热情的媒介创业者，他对创业行动的思考，是以整个媒体产业的集体利益作为思考的对象，他相信同业的技术水平与经营视野若能够整体提升，将有助于自身媒介创业行动的拓展。

不过，因着有线电视媒体合法化问题的出现，20世纪70年代后期在"第四台"、"民主台"等违法有线播送系统出现后，黄总经理所从事的社区共同天线系统的事业，开始遭遇到政府管制与经营合法性危机的挑战。此时，媒体管制与财团所控制的频道业者，对于社区共同天线业者的存续带来高度的压力。

其实我们对这个新闻局也争取很多的，新闻局那时候的主导，其实都

是有这个财团在,我们也看得出来,只不过说我们也没有那个能力,没有那个力气跟他们玩这个。(154-156)

在面对媒体管制与市场竞争者的挑战时,黄总经理发现了缺乏资本与技术能力的个别业者,实际上必须透过集体陈情或抗争的手段,才能够获得生存的机会。于是,为了经济利益的确保,在同业之间出现彼此相挺的气氛下,他投入正式的小团体组织,向政府部门进行集体陈情的行动,以确保取得经济利益的机会,且游走在法律管制的边缘,游说同业以理性的抗争策略,面对政府对于新兴媒体产业的管制作为;同时,透过技术协作网络与相互投资等行动,提升事业体反抗市场竞争者与财团购并的力量。此段社会行动与事件框的行动逻辑,可参阅图4。

至此,一种强调"义气习性"的行动逻辑是主导黄总经理开展其创业行动的关键意义结构。这种重视"义气逻辑"的意义结构,一方面带来同业之间利益分享的协作行动,另一方面也在同业面临经济利益的威胁时,有效地凝聚出小团体的抗争潜能。

总的来说,社区共同天线系统创业初期,那一段从无到有的过程,是黄总经理在叙述流中不断追忆的主题。在这一段同业之间相互扶持的创业经验中,黄总经理相信同业之间基于利他行动所构成的非正式团体,是一个能够协助同业一起实践创业梦想的社会网络。尔后,财团介入有线电视系统经营者的争夺,以及政府对于有线电视媒体管制所带来的合法性的危机,更是促使原来仅是技术与协作互助的同业组织,迅速地转变成一种更具有民间社会中的义气逻辑的小团体同业组织。因此,在黄总经理所投入的这场高风险、高获利的媒介创业行动中,义气习性的行动逻辑成为此阶段关键的行动逻辑。

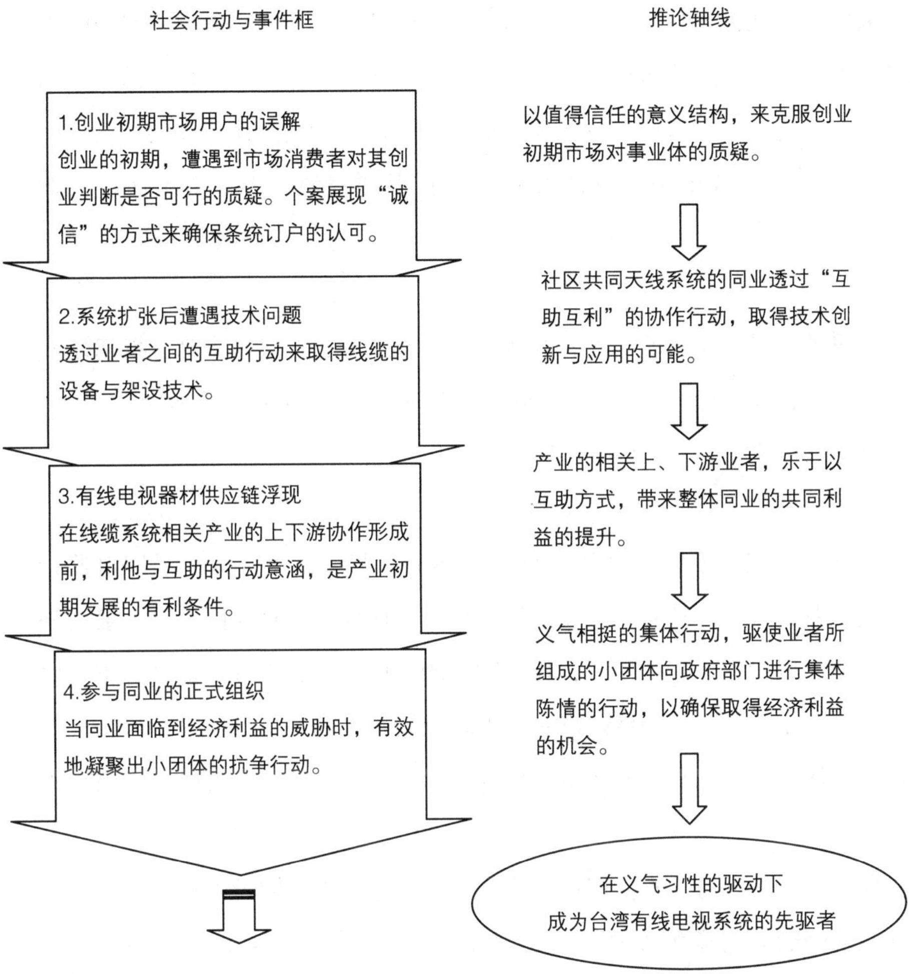

媒介创业的行动逻辑之研究：台湾有线电视系统早期先驱者口述传记研究

社会行动与事件框　　　　　　　　推论轴线

1. 创业初期市场用户的误解
创业的初期，遭遇到市场消费者对其创业判断是否可行的质疑。个案展现"诚信"的方式来确保条统订户的认可。

以值得信任的意义结构，来克服创业初期市场对事业体的质疑。

2. 系统扩张后遭遇技术问题
透过业者之间的互助行动来取得线缆的设备与架设技术。

社区共同天线系统的同业透过"互助互利"的协作行动，取得技术创新与应用的可能。

3. 有线电视器材供应链浮现
在线缆系统相关产业的上下游协作形成前，利他与互助的行动意涵，是产业初期发展的有利条件。

产业的相关上、下游业者，乐于以互助方式，带来整体同业的共同利益的提升。

4. 参与同业的正式组织
当同业面临到经济利益的威胁时，有效地凝聚出小团体的抗争行动。

义气相挺的集体行动，驱使业者所组成的小团体向政府部门进行集体陈情的行动，以确保取得经济利益的机会。

在义气习性的驱动下
成为台湾有线电视系统的先驱者

图 4　媒介创业经验的行动逻辑推论图——受义气习性驱动的有线电视创业者

4. 作为在地有线电视系统创业者的执著

克服创业初期资源不足的困境，成功于花莲县玉里地区设立最具规模的有线电视系统的事业后，黄总经理紧接着于 1993 年间，遭遇到有线电视法通过后来自有线电视执照审议、地区系统业者整合与频道播送等多种面向的挑战。在秉持"我们乡下人家"的自我认同中,黄总经理遭遇到来自政府部门、财团等机构对其坚持经营有线电视媒体的蔑视。然而,面对财团购并的压力,黄总经理仍执著于有线电视系统的经营,以有限的资源,于玉里地区经营此媒体。

> 当然,我一个执著就是,我这个头路做得好,其实很多很多财团跟我们谈过 我我比较执著说:我这样也不错啊,我也能够养三四十个家庭,我也是还算 OK 的。(159–162)

在执著于"我们乡下人家"的自我认同下,黄总经理延续了早期电器行创业者的经营方式,坚持有线电视媒体的经营者应保有一种如同乡下人般的朴实态度。他不认同资本家的做法,使用购并的手段去扩张系统。他刻意维持以低成本、小资本的、在地经济的形式去维系有线电视的在地价值。同时,他更珍视此事业体的存在,具有照顾员工生计的功能,坚持此事业可以养活当地人的信念。

因此,黄总经理对于媒体产业合法历程中,过去曾一同投入媒介创业行动的同业相继因购并与竞争等原因离开媒体事业的现象,感到惋惜与不舍。因为,对于黄总经理而言,有线电视媒体的创业行动,不仅需要同业相互的合作,更具有利益共享的意涵;而在分享过程中,有线电视同业之间所展现的"有福共享、有难同当"的"情感"与"义气"关系,才是支持其媒介创业行动的核心意义结构。

> 大概有线电视过程就是到后期来,大家跑光光,我感觉到好像落单,没伴(笑)。开会我看都不认识了,都换都换新面孔了,那以前我们共同

天线业者，大家都，这些你所点的这些人，我们这边台风，我们这些朋友都会来支持，啊这些那时候的状况，大家朋友大家都有感情啦，事业做啊，可以在这里讨论一些技术问题。(168 – 174)

总结来看，面对媒介事业本身所具有的高风险与技术高度不确定的性质，黄总经理始终相信，理想的媒介创业行动是以同业互信、互助基础所构成的行动。在不以追求经济利益极大化为媒介创业目的的意向下，他确信透过亲缘关系、地缘关系与同业之间的"情感关系"的联系，遵从民间社会的"义气习性"来开展媒介创业的行动，是一种能够符合在地社会之需求的有线电视媒体创业行动。

5. 以情义关系的延续为主轴的媒介创业行动

黄总经理这份个案，让我们理解到"情义关系的维系，对媒介创业主体自身的重要性；以及藉由寻求媒介创业的历程，满足其追求事业冒险与成功的激情"，是媒介创业者投入到高风险之媒介创业行动的核心行动逻辑。

首先，黄总经理的创业行动的起点，源于自身原乡经验的导引。在回返故乡，协助邻里解决电视收讯的经验中，他萌生以架设社区共同天线系统作为创业选择的意向。当面对石油危机所带来的经济困境时，他透过亲属关系的协助，冒险前往异国，寻找可能的创业机会。在义无反顾地前往异国寻找创业机会的经验中，他确认创业行动的开展，必须兼顾家庭、亲属关系。从而，在黄总经理重返故乡寻找创业机会的过程中，社区共同天线系统这项创业机会的出现，适时地提供了主体实践创业冒险与兼顾在地亲属关系的可能，从而导引黄总经理投入到有线电视系统的经营。

回顾黄总经理投入到有线电视系统前的创业经验，创业主体在通过架设电视收讯系统、协助解决乡下居民的电视收讯问题并获得收视户正面肯定的生命经验中，浮现出以架设线缆系统来扩展电器维修事业的意向性。在"我们就是乡下人"的归属感的导引下，创业主体努力在家乡这个生活条件并不丰足的社会处境下，以自身精熟的电器维修技术为基础，寻求开展媒介创业行动的可能。为了拓展电器行的业务，以及完成创业主体追求技术创新与事业成就的自我期许，黄总经理带着一股创业激情，选择社区共同天线系统作为创业的对象，期望能够在兼顾对原乡与家人之情感关系的考虑下，通过媒体事业的创立，实现其在故乡功成名就的寄望。

随着媒介创业行动的开展，黄总经理投入到媒介创业的行为，遭遇到市场消费者对其创业判断是否具有可行性的质疑。然，纵使在市场不被看好的反应下，黄总经理仍然坚持透过线缆技术的提升，提供更佳节目播送质量，来拓展系统的收视户数。相对于一般电器行在架设线缆系统与改善电视收讯问题上，因为缺乏专业有线电视系统的架设技术，而遭遇到难以扩大线缆系统之经营规模的问题，黄总经理勤于探究技术困难的原因，积极地寻求设备制造商的技术支持；并透过同业的信息交流，取得技术创新的可能性。这种勇于承受风险，勤于技术创新的行动，引导他克服创业初期技术能力不足的困境，成功地取得足以支撑事业营运的收视户。

在克服创业初期资源不足的困境，成功地于玉里地区设立有线电视系统的事业后，事业紧接地遭遇到来自制度管制与经营合法性的问题。在"我们乡下人家要去哪里找两亿，其实我们对这个新闻局也争取很多的"的陈述中，创业主体再次以"乡下人"的归属来凸显出，创业主体在面对市场管制的合法过程中，因来自在地社会之劳动创业者的身份，而遭遇到来自政府部门、财团等机构的蔑视。然而，纵使缺乏财团支助与政府辅导，但创业主体通过有限资源的应用，使该媒体事业立足于地方社会中，并在成功地提供了员工生计后，展现出不屈服的创业精神。

黄总经理在取得媒体事业合法经营地位，成功应对创业初期的诸多挑战后，回顾整个媒介创业行动的历程，对于媒体产业合法化历程中，过去曾一同投入媒介创业行动的同业，相继于合法化历程中因购并与竞争等因素迅速退出媒体事业的现象，感到惋惜与不舍。

总结来看，在黄总经理所述说的创业叙述中，充满对在地社会中实践媒介创业行动之可能的使命感。创业主体始终相信，理想的媒介创业制度要能够营造同业间情义关系。如果媒介制度能够确保创业者自主地在亲缘关系、地缘关系与同业情谊之上，透过信任关系的网络，进行媒介创业行动的开展，这样的媒介创业行动才是能够符合创业主体之理想的媒介创业行动。

四、讨论

（一）情感关系与媒介创业行动的关联

情感如何影响媒介创业行动呢？传统的看法，倾向于将情感与经济视为对立并二分的关系，典型说法如韦伯（Max Weber）在《新教伦理与资本主义精神》中的主张，强调资本主义社会中的利益观，是一种植根于禁欲主义上的基督新教伦理，要求新教徒控制情感经验，才能获取经济利益的世界观（Weber，1958：53）。然而，这种从"敌对世界观"（a view of "hostile" worlds）观点来看待情感与经济关系的论述，并不能完全解释情感对经济的影响（Zelizer，2005）。

在本文的黄总经理的创业经验中，利益与情感并非是相互对立的关系。媒介事业不仅仅是牟利的工具，更是其投射创业激情的对象；在创业者与复杂的亲属关系、邻里关系与同业关系的互动中，情感关系亦成为一种策略工具，用来协助创业者克服创业初期的资源不足的问题。进而，媒介创业行动的情感与利益的关系，其性质往往既是"利益化感情"（interested affection）关系，亦是"自身利益的激情"（the passion of self interest）的关系（Hochschild, 1983）；于是，情感与经济这两者间，实际上是以一种有机的方向融合为整体，一起构成引导媒介创业行动的关键行动逻辑。

然而，受到情感动力所驱动的媒介创业行动，却会与强调经济理性的市场管制思维之间，产生一种紧张关系。亦如经济学家赫希曼（Albert Hirshman）在《激情与利益》书中指出的，资本主义兴起前期，大众社会实际上经历了如何驯化民众激情的思想辩证，而资本主义发展初期最重要的成就，就是在于透过导引民众走向经济利益之追逐，驯化大众的激情，以维护社会秩序的策略。当代媒介制度在经济理性与制度管制的思维主导下，基本上认定媒体事业的管制，必须符合市场经济的运作法则。这种强调经济利益的管制思维，无疑是具有驯化创业热情的可能，也造成媒介创业者在情感与利益之间产生一种紧张与对立的关系。

此外，在黄总经理的创业历程中，婚姻关系的存在以及血缘关系的支持，均提供其持续寻求创业机会的助力。其中婚姻关系的影响，可说是维系创业者之所以能够有效地开展创业行动的关键因素。换言之，受到情感关系所导引的媒介创业行动，是一种依附在亲属关系网络上所展开的创业行动。这种媒介创业的行动，是以亲属关系网络为基础，透过亲属关系的协助，来获得创业所需的资源。而这种重视血缘与人情的创业历程，也呼应了家庭企业的概念。

实际上，这种以亲属关系中的情感关系来克服创业困境的做法，也正是台湾中小型创业者的主要行动逻辑。就如同高承恕（1999：68）指出"头家娘"对于创业行动的意义，非绝只是习惯上的称谓而已，而是在企业里面有一个非她不可的重要位置。"头家娘"之于一个企业，绝非"附属"两字可以形容。其对于中小企业而言，不仅提供了劳动力，也是一种信任的关系。因此，从"头家娘"的经验研究来看，亲密关系的延续与否，是媒介创业行动是否能够开展的关键因素。

最后，华人文化中"成家立业，光宗耀祖"的思维，更是支持媒介创业者在面对媒体科技不断变革与媒体市场高度不确定性的风险时，持续进行媒介创业以展现其创造性之实践的关键因素。人类学家宋光宇从经济文化的角度，考察台湾社会创业文化的基底，指出"重利"与"显亲"是台湾家族追求经济成就的重要动机，他引《孝经》所提"扬名显亲"的观念为基础，指出中国社会创业精神在文化上的动力，源自于家族关系的维护是华人社会中个体终其一生所需应付的挑战这一事实。换言之，一个华人社会中的贤孝子孙，是能振兴家族、维系家族地位于不朽的个体。而这种继业兴家、光宗耀祖的思维深刻地影响台湾企业者的创业及继承实践（宋光宇，1993：49—55）。

总结来说，媒介创业者的行动逻辑不仅是一种追逐高风险之经济利益的行动，亦深受情感关系的影响；这种创业情感的性质，不仅仅只是创业激情、冒险冲动或对于财富的羡慕等情绪反应，它更是"社会性"的情感关系，一种与获利的激情相交替，对于利他关系的浪漫想象后，所镕铸的情感状态。因此，如果说，"激情之爱"（passionate love）是一种与社会秩序和社会义务相悖的情感，它试图摆脱平淡的日常情感生活，寻求解放的可能；"浪漫之爱"（romantic love），是将爱和自由连接起来，把爱和责任、义务连在一起；"融汇之爱"（confluent love），则是当代社会的理想情感交往模式（Giddens，1992：58）。那么，一种能够成功地引动媒介创业行动的情感状态，是一种同时汇聚了上述三种情感性质的"创业之爱"（entrepreneurial love）。

（二）义气习性与媒介创业行动

以义气习性作为开展媒介创业的行动逻辑，源于媒介创业者所处的庶民社会，是一个以"义"的传统观点作为道德判断与社会行动准则的传统。

对于"义"概念的重视,是儒家思维的核心。《孟子·公孙丑上》言人之有"仁、义、礼、智"四端,"义"的概念衔接于"仁"之后,强调"羞恶之心,义之端也"。《孟子·离娄上》亦言:"仁,人之安宅也,义,人之正路也,安宅而弗居,舍正路而不由,哀哉!"儒学研究者陈大齐探究孟子所言"义"字的意义,指出,有所羞恶而不愿为的念头即是义,此为义的消极定义;而从兄敬兄,是义的起点,在意义上,义是事兄事君使臣的正路,"义,人之正路也",此既肯定又概括的说法,最足以充当义字的定义(陈大齐,1987:275—276)。

再者,孟子学说有关义利之辨的观点,是儒家的一种重要主张。义与利两者的关系,在孟子的学说中并非为贵义贱利的道德判断,而是一种"怀义必能致利,利是随义必来的,怀利反足以致害,义不是随利而至"的调和关系(陈大齐,1987:292)。此外,在华人文化中"义"的概念,不仅仅是以儒学为主的文化概念,民间社会中所存在的"江湖义气"、"兄弟义气"与"个人义气"等侠义行动的概念,亦交叠于"重义气"的道德观念中。而"不问是非、只论敌我",如同《水浒传》中的梁山英雄、桃园结义所展现的江湖义气,强调打抱不平、锄强扶弱,以维系小团体中的兄弟恩义,亦是华人社会中"义气"概念的重要意涵(孙云岩,2006:77—78)。

当创业者意识到其投入的媒介创业行动,实为一项镶嵌于复杂的义与利之辩证关系的经济社会行动时,则在其进行创业行动的同时,他们也卷入到了华人社会"重义"的文化价值中。无论是以儒家的义气观点,相信成功的媒介创业必是"利随义而来"的成果,或是更趋近于从江湖义气的逻辑,在诸事以兄弟利益为优先的创业历程中,成就媒介创业的可能,这其中皆包含了一种同处困境、相互扶持、相濡以沫的江湖情义。而本文也在此推论的基础上,结晶出华人文化中的义气逻辑,乃是媒介创业行动之所以能够成功进行创造性行动的根源。换言之,在黄总经理的媒介创业经验中,这种兄弟相称的同业情谊，以及小团体之间的互助、利他、忠诚，同时亦兼具"以牙还牙"、"以报还报"等江湖道义的义气逻辑，实是解释媒介创业行动之得以完成的社会文化根源。

此外，在黄总经理的创业经验中，确实可以发现创业者间义气相挺的行动，这成功地协助其克服了技术不确定与天灾等危机；透过义气行动的逻辑，亦促发业者出现相互协助以克服技术与设备升级的行动。不过，这种受到义气逻辑所主导的媒介创业行动，也会遭遇政府从地下经济的角度，将其形塑成既有媒介市场的破坏者的角色；从而也会引发政府部门透过制定政策或使用各种公权力的方式，尝试去驯服与管制这群市场的先驱者。

不过，值得强调的是，就在政府部门结合财团等商业资本的力量，要对这群受到义气习性所引发之创业者进行收编与管制的同时，这群原来分散于各地、以互助与利他行动所钩连的媒介创业者，也会在生存受到威胁的处境下迅速地转化义气逻辑的内涵，以江湖道义的行动方式，促使原有生存于体制边缘的创业者，迅速透过情绪动员的行动，形成一股集体抗争的力量。而这正说明义气逻辑作为引发媒介创业行动的潜在行动逻辑时，它是一种会随着制度与社会情境改变，为了生存需要而调变的行动逻辑。换言之，它既是一种会在创业行动初期强调利他与互助行动的意涵；同时，也是一种在市场受到竞争者入侵与政府管制等威胁时，以兄弟利益为目标，在"有福同享、有难同当"的信念下，争取合法性地位的行动逻辑。

最后，经历了以义气逻辑所主导的媒介创业行动后，媒介创业者也流露出对行动过程中所出现之兄弟患难情谊的缅怀。无论是个案将其自身的创业认同归属到那群创业先驱的同业团体中，或是个案在面对同业分析离开的处境后，强调朋友关系仍是支持不断进行创业行动的力量，这些皆让我们看到华人文化所共享的义气文化，在媒介创业的行动之间起了积极的作用。至此，我们推知，华人社会中所潜在的义气习性，正是导引媒介创业行动引发创造性行动的核心行动逻辑。

(三) 媒介创业行动的行动根源：野性的媒介创业者

媒介创业行动的出现，多半来自一群如同有线电视系统的早期创业者，他们对传播技术在日常生活中的市场需求，进行各种获利的尝试，积极联结相关技术的业者，构成一群以追求冒险与利润为考虑的媒介创业者。相对于经济理性的行动者，这群重视"情感"与"义气"逻辑的媒介创业主体，往往展现出一种集体性的激情、活力与创造性的行动倾向，这是一种类似于社会经济学家所称的"内生的野兽精神"（endogenizing animal spirit）的倾向（DiMaggio, 2002：85），它对整个既有的媒介制度与市场秩序，带来创造性破坏的可能。

再者，这种受到情义逻辑所驱动的媒介创业行动，亦是一种随时因应外在创业情境的变迁，以"即兴创作"原则来进行创业的经济行动。这种即兴创作的能力，就如同法国文化人类学家斯特劳斯（Claude Levi‐Strauss）在《野性的思维》中所提出的"修补术"（bricolage），它指向一种善于应用手边既有的物品，完成各式各样工作的能力，它与工程师的能力不同，并不是仰赖事先的设计与规划去寻找原料与工具，而是借用身旁现有的工具和材料来完成他的工作（Levi-Stranss, 2006：24）。于是，所谓的具有创新潜能的媒介创业者，实际上是一群受到情义逻辑所驱动、敢于游走在法律管制的边缘、尝试寻找各种市场创新契机的行动者。因此，我们或许可以说，这种受到追求冒险、高利润等情绪或情感因素所导引、关注维系自身与同业间之集体利益的媒介创业者，是一群具有"即兴创作"的创业能力并以"情义行动"为核心行动逻辑的"野性的媒介创业者"。

从传播史的角度来看，或者这群以情义行动为主要行动逻辑的"野性的媒介创业者"，势将在新媒体产业的市场化历程中，无可避免地从兼顾情感关系与义气逻辑的角色，转型为追求纯粹经济理性的媒介事业经营者。最终，媒介创业者的早期角色，也在产业的变迁过程中，成为新传播事业发展的史前史。但是，不可否认的是，这群具有创造性力量的野性的媒介创业者，经由他们的冒险与充满激情的创业行动，得以驯服新传播科技的野性，使得传播科技进入到日常生活。于是，他们对于媒体生态变迁的意义就在于，他们透过媒介创业的行动，成功地驯服了传播科技的物质性，使得传播科技得以顺利地进入日常生活的使用者手上。而通过媒介创业经验中所结晶出来的"情感关系"与"义气逻辑"的行动逻辑，则使得给传播学科的研究者得以在此概念的基础上建构协助媒介工作者开展媒介创业行动的可能。

五、代结语：对野性媒介创业行动之创新潜能的肯认

没有传播科技的浮现或没有阅听人消费市场的出现，新兴的媒介事业是不可能存在的；受到创业行动与市场开放所支持的新兴媒介事业，亦是因为其创建本身正契合于媒介创业者自身追求创造性的期望，而引发了媒介创业行动的出现。本文即在上述论述脉络下，选择以台湾有线电视系统业者为研究对象，企图理解他们投入到媒介创业行动的社会根源，以探询隐含在创业经验中的行动逻辑。

（一）肯定情义逻辑在媒介创业中的创造性价值

当经济理性、市场竞争、管理效率与合理利益分配等当代媒体产业的理性思维，成为治理媒介创业行动的主要政策思维，其虽然有助于规范与驯服失序的媒介创业行动，但，这也正是将存在于媒介创业行动中的情义逻辑以及创造性破坏的潜能加以抹灭的过程。因此，如何以更为开放与多元的立场，包容媒

介创业行动所可能带来的破坏与失序的危机，提供野性的媒介创业行动以创造性的可能，实是规范新兴媒介创业行动时，值得反思的地方。

（二）培养野性的媒介创业者的可能

如果媒介创业教育是未来传播教育的重点，则参酌既有的创业研究所得，思索媒介创业教育的走向，即有其必要。依循当代创业研究教育的观点，可以预期的是，现有的媒介创业教育，同样强调培养具有积极、主动、创新等能力，能够评估与辨识创业机会，应用社会资本与考虑制度变迁的媒介创业者。而呼应此媒介创业教育的脉络，若能够融入本文的研究所得，强调情感关系、情感资本等课题对于媒介创业行动的影响；同时，从社会文化的角度，说明"义气行动"等议题仍是不可避免地贯穿于华人社会的经济行动逻辑，如此，或有助于更完整地培养出具有创新潜能的野性的媒介创业者。

参考文献

陈大齐（1987）．陈百年先生文集．台北：台湾商务印书馆．

高承恕（1999）．头家娘——台湾中小企业"头家娘"的经济活动与社会意义．台北：联经出版公司．

高宣扬（2002）．布尔迪厄．台北：生智出版社．

赖光临（1991）．检验70年代报业的发展．中华民国新闻年鉴（80年版）．台北：台北新闻记者公会．

倪鸣香（2004）．童年的蜕变：以生命史观看幼师角色的形成．教育研究集刊，50 (4)，27．

邱天助（2004）．布尔迪厄的文化再制理论．台北：桂冠出版社．

宋光宇（1993）．重利与显亲：有关"台湾经验"各家理论的检讨和历史文化论的提出．见宋光宇（编）．台湾经验（一，历史经验篇）．台北：东大图书公司．

孙雪岩（2006）．《水浒传》与中国下层俗文化．聊城大学学报，2006 (6)．

周新富（2005）．布尔迪厄论学校教育与文化再制．台北：心理出版社．

Clande Levi-Strauss（2006）．野性的思维（李幼蒸译）．北京：中国人民大学出版社．

Marotzki, W.（2001）．传记学传记研究法与方法论（倪鸣香译）．2001年"生命口述传记研究课"课堂参考资料，政治大学，台北．

Apitzsch, U. & Inowlocki, L. (2000). Biographical Analysis: a 'German' school? In P. Chamberlayne, J. Bornat, & T. Wengraf (Eds.). *The Turn to Biographical Methods in Social Science: Comparative issues and examples*. London, U. K.: Routledge.

Bertaux, D. & Bertaux-Wiame, I. (1981). Life Stories in The Bakers' Trade. In *Biography and Society: the Life History Approach in the Social Sciences* (169–189). Beverly Hills, Calif.: Sage Publications.

Bertaux, D. & Kohli, M. (1984). The Life Story Approach: A Continental View. *Annual Review of Sociology*, 10 (1), 215–237.

Bourdieu, P. (1986). The Forms of Capital. In J. G. Richardson (Eds.), *Handbook of Theory and Research for the Sociology of Education. (241 – 258). New York: Greenwood Press.

Bourdieu, P. (1990). *The Logic of Practice.* Stanford, Calif. : Stanford University Press.

Bourdieu, P. (1998). *Practical Reason: on the Theory of Action.* Stanford, Calif. : Stanford University Press.

Bourdieu, P. & Wacquant, L. J. D. (1992). *An Invitation to Reflexive sociology.* Chicago: University of Chicago Press.

DiMaggio, P. J. (2002). Endogenizing 'Animal Spirits': toward a Sociology of Collective Response to Uncertainty and Risk. In M. F. Guillen (Eds.), *The New Economic Sociology: Developments in an Emerging Field.* New York: Russell Sage Foundation.

Du Gay, P. (1996). Organizing Identity: Entrepreneurial Governance and Public Management. In S. Hall & P. Du Gay (Eds.), *Questions of Cultural Identity* (pp. 151 – 169). London ; Thousand Oaks, Calif. : Sage.

Fiske, J. (1994). Medium/Media. In T. O'Sullivan (Ed.) , *Key Concepts in Communication and Cultural Studies.* London; New York: Routledge.

Giddens, A. (1992). *The Transformation of Intimacy: Sexuality, Love, and Eroticism in Modern Societies.* Stanford University Press.

Hoag, A. & Seo, S. (2005). *Media Entrepreneurship: Definition, Theory and Context.* Paper Presented at the NCTA Academic Seminar, The Pennsylvania State University.

Hochschild, A. R. (1983). *The Managed Heart: Commercialization of Human Feeling.* Berkeley: University of California Press.

Kohli, M. (1981). Biography: Account, Text, Method. In D. Bertaux (Eds.). *Biography and Society* (61 – 76). C. A. : SAGE.

Lamont, M. (1992). *Money, Morals, and Manners: the Culture of the French and American upper-middle Class.* Chicago: University of Chicago Press.

Schütze, F. (1983). Biographieforschung und Narratives Interview. *Neue Praxis*, 3, 283 – 293.

Schütze , F. (1987). *Das Narrative Interview in Interaktionsfeldstudien: Erzahltheoretische Grundlagen.* Hagen: Studienbrief der Fernuniversitat.

Storey, J. , Salaman, G. , & Platman, K. (2005). Living with Enterprise in an Enterprise Economy: Freelance and Contract Workers in the Media. *Human Relations*, 58 (8) , 1033.

Weber, M. (1958). *The Protestant Ethic and the Spirit of Capitalism*. New York: Scribner.

Williams, R. (1976). *Keywords: A Vocabulary of Culture and Society*. New York: Oxford University Press.

Zelizer, V. (2005). *The Purchase of Intimacy*. N. J. : Princeton University Press.

The Logic of Action in Media Entrepreneurship: The Biographical Reconstruction of Cable Television Pioneers in Taiwan

Yu-lin Chang

(Department of Journalism, National Chengchi University, Taibei, 11605)

／ Abstract ／

This research aims to investigate media entrepreneurial phenomenon caused by the rise of new communication technology from the viewpoints of economic sociology and entrepreneurship. Based on the unfolding of the logic of action in entrepreneurship and entrepreneurial process, this study illustrates the social origins of media entrepreneurial activities in Taiwan. According to the definition of medium entrepreneurs as well as the description of entrepreneurial activities, the research applies the pioneers of Taiwan cable television as the study cases. From articulating the biographical reconstruction of entrepreneurial process of cable operators and interpreting the narration of media entrepreneurial action, the study would discover the latent meaning structure of media entrepreneurship. By using the extempore autobiographical narrative interview method developed by German sociologist Fritz Schütze, which was grounded on the methodology of interpretive biographical approach, this study gathers the oral narration of live media entrepreneurial experiences. Finally, through the work of structural analysis of narration, case reconstruction, and concept crystallization, the study could find the relationship between emotion and cultural Yi-Chi disposition as the logics of action in media entrepreneurship.

/ Key words /

media entrepreneurship, cable television, oral biographical method, Yi-Chi

《生命叙事与心理传记学》 约稿启事

本集刊为年刊，分繁体字版和简体字版，简体字版由湛江师范学院心理传记学与生命叙事研究所和台湾生命叙事与心理传记学学会主办，中央编译出版社于每年下半年出版。本刊实行匿名审稿制，每篇文章由两位专家审稿。设有如下栏目：心理传记学：理论探索；心理传记学：实例研究；生命叙事（含叙事心理、教育叙事、生命史等）；口述传记；质性研究。

投稿格式要求：

一、稿件提交：来稿需提交 Word 文档电子版（发送至电子邮箱：smxsxlzj@sina.com）

二、文章字数要求：考虑到本集刊的特点及创新性问题，对稿件字数不作严格要求，但每篇文章最多不超过 3 万字。

三、文题、作者及单位：中文文题一般以 20 个汉字以内为宜。作者姓名列在文题下，单位列在作者姓名之下。单位项依次列出单位名称、单位所在城市和邮政编码，三者之间用逗号分隔。如有基金资助的文章，在文题后面打上"＊"，在页下注中列出"＊"及所对应的基金名称、项目批准号；同时，也一并在首页页下注中列出第一作者或通讯作者的电子邮箱。

四、摘要和关键词：须附中、英文摘要。中文摘要不超过 300 字，为了便于国际交流，英文摘要可长些，但不超过 500 字。中英文关键词 3—5 个，每个词之间用逗号分隔。摘要二字之间隔一个汉字的字距。

五、正文：各级标题序号依次用一、（一）、1 和（1），作为一级标题、二级标题、三级标题和四级标题。文中表格采用三线表。根据出现的顺序列出表（图）1、表（图）2及其相应的名称等。表（图）序及表名列于整个表（图）上方正中间，如有表（图）注，列在表（图）的下方。

正文中引用的研究文献可以作为句子的一个成分，放在引用内容的前面，例如，张三和李四（2011）认为……；也可放在引用内容的后面，例如，……心理传记学与人格学的关系（张三，李四，2011）。最多列出三个作者，中间用逗号分隔；超过三个作者的，后加"等"字或"et al."。如直接引用他人的一段话，可另起一段，缩进两字，不加引号，楷体。正文中注释采用页下注（脚注），用符号①、②……在文中标出，每页依序重新编号。引用内容如果为图书文献，要在相应的文中列出引用的内容所在的页码，例如，（张三，1998，p.68）。

六、参考文献：执行 APA 格式的"作者—出版年制"。中文文献在前，英文文献在后，按照作者姓氏字母顺序排列。几种主要文献的书写格式举例如下：

1. 中文文献

（1）引用期刊

作者（出版年）. 文章题目. 刊名. 刊卷（期），页码.

张建人，周晋彪，凌辉（2010）. 鲁迅人格的心理传记学研究. 中国临床心理学杂志，18（3），339—342.

（2）引用专著

作者（出版年）. 书名. 出版社所在城市：出版社.

胡波（1997）. 岭南文化与孙中山. 广州：中山大学出版社.

（3）引用析出文献

作者（出版年）. 析出文章名. 编者. 书名. 出版社所在城市：出版社.

何翠萍（1992）. 比较象征学大师——特纳. 见黄英贵主编. 见证与诠释：当代人类学家. 台北：正中书局.

（4）引用译著

作者译名（译著出版年）. 书名（某某译）. 出版社所在城市：出版社.（原著版本语言及出版年）.

沃尔特·C. 兰格（2011）. 希特勒的心态——战时秘密报告（程洪雁译）. 北京：中央编译出版社.（英文版 1972 年）.

（5）引用会议论文

作者（出版年月）. 论文题目. 会议名称，会议地点.

郑剑虹（2011，9 月）. 心理传记学研究的质量结合模式与资料筛选. 第七届华人心理学家学术研讨会论文，台北.

（6）引用学位论文.

作者（发表年）. 论文题目. 学位，授予学位单位，城市.

朱晨海（2003）. 近现代中国文化名人人格研究. 博士学位论文，华东师范大学心理系，上海.

2. 英文文献

（1）引用期刊

Authur, A. A. （year）. Title of Article. *Title of Periodical*. issue, page number.

McAdams, D. P. （2001）. The Psychology of Life Stories. *Review of General Psychology*, 5（1），100–122.

（2）引用专著

Authur, A. A. （year）. *Title of work*. Location：Publisher.

McAdams, D. P. & Ochberg, R. L. （1988）. *Psychobiography and Life Narratives*. Durham and London：Duke University Press.

（3）引用析出文献

Authur A. A. （year）. Title of chapter. In Editor A. & Editor B. （Eds.），

Title of book. (page number). Location: Publisher.

Crosby, F., & Crosby, T. L. (1981). Psychobiography and psychohistory. In S. L. Long (Ed.), *The handbook of political behavior* (195 – 254). New York: Plenum.

(4) 引用会议论文

Auther A. A. (year). *Title of paper*. Paper sourse, Location.

Karpiak, I. E. (2008, October). *At Midlife: Crossing a Threshold of Change, Challenge, and Creativity*. Paper presented at National Chengchi University on 2008 International Conference on Creativity Education, Taipei.

(5) 引用学位论文

Auther (year). *Title of paper*. Degree, University, City, Country.

Almeida, D. M. (1990). *Fathers' participation in family work: consequences for fathers' stress and father – child relations*. Master dissertation, University of Victoria, Victoria, British Columbia, Canada.

未提及的文献类型，请查阅《美国心理协会写作手册》（英文第5版，中译本，重庆大学出版社，2008）。

其中中文部分的逗号、括号等标点符号用全角，连接号"—"为一字线。英文部分标点符号为半角，连接号" - "为半字线。不可混用。

已有中文译本的英文文献，如果作者参考的是原著，则按英文文献处理；如果参考的是译著，则按照中文文献中的译著处理。

七、访谈录音稿转录为逐字稿后，要断句、加标点。

八、数字：公历世纪、年代、年、月、日、时刻和计量均用阿拉伯数字。

九、字体要求：文题（小2宋体加粗）；作者（小4宋体加粗）；作者单位（小5宋体）；摘要与关键词（小5宋体，1.5倍行距。摘要二字之间分隔一个汉字，关键词之间用逗号分隔，摘要和关键词这几个字字体加粗）；正文

(5号宋体，1.5倍行距编辑；英文和数字均采用"Times New Roman字体；图表为小5号宋体。一级标题4号宋体加粗，二级标题5号宋体加粗，三级标题5号黑体，四级标题5号宋体）；正文中直接引用他人的一段话（另起一段），字体采用5号楷体。参考文献四字居中，5号宋体加粗；引用的各类参考文献字体为小5号宋体。脚注字体为6号宋体。文中的统计学符号采用斜体。

心理传记学译丛

书名：卢梭与反叛精神——一项心理学研究

作者：[美]威廉·H. 布兰查德

　　人们都知道卢梭的伟大，却不知道这伟大的来源，本书力图解答这个秘密。正如本书作者所说，理解卢梭的秘密不在于发现他"真实的"、有意识的态度，而在于认识到他内心深处矛盾的价值观。

书名：甘地的真理——好战的非暴力起源

作者：[美]埃里克·埃里克森

　　在这部备受赞誉的关于甘地的研究著作中，著名的精神分析学家埃里克·埃里克森探寻了当甘地成为非暴力不合作运动的革命领袖时，他是如何成功地从精神上和政治上动员印度人民的。

书名：领袖———一项心理史学研究

作者：［美］查尔斯·B. 斯特罗齐尔
　　　［美］丹尼尔·奥弗

　　书稿对国外历史上杰出领袖的生活、成长经历等进行了心理学层面的分析，涉及柏拉图、林肯、甘地、威尔逊、恺撒·威廉二世、惠特曼等，探索了这些领袖如何把他们个人的使命与神秘性投射到他人尤其是其民众身上，并因此满足甚至创造了他们的追随者们独特的需求。

书名：作为革命者的斯大林（1879—1929)———一项历史与人格的研究

作者：［美］罗伯特·塔克

　　这是一部引入入胜的传记，讲述了斯大林的早年岁月以及1929年作为布尔什维克的领袖上升到权力顶峰的历程……一部堪与伊萨克·多伊彻的托洛茨基系列传记相媲美的图书，开创了斯大林传记研究中人格结构分析的先河。

书名：希特勒的心态——战时秘密报告

作者：［美］沃尔特·C. 兰格

　　这是"二战"期间对希特勒进行的独一无二的专业精神分析的秘密报告。作者深刻地指出，应当"倒过来"阅读希特勒的历史：他的强悍是由于他太软弱；他的歇斯底里是过于抑郁的结果；他对童年的美好回忆，其实正是掩盖紧张、扭曲和创伤的情感慰藉。该报告自1969年解密后，就成为实用心理分析的经典之作。